공정하다는 착각

THE TYRANNY OF MERIT

마이클 샌델

THE TYRANNY OF MERIT

공정하다는 착각

능력주의는 모두에게 같은 기회를 제공하는가

마이클 샌델 지음 **함규진** 옮김

와이즈베리
WISEBERRY

역시 마이클 샌델답다. 이번에는 이 시대 가장 예민한 이슈에 수술 메스를 대었다. 부의 양극화와 이를 공고화하는 고학력 세습화의 심화, 그리고 승자들의 오만함과 패자들의 굴욕감 사이 팽팽한 긴장감. 전 세계를 뒤덮고 있는 이 어둡고 불길한 징조의 근원을 그는 CT로 스캔을 하듯 뒤지고 있다.

그는 능력주의 신화에 주목한다. 그 신화는 대체로 세 가지 명제로 이루어진다. 기회를 공평하게 제공하고, 능력을 마음껏 발휘하게 하며, 능력에 따라 성과를 배분한다. 이 명제들은 자유시장경제의 핵심 테마이며, 미국이 '기회의 땅'이라는 꿈의 나라가 된 것도 이 명제에 충실한 정책 때문이었다. 그런데 도대체 이게 왜 문제라는 것인가.

능력주의는 많은 장점이 있지만, 허점도 있다. 공평한 기회제공과 능력발휘의 보장 장치는 말처럼 간단하지 않으며, 그것을 방해하는 요소를 통제하기가 점점 더 불가능해지고 있다. 샌델은 현재 이러한 위기의 최고점에 와 있다고 이야기한다. 즉 이제 더 이상 능력주의를 완벽하게 실천하기가 불가능하기 때문에, 능력주의가 가진 장점의 시효는 다했다고 분석한다. 이 책의 상당부분은 능력주의 정책의 실현을 불가능하게 하는 범법적 방해사례(특히 대학 입학 관련한)를 많이 인용하여 실감을 높여준다.

그러나 정작 샌델이 심혈을 기울여 이야기하고 있는 부분은 '실천적 문제'보다는 '심리적 측면'이다. 그는 능력주의가 과도해지면서 능력과 도덕 판단력의 연결고리가 끊어지기 시작했다는 점에 주목한다. 그의 분석에 따르면 능력으로 편을 가르고, 한 편이 성과를 독점하면서, 능력과 성과를 기반으로 한 새로운 계급이 생기고, 이를 세습화하기 위한 범법적 시도가 출현하고, 이를 독차지한 사람들의 오만이 극치를 이루게 된다. 그리고 여기서 탈락한 사람들은 부의 상실만이 아니라 인간으로서의 자존심을 잃고 굴욕감을 갖게 되어, 이것이 심화되면서 사회적·정치적 긴장을 유발하게 된다는 것이다. 포퓰리즘의 근원도 여기서 찾을 수 있다.

능력주의는 사실 철학과 신학의 역사와 뿌리를 같이 한다. 이러한 역사 속에서 (최고는 아니더라도) 최선의 이데올로기로 채택되어 현재의 세계질서를 구축하는 데 기여해 왔다고 볼 수 있다. 샌델은 이를 의혹의 눈초리로 바라본다. 허물어서 해체하자는 것인지, 수선해서 보강하자는 것인지…. 아마 저자 역시 결론은 미뤄둔 듯하다. 능력뿐 아니라 운運이 관여할 수 있는 성과보상 시스템을 만들 수 있지 않을까 하는 기발한 제안도 하고 있는데, 독자 제현들은 어떻게들 생각하실지 궁금하다.

－문용린, 서울대 명예교수

정의를 말하는 마이클 샌델이 다시 정의를 말한다. 이번에는 능력주의다. 능력주의는 정의로운가?

나는 한국 사회를 '성적 기반 능력주의' 사회라고 말한다. 특히 교육감 취임 후 줄곧 추격산업화 이후 성장의 역설을 언급해왔다. 상대평가에 기초한 수능과 내신 등에서의 성적에 기초하여 사람들의 능력을 서열화하고 그에 따라 보상을 차등화하는 사회 체계가 형성되어 있다. 우리가 어린 시절에 비해 더 좋은 여건에서 교육받을 수 있음에도, 커진 격차가 물려줄 유·무형 자산을 다르게 만들기 때문에 상층 계급마저도 상대평가 속 불행의 레이스를 경주하고 있는 현실을 마주하게 된다. 우리는 모두 교육을 통해 자신을 증명하길 원한다. 증명을 마치면 능력주의 신화가 성공을 보증해줄 것이기 때문이다. 그리고 그것이 공정하다고 생각한다.

샌델은 우리에게는 이미 〈스카이 캐슬〉로 익숙한 '대입 부정'으로 논의를 시작한다. 부정이 아니더라도 비자산적 대물림은 이미 만연해 있다. 2020년 서울대·고려대·연세대 신입생 55%가 소득분위 9~10분위 고소득 가구에 속해있다. 모두가 골고루 못살던 옛날과 달리, 물려줄 경제적·문화적 기반과 격차가 생긴 요즘은 형편이 좋은 학생이 성적도 좋다. 사회문화적 배경을 제거한 개인의 온전한 능력 측정이 가능하지 않다는 데에서 신화의 허상에 대한 논의를 시작해야 한다.

이 책은 능력주의 신화에 균열을 내는 좋은 시도가 될 것이다. 우리 사회에도 능력주의의 신화가 뿌리 깊게 스며들어 있다. 성적 기반 능력주의적 인식과 구조를 극복하는 것이 한국사회의 미래과제라고 생각한다. 이런 미래를 개척하는 데 샌델의 새 책이 좋은 길잡이가 되기를 바란다. 다만, 샌델은 전작에서도 그랬듯 신화 자체를 보기 좋게 걷어차 주지는 않는다. 읽는 이로 하여금 생각의 실마리를 마련해 보도록 디딤돌을 놓아줄 뿐이다. 판단은 여러분의 몫이다.

－조희연, 서울특별시 교육감

정의와 능력주의가 공존하기 어려운 근본적인 이유에 대한 답을 찾고, '과연 다음 세대에서도 그럴 것인가?'에 대한 겸허한 물음을 던져보게 만든 책. 많은 사람들은 우월한 능력을 가진 사람이 성공하는 것은 당연한 일이라 생각한다. 하지만 무엇이 그 능력을 만들어내었는지 생각하면, 능력이 성공을 보장하는 사회는 어쩌면 더 이상 정의롭다고 보기 어려울 수 있다. 코로나19 사태 이후 개인의 능력과 '살아남는 것'에 대한 욕망이 커진 지금, 마이클 샌델 교수는 '과연 정의롭고 지속 가능한 사회가 무엇인지' 근본적인 질문과 답을 제시한다.

－조영태, 서울대 교수

그 어느 때보다 '공정'이란 말이 자주 들리는 요즘이다. 경쟁 끝의 승리가 미덕이 된 현대 사회에선 더더욱 공정함에 민감할 수밖에 없다. 얼마나 공정한 룰이 적용되었는지, 구성원들 간 기회는 공평했는지 등에 따라 그 경쟁의 정당성이 인정된다. 그리고 이를 판단하기 위한 척도는 능력과 노력이다. '가진 능력을 힘껏 펼쳐 성공하면 그에 따른 보상을 받을 자격이 있다'는 것이 지금 이 세상을 이끌고 있는 능력주의, 혹은 자유성과주의적 자본주의의 핵심이다.

샌델은 여기서 브레이크를 건다. 그는 《공정하다는 착각》을 통해 능력주의 하에서 굳어진 '성공과 실패에 대한 태도'가 현대사회에 커다란 부작용을 낳고 있다고 주장한다. 또한 승자들 사이에서 능력주의가 만들어내는 오만과, 뒤처진 사람들에게 부과되는 가혹한 잣대를 적나라하게 보여주며 해결책을 모색한다. 가장 필요한 타이밍에 가장 알맞은 책이 나왔다.

— 홍성국, 국회의원

포퓰리즘적 분노를 이해하기 위해 고군분투하는 모든 사람들을 위한 필독서이며, '아메리칸 드림'은 왜 많은 미국인들에게 약속이 아닌 조롱처럼 느껴지게 되었는지 알려준다. 지금 이 순간을 위한 매우 중요한 책이다.

— 타라 웨스트오버, 《배움의 발견》 저자

이 책은 독창적이고 생동감 있으며, 단순 비판에서 끝나지 않는다. 사회를 '승자와 패자'로 분류해 생각하고 있는 많은 사람들과 달리, 샌델은 우리가 추구해야 할 공동체의 종류에 대해 설득력 있는 주장을 하고 있다.

— 닉 티모시, 〈데일리 텔레그래프〉

지금은 좌우 진영 모두 이 책을 읽고 진지한 대화를 나눠야 할 타이밍이다.

— 앨리 혹실드, 사회학자, 〈뉴욕 타임스〉

이 책의 매력적이고 시기적절한 비판은, 분열된 사회를 치유하는 데 도움이 될 것이다.

– 매튜 굿윈, 정치학자, 〈타임스〉

능력주의적 이상이 현대 정치에 어떤 위기를 불러오는지 풍부하고 예리하게 분석했다.

– 〈퍼블리셔스 위클리〉

이 책은 능력주의의 결점과 오류를 능숙하게 드러낸다. 샌델은 불평등을 뿌리 뽑고, 참된 정의의 원칙에 입각한 더 공정한 사회를 구축하기 위해 설득력 있는 사례를 명쾌히 제시하고 있다.

– 대런 워커, 포드 재단 회장

　　미래엔 와이즈베리에서 마이클 샌델 교수의 저서들이 출간되는 동안 나는 전문번역가의 번역에 대해 감수를 진행하거나 직접 번역에 부분적으로나마 참여하고 또 해제를 쓰는 방식으로 기여를 했다. 이는 2010년 가을에 샌델 교수가 직접 요청함으로써 이루어졌던 일이었다. 이번 경우에는 함규진 교수가 직접 양질의 번역을 하게 되어 기존처럼 감수를 진행하지 않았다. 그런데 뜻하지 않게 샌델 교수가 늘 직접 써왔던 '한국 독자들을 위한 서문'을 내가 써주길 요청했다. 그러면서 그동안 미국에서 이 책과 관련해 언론에 썼던 글들과 유튜브 영상을 보내왔다. 존경해 마지않는 샌델 교수를 대신하여 한국 독자들을 위한 서문을 이렇게 쓴다는 것이 독자들에게도 의미 있는 일인지를 고민했으나 이 짧은 글로 부탁에 응하기로 했다.

　　이 책은 미국사회에 대한 샌델 교수의 고민을 담고 있다. 그러나 그의 화두는 미국을 넘어 이 시대 수많은 나라들에도 적용된다. 능력주의

(혹은 실력주의, meritocracy)가 바로 그 화두다. 국가는 시스템을 공정하게 만들고, 개인은 열심히 노력하여 자부심을 갖고 그 대가를 향유하게 하는 사회. 이러한 사회는 비단 미국인들뿐만 아니라 우리들이 바라는 것이기도 하다. 그런데 이런 목표가 모든 것을 압도하는 사회, 즉 능력주의 사회는 근본적인 문제를 갖고 있다. 그 결과로 나타난 미국적 현상이 2016년 도널드 트럼프의 포퓰리즘 정부 출현이었다. 우리나라의 경우에는 소위 '아빠 찬스'라는 말로 제기된 공정성 문제와 인천공항공사의 계약직 정규직화 관련 논란들이 이와 연결된다. 이력서에 출신 대학을 명기하지 않고 이루어지는 블라인드 테스트도 마찬가지다.

샌델 교수는 책 앞머리에서 코로나19 팬데믹 상황의 미국을 트럼프 행정부가 얼마나 엉망으로 다루었는지 언급했다. 또한 코로나 사태를 제대로 다루기 위한 정신적 준비도 전혀 되어 있지 않다는 점을 지적한다. 문제 해결을 위해서는 무엇보다도 연대solidarity가 필요한데, 2016년의 포퓰리스트 '반란'을 통해 대통령이 된 트럼프는 연대를 불러일으키기보다는 오히려 분열을 부추겨왔다. 공중보건과 국제공조에 대해 적대감을 갖고 그들을 의심의 눈초리로 보았다. 뿐만 아니라 2020년 11월 대선 결과에 대해서도 승복과 협조보다는 대결과 적대의 태도를 취했다. 대립은 정치가들 사이에서뿐만 아니라 일반 시민들 사이에서도 격렬하게 일어났다. 왜 이렇게 되었을까? 능력주의가 그 바탕에서 작용하고 있다.

2020년 9월 2일자 〈뉴욕타임스〉에 쓴 칼럼에서 샌델 교수는 미 대통령 후보인 조 바이든의 학력에 주목한다. 바이든은 36년 만에 처음으로 아이비리그 대학 출신이 아닌 민주당 대통령 후보다. 바로 이 점이 그의 잠재적 강점이 된다고 샌델 교수는 말한다. 2016년 선거에서 트럼프는 능력주의 엘리트에 대한 대중의 원한 감정을 성공적으로 이용했다. 민주당은 빌 클린턴 시대 이래 계속 해왔던 대로 기술관료적 자유주의를 주창함으로써 과거 지지기반이던 블루칼라 계층이나 중산층 유권자들보다 전문가 계층에게 한 걸음 더 나아갔다. 그 결과 트럼프는 대학 학위를 갖지 않은 백인 유권자 삼분의 이의 지지를 받았고, 힐러리 클린턴은 고등교육을 받은 유권자 70% 이상의 지지를 받았다. 이후 민주당은 블루칼라 계층의 지지를 다시 얻기 위한 노력을 해왔는데, 바이든은 비 아이비리그 학위를 통해 그들에게 더 다가갈 수 있을 것이라고 샌델 교수는 보고 있다.

샌델 교수는 이런 맥락에서 "현대 자유주의를 규정하는 능력주의적 정치기획에 대한 재검토"를 요청한다. 자유주의의 능력주의적 정치기획은 두 가지로 정리될 수 있다. 첫째, 오늘과 같은 글로벌한 기술 시대에는 고등교육이 신분상승과 물질적 성공 및 사회적 존중을 얻는 길이다. 둘째, 모든 사람에게 주어진 신분상승을 위한 고른 기회를 통해 성공한 사람은 자신의 재능과 노력의 결실을 향유할 자격이 있다. 샌델 교수는 이런 가치관과 관점이 국가 정책의 중심이 된 것은 최근 수십년 사이에 이루어진 것일 뿐이라고 한다. 이런 능력주의 관점은 아메리칸 드림과 잘 연결되는 것처럼 보이지만 실상은 그렇지 않다. 아주 어두운 이면이 존재하기도 한다는 것이다. 사실 우리들 대부분도 이런 생각을 공정하고 타당한 관점이라고 여긴다.

능력주의적 이상은 미국의 경우 대학 학위 소지 여부와 관련된 학력주의 문제로 직결된다(물론 우리는 학력주의보다 더 중증인 학벌주의에 감염되어 있다). 그런데 만일 대학 학위가 좋은 직장과 사회적 평가의 전제조건이 된다면, 이는 민주주의를 부패시킨다. 이것이 능력주의의 어두운 이면이다. 능력주의 사회에서 학위를 갖지 않은 이들의 사회적 기여는 그 가치를 제대로 인정받지 못한다. 또 교육을 적게 받은 이들이 선출직 공무원으로 진입하는 문을 좁혀놓아 결국 포퓰리즘과 같은 정치적인 문제를 야기하게 된다.

그동안 미국 민주당이 가졌던 입장은 현재의 글로벌 경제질서 유지였다. 물가를 저렴하게 유지하려고 많은 일들을 저임금 국가로 아웃소싱했다. 그래서 민주당은 이를 변화시키기보다는 저임금 노동자들이 받는 타격을 줄이고 악화된 직업 전망을 개선하는 데에만 초점을 두었다. 그래서 노동자들의 학위 상황을 개선하여 국제 경쟁력을 강화하도록 정책 기조를 잡아왔던 것이다. 고등교육을 통해 신분상승을 독려하는 방식으로 사회적 불평등을 해결하자는 것이었다. 힐러리 클린턴까지 이어져온 이러한 정책 기조를 유지한 정치가들이 한 가지 놓친 점은 능력주의 중심 사회에 내재한 모욕^{insult}의 감정이다.

능력주의에 따르면, 만일 당신이 대학에 가지 않아 이런 새로운 경제 환경에서 성공하지 못하면 그 실패는 바로 당신의 잘못이 된다. 사회의 상층부에 속하지 못한 모든 사람들은 그것이 자기 잘못에 따른 것이기에 자괴감을 갖게 된다. 그들이 성공한 자들로부터 받는 모욕은 정당한 것인 반면 자신은 모멸을 당해 마땅한 존재가 된다. 그런데 정말로 학위가 없고 성공하지 못한 자는 업신여김을 받아 마땅한가?

미국에는 대학 학위를 갖지 않은 사람의 수가 전체 인구의 삼분의 이에 달한다. 능력주의에 대한 강조는 미국에서는 곧바로 학력주의로 나아가고, 이로 인해 대학 학위를 갖지 못한 이들에 대한 사회적 편견이 점차 널리 퍼지게 된다. 개인적으로 느끼는 모욕감은 종교나 수양을 통해 극복할 수 있다고 해도, 실패한 가장으로서 가지는 고통, 계층 전체가 갖는 모욕의 고통은 사회 내에서 (드러나진 않아도) 커다란 부정적 기능을 하게 된다. 샤이한 트럼프주의자들은 이런 감정을 숨기며 지냈다.

학력주의라는 편견은 성공한 자들에게 교만한 마음을 준다. 통계에 따르면 이들은 인종주의나 성차별주의에 대해 반대한다. 그러나 제대로 교육 받지 못한 이들에 대해서는 상당한 편견을 갖고 있다. 자신들이 그들에게 부정적인 태도를 갖고 있음을 알아도 그에 대해서는 별로 변명할 필요를 느끼지 않는다. 교육받지 못한 이들은 깔봄을 당해도 싸다는 편견에 대해서 말이다.

이런 심리는 대의제 민주주의 체제에서 대학 학위를 갖지 못한 자들이 의회에 진입하는 데 장벽이 된다. 미국의 경우 하원의원의 95%가 대학 학위 소지자였고, 상원의 경우는 대학 학위를 갖지 못한 사람이 한 사람도 없었다. 1960년도만 해도 하원의 사분의 일이 대학 학위를 갖지 않았다. 제2차 세계대전을 종식시킨 존경받는 대통령 해리 트루먼은 고졸이었다. 미국 사회에서는 시간이 지날수록 인종과 성적 다양성은 확보되었으나 학위와 사회 계층의 대표성은 현저히 약화되었다. 노동계층 혹은 서비스산업이나 사무직에 근무하던 이들이 의회에 진입한 경우는 현재 2%에 불과하다.

하지만 의회에는 고학력자들이 들어가야 올바른 정책을 만들어내고 또 정책에 대한 효율적이며 합리적 토론도 가능하지 않을까? 샌델 교수는 앞서 언급한 〈뉴욕타임스〉 칼럼에서 다음과 같이 썼다.

반드시 그런 것은 아니다. 의회에서 이루어지는 정책 토론의 위태로운 상황을 언뜻 보기만 해도 그런 생각은 멈추게 된다. 정치를 잘하기 위해 기술관료적 전문가들이 필요하기는 하지만 시민적 덕성이 요구된다. 공동선에 대해 숙고하고, 모든 면에서 시민들과 일체감을 갖는 능력 말이다. 지난 역사를 보면 정치적 판단 능력과 엘리트 대학 진학 능력 사이에는 연관성이 거의 없다는 것을 알게 된다. 학력이 떨어지는 자들보다 '가장 뛰어나고 가장 똑똑한 자들'이 정치를 더 잘할 수 있다는 것은 능력주의적 교만에 기초한 허구다.

내가 가진 재능과, 사회로부터 받은 대가는 과연 온전히 내 몫인가? 아니면 행운의 산물인가? 나의 노력은 나의 것이지만, 그런 노력은 패배자도 하는 것이다. 내가 나의 재능을 가지게 된 것은 우연한 운이다. 나의 노력에 엄청난 대가를 지불하는 사회를 만난 것도 내가 시대를 잘 만난 행운의 결과인 것이다.

성공주의의 수사학, 그리고 기술관료적 능력에 대한 이데올로기적 예찬은 우리를 엉뚱한 곳으로 이끌고 갈 뿐이다. 여기에 대해 우리는 도덕적으로 또 정치적으로 다시 생각해보아야 한다. 우리는 능력 경쟁을 위해 무장한 사람들보다는, 학위가 없지만 우리 사회에 중요한 기여를 하는 사람들, 자신의 일을 통해 부양가족과 공동체에 기여하는 사람들에게 더 집중할 필요가 있다고 샌델 교수는 주장한다.

내가 받은 사회적 명성과 대가가 행운과 밀접히 연결되어 있다고 생각할 때 우리는 겸손해진다. 이런 겸손의 정신이 지금 우리에게 필요한 시민적 덕성이다. 우리를 분열하게 하는 성공의 거친 윤리에서 돌아와,

능력주의의 폭정을 뛰어 넘어야 한다. 이런 샌델의 웅변은 곧 우리 사회에 대한 웅변이기도 하다.

샌델 교수는 자신이 속한 미국의 삶에 충실하여, '능력주의의 문제', '공정이 모든 것이라고 보는 생각의 허구'를 예리하게 지적한다. 한국의 상황을 깊이 꿰뚫어 보면서 우리가 당면한 능력주의의 문제를 통찰하는 일은 오롯이 우리의 몫이다. 샌델 교수는 자신의 주장이 한국에도 적용될 것이라 기대하지만, 그것을 적용하고 또 우리 환경에 적절한 이해를 갖는 것은 우리 스스로 할 일이다. 마치 자기의 글을 읽고 한국 독자를 위한 서문을 대신 써 달라고 부탁한 것처럼, 한국의 독자들에게 '우리 자신에 대한 고민'을 스스로 해주길 부탁하고 있는 것이다.

새로운 저술이 나올 때면 샌델 교수는 한국으로 와서 독자들과 직접 만남을 가졌다. 코로나19 상황은 그것을 어렵게 만들어 버렸다. 하지만 중요한 것은 그의 메시지에 주목하는 것이다. 진정한 가치가 있는 만남은 그의 생각과 우리의 문제가 만나는 것이다. 그 만남은 우리가 주도해야 한다.

김선욱, 숭실대 철학과 교수

2020년, 코로나바이러스 팬데믹이 급습했다. 다른 많은 나라처럼, 미국은 준비가 되어 있지 않았다. 보건 전문가들이 전년도에 세계적 대유행 가능성을 경고했음에도 그랬다. 심지어 1월, 중국에서 폭발적 감염이 일어났을 때조차 미국은 이 전염병을 억제할 만한 광범위한 검사 능력을 갖추고 있지 못했다. 전염이 사방으로 퍼지는 동안, 이 세계에서 가장 부유한 나라는 밀물처럼 몰려드는 감염자들을 대처하기 위해 절실했던 의료용 마스크도, 그 밖의 보호장비도 방역 일선에 보급해주지 못했다.

그러나 문제는 이런 물자 준비 부족만이 아니었다. 정신적으로도 준비가 되어 있지 않았다. 이 위기가 있기까지 미국은 경제, 문화, 정치적으로 심각한 분열을 겪어왔다. 수십 년 동안 불평등이 심화되고 문화적 갈등도 거세진 끝에 2016년에는 성난 포퓰리스트들의 반란이 일어나 그 결과 도널드 트럼프가 대통령이 되었다. 정당 사이의 분열은 위기가 계속되는 동안 더 심해졌다. 코로나바이러스에 대해 언론이 믿을 만한 보도를 한다고 보는 공화당원도 적었고(겨우 7퍼센트), 트럼프가 내놓는 정보를 믿는 민주당원도 적었다(4퍼센트).[1]

이러한 정당 간 증오와 불신의 와중에 찾아든 전염병, 그것은 전쟁이라도 치르는 중이 아니면 좀처럼 확보할 수 없는 단결을 필요로 했다. 전 세계 사람들은 "사회적 거리두기를 준수하며, 일하러 나가지 말고 집에 머물러 달라"는 요청 또는 강요를 받았다. 원격으로 근무할 수 없는 사람들은 급여 삭감과 실직을 겪었다. 아니면 바이러스를 피하기 어려운 환경에서도 건강과 목숨을 걸고 계속 일해야 했다.

도덕적 차원에서, 팬데믹은 우리의 상호의존성으로 인한 취약성을 상기시켰다. "우리는 모두 함께입니다." 공직자들과 광고업자들은 이런 구호를 거의 자동적으로 내놓았다. 그러나 그 구호가 호소했던 단결은 곧 공허해졌다. 그 구호는 서로에게 책임을 지며 고통을 분담함으로써 유지되는 공동체를 가리키고 있지 않았기 때문이었다. 팬데믹은 그 사실을 까발렸다. 코로나바이러스는 유색인종에게 특히 심각한 영향을 주었는데, 그들 가운데는 리스크가 큰 직종 종사자가 유난히 많았기 때문이다. 백인에 비해 라틴계의 사망률은 22퍼센트 높았고, 흑인의 경우에는 40퍼센트 이상이었다.[2]

이런 우울한 사망 태그는 코로나 이전부터 있었던 특권과 사유화의 현실을 반영한다. 미국이 국내 자체적으로 의료용 마스크와 의약품 생산을 하지 못하게 만든 바로 그 시장주도적 세계화 프로젝트가 사회적 불평등을 심화시키고, 많은 노동자들에게서 고임금 일자리와 사회적 명망을 빼앗아버린 것이다.

한편 글로벌 시장의 경제적 과실을 챙긴 사람들, 그 보급체계와 자본 유통망 덕을 톡톡히 본 사람들은 갈수록 생산자로든 소비자로든 동료 시민들에게 덜 의존하게 되었다. 그들의 경제 전망과 정체성은 더 이상 태어난 지역이나 국가에 구애되지 않았다. 세계화의 승리자들은 패배자들을 외면하면서, 그들 나름대로의 '사회적 거리두기'를 실천하는 셈이었다.

이렇듯 세계화에서 비롯된 승패와 정치 분열 등의 문제는 더 이상 '좌냐 우냐'의 구분으로 따질 수가 없게 되었다. 그보다는 '열려 있느냐 닫혀 있느냐'로 따져야 한다. 열린 세계에서의 성공은 교육에, 즉 세계 경제 환경에서 경쟁하고 이길 수 있는 능력을 갖추는 데 달려 있다. 그것은 각국 정부가 성공에 결정적 역할을 하는 교육 기회를 반드시 균등하게 관리해야 함을 뜻한다. 그러나 한편으로 이는 '정점에 선 사람은 그럴 만한 노력의 결과로 성공을 얻었음'을 의미하기도 한다. 그리고 정말로 교육 기회가 균등했다는 전제 하에, '뒤처진 사람들은 변명의 여지가 없다'는 말도 된다.

이런 성공관을 가졌다면 "우리는 모두 함께입니다"라는 말을 믿기 어려울 것이다. 그에 따르면 성공한 사람은 마땅히 받아야 할 노력의 대가를 받았을 뿐이라 여길 것이며, 실패한 사람은 성공한 사람들이 자신들을 업신여긴다고 여길 것이다. 그렇게 보면 세계화의 패자들이 왜 그토록 악에 받쳤는지, 그리고 왜 그토록 권위적 포퓰리스트들에게 빠져들었는지 쉽게 이해된다. 그 포퓰리스트들은 엘리트들을 공격하며 "국경의 엄격함을 다시 확인하겠노라. 그리하여 패자들의 원한을 갚겠노라" 약속했다.

조 바이든이 2020년 민주당 대선후보에 지명되면서 그는 36년 만에 처음으로 아이비리그 학위가 없는 민주당 대선후보가 되었다. 그 점에서 그간 민주당이 지지받지 못하던 블루컬러 노동자들과 통할 수 있을지도 모른다. 그러나 그러한 그를 특별하게 바라본다는 것 자체가 바로 우리 스스로 학력주의적 편견을 아무렇지도 않게 생각하게 되어버렸음을 의미한다. 그런 편견은 단지 공직자 후보를 선택할 때만 문제를 일으키는 것이 아니다. 좌우 모든 성향의 주류 정치인들이 최근 수십 년간 벌어진 불평등 심화와 임금 정체에 엉뚱한 해답을 내놓도록 몰고 간다. "노동자 여러분, 대학 학위를 따십시오!"라고 말하게끔.

이처럼 정치 영역에서 팽배해진 학력주의에 대한 가장 통렬한 비판자로 사우스캐롤라이나 주 하원의원 제임스 클라이번을 들 수 있다. 의회에서 가장 지위가 높은 아프리카계 미국인으로서 사우스캐롤라이나에서 바이든을 지명, 그가 위기를 넘기고 최종 지명까지 가도록 도왔던 클라이번은 바이든에게서 노동자들과 민주당을 갈라놓고 있는 끈질긴 학력주의의 대안을 보았다. 클라이번은 말한다. "우리의 문제는 너무도 많은 후보자들이 유권자들과 유대관계를 맺으려 노력하기보다 자신이 얼마나 스마트한지 자랑하느라 급급하다는 데 있다." 그는 민주당이 대학 교육에 너무 큰 비중을 두고 있다고 본다. "한 후보자가 우리는 각자의 자녀를 대학에 보낼 능력이 있어야 한다고 말하는 건 과연 뜻인가? 지금 얼마나 그런 이야기가 되풀이되고 있는가? 진절머리가 난다. 그런 이야기는 아무 쓸모 없다. 그들은 전기 기사, 배관공, 이발사가 목표이기 때문이다."[3] 비록 클라이번이 명확하게 말하지는 않았지만, 그는 노동계급 유권자들을 모욕하고 그들이 트럼프에게 달려가도록 만드는 능력주의적 정치 기획에 일침을 가하고 있다.

선거 결과를 뒤엎으려는 트럼프 지지자들이 미국 중심지를 한바탕 난폭하게 분탕질한 이후 백악관에 들어서게 된 바이든은 "이 나라를 다시 하나로 만들겠다"고 약속했다. 쉬운 일은 아닐 것이다. 트럼프는 졌지만, 아직 완전히 극복되지는 않았다. 그가 팬데믹에 엉망으로 대처하고, 인종 간 긴장을 부추기고, 헌법 규범을 농단하는 걸 본 뒤에도, 7,400만 미국 시민이 그에게 표를 던졌다. 그 일부는 전통적이고 부유한 공화당원들로, 그의 감세 정책에 호응하여 투표했다. 그러나 많은 농민과 노동계급 유권자들은 그의 '불평불만 정치'에 이끌려 그를 찍었다. 정치, 문화적 엘리트에 대한 트럼프의 적대감은 그런 유권자들의 분노와 굴욕감과 맞아떨어졌다. 트럼프의 정책으로 그들이 덕을 본 건 없었지만, 그들은 '트럼프는 우리 편이다'라고 느꼈다. 물론 트럼프의 적대감은 인종차별주의 및 백인우월주의와 얽혀 있었다. 그러나 그의 불평불만 정치는 인종을 넘어서는 호소력을 지녔다. 수십 년 동안 승자와 패자 사이의 간극은 점점 더 커졌다. 그것은 우리의 정치에 독을 치고, 우리의 나라를 조각내버렸다.

바이든이 취임한 지금, 이 나라는 너무도 심각하게 분열되어 있어 대통령 한 사람 정책만으로는 복구하기 어렵다. 사람들이 품고 있는 원한을 해소하기 위해 주류 정당들은 자신들의 사명과 목적을 되새겨야 한다. 그들은 직시해야 한다. 그들이 한껏 옹호해온 시장주도적이고 능력주의적인 사고방식이 얼마나 그런 분노에 기름을 붓고, 포퓰리즘의 반역을 이끌어냈는가를. 우리의 도덕적, 시민적 삶을 새롭게 정립시키기 위해서는, 지난 40년간 우리의 사회적 결속력과 존중의 힘이 얼마나 약해졌는지를 제대로 깨달아야 한다. 이 책은 그 과정을 살피면서, 공동선common good의 정치를 찾아 나서기 위해 생각을 모아보는 책이다.

마이클 샌델

차례

대학 입시와
능력주의

서론

GETTING IN

2019년 3월, 고등학생들이 대학입시 결과를 기다리고 있는 동안 연방 검찰은 깜짝 놀랄 발표를 했다. 33명의 부유한 학부모들이 예일, 스탠포드, 조지타운, 서던캘리포니아 등의 명문대에 자녀를 집어넣기 위해 교묘히 설계된 입시 부정을 저질렀다는 것이었다.[1]

이 음모의 중심에는 윌리엄 싱어라는 악덕 입시상담가가 있었다. 그의 사업은 자식 걱정에 노심초사하는 부유한 학부모들이 대상이었다. 싱어의 회사는 최근 수십 년 동안 부와 명예를 얻는 관문이 된, 지독히도 경쟁이 센 대학의 입시 미로를 요리조리 통과하는 일을 전문으로 했다. 명문대가 요구하는 최상급 성적을 갖추지 못한 학생들에게, 싱어는 냄새 나는 처방을 마련해주었다. SAT, ACT 등의 표준 시험 감독관들에게 돈을 찔러 주고 해당 학생들의 답안지를 조작해 성적을 부풀리도록 한 것이다. 또한 운동부 감독들에게도 돈을 써서 운동을 아예 할 줄 모르는 학생조차 특기생 자격을 얻을 수 있게 해주었다. 그는 자기 학생의 사진을 실제 운동부원 사진과 바꿔치는 수법으로 가짜 특기생 자격증을 만들어내기도 했다.

싱어의 부정 입학 서비스 요금은 결코 싸지 않았다. 어느 유수 로펌 회장은 싱어의 돈을 받은 센터 감독관이 딸의 대입 시험 성적을 알맞게 조작해 주는 대가로 7만 5,000달러를 냈다. 어느 가족은 싱어에게 120만 달러를 주고 그 집 딸이 축구 특기생으로 예일대에 들어가게끔 했다. 놀랍게도 그녀는 축구를 해본 적도 없었다. 싱어는 예일대 축구 감독에게 그 건으로 40만 달러를 안겼고, 그 감독 역시 기소되었다. 한 TV 배우와 패션디자이너인 그녀의 남편은 두 딸을 서던캘리포니아대에 부정 입학시키려 싱어에게 50만 달러를 주었다. 미국 드라마 〈위기의 주부들〉로 유명한 펠리시티 허프먼은 싱어에게 '할인 서비스'를 받았다. 1만 5,000달러밖에 내지 않았으니 말이다. 싱어는 그녀 딸의 SAT 성적을 손질해 주었다.[2]

이렇게 싱어는 '대입 부정 사업'을 8년간 운영하며 총 2,500만 달러를 챙겼다. 입시 부정 스캔들은 대중의 한결같은 분노를 일으켰다. 진영 대결이 심화되며 미국인들이 뭐 하나라도 일치된 입장을 갖기가 힘든 지금, 이 사건은 좌우를 막론하고 모든 정파에서 한 목소리로 비난을 퍼붓게 만들었다. 〈폭스뉴스〉, 〈MSNBC〉, 〈월스트리트저널〉, 〈뉴욕타임스〉도 한목소리였다. 명문대에 가려고 뇌물을 쓰고 조작을 한 게 변명의 여지가 없음은 모두가 동의했다.

그러나 이러한 분노는 단지 '특권층 부모들이 불법적 수단으로 자기 자녀들을 명문대에 입학시켰다'는 데 따른 분노보다 더한 무언가로부터 나왔다. 이 사건은 상징적인 스캔들이었다. '누가 앞서가고 있으며,

그것이 왜 허용되고 있는지'에 대한 근본적 의문을 이 사건에서 찾을 수 있다는 게 분노하는 사람들의 주장이었다.

이러한 분노의 표출도 어김없이 정치적 영향을 받았다. 트럼프 지지 자들은 트위터와 〈폭스뉴스〉를 통해 이 사건에 연루된 '헐리웃 진보'를 비아냥댔다. "저 인간들이 어떤지 좀 보세요." 대통령의 며느리인 라라 트럼프는 〈폭스뉴스〉와의 인터뷰에서 이렇게 말했다. "이 헐리웃 엘리 트들, 진보 엘리트들은 늘상 평등을 주장했죠. 모두가 공정한 몫을 받 아야 한다면서요. 그런데 이야말로 사상 최대의 위선 아닌가요? 그들 은 부정을 저지르고 그들의 자녀를 좋은 학교에 보내기 위해 수표를 끊 어줍니다. 그 학교에 갈 수 있는 진짜 자격을 가진 아이들을 희생시키 면서 말입니다."[3]

한편 진보 쪽에서도 이 사건이 충분히 명문대에 갈 자격이 되는 학생 들을 희생시킨 일이었음에 동의했다. 그러나 그들은 이 스캔들을 '보다 널리 퍼져 있는 부정의가 불거져 나온 꼬투리'에 지나지 않는다고 보았 다. 대학 입학 과정에 부와 특권이 끼치는 영향력은 심지어 부정이 없 는 경우에도 심각하다는 것이다. 미 연방검사는 기소장에서, 위협받고 있는 원칙에 대해 지적했다. "부자들만을 위한 입시는 있을 수 없습니 다."[4] 그러나 신문 사설과 칼럼을 쓰는 사람들은 곧바로 지적했다. '돈 은 그동안 계속 입시에서 한몫을 해왔다'고. 특히 여러 미국 대학들이 동문의 자녀나 관대한 기부자의 자녀에게 혜택을 준다는 점을 말이다.

입시 부정 스캔들로 진보 엘리트들을 비웃은 트럼프 지지자들에게 맞서, 진보파들은 '대통령의 사위인 제러드 쿠슈너가 그저 그런 성적 으로도 하버드대에 입학했다'며 그것은 '부유한 부동산 개발업자인 그의 아버지가 250만 달러를 그 대학에 기부한 덕'이라고 받아쳤다. 트럼프 스스로도 펜실베이니아대 와튼스쿨에 150만 달러를 기부한 바 있는데, 그의 자녀들인 도널드 트럼프 2세와 이방카가 그 학교에 다닐 때였다.[5]

입시의 윤리
———

이 입시 부정 스캔들의 핵심인 싱어는 때때로 간당간당한 성적의 지원자들이 거액 기부 덕분에 '뒷문'으로 들어간다는 사실을 알고 있었다. 그러나 그는 자신만의 기법을 사용했다. 그가 "옆문 뚫기"라고 부른 그것은 보다 가성비가 뛰어난 방법이었다. 그는 자신의 고객들에게 통상적인 '뒷문'은 자신의 부정 입학 수법보다 "돈이 열 배나 들며 확실성도 떨어진다"고 말했다. 거액 기부를 대학에 제의한다 해서 입학이 100퍼센트 보장되는 건 아니기 때문이다. 그러나 그의 옆문 뚫기, 즉 뇌물 건네기와 시험 성적 조작하기는 입학을 확실히 보장해 준다. "우리 '패밀리'는 확실함을 원했다"고 그는 설명했다.[6]

비록 돈이 들어가는 건 뒷문이든 옆문이든 마찬가지지만, 그게 도덕적으로 똑같다고 볼 수는 없다. 일단 뒷문은 합법적이며, 옆문은 불법이다. 미 연방검사는 이 점을 분명히 했다. "건물을 한 채 기부해서 자녀가 그 학교에 들어갈 가능성을 높인다? 우리는 그런 이야기를 하는 게 아닙니다. 사기와 위조 이야기를 하는 것입니다. 가짜 시험 점수, 가짜 자격증, 가짜 사진, 대학 직원에게 뇌물 먹이기… 이런 걸 이야기하는 겁니다."[7]

싱어, 그의 고객들, 그가 뇌물을 준 운동부 감독들을 기소하면서, 뇌물 수수자들은 소속 학교에 자신들이 '1학년생 자격을 팔아먹었다'고 알리지는 않았음이 드러났다. 그들은 다만 정직하지 못한 계획에 동참했을 뿐이다. 합법성 여부는 논외로, 여기서 뒷문과 옆문의 차이점이 분명해진다. 부모가 자기 자녀를 거액 기부로 대학에 보내려 할 때 그 돈은 대학에 들어가 모든 학생들에게 혜택이 될 교육 조건 개선에 쓰일 수 있다. 그러나 싱어의 계획에 따르면 돈은 제3자에게 돌아가고 대학 자체에는 거의 또는 전혀 보탬이 안 된다(적어도 하나의 케이스는 예외였는데, 싱어의 뇌물을 받은 어느 조정부 감독은 그 돈을 조정부의 여건 개선에 썼다. 그러나 다른 모두는 자기 주머니에 챙겼을 뿐이었다).

그러나 공정성 관점에서는 뒷문과 옆문을 구분하기 어렵다. 둘 다 부자 부모를 둔 청소년들이 더 나은 지원자가 되게끔 했으며, 능력보다 돈이 앞선 사례이기 때문이다. 능력에 근거한 입시제도는 '정문'이라고 할 수 있다. 싱어도 그런 표현을 썼다. 정문은 '누구나 자신의 노력만큼 해낼 수 있다'는 의미를 갖는다. 이런 입시 방식은 대부분의 사람들이 공정하다고 보는 방식이다. 지원자는 그 부모가 가진 돈이 얼마든 상관없이 오직 능력, 실력으로만 입학할 수 있는 것이다.

물론 실제로 보면 그렇게 문제가 간단하지 않다. 돈은 뒷문뿐만 아니라 정문 앞에도 떠돈다. 실력대로라고? 사실 실력은 경제적 우위와 구별해서 보기가 어렵다. SAT처럼 표준화된 시험은 그 자체로 능력주의를 의미하며, 따라서 경제적으로 가장 어려운 배경을 가진 학생이라 할지라도 지적인 장래성을 보일 수 있는 시스템이라고 여겨진다. 그러나 실제로는 SAT 점수와 수험생 집안의 소득이 비례관계를 나타낸다. 더 부유한 집 학생일수록 더 높은 점수를 얻을 가능성이 크다.[8]

부자 부모는 자녀를 SAT 모의 응시 과정에만 넣는 것이 아니라, 사설 입시 카운슬러를 고용해 입시 스펙을 다듬어준다. 또한 무용, 음악 레슨을 받게 해주고 펜싱, 스쿼시, 골프, 테니스, 조정, 라크로스, 요트 등의 엘리트 체육을 익히게 해준다. 대학 운동부에 뽑히기 쉬운 조건을 만들어주는 것이다. 그리고 해외 봉사활동도 알선해준다. '어려운 사람들에 대한 배려심'을 어필하기 위해서다. 이런 것들은 다 부유한 부모가 자기 자녀에게 명문대 입학 자격을 따주기 위해 벌이는 '돈이 많이 드는 일들'이다.

학비 문제도 있다. 아주 소수의 부유한 대학들만 학비를 낼 여력이 되는지 따지지 않고 신입생을 받을 수 있다. 장학금을 받지 않아도 될 만큼 여유 있는 학생들은 그게 절실한 학생들에 비해 합격할 가능성이 크다.[9]

이 모든 점을 따져 보면 아이비리그 대학생 삼분의 이 이상이 소득 상위 20퍼센트 이상 가정의 출신임은 놀랄 일이 아니다. 프린스턴과 예일에는 미국의 소득 하위 60퍼센트 출신 학생보다 상위 1퍼센트 출신 학생이 더 많다.[10] 이 엄청난 입학 불평등은 일부 동문자녀 입학과 기여 입학제(뒷문) 때문이지만, 부잣집 학생들은 날개를 달고 정문으로 날아 들어갈 수 있기 때문이기도 하다.

비판론자들은 이러한 불평등을 지적하며, 고등교육이 능력주의를 따르지 않음을 입증한다고 본다. 이런 관점에서 입시 부정 스캔들은 더 넓고 깊이 퍼져 있는 불공정의 고약한 실마리일 뿐이다. 그리고 그 불공정이란 고등교육 시스템이 능력주의를 따르지 못하게 하는 걸림돌이다.

이렇게 의견이 갈리지만, 입시 부정 스캔들을 일반적 입시 과정에서의 일탈로 보는 사람들과 이미 대학 입시에 만연해 있던 현상의 극단적 예에 불과하다고 보는 사람들의 추론에는 공통된 전제가 있다. 능력과 재능으로 대입이 이뤄져야지, 학생 스스로가 어떻게 할 수 없는 다른 요인에 좌우되어서는 안 된다는 것이다. 즉 그들 모두 '대입은 실력에 따라야 한다'고 보고 있는 것이다. 또한 (적어도 암묵적으로) 노력한 사람은 대입 관문을 통과해야 하고, 그에 따르는 혜택을 누릴 자격을 갖는다고도 보고 있다.

이 당연하다시피 한 견해가 옳다면, 능력주의의 문제는 원칙 자체보다 그 원칙을 제대로 살리지 못한 데 있다고 볼 수 있다. 보수와 진보 사이의 정치 갈등이 그 점을 나타내준다. 우리 사회의 논쟁은 능력주의 자체를 따지지는 않고, 어떻게 그 원칙을 실현하느냐를 놓고 이뤄진다. 가령 보수주의자들은 인종이나 민족을 입학 고려 요소로 보는 소수집단 우대정책이 능력주의적 입학제도에 역행한다고 주장한다. 진보주의자들은 이러한 소수집단 우대정책이 계속되고 있는 불공정을 시정하는 방법이며, 참된 능력주의는 특권층과 취약계층 사이의 출발선을 고르게 하는 조치로만 실현될 수 있다고 주장한다.

그러나 이 논쟁은 능력주의의 문제가 더 뿌리 깊은 것일 수 있음을 돌아보지 않는다. 입시 부정 스캔들을 다시 살펴보자. 대중의 분노는 대체로 이 사건의 불법적인 면, 그리고 불공정성에 대해 쏟아졌다. 그러나 그 못지않게 불편한 점이 있다. 그러한 불법 행위를 부추긴 태도다. 그 스캔들의 배경에 도사리고 있던 것은 하나의 가정이다. 이제는 너무 익숙해져서 떠올리기조차 어려운 가정, 즉 명문대 입시는 치열한 경쟁 대상이라는 가정 말이다. 명사들과 사모펀드 거부들이 연루되어 서만이 아니라, 그들이 돈으로 얻으려 했던 입학 자격은 수많은 사람들이 원하는 선망의 대상이었기에 그만큼 주목받은 것이다.

왜 그럴까? 명문대 입학은 왜 이처럼 치열해져서 특권층 부모들이 부정을 저질러서라도 자녀들을 입학시키게끔 만든 것일까? 부정까지는 아니어도 수만 달러를 들여 사설 입시 컨설턴트를 쓰고 모의 입시를 통해 자녀의 입학 기회를 높이는 일, 자녀들의 고교 시절을 고급 교과 과정^AP classes^* 이수하느라, 이력서 잘 꾸미느라, 온갖 과외 활동의 부담을 지느라 인고忍苦의 시기로 만드는 일이 왜 필요해졌을까? 명문대 입시가 과연 어쩌다가 이토록 우리 사회에서 중요한 문제가 되어, 연방수사국^FBI^이 이 사건을 캐내는 데 막대한 자원을 투입하고, 관련 뉴스가 헤드라인을 도배하는 한편 기소에서 판결까지 몇 개월 동안 내내 주요 이슈가 되었던 것일까?

입시 문제에 사회가 목을 매는 현상은 최근 수십 년 동안 점점 불평등이 늘어난 데서 기원한다. 누가 어디에 발을 들여놓느냐에 의해 전보다 훨씬 많은 것이 결정되는 세상이다. 가장 부유한 10퍼센트가 나머지의 몫을 빼앗아감에 따라, 명문대에 들어갈 경우 기대할 수 있는 것은 더 커졌다. 50년 전, 대학 입학은 그렇게 큰 의미를 갖지 않았다. 4년제 대학에 들어가는 미국인은 다섯 명 가운데 한 명도 되지 않았고,

진학자들도 대체로 집에서 가까운 대학을 선호했다. 오늘날에 비하면 대학 서열은 별로 중요하지 않았다.[11]

그러나 불평등이 늘어나면서, 또한 학사 학위 소지자와 비소지자 사이의 소득 격차가 벌어지면서 대학은 매우 중요한 문제가 되어버렸다. 어느 대학에 들어가느냐 역시 중요해졌다. 오늘날 학생들은 너도 나도 소수의 주요 대학들만 선호한다.[12] 부모의 행동방식 역시 달라졌다. 특히 전문직에 종사하는 부모들의 태도가 달라졌다. 소득 격차가 벌어짐에 따라 인생 실패에 대한 두려움도 커졌다. 그런 두려움을 피하고자 부모들은 그 어느 시대보다 적극적으로 자녀의 삶에 개입하게 되었다. 그들의 시간 사용을 간섭하고, 학점을 관리하며, 활동을 지시하는 등 희망 대학의 입맛에 맞도록 자녀의 행동 하나하나를 간섭하게 되어버린 것이다.[13]

이런 식으로 자녀의 일거수일투족을 감시 및 간섭하는 부모의 태도는 느닷없이 나타난 게 아니다. 갈수록 빈부격차가 심해지면서, 여유 있는 부모라면 그 자녀가 '적어도 중산층의 삶을 살았으면' 하고 바라게 되는, 이해할 만한 정서의 결과물이다. 좋은 대학의 졸업장은 그동안 함께 지내온 계층하고만 어울리고 싶어 하는 사회계층의 경직성에 대한 최상의 대응책으로 여겨진다. 그리고 이는 특권층 부모들이 화들짝 놀라서 자녀의 명문대 입시에 새삼 신경을 쏟게 만드는 요인이기도 하다.

그러나 경제적 불안이 전부는 아니다. 싱어의 고객들은 자녀가 사회적 하향선을 타지 않도록 막는 것 말고도, 또 다른 목적에서 지갑을 열었다. 그보다 덜 민감하지만 더 의미심장한 목적이었다. 자녀가 명문대 간판을 달도록 함으로써 그들은 '능력주의의 광채'를 두르려고 한 것이다.

능력 지표 따내기

────

불평등한 사회에서 꼭대기에 오른 사람들은 자신들의 성공이 도덕적으로 정당하다고 믿고 싶어 한다. 능력주의가 원칙이 되는 사회에서는 승리자가 '나는 나 스스로의 재능과 노력으로 여기에 섰다'고 믿을 수 있어야 한다.

역설적으로, 이것이 바로 입시 부정 학부모들이 자녀에게 선물하려던 것이었다. 그들이 단지 자녀에게 부를 물려줄 마음뿐이었다면 신탁기금 등을 포함한 재물을 주면 그만이었을 것이다. 그러나 그들은 뭔가 다른 것을 원했다. 명문대 간판이 줄 수 있는 '능력의 지표' 말이다.

싱어는 정문으로 들어가는 일이 "여러분 스스로 해내는 것"이라고 설명하면서 이 점을 파악하고 있었다. 그의 입시 부정 계획은 차선책이었다. 물론 SAT 점수 조작이나 가짜 특기생 자격증 등을 '스스로 해내는 것'이라고는 볼 수 없다. 그래서 대부분의 부모들이 자신들의 부정행위를 자녀에게 비밀로 했던 것이다. 옆문으로 대학에 들어가는 일은 그런 부정행위가 은폐될 때만 정문 입장과 동급의 능력주의적 영예를 얻는다. "우리 부모님이 요트부 감독에게 돈을 찔러줬어. 덕분에 난 스탠포드에 들어왔지." 누구도 이렇게 말하며 긍지를 느끼지는 않을 테니 말이다.

능력주의적 대입이 갖는 특질은 뚜렷해 보인다. 정당한 스펙으로 입학한 사람은 자신의 성취에 자부심을 가질 것이며, 이것은 자기 스스로 해낸 결과라 여길 것이다. 그러나 사실은 이 역시 문제가 있다. 그러한 입학이 헌신과 노력을 나타내기는 하지만, 정말로 오직 '자기 스스로' 해낸 결과라고 볼 수 있을까? 그들이 스스로 해내도록 도와준 부모와 교사의 노력은 뭔가? 타고난 재능과 자질은 그들이 오직 노력으로만 성공하도록 했을까? 우연히 얻은 재능을 계발하고 보상해줄 수 있는 사회에 태어난 행운은?

노력과 재능의 힘으로 능력 경쟁에서 앞서 가는 사람은 그 경쟁의 그림자에 가려 있는 요소들 덕을 보고 있다. 능력주의가 고조될수록 우리는 그런 요소들을 더더욱 못 보게 된다. 부정이나 뇌물, 부자들만의 특권 따위가 없는 공정한 능력주의 사회라 할지라도 '우리는 우리 스스로 이런 결과를 해냈다'는 잘못된 인상을 심어준다. 명문대 입학을 위해 요구되는 여러 해 동안의 노력 역시 그들이 '나의 성공은 내 스스로 해낸 것'이라는 인식을 강하게 심어준다. 그리고 만약 입시에 실패하면 그건 '누구의 잘못도 아닌 자기 자신의 잘못'이라는 인식도 심어주게 된다.

이는 청소년들에게 지나친 부담이다. 시민적 감수성에도 유해하다. 우리가 스스로를 자수성가한 사람 또는 자기충족적인 사람으로 볼수록 감사와 겸손을 배우기가 어려워진다. 그리고 그런 감성이 없다면 공동선에 대한 배려도 힘들어지게 된다.

대학 입시가 능력주의의 유일한 문제는 아니다. '누가 여기에 맞는 능력을 갖췄는가?'는 오늘날 정치권의 주요 화두다. 표면적으로 이 논쟁은 공정성 논쟁인 듯 보인다. '탐나는 물건이나 사회적 지위를 놓고 경쟁할 때, 모두가 정말로 공평한 기회를 갖고 있는가?'

그러나 능력주의에 대한 우리 사회의 의견 불일치는 공정성에 그치지 않는다. 우리가 성공과 실패 또는 승리와 패배를 어떻게 정의하는가도, 그리고 자신보다 덜 성공한 사람들에 대해 승리자가 어떤 태도를 취해야 하는가도 문제다. 이러한 문제들은 대체로 외면 받고 있으며, 우리는 발등에 불이 떨어지기 전까지는 그 문제를 다루지 않으려 한다.

오늘날 양극화된 정치 환경을 넘어 길을 찾으려면 능력주의의 장단점을 따져볼 필요가 있다. 능력주의의 의미는 지난 수십 년 동안 어떻게 달라졌는가? 직업의 귀천 없음을 무너뜨리고, 많은 이들이 엘리트는 교만하다고 여기게끔 달라지지 않았던가? 세계화의 승리자들이 자신들은 '얻을 만한 걸 얻었을 뿐'이라고 스스로를 정당화하도록 그리고 '능력주의적 오만'에 빠지도록 바뀌지 않았던가?

엘리트층에 대한 분노가 민주주의를 위험 수준까지 밀어내게 될 때, 능력에 대한 의문은 특별히 중대해진다. 우리는 우리의 갈등 지향적 정치에 필요한 해답이, 과연 능력의 원칙을 더 믿고 따르는 것인가 아니면 계층을 나누고 경쟁시키는 일을 넘어 공동선을 찾는 것인가에 대해 자문해 봐야 할 것이다.

승자와 패자

1

바야흐로 민주주의 위기의 시대다. 이러한 위기는 외국인 혐오증이 점점 심해지고, 민주주의 규범의 한계를 시험하고 있는 권위주의적 인물들에 대한 지지 역시 높아지는 데서 느낄 수 있다. 이런 경향은 그 자체로 문제가 많다. 그 못지않게 심각한 사실은 주류 정당과 정치인들이 전 세계에서 정치를 들끓게 만들고 있는 불만에 대해 별로 이해하지 못하고 있다는 점이다.

일부는 포퓰리즘적 민족주의의 준동을 단지 이민과 다문화주의에 맞선 인종주의와 외국인 혐오증의 반발로 치부한다. 다른 일부는 이를 주로 경제 문제의 일환으로 본다. 글로벌 무역과 신기술이 빚어낸 일자리 감소에 대한 반발이라는 것이다.

하지만 포퓰리즘적 저항을 편협한 시각이라고 무시하거나, 이를 다만 경제적 불만의 표출일 뿐이라고 받아들이는 일은 잘못이다. 영국에서 브렉시트가 승리한 것처럼 2016년 도널드 트럼프의 당선은 수십 년 동안 불평등이 커지고 상류층에게는 혜택을, 보통 사람들에게는 무력감을 안겨준 세계화가 진행된 데 대한 분노의 판결이었다. 이는 또한 경제와 문화 조류에서 뒤떨어져 버린 사람들의 항의를 나 몰라라 한 테크노크라트 정치에의 반발이기도 했다.

괴로운 진실은 트럼프가 각종 불안, 고민, 합당한 불만의 결과 당선되었다는 점이다. 주류 정당들은 그런 불평불만들에 제대로 답변하지 못했던 것이다. 유럽 민주주의에서도 비슷한 난국을 볼 수 있다. 유럽 주류 정당들은 대중적 지지를 얻기 위해 고민하기 전, 자신들의 사명과 목적을 되새겨 봐야만 했다. 이를 위해 그들은 유럽 민주주의를 대신해 버린 포퓰리즘적 저항에서 배워야 한다. 그들의 외국인 혐오증과 극단적 민족주의를 복사해야 한다는 것이 아니다. 그런 추한 감정과 얽혀 있는 정당한 불만을 진지하게 다뤄야 한다는 말이다.

이는 그러한 불만이 단순히 경제적인 불만일 뿐만 아니라 도덕적, 문화적 문제이기도 하다는 것을 인정하는 데서 출발해야 한다. 불만은 단지 임금과 일자리에만 있는 게 아니라 사회적 존중과 관련되어 있기도 하다.

포퓰리즘적 저항의 표적이 되어 버린 주류 정당과 집권 엘리트는 이러한 상황을 이해하기 위해 안간힘을 썼다. 그들은 보통 그 불만을 두 가지 중 하나로 진단했다. 이민자와 인종, 민족적 소수자에 대한 혐오감으로, 또는 세계화와 기술 변화에 대한 불안 때문으로 말이다. 그러나 두 진단 모두 뭔가 중요한 점을 빠트리고 있다.

포퓰리즘적 불만에 대한 진단

───────

첫 번째 진단은 엘리트에 대한 포퓰리즘의 분노가 주로 인종적, 민족적, 성적 다양성의 꾸준한 증대에 대한 반동이라고 보고 있다. 사회 위계질서의 상층부를 차지하는 데 익숙해져 있던 백인 남성 노동계급 유권자들은 '자신의 나라에서 소수자로 밀려나는 일', '고향에서 이방인이 되는 일'이 두려운 나머지 트럼프에게 표를 던졌다는 것이다. 그들은 여성이나 소수민족보다 자신들이야말로 차별의 희생자라면서, '정치적 올바름'에 근거한 공적 담론의 요구가 그들을 압박한다고 느낀다. 이러한 진단은 사회적 지위에 흠집이 난 사람들에게 주목하며, 포퓰리즘적 정서의 추한 면을 강조한다. 본토 출생자 우선주의나 여성혐오, 인종주의 등등 트럼프와 그 밖의 민족주의적 포퓰리스트들의 목소리에서 찾을 수 있는 과격한 주장들을 그 증거로 내세우면서 말이다.

두 번째 진단은 노동계급의 분노를 세계화와 기술혁신의 시대 변화가 너무도 빠른 데 대한 당황, 그리고 방향 상실의 결과라 본다. 새 경제 질서에서 평생 직업이라는 개념은 끝났고, 혁신, 유연성, 경영자 마인드, 신기술을 평생 학습하려는 의지 등이 중요해졌다. 그러나 이런 상황에서 다수 노동자들이 한때 가졌던 직업은 저임노동자들의 나라로 아웃소싱되거나 로봇에게 넘겨지고 있으며, 일을 빼앗긴 노동자들은 '스스로를 다시 만들어내야만 한다'는 난제에 부딪쳐 어쩔 줄 몰라 할 수밖에 없다. 이들은 마치 향수병에 걸린 사람들처럼 안정적인 동료 집단과 과거의 경력을 아쉬워한다. 세계화와 기술 혁신의 피해갈 수 없는 파도 앞에 홀로서기를 강요당하는 듯 느끼는 이 노동자들은 이민자들, 자유주의 집권 엘리트에게 신경질을 낸다. 그러나 그들의 분노는 대상을 잘못 고른 것이다. 그들은 모르겠지만, 그들이 저항하는 세력은 마치 날씨처럼 바꿀 수 없는 것이기 때문이다. 그들의 불안은 직업 훈련 프로그램과 그 밖의 정책을 통해 그들이 세계화와 기술 혁신에 적응하도록 도와줌으로써 가장 잘 해소할 수 있다.

두 가지 진단 모두 얼마간 진실을 담고 있다. 그러나 포퓰리즘을 충분히 설명하기에는 부족하다. 포퓰리즘적 저항을 악의에서 나온 것으로 보든, 무지에서 나온 것으로 보든 노동의 존엄성을 깎아내리고 많은 이들을 무력하고 왜소하게 느끼도록 만든 집권 엘리트의 책임은 면제된다. 최근 수십 년 동안 노동자의 사회적, 문화적 지위가 꾸준히 낮아진 것은 피할 수 없는 조류 탓이 아니었다. 주류 정당들과 집권 엘리트가 정책을 그렇게 폈기 때문이었다.

트럼프와 다른 포퓰리즘적 권위주의자들의 민주주의 규범 위협에 직면해, 지금 그 엘리트들은 위기의식을 느끼고 있는데 이는 당연한 일이다. 그러나 그들은 바로 자신들이 자아낸 분노가 포퓰리즘의 불을 댕겼음을 깨닫지 못한다. 그들은 우리가 지금 겪고 있는 소란이 역사적으로 유지해온 균형을 깨뜨린 정치적 실패에서 빚어졌다는 점을 모르고 있다.

'테크노크라시'와 시장 친화적 세계화

이 실패의 핵심에는 주류 정당들이 지난 40여 년간 세계화 프로젝트를 어떻게 인식하고, 어떻게 수행해 왔느냐가 있다. 이 프로젝트는 두 가지 점에서 포퓰리즘의 반격에 단서를 제공했다. 하나는 이를 통해 공공선public good을 기술관료적으로 인식하게 되었다는 점이며, 다른 하나는 승자와 패자를 능력주의적으로 정의 내리게 되었다는 점이다.

기술관료적인 정치 개념은 시장에 대한 믿음과 강하게 연관된다. 그것은 꼭 국가 개입이 일체 배제된 자유방임적 자본주의를 의미하지는 않는다. 하지만 시장경제야말로 공공선을 달성하는 데 기본적 도구라 여기는 것이며, 따라서 더 큰 범위에서 시장을 신뢰하는 것이라 할 수 있다. 정치를 이렇게 생각하다 보면 기술관료적 정치가 이뤄진다. 그것은 실질적인 도덕적 논쟁에 대한 공적 담론을 실종시켰으며, 논란이 있는 이념 문제를 마치 '경제 효율 문제'처럼 전문가가 독단적으로 처리할 문제인 듯 취급했다.

이러한 기술관료적 맹신이 포퓰리즘의 불만에 어떤 식으로 판을 깔아주었는지는 쉽게 알 수 있다. 시장주도적 세계화는 불평등을 심화시켰다. 그리고 국가적 정체성과 애국심도 약화시켰다. 상품과 자본이 국경을 자유롭게 넘나들게 되면서 글로벌 경제의 흐름을 탄 사람들은 코스모폴리탄식 정체성을 진보적이고 뛰어나다고 치켜세우면서 보호주의, 종족주의, 갈등 등이 갖는 협소하고 파편적인 정체성과 비교했다. 그들은 이제 '좌냐 우냐'의 기준이 아니라 '열려 있느냐 닫혀 있느냐'의 기준으로 정치를 바라봐야 한다고 주장했다. 아웃소싱, 자유무역 협정, 무제한적 자본 유동성 등에 관한 비판은 '꽉 막힌 생각'일 따름이며, 세계화 시대에 종족주의를 고집하는 것에 불과하다는 주장이었다.[1]

한편 기술관료적 통치 방식은 여러 공적 문제를 기술 전문가들에게 맡김으로써 보통 시민들은 손을 써볼 수조차 없도록 만들었다. 이는 민주적 토론의 범위를 좁히며, 공적 담론의 내용을 공허하게 하고, 개인들이 점점 더 무력감에 빠지게 한다.

시장친화적이고 기술관료적인 세계화의 개념은 좌우 주요 정당들에게 고스란히 수용되었다. 특히 중도 좌파 정당이 시장 중심적 사고와 시장적 가치를 수용한 일은 무엇보다 의미심장했다. 이는 세계화 프로젝트의 진행에, 그리고 뒤따른 포퓰리즘의 반격에 큰 영향을 미쳤다. 트럼프가 당선될 즈음 민주당은 기술관료적 자유주의 정당으로서 한때 그 지지기반이었던 노동자와 중산층 유권자 대신 전문직업인들에게 한껏 기울어져 있었다. 브렉시트 당시의 영국 노동당, 유럽의 사회민주당들도 마찬가지였다.

이런 변화는 1980년대부터 시작되었다.[2] 로널드 레이건과 마거릿 대처는 "정부는 문제이고 시장이 해답이다"라고 주장했다. 그들이 정치 무대에서 물러나자, 미국 빌 클린턴, 영국 토니 블레어, 독일 게르하르트 슈뢰더 등의 중도 좌파 정치인들이 뒤를 이었다. 그들이 시장에 대해 갖는 믿음은 이전의 리더들보다 엷었지만 각자의 사회에서 그 지배를 공고히 하는 데 한몫했다. 그들은 통제받지 않는 시장의 날선 이빨을 어느 정도 무디게 만들었으나, 레이건-대처 시대의 핵심 전제를 건드리지는 않았다. 시장 메커니즘이야말로 공공선을 달성하는 기본 수단이라는 전제였다. 이러한 믿음에 발맞춰 그들은 시장 중심적 세계화를 수용했고 경제가 갈수록 금융화되는 경향을 환영했다.

1990년대, 클린턴 정부는 공화당과 손잡고 세계무역협정 추진과 금융 산업 규제 완화에 나섰다. 이런 정책들의 혜택은 대부분 최상위층에 게 돌아갔다. 그러나 민주당은 불평등 심화와 금권정치 강화에 대해 별 내색을 하지 않았다. 자본주의를 길들이고 경제권력을 민주적으로 제 어한다는 원래 사명에서 벗어난 진보 진영은 그 매력을 상실해 버렸다.

이 모든 것은 버락 오바마가 정치무대에 등장했을 때 달라지나 싶었 다. 2008년 대선 유세 때 그는 진보 진영의 공적 담론을 장악해 버린 경영자나 기술관료의 언어에서 극적으로 벗어날 대안을 제시했다.

그러나 대선 후보로서 그가 보여준 도덕적 에너지와 시민적 이상주 의는 백악관까지 이어지지 못했다. 금융위기 와중에 집권하게 된 오바 마는 클린턴 시절에 금융규제 완화를 추진했던 사람들을 경제 고문으 로 앉혔다. 그들의 권고에 따라, 오바마는 금융위기를 초래한 책임에 대해서는 불문에 붙이면서 은행들을 밀어주었다. 그리고 금융위기 때 문에 집을 잃어버린 사람들에게는 거의 아무런 도움도 주지 않았다.

그의 입에서 울리던 도덕적 목소리는 침묵에 들어갔다. 오바마는 월 스트리트에 대한 대중의 분노를 정책으로 엮어내기보다 그저 무마하 는 데 급급했다. 부실기업에 대한 긴급구제가 일으킨 지속적 분노는 오 바마 행정부에 그림자를 드리웠고, 마침내 좌우를 망라한 포퓰리즘의 반격에 봉화를 올렸다. 좌파에서는 '월가 점령' 운동과 버니 샌더스의 대선 출마가 있었고, 우파 에서는 티파티*와 트럼프의 대선 출마, 그리고 당 선이 있었다.

미국, 영국, 유럽에서 포퓰리즘의 발흥은 일반 적으로 집권 엘리트에 대한 반작용이었다. 그러

> *
> **Tea Party**
> 미국 독립운동의 불씨를 만든 '보스 턴 티 파티'에서 따온 것으로, 복지 국가 등 정부의 개입을 자유 억압으 로 보고 저항한다는 의미로 2009년 부터 시작된 보수 우파의 사회운동.

나 그 가장 두드러진 피해는 진보 및 중도 좌파 정당들이 입었다. 미국 민주당, 영국 노동당, 독일 사회당(2017년 연방의회 선거에서 지지율이 사상 최저급으로 떨어졌다), 이탈리아 민주당(지지율이 20퍼센트 이상 폭락했다), 프랑스 사회당(2017년 대선 제1차 투표에서 대선후보가 겨우 6퍼센트 득표했다) 등등.

다시 대중의 지지를 바라기 전에, 이들 정당은 시장중심적이고 기술관료적인 통치 방식부터 점검해야 할 것이다. 또한 보다 미묘하지만 그만큼 결정적인 뭔가도 재고해 보아야 한다. 바로 수십 년 동안 불평등이 증가하면서 생겨난, '성공과 실패에 대한 관점'이다. 그들은 새로운 경제 환경에서 빛을 보지 못한 사람들이 왜 '승자가 경멸적으로 깔보고 있다'고 느끼는지 물어볼 필요가 있다.

빈부격차를 그럴싸하게 설명하는 법

그러면 여러 노동계급 및 중산층 유권자들이 엘리트들에게 분노를 터뜨리게 된 계기는 뭘까? 해답을 얻으려면 지난 수십 년간의 빈부격차 상황부터 알아봐야 한다. 하지만 그게 전부는 아니다. 궁극적으로 사회적 인정 및 존중감의 조건과 관계가 있다.

세계화는 그 과실을 불균등하게 배분했다(절제해서 표현한 것이다). 미국의 경우 1970년대부터 지금껏 늘어난 국민소득 대부분이 상위 10퍼센트에게 돌아갔고, 하위 50퍼센트는 거의 아무 것도 얻지 못했다. 실질소득 기준 노동가능 연령 인구의 중위소득은 약 3만 6,000달러인데,

그것은 40년 전보다 낮은 수준이다. 오늘날 가장 부유한 1퍼센트의 미국인이 하위 50퍼센트가 버는 것보다 더 많이 벌고 있다.[3]

그러나 불평등의 폭발적 증가만으로는 포퓰리즘의 분노, 그 핵심을 설명할 수 없다. 미국인들은 오래전부터 소득과 재산의 불평등을 참아왔다. 어디서 출발하든 부자라는 결승점에 도달할 수 있다고 믿어왔기 때문이다. 사회적 상승 가능성에 대한 이런 믿음은 아메리칸 드림의 핵심이다.

이 믿음에 응해, 주류 정당과 정치인들은 기회의 평등을 늘림으로써 증가하는 불평등에 대응해왔다. 세계화와 기술 혁신으로 일자리를 잃은 노동자들을 억누르고, 고등교육 이수 기회를 넓혔다(인종, 민족, 성의 장벽을 제거함으로써 말이다). '기회 균등'이라는 수사는 규칙을 지키면서 열심히 일하는 사람은 "누구나 재능이 이끄는 만큼 높이 올라갈 수 있다"는 구호로 요약되었다.

최근 몇 년간은 정치인과 정당들 모두 이 구호에 목매다 못해 성경구절인양 받드는 모습이었다. 공화당의 로널드 레이건, 조지 W. 부시, 마코 루비오는 물론이고 민주당의 빌 클린턴, 버락 오바마, 힐러리 클린턴 등이 모두 한결 같았다. 오바마는 이 구호를 약간 변형하기도 했다. 팝송 가사를 본떠 "하면 된다You can make it if you try"[*]라고 했던 것이다. 그의 집권 기간에, 그는 이 구호를 연설이나 공식 발언 등에서 140회 이상 써먹었다.[4]

그러나 이런 '사회적 상승 찬가'는 이제 속빈 강정이 되었다. 오늘날의 경제 상황상 사회적 상승은 결코 쉽지 않다. 가난한 부모에게서 태어난

> [*]
> **You can make it if you try**
> 1957년 진 앨리슨이 처음 불렀고 롤링스톤즈가 나중에 리메이크한 팝송의 제목이자 가사.

미국인은 대개 가난한 성인이 된다. 소득 기준 하위 5분위 가정 출신자는 스무 명 가운데 한 명만 상위 5분위에 이르렀고, 대부분은 중산층에도 이르지 못했다.[5] 개천에서 용이 나는 일은 미국보다 캐나다, 독일, 덴마크, 그 밖의 유럽 국가에서 더 많다.[6]

이는 불평등에 대해 미국이 오랫동안 변명해온 '계층 이동 가능성 mobility'이라는 말과 들어맞지 않는다. 미국인들은 스스로에게 이렇게 말한다. "미국은 계급이 뚜렷한 유럽 사회에 비해 불평등 걱정을 덜 해도 돼. 우리 사회에서는 계층 상승이 가능하기 때문이지." 미국인의 70퍼센트는 '가난한 사람이 자력으로 가난에서 벗어날 수 있다'고 믿으며, 유럽인은 35퍼센트만이 그렇게 여긴다. 이런 사회적 이동성 관련 믿음은 미국이 주요 유럽 국가들에 비해 왜 그처럼 복지제도에 소극적인지 설명해준다.[7]

그러나 오늘날 사회적 이동이 가장 잘 일어나는 국가들은 평등 수준 또한 가장 높은 국가들인 경우가 많다. 이를 보면 사회적 상승의 능력은 가난이 주는 압박에서 벗어나려는 개인의 의지보다는 교육, 보건을 비롯해 직업 세계에서 개인을 뒷받침해 주는 수단에 대한 접근성에 달려 있는 듯 보인다.

최근 수십 년 동안의 폭발적인 불평등 증가는 사회적 상승을 가속화시킨 게 아니라, 정반대로 상류층이 그 지위를 대물림해줄 힘만 키워주고 말았다. 지난 반세기 동안, 명문대학들은 한때 특권층 자녀들의 입학에 걸림돌이 되었던 인종, 종교, 성, 민족 등의 장벽을 무너뜨렸다. SAT는 계층과 가문이 아니라 학업 성적으로 학생을 뽑겠다는 약속과 함께 만들어졌다. 그러나 오늘날의 능력주의는 세습귀족제로 굳어져가고 있다.

하버드와 스탠포드 대학생 삼분의 이는 소득 상위 5분위 가정 출신이다. 장학금과 기타 지원책이 후하지만, 아이비리그 대학생 가운데 하위 5분위 출신자는 4퍼센트도 되지 않는다. 하버드와 그 밖의 아이비리그 대학에서, 소득 상위 1퍼센트(연간 63만 달러 이상) 출신의 학생은 하위 50퍼센트 가정 출신 학생보다 많다.[8]

노력과 재능 만으로 누구나 상류층으로 올라갈 수 있다는 미국인의 믿음은 더 이상 사실과 맞지 않는다. 기회 균등에 대한 담론이 과거와 같은 반응을 얻지 못하는 이유라 볼 수 있다. 사회적 이동성은 더 이상 불평등에 대한 보상이 될 수 없다. 빈부격차에 대한 진지한 대응은 무엇이든 부와 권력의 불평등을 직접 다뤄야만 하며, 사다리를 오르는 사람들을 돕는 방안으로는 무마될 수 없다. 사다리 자체가 점점 오르지 못할 나무가 되어가고 있기 때문이다.

능력주의 윤리

현실이 이상에 미치지 못하는 것이 능력주의의 유일한 문제는 아니다. 만일 그렇다면 기회의 평등을 완벽하게 가다듬는 것만으로 충분히 해결할 수 있을 것이다. 사회구성원들이 어떤 출발점에 서 있든 노력과 재능이 허락하는 한 얼마든지 위로 올라갈 수 있게 하는 것으로 말이다. 그러나 능력주의가 완벽하게 실현된다 하더라도 그것이 도덕적 또는 정치적으로 만족스러울지는 의문이다.

도덕적으로 보자. 재능이 있는 사람이라고 할지라도 반드시 시장 중심 사회가 성공자에게 후하게 베풀기 마련인 어마어마한 보상을 받을 자격이 있는지는 확실하지 않다. 능력주의 윤리의 핵심은 '통제 불가능한 요인에 근거한 보상이나 박탈은 부당하다'는 것이다. 그런데 일정한 재능의 소유(또는 결여)를 순전히 각자의 몫으로 봐도 될까? 만약 그렇지 않다면 재능 덕분에 상류층으로 올라가는 사람들이, 그와 똑같이 노력했지만 시장이 반기는 재능은 없는 탓에 뒤떨어져 버린 사람들보다 훨씬 많은 보상을 받을 자격이 있는지 의심스럽다.

능력주의 이념에 찬성하며 그것을 자신들의 정치 신념으로 삼는 사람들은 이러한 도덕적 문제를 간과하고 있다. 그들은 또 더 큰 정치적 의미를 갖는 문제도 외면한다. 승자들 가운데, 그리고 패자들 가운데 능력주의 윤리가 부추기는 도덕적으로 좋지 못한 태도의 문제다. 능력주의 윤리는 승자들을 오만hubris으로, 패자들은 굴욕과 분노로 몰아간다. 이러한 도덕 감정은 엘리트에 대한 포퓰리스트적 반항의 핵심에 자리 잡고 있다. 이민자들이나 아웃소싱에 대한 반항 차원을 넘어, 포퓰리즘의 불만은 능력주의의 폭정을 향한다. 그리고 그 불만은 정당화된다.

'공정한 능력주의 제도를 마련하자', '사회적 위치가 재능과 노력을 반영하게 하자'며 되풀이되는 이야기는 우리가 성공(또는 패배)을 해석하는 방식에 잘못된 영향을 준다. 재능과 노력을 보상하는 체제라고 생각하는 건, 승자들이 승리를 오직 자기 노력의 결과라고, 다 내가 잘나서 성공한 것이라고 여기게끔 한다. 그리고 그보다 운이 나빴던 사람들을 깔보도록 한다.

능력주의적 오만은 승자들이 자기 성공을 지나치게 뻐기는 한편 그 버팀목이 된 우연과 타고난 행운은 잊어버리는 경향을 반영한다. 정상에 오른 사람은 자신의 운명에 대한 자격이 있는 것이고, 바닥에 있는 사람 역시 그 운명을 겪을 만하다는 것이다. 이런 태도는 기술관료적 정치의 도덕적 자세이기도 하다.

우리가 가진 몫이 운의 결과라고 생각하면 보다 겸손해지게 된다. "신의 은총 또는 행운 덕분에 나는 성공할 수 있었어." 그러나 완벽한 능력주의는 그런 감사의 마음을 제거한다. 또한 우리를 공동 운명체로 받아들이는 능력도 경감시킨다. 우리의 재능과 행운이 우연에 따른 것이라고 생각할 때 생기는 연대감을 약화시킨다. 그리하여 능력은 일종의 폭정 혹은 부정의한 통치를 조장하게 된다.

조롱의 정치

아래쪽에서 올려다볼 때, 엘리트의 오만은 짜증나지 않을 수 없다. 그 누구도 내려다보이는 위치에 서고 싶지 않다. 그러나 능력주의 신앙은 그들이 입은 상처에 굴욕까지 보탠다. 자신의 곤경은 자신 탓이라는 말, "하면 된다"라는 말은 양날의 검이다. 한편으로는 자신감을 불어넣지만 다른 한편으로는 모욕감을 준다. 승자에게 갈채하며 동시에 패자에게 조롱한다. 패자 스스로마저도 말이다. 일자리가 없거나 적자에 시달리는 사람에게 나의 실패는 자업자득이다. 재능이 없고 노력을 게을리 했기 때문이라는 생각은 헤어나기 힘든 좌절감을 준다.

이런 점에서 조롱의 정치 politics of humiliation 는 부정의의 정치 politics of injustice 와 다르다. 그것은 포퓰리즘의 반격에 기름을 붓는 분노와 울분을 언제든 일으킬 잠재력이 있다. 도널드 트럼프는 자신이 억만장자임에도 불구하고 이 분노를 잘 이해했으며 잘 써먹었다. 입만 열면 "기회" 운운하는 버락 오바마, 힐러리 클린턴과 달리 트럼프는 그 말을 거의 안 썼다. 대신 그는 승자와 패자에 대해 거친 표현을 퍼부었다(흥미롭게도 사회민주주의 포퓰리스트인 버니 샌더스 역시 '기회'나 '사회적 이동성'은 거의 말하지 않는다. 대신 부와 권력의 불평등만 이야기한다).

집권 엘리트들은 지금껏 '대학 학위야말로 성공의 길이자 사회적 명망의 기반'이라고 가치를 부여해 왔기 때문에, 능력주의가 오만으로 이어질 수 있으며 그 때문에 대학에 못 간 사람에게 고약한 낙인이 찍히게 됨을 나 몰라라 한다. 그러다 보니 포퓰리즘이 터져 나오고 트럼프가 승리할 수 있었다.

오늘날 미국 정치를 나누는 가장 깊은 균열 중 하나는 '대학 나온 사람 vs 안 나온 사람'이다. 2016년 대선에서, 트럼프는 비대졸자 표의 삼분의 이를 얻었다. 반면 힐러리 클린턴은 고등교육 이수자들 사이에서 압승했다. 영국의 브렉시트 국민투표에서도 비슷한 모습이었다. 비대졸자는 브렉시트에 압도적 지지를 보냈고, 대학원까지 마친 사람은 상당수가 반대표를 던졌다.[9]

힐러리 클린턴은 1년 반 뒤 자신의 대선 전략을 평가·반성하면서 자신의 패배에 기여했던 능력주의적 오만을 드러내보였다. "저는 미국 GDP의 삼분의 이를 생산하는 지역의 삼분의 이에서 승리했습니다." 그녀는 2018년 뭄바이에서 열린 컨퍼런스에서도 이렇게 말했다. "저는 낙관적이고, 다양하고, 역동적이고, 미래지향적인 고장들에서 이겼답니다." 트럼프에 대해선 "흑인의 권리를 못마땅해 하고", "여성들이 일터에 나가는 걸 좋아하지 않는" 고장들에서 이겼다고 했다. 그녀는 세계화 승자들의 지지를 얻었으며, 트럼프는 '루저들'의 지지를 얻었다는 것이었다.[10]

민주당은 한때 특권층에 맞서 농민과 노동자의 편에 선 바 있다. 그러나 바야흐로 능력주의의 시대에, 민주당 대선후보로 나섰다가 패배한 사람은 "그래도 나는 미국의 부자와 고학력자들의 지지를 얻었다"라며 자랑하고 있는 것이다.

도널드 트럼프는 굴욕의 정치에 아주 능란했다. 경제 정의라는 관점에서 그의 포퓰리즘은 가짜라고, '금권주의 포퓰리즘'이라고 할 수 있었다. 그는 자신을 지지하는 노동계급 다수로부터 보건 서비스를 삭감하는 보건개혁안과 부자들의 세금을 줄여 주는 세제개혁안을 내놓았다. 그러나 그런 위선에만 주목하면 요점을 놓치게 된다.

미국이 파리 기후변화협약에서 탈퇴하기로 했을 때, 트럼프는 그것이 미국 국민의 일자리를 보호하기 위한 결정이라고 그럴 듯한 주장을 했다. 그러나 그 결정의 진짜 중요한 점이자 그의 정치이념의 핵심은 다음과 같은 좀 산만해 보이는 연설에서 찾을 수 있다. "언제부터 미국이 모욕을 당해야 했습니까? 언제부터 그들이 우리를 형편없는 나라라고 여겼습니까? 우리는 다른 국가와 정상들이 우리를 더 이상 깔보지 않기를 바랍니다."[11]

미국을 소위 '기후협약이라는 부담'에서 해방시키는 일은 사실 일자리나 지구온난화 문제와 관계가 없었다. 트럼프의 정치적 상상, 그 속의 '굴욕 피하기'였다. 이는 트럼프 지지자들의 반향을 불러왔으며, 그 가운데는 지구온난화를 염려하던 사람들까지 있었다.

기술관료적 능력과 도덕적 판단력

———

사실 능력 있는 사람이 통치해야 한다는 생각은 우리 시대의 전유물이 아니다. 공자는 덕이 뛰어나고 유능한 사람이 통치해야 한다고 했다. 플라톤은 공공의 정신으로 무장한 수호자 계급의 지지를 받는 철인왕이 다스리는 사회를 상상했다. 아리스토텔레스는 플라톤의 철인왕에는 반대했으나 그 역시 능력이 뛰어난 자들이 공공 문제에 가장 큰 영향력을 가져야 한다고 보았다. 그에게 정치와 관련된 능력은 부유함이나 좋은 가문이 아니라 시민적 미덕civic virtue과 실천지phronesis(공공선의 문제에 있어서 추론을 잘하는 실천적 지혜)의 탁월함이었다.[12]

미국 '건국의 아버지들'은 스스로를 "능력을 갖춘 사람Men of Merit"이라 불렀다. 그리고 그들처럼 유덕하고 유식한 사람들이 공직을 맡기를 바랐다. 그들은 세습귀족제에 반대했다. 그러나 직접민주주의도 내켜하지 않았다. 선동정치가가 정권을 잡을 가능성을 우려했기 때문이다. 그들은 미연방에 상원을 두고 대통령을 간접선거로 뽑는 등의 제도로 능력주의적 통치를 도모했다. 토머스 제퍼슨은 미덕과 재능에 근거한 '자연 귀족정'을 '부와 출신에 근거한 인위적 귀족정'보다 선호했다. 그는 이렇게 썼다. "그런 정부 형태는, 자연적으로 고귀한 사람들을 정부 공직에 앉힐 수 있는 순수한 선택을 하는 데 최고의 것이다."[13]

이런 저런 차이가 있어도, 공자에서 미국 공화주의자들까지 이르는 이러한 전통적 능력주의는 통치에 적합한 능력에 도덕적, 시민적 미덕이 포함된다는 점에서 같다. 그들 모두 공동선이란 적어도 부분적이나마 시민의 도덕교육으로 이루어진다고 생각했기 때문이다.

그러나 우리가 겪고 있는 '기술관료 버전'의 능력주의는 능력과 도덕 판단의 사이의 끈을 끊어버렸다. 이는 경제 영역에서 '공동선이란 GDP로 환산할 수 있는 것'이라고 간단히 정해 버렸으며, 어떤 사람의 가치는 그가 제공할 수 있는 상품이나 서비스의 경제적 가치에 달려 있다고 못박아버렸다. 또한 정부 영역에서는 능력이란 곧 기술관료적 전문성이라고 보았다.

이는 다음과 같은 현상들에서 분명히 드러난다. 대통령 정책고문으로서 경제학자들의 역할이 점점 커지고 있다. 공동선이 무엇인지 정의하고 그것을 달성하는 일에 시장 메커니즘이 점점 더 많이 적용되고 있다. 정치 논쟁에서 중요한 도덕적, 시민적 문제들 즉 '불평등 증가를 해결하기 위해 무엇을 할 것인가?', '국경 문제에서 살펴야 할 도덕적 부분은 무엇인가?', '일의 존엄은 무엇으로 결정되는가?', '우리는 시민으로서 서로에게 무엇을 해 주어야 하나?' 등이 소외되고 있다.

능력과 공공선을 이처럼 도덕과 무관하게 보는 관점은 몇 가지 점에서 민주사회를 약화시킨다. 지난 40년 동안 목격해왔듯, 능력주의 엘리트는 통치를 제대로 못한다. 1940년부터 1980년까지 미국을 다스렸던 엘리트는 성공적이었다. 그들은 제2차 세계대전을 승리로 이끌고, 유럽과 일본을 재건했으며, 복지국가를 강화하고, 인종차별을 없애고, 40년 동안 부자와 빈자 모두 혜택을 입는 경제성장을 이뤄냈다. 반면 그 뒤를 이은 집권 엘리트들은 40년 동안 노동자 임금 정체, 1920년대 이래 최대의 소득·재산 불평등, 이라크 전쟁, 19년간 끌고도 아무 해결도 하지 못한 아프가니스탄 전쟁, 재정 악화, 2008년 금융위기, 인프라 악화, 세계 최고의 인구 대비 구금자 비율, 선거자금 제한 철폐와 선거구의 게리맨더링*에 따른 민주주의의 희화화 등을 이뤄냈다.

기술관료적 능력주의는 통치 차원에서만 맥을 못 추는 게 아니다. 민간 프로젝트 역시 그렇다. 오늘날 공동선이란 주로 경제적 차원에서 풀이된다. 연대성을 높인다거나 시민들의 결속을 단단히 하는 일 따위는 GDP로 측정되는 소비자 선호 만족 위주의 일에 비하면 별 관심을 얻지 못한다. 그래서 공적 담론은 갈수록 너절해져 간다.

게리맨더링
1812년 미국의 엘브리지 게리가 자기 정당에 유리하도록 매사추세츠주의 선거구를 개편한 데서 유래된 말로, 선거구를 특정 정당에 유리하도록 조정하는 일.

오늘날 통용되는 정치적 참여, 그것은 아무도 신경 쓰지 않을 정도로 협소하고, 관리 위주이며, 기술관료적인 이야기 수준이다. 아니면 각 정당 지지자들이 상대방에게 퍼부어대는, 상대가 한 귀로 듣고 한 귀로 흘려버리는 일방적인 부르짖음이다. 이 공허한 정치 공론장은 정치적 스펙트럼 상에서 어떤 이념의 소유자라도 무력감과 짜증을 겪게끔 한다. 그들은 건실한 공적 담론의 부재 현상이 '그만큼 중요한 정책상의 고민거리가 없기 때문'이 아님을 파악하고 있다.

그렇다면 왜 그런 걸까? 다만 그런 중요한 정책상 결정은 어딘가 다른 곳에서, 대중의 눈과 손이 닿지 않는 곳에서 이루어지고 있다. 즉 산업 분야에 휘둘리곤 하는 행정기구, 중앙은행, 주식시장, 선출직 관료들에게 큰 영향을 미치는 기업 로비스트들 등등이 그런 결정의 주체인 것이다.

그러나 이게 전부가 아니다. 공적 담론이 공허해지는 차원을 넘어서, 기술관료적 능력주의는 '사회적 인정'이라는 말의 의미를 뒤틀어놓았다. 그리하여 자격증이 있거나 전문직업인으로 인정받는 사람들의 명예는 높아지고, 대부분의 노동자는 그 사회적 지위와 명망이 추락하여 그들의 사회적 기여 또한 과소평가되는 상황에 부딪친다. 기술관료적 능력주의의 이러한 면은 분노와 양극화에 찌든 오늘날 우리의 정치 양상과 대부분 맞아 들어간다.

포퓰리즘의 준동

———

60년 전, 영국 사회학자 마이클 영은 능력주의가 빚어낼 오만과 분노를 예견했다. 사실 그 용어 자체를 만들어낸 사람이 마이클 영이다. 1958년 출간한 《능력주의의 등장 *The Rise of the Meritocracy*》이라는 책에서, 그는 어느 날인가 계급 장벽이 극복되고 누구나 오직 자신의 능력만으로 성공할 수 있는 진정 공평한 기회를 갖게 된다면 어떻게 될지에 대한 의문을 제기했다.[14]

어찌 보면 이는 환영할 상황이다. 노동계급의 아이들이 마침내 특권층의 아이들과 어깨를 나란히 하고, 공정한 경쟁을 벌일 수 있게 되었다니 말이다. 그러나 영은 그게 과연 순전히 기뻐할 만한 상황일지 곰곰이 생각했다. 능력주의는 승자에게 오만을, 패자에게 굴욕을 퍼뜨릴 수밖에 없기 때문이다. 승자는 자신의 승리를 '나의 능력에 따른 것이다. 나의 노력으로 얻어낸, 부정할 수 없는 성과에 대한 당연한 보상이다'라고 보게 된다. 그리고 자신보다 덜 성공적인 사람들을 업신여기게 된다. 그리고 실패자는 '누구 탓을 할까? 다 내가 못난 탓인데'라고 여기게 된다.[15]

마이클 영에게 능력주의는 추구해야 할 이상적 목표가 아니라 사회적 불화를 불러오는 제도였다. 수십 년 전, 그는 지금 우리의 정치를 오염시키고 포퓰리즘의 분노를 부채질하는 가혹한 능력주의 논리를 꿰뚫어 보았다. 능력주의의 폭정으로 상처를 입었다고 여기는 사람들에게 문제는 '월급이 오르지 않는다'는 것만이 아니라 그들의 '사회적 명망이 추락했다'는 것이다.

기술 혁신과 아웃소싱에 따른 일자리 감소는 노동자들이 종사하는 유형의 일에 대한 사회적 평판도 하락과 맞물렸다. 경제 활동이 '물건 만들기'에서 '돈 관리하기' 쪽으로 넘어가면서, 또한 헤지펀드 매니저나 월스트리트의 은행가들, 전문 직업인들이 사회적 보상을 과하게 챙기면서 전통적인 일자리에 대한 명망은 급락·약화되었다.

주류 정당과 엘리트는 이러한 정치 차원을 놓치고 있다. 그들은 시장 주도적 세계화에는 단지 '분배의 정의' 문제만 따라온다고 여긴다. 세계 무역과 신기술, 경제의 금융화에서 이익을 보는 사람들은 손해를 보는 사람들에게 제대로 보상하지 않고 있다는 것이다.

그러나 그런 생각은 포퓰리즘의 불만과 기술관료적 통치의 실패를 제대로 이해하지 못하는 것이다. 그들은 우리의 정치 담론을 이끌어갈 때 마치 시장에서 아웃소싱하듯 도덕과 정치 문제를 젖혀 버리거나, 전문가와 기술관료에게 온통 맡겨 버리면 되는 듯 해왔다. 결국 정책의 의미와 목표에 대한 민주적 합의는 사라져 버렸다. 이처럼 공적 의미가 텅 비게 되면 한결같이 정체성과 생득성에 대한 거칠고 권위주의적인 형태, 예를 들면 종교 근본주의나 적대적 민족주의 등이 그 공백을 메우기 마련이다.

그것이 오늘날 우리가 목격하는 현실이다. 시장 주도적 세계화는 40년 동안 계속되며 정치 담론의 장을 공동화했고, 보통 시민들을 무력하게 만들었으며, 포퓰리즘의 반격을 촉발했다. 그 반격이란 텅 비어버린 공론장에 무자비하고 복수심에 불타는 민족주의를 채워 넣으려는 움직임이다.

민주정치가 다시 힘을 내도록 하려면, 우리는 도덕적으로 보다 건실한 정치 담론을 찾아내야 한다. 그것은 우리 공통의 일상을 구성하는 사회적 연대에 심각한 피해를 입히는 능력주의를 진지하게 재검토함으로써 가능하다.

CHAPTER 2

'선량하니까 위대하다' 능력주의 도덕의 짧은 역사

"GREAT BECAUSE GOOD": A BRIEF MORAL HISTORY OF MERIT

능력 있는 사람을 채용하는 일은 아무런 잘못이 없다. 사실 그렇게 해야 대체로 옳다고 여겨진다. 화장실 고칠 배관공이나 이를 치료해 줄 치과의사를 찾는다면, 그 분야에서 최고인 사람을 찾을 것이다. 하긴 온 세상을 뒤져서 찾는 게 아닌 이상, '최고'는 아닐 수 있겠다. 하지만 기술적으로 뛰어난 사람이 그런 일을 해주길 확실히 바랄 것이다.

사람을 채용할 때 후보자의 능력은 적어도 두 가지 점에서 중요하다. 하나는 효율성이다. 내 일을 봐주는 배관공이나 치과의사가 무능하지 않고 유능하다면 내게 이익일 것이다. 다른 하나는 공정성이다. 가장 유능한 후보자를 그 종교나 인종, 성별 때문에 물리치고 보다 덜 유능한 후보자를 선택한다면? 잘못이다. 비록 나의 편견에 충실하려는 마음에서 수준이 떨어지는 배관공이나 치과의사를 선택하려 한다고 해도, 그러한 차별은 불공정할 수밖에 없다. 더 능력 있는 후보자는 자신이 부정의한 처사의 희생자라고 정당하게 불평할 수 있다.

능력에 따른 채용이 선하고 분별 있다고 하면, 능력주의의 문제점은 무엇일까? 능력주의로 인한 분노가 전 세계 민주정치를 변형시킬 만큼 강력한데, 어떻게 능력주의 원칙은 그토록 평온무사할 수 있을까? 정확히 언제, 어떻게 능력의 혜택이 해독으로 바뀌는 걸까?

왜 능력이 중요한가

사회가 능력에 따라 경제적 보상과 지위를 배분해야 한다는 생각은 몇 가지 이유에서 매력적이다. 그 중 두 개는 능력 우선 채용에서 '바람직하다'고 본 효율성과 공정성을 원칙화한 것이다. 노력과 선도적 시도, 재능에 후하게 보상하는 경제체제는 각각의 기여도에 관계없이 모두에게 똑같이 보상하는 체제나 정실주의로 정해진 사회적 지위에 따라 차등 보상하는 체제보다 더 생산적일 것이다. 오직 각자의 능력대로만 보상하는 시스템은 공정성을 갖는다. 오로지 실제 성취만으로 사람들이 구별될 뿐, 다른 어떤 기준으로도 차별되지 않기 때문이다.

능력 위주로 보상하는 사회는 또한 야망이라는 차원에서도 매력적이다. 효율성을 늘리고 차별을 배제하는 것뿐만이 아니다. 이는 우리 운명이 우리 손 안에 있다는 생각, 우리의 성공은 우리가 통제할 수 없는 힘에 좌우되지 않으며 오직 우리 하기 나름이라는 생각과 연결된다. 우리는 상황의 희생자가 아니며 우리 운명의 주인이다. 재능과 노력에 따라 얼마든지 높이 오르고 꿈을 이룰 수 있는 존재다.

이는 인간 능력에 대한 기분 좋은 낙관론이며, '우리는 우리가 가질 자격이 있는 것을 갖는다'는 도덕적으로 뿌듯한 결론을 수반하기도 한다. 나의 성공이 스스로의 덕이며 재능과 노력으로 성취한 것이라면 그 성공을 자랑할 만하다. 내 성취에 따른 보상은 당연한 것이라고 믿어 의심치 않으며 말이다. 따라서 능력주의 사회는 이중으로 고무적이다. 자유를 강력하게 옹호하며, 각자 스스로 필요한 것을 정당하게 얻을 수 있도록 한다.

하지만 그럼에도 불구하고 능력주의 원칙은 폭압적으로 변할 수 있다. 사회가 그 원칙에 따르지 못할 때뿐만 아니라, 따를 때도 (더더욱) 그렇다. 능력주의 이상의 어두운 면은 가장 매혹적인 약속, 즉 '누구나 자기 운명의 주인이 될 수 있고 자수성가할 수 있다'는 말 안에 숨어 있다. 이 약속은 견디기 힘든 부담을 준다. 능력주의의 이상은 개인의 책임에 큰 무게를 싣는다. 개인이 자기 행동에 책임을 지도록 하는 일은 바람직하다. 어느 정도까지는 말이다. 그것은 도덕적 행위자이자 시민으로서 스스로 생각하고 행동할 수 있는 능력을 반영한다. 그러나 그렇다고 해서 우리 각자가 삶에서 주어진 결과에 전적으로 책임을 져야 한다고는 말할 수 없다.

심지어 '우리 삶에서 주어진 결과'라는 말조차 무한 책임론에 일정한 한계를 도덕적으로 부과한다. '주어진 결과(몫, lot)'라고 말할 때 그것은 어떤 운명이나, 우연이나, 신의 섭리 등에 따라 정해져 주어진 것이지, 우리 스스로의 노력으로 얻은 것이 아님을 의미한다.[1] 이는 개인의 능력과 선택을 넘어서 행운 또는 은총의 영역으로 들어간다. 이로써 우리는 소득과 직업은 능력 문제가 아니라 신의 은총 문제라는 옛 논쟁을 떠올린다. 그런 것들은 우리 스스로 얻는 것들인가, 받는 것들인가?

우주적 능력주의

운명이 능력의 반영이라는 관념은 서구 문화의 도덕적 직관에 깊이 뿌리박혀 있다. 성서 신학은 '자연의 사건은 그만한 이유가 있어서 일어나는 것'이라고 가르친다. 좋은 날씨와 풍성한 수확은 사람들의 선행에 대한 신의 보답이다. 가뭄과 역병은 죄악에 대한 징벌이다. 배가 폭풍을 만나면, 선원 중에 누가 신을 노하게 했는지를 찾으려 한다.[2]

과학의 시대에 사는 우리가 보기에 이런 사고방식은 순진하고 무지해 보인다. 하지만 이런 식의 생각이 사실 그렇게 우리와 동떨어져 있지는 않다. 어떻게 보면 이야말로 능력주의 사고의 기원이다. 그것은 권선징악의 도덕적 세계가 존재한다는 믿음을 나타낸다. 부는 재능과 노력의 상징이며, 가난은 나태의 상징이라는 현대의 친숙한 시각에서 그리 멀리 떨어져 있지 않다.

성서적 관점의 두 가지 특징이 오늘날의 능력주의와의 유사성을 드러낸다. 우선 인간의 능력에 대해 한껏 강조한다. 또한 불운한 사람들에 대해 둘 다 냉혹하다. 다른 점이라면 오늘날의 능력주의가 인간의 능력과 의지에 중점을 두는 반면, 성서적 능력주의는 모든 것을 신에게 돌린다는 점을 들 수 있겠다. 상과 벌을 나눠주는 주체는 신이다. 홍수든 가뭄이든, 아니면 가뭄 끝의 단비든.

하지만 신이 인간의 선에 상을, 악에 벌을 내리느라 눈코 뜰 새 없다는 것은 너무 인간중심적인 시각이다. 역설적으로 신은 우리에게 구속받게 되며, 신이 정당한 이상 우리에게 응분의 대가를 내려야만 하게 된다. 신이 상벌의 주체라 하지만 그는 각자의 실적에 따라 처리할 뿐

임의대로 행하지는 않는다. 그러므로 신 앞에서라도 인간은 자기가 받을 것을 받으며 따라서 자기 운명에 책임져야 하는 것이다.

다음으로, 이러한 능력주의적 사고방식은 불운을 겪는 사람에게 냉혹한 태도를 부추긴다. 그 고통이 심할수록 '오죽 제대로 못했으면 저럴까' 하는 의심이 짙어진다. 성서의 〈욥기〉를 떠올려 보자. 당당하고 의로운 인물이던 욥은 아들과 딸들이 폭풍우에 희생된 것을 비롯해 말할 수 없는 고통과 수난을 겪었다. 늘 신께 신실했던 욥은 어째서 그런 고난이 자신에게 내렸는지 알 수 없었다(그는 자신이 우주적 도박의 대상이 되었음을, 신이 사탄에게 욥의 신심이 어떤 고난에도 흔들리지 않을 것임을 증명하려고 했음을 모르고 있었다).

욥이 잃어버린 가족을 위해 통곡하고 있을 때, 그의 친구들은(과연 친구들이라고 부를 수 있을지 모르겠지만) 그가 뭔가 말도 못할 죄를 지었음이 틀림없다고 하면서 그에게 "대체 무슨 죄를 지었는지 떠올리라"고 윽박질렀다.[3] 이것을 초기적인 능력의 폭정 사례로 볼 수 있겠다. 고난은 곧 죄의 표시라는 가설로 무장한 욥의 친구들은 그의 고통이 뭔가 큰 죄를 지었기 때문에 빚어진 일이며, 따라서 욥이야말로 그의 자녀들의 살해자라고 잔혹하게 을러댔다. 비록 욥 자신은 스스로가 무죄임을 알았지만 그 역시 친구들처럼 능력의 신학의 소유자였다. 그래서 그는 신께 부르짖었다. 대체 왜 내가, 의로운 사람인 내가 이런 고통을 겪어야 하느냐고.

마침내 신이 욥에게 말씀하실 때 그는 욥과 그 친구들이 가졌던 능력주의 가설을 부정함으로써, 희생자를 단죄하는 잔인한 논리를 부정한다. 발생하는 모든 일이 사람의 행동에 대한 보상이나 처벌로 이뤄지는 것은 아니라고 천명한다. 모든 빗방울이 선한 자의 곡식을 축복하려 내리는 것도 아니고, 모든 가뭄이 사악한 자를 징계하려 드는 것도 아니다. 어쨌든 아무도 살지 않는 황무지에도 비는 내린다. 신의 창조 또한 오직 인간을 위한 것만은 아니다. 우주는 인간중심적 시각으로 들여다보기에는 너무 크며, 신의 뜻 역시 인간의 이해력을 벗어나 있다.[4]

신은 욥의 의로움을 인정한다. 그러나 신의 질서를 인간의 도덕 논리로 이해하려 했던 점에 대해서는 비난한다. 이는 〈창세기〉와 〈출애굽기〉에 나타난 능력주의의 신학에서 급격히 이탈하는 것이다.[5] 자신은 우주적 능력주의의 주재자가 아니라 하면서, 신은 스스로의 무한한 권력을 강조한다. 그리고 욥에게 굴욕 속에서 교훈을 얻으라고 가르친다. 신에 대한 믿음은 창조의 위대함과 신비로움을 받아들이는 것이다. 신이 각 개인의 능력이나 성과에 따라 합당한 상이나 벌을 내리리라고 기대하는 것이 아니다.

구원과 자기 구제

———

능력주의 논쟁은 구원을 논의할 때 다시 기독교에서 등장한다. 신앙이 독실한 사람은 교리를 따르고 선행을 함으로써 구원을 얻어낼 수 있는가, 아니면 오직 신이 각자의 생활 태도와 상관없이 구원받을 사람을 자유롭게 선택하는가?[6] 첫 번째가 더 정당해 보인다. 권선징악의 틀에 맞기 때문이다. 하지만 신학적인 문제가 있다. 신의 전능함에 문제가 생기기 때문이다. 구원이라는 게 우리가 노력해서 얻는 것이며 따라서 받아 마땅한 것이라면 신은 거기에 얽매이게 된다. 말하자면 우리의 능력을 인정해야만 하게 된다. 구원은 적어도 어느 정도는 '스스로 구제한다'는 의미가 되며, 따라서 신의 무한한 힘에는 한계가 생기게 된다.

두 번째는 구원을 노력과 무관한 선물로 보며, 따라서 신의 전능성을 확인하는 것이다. 하지만 그럼으로써 다른 문제를 불러일으킨다. 신이 세상 모든 것의 주재자라면 악의 존재 역시 주재하고 있을 것이다. 그런데 신이 정의롭다면 그의 힘으로 방지할 수 있는 고통과 악이 왜 발생하도록 두는 것인가? 신이 전능함에도 악이 존재한다는 것은 그가 정의롭지 않음을 의미하는 것처럼 보인다. 신학적으로 다음의 세 가지 견해가 병립하기란 (불가능하지는 않을지 몰라도) 매우 어렵다. '신은 정의롭다.' '신은 전능하다.' '악은 존재한다.'[7]

이 난제를 푸는 방법 하나는 인간의 자유의지를 인정하는 것이다. 이로써 악의 존재에 대한 책임은 신에게서 우리에게로 옮겨진다. 만약 신이 어떤 규범을 세웠을 뿐 아니라 개인에게 그것을 따르거나 따르지 않을 자유를 부여했다면, 우리는 옳은 것 대신 잘못된 것을 선택한 데 대한 책임을 져야 한다. 나쁜 일을 한 자는 현세 또는 내세에서 신의 처벌을 감수해야 한다. 그의 고통은 악이 아니라 위반에 대한 징벌이다.[8]

일찍이 이런 해답을 지지했던 사람으로 5세기 영국 수도승 펠라기우스가 있다. 그가 비록 잘 알려진 사람은 아니나 최근의 일부 주석자들은 그가 초기 기독교 신학에서 자유의지와 개인 책임을 내세운 대표적 인물이며, 그야말로 자유주의의 선구자라고 주장하고 있다.[9]

하지만 펠라기우스의 생전에 그의 해답은 맹렬한 반대에 부딪쳤다. 적어도 그 시대의 가장 영향력 있는 기독교 철학자였던 아우구스티누스는 그런 해답을 용납하지 않았다. 그는 인간에게 자유의지를 부여하는 것은 신의 전능함을 부정하며 최고의 은사, 즉 그리스도의 십자가 희생이 갖는 중요성을 부정하는 일이라고 생각했다. 인간이 구원을 스스로 얻어낼 만큼(비록 선행과 계율에 맞는 삶을 살아야겠지만) 자족적이라면 그리스도가 육신을 입고 내려올 필요는 없었을 것이기 때문이다. 신의 은총 앞에서의 겸허함은 스스로의 노력에 대한 자부심으로 바뀌고 만다.[10]

구원은 오직 은총으로만 이루어져야 한다는 아우구스티누스의 주장에도 불구하고, 교회의 행동은 능력주의를 다시 불러들였다. 교회의 예식과 절차들(세례, 기도, 미사 참석, 성사 참례 등등)은 그것들이 참여자들에게 일정한 효과를 주지 않는다면 계속 이루어질 수 없었을 것이다. 신앙과 종교 계율을 잘 지키고 선행을 한다 해서 신의 총애를 받거나 신에게 점수를 딸 수는 없다는 믿음을 오래 유지하기란 어렵다. 신앙이 외적 행동으로 표현되고 교회의 복잡한 예식들로 전달·강화될 때, 감사와 은총의 신학은 피치 못하게 자부심과 자기 구제의 신학으로 미끄러져 내린다. 이것이 적어도 마르틴 루터가 자기 시대의 로마 교회를 보고 내린 결론이었다. 비록 이미 그때로부터 11세기도 전에 아우구스티누스가 능력에 따른 구원론을 비난했지만 말이다.

프로테스탄트 종교개혁은 능력에 대한 반론에서 피어났다. 당시 가톨릭 교회에 대한 마르틴 루터의 저항은 부분적으로는 교회의 일탈에 대한 것이었다. 부자들이 구원을 돈으로 사는(엄격하게 보면 이는 구원을 산다기보다는 참회 기간을 감면받는 일, 다시 말해서 연옥에서 보내야 할 시간을 줄여 주는 일이었지만) 부패한 관행에 대한 반발이었다. 그의 보다 폭

넓은 관점은 아우구스티누스와 비슷했다. 구원이란 오직 신의 은총일 뿐이며, 선행이든 계율 준수든 신의 마음에 들기 위한 개인의 노력과는 상관 없어야 한다는 것이었다. 우리는 천국으로 가기 위해 기도할 뿐이며 그 이상의 일을 할 수는 없다. 루터에게 있어 구원받을 자의 선택은 오로지 주어지는 것, 개인의 노력과는 아무런 상관이 없는 것이었다. 성도들과의 교우나 미사 참석, 그 밖의 일들로 신을 설득해서 우리의 구원받을 자격을 인정하도록 하는 일, 그것은 신성모독이라는 것이었다.[11]

루터의 엄격한 은총론은 분명 반反능력주의적이었다. 그것은 선행에 따른 구원의 여지를 없애고, 스스로를 만들어가는 인간의 자유를 일체 부정했다. 그러나 역설적이게도 그가 시작한 종교개혁은 청교도들 그리고 그들의 후계자들이 가져오게 될 치열한 능력주의적 직업(노동)윤리들로 이어졌다. 《프로테스탄트의 윤리와 자본주의 정신》에서, 막스 베버는 그렇게 된 과정을 설명했다.[12]

루터처럼 청교도에 큰 영향을 미친 장 칼뱅은 구원이란 신이 내린 은총의 산물일 뿐이며 인간의 실적이나 자격에 구애되지 않는다고 보았다. 누가 구원받고 누가 단죄 받을지는 예정되어 있다. 그들이 어떤 삶을 사느냐에 따라 그 결과는 바뀌지 않는다. 성례聖禮도 아무런 효험이 없다. 그래도 신자는 신의 영광을 위해 살아야 한다. 그렇지만 그것은 은총을 받기 위한 수단이 전혀 아니다.[13]

칼뱅의 예정론 교리는 견디기 힘든 압박감을 주었다. 사후에 가게 될 자리가 이 세상에서의 그 무엇보다도 중요하다 여긴다면, 자신이 구원받게 될지, 저주받게 될지 알고 싶어 죽을 지경일 것이다. 그러나 신은 그에 대해 미리 알려주지 않는다. 행동을 보고서 누가 구원받았는지 정죄받았는지도 판단할 수 없다. 선택받은 이들은 '신의 보이지 않는 교회'에 속해 있다.[14]

베버는 이렇게 말했다. "내가 과연 선택 받았을까 하는 의문은 반드시 교인들의 다른 모든 관심사를 뒤로 돌려버리게 만든다. 그리고 나는 과연 이 은총을 어떻게 지킬 수 있을까 하는 의문도 떠오른다." 이 의문의 지속성과 절박성 때문에 칼뱅주의자들은 일종의 직업윤리를 만들어냈다. 모든 사람이 신에게서 직업을 소명으로 받았기에 그 직업에 매진하는 일은 구원의 징표가 된다는 것이었다.[15]

그 핵심은 '일이란 돈을 벌기 위한 수단이 아니라 신을 영광스럽게 하기 위한 것'이라는 생각이었다. 돈을 벌어 마음껏 써보려고 일하는 것은 이러한 목적에서의 일탈이며, 일종의 부패로 여겨졌다. 칼뱅주의는 근면과 금욕주의를 결부시켰다. 베버는 열심히 일하되 소비는 되도록 절제하는, 이런 규제된 접근이 부의 축적을 통한 자본주의의 발흥을 가져왔다고 지적한다. 심지어 애초의 종교적 동기가 사라진 뒤에도, 프로테스탄트의 직업윤리와 금욕주의는 자본주의적인 축적의 배경이 되었다는 것이다. 그러나 우리의 관심에 충실해서 보면 이 드라마의 주요 포인트는 능력과 은총 사이의 고조된 긴장에 있다. 평생 묵묵히 힘들게 일한 삶, 그것은 분명 구원의 티켓이 될 수 없다. 하지만 그 장본인이 (이미) 구원받았음을 나타내는 표시는 될 수 있다. 구원을 보장하지는 않지만 증명한다.

하지만 세속적 행동을 구원의 증표로 여기는 관점에서 구원의 조건으로 여기는 관점으로 미끄러지는 일을 방지하는 건 불가능하지는 않을지 몰라도 매우 어려운 일이다. 심리적으로, 신이 그의 영광을 높여 줄 신실한 노력을 일체 외면한다고 생각하기란 쉽지 않다. 내가 나의 선행으로 이미 구원받은 자들 가운데 있음을 추정해도 된다고 권유받는다면, 나의 선행이 나의 구원에 어느 정도 영향을 주었으리라는 추론을 피하기 힘들다. 신학적으로 '행함을 통한 구원'이라는 생각, 능력주의적인 생각은 이미 배경에 깔려 있다고 봐야 한다. 가톨릭에서는 예식과 성례를 잘 지켜야 한다는 점에서, 유대교에서는 신의 율법을 잘 지키고 시나이 산의 계명(십계명)을 준수해야 한다는 점에서 그렇다.

소명으로서 직업이라는 칼뱅주의적 관념이 청교도의 직업윤리에 녹아들면서, 그 능력주의적 함의는 더 이상 제어될 수 없었다. 다시 말해 구원은 힘써 얻는 것이며, 직업은 그 수단이지 단순한 증표가 아니다. 베버는 이렇게 본다. "이는 실질적으로 신은 스스로 돕는 자를 돕는다는 뜻이다. 따라서 칼뱅주의자는 때때로 스스로 자신을 구원한 자라고 표현하고, 더 정확하게는 자기 구원의 확신자라고 표현한다." 일부 루터파는 그런 견해가 "행함을 통한 구원이라는 교리로의 후퇴"를 의미하며 그 교리야말로 루터가 신의 은총에 대적하는 것으로 배척했노라고 비판했다.[16]

칼뱅의 예정설과 구원은 소명으로서의 직업을 통해 반드시 현시된다는 생각과 결합됨으로써, '세속적 성공은 구원받은 사람의 훌륭한 증표'라는 생각으로 이어졌다. 베버는 "단 한 사람의 예외 없이 신의 섭리는 각자 어떤 직업을 갖고 뭐에 힘써야 할지 제시하였다"고 설명한다. 이는 노동 분업에 신성한 정당성을 부여하면서 '경제 질서가 섭리의 작용이라고 이해하려는' 접근을 지지해준다.[17]

세속적 활동으로 자신의 구원 여부를 증명하는 일을 통해 능력주의는 복귀한다. 중세의 수도사들은 세속적인 추구를 금욕적으로 외면함으로써 일종의 '영적 귀족주의'를 추구했다. 그러나 칼뱅주의와 함께 기독교적 금욕주의는 "수도원의 문을 박차고 나와, 생활의 장바닥으로 발을 내디뎠다." 모든 기독교인은 직업을 갖고 세속적 활동에서 자신의 신앙을 입증하도록 요구받았다. "예정설에 뿌리박은 교리를 세움으로써" 칼뱅주의는 "수도사들이 추구하고 있는 세상 밖 영적 귀족주의를 대신하여, 세상 속에서 신의 예정된 성자들로 이루어지는 영적 귀족주의"를 수립했다.[18] 자신들이 선택 받았음을 믿어 의심치 않는 이 영적 귀족들은 정죄 받게 될 자들을 멸시한다. 여기서 베버는 내가 '능력주의적 오만의 초기판'이라 부르는 것을 살짝 제시한다. "선택된 자들과 성스러운 자들에게 주어진 은총을 알고 있다고 믿으면서, 이들은 그 이웃들의 죄에 대해서도 일정한 태도를 지닌다. 그것은 '우리 모두가 약한 자들'이라는 인식에서 나오는 동정적 이해가 아니다. 신의 적으로써 영원히 정죄 받은 자들에 대한 증오와 혐오다."[19]

프로테스탄트의 직업윤리는 자본주의 정신을 생겨나게 할 뿐만이 아니다. 자기 구제와 자기 운명에 대한 책임의 윤리, 즉 능력주의적 사고방식에 적합한 윤리를 장려한다. 이런 윤리의식은 큰 부를 축적할 수도 있지만 동시에 책임과 함께, 자수성가의 어두운 면이라 볼 수 있는 '불안하면서도 치열한 경쟁'을 초래한다. 은총 앞에서 느끼는 무력감이 주었던 겸손함. 그것은 이제 자기 자신의 능력을 믿는 데서 나오는 오만으로 대체된다.

과거와 지금의 섭리론

루터, 칼뱅, 청교도에게 능력에 관한 논쟁들은 구원과 연관되어 있었다. 신에게 선택된 사람들은 스스로의 힘으로 구원을 얻은 것인가? 아니면 인간 통제 범위 밖에 있는 은총의 선물로서 구원을 얻은 것인가? 한편 지금 우리에게 능력에 관한 논쟁들은 세속적 성공과 연결된다. 성공한 사람들은 스스로의 힘으로 성공한 것인가? 아니면 통제 범위 밖의 요인들이 작용해 성공한 것인가?

얼핏 보면 이 두 가지는 공통점이 별로 없어 보인다. 하나는 종교 문제이고 다른 하나는 세속적 문제다. 그러나 자세히 뜯어보면 우리 시대의 능력주의에는 그것이 탄생했을 당시 신학적 논쟁의 딱지가 붙어 있다. 프로테스탄트 직업윤리는 은총과 능력, 무력함과 자기 구제 사이의 치열한 변증법에서 시작되었다. 자수성가의 윤리는 감사와 겸손의 윤리를 압도했다. 일과 노력은 칼뱅주의의 예정설과 열띤 구원의 증표 탐색에서 출발해, 독자적으로 중대성을 갖게 되었다.

자수성가론과 능력주의의 승리는 오늘날 세속 위주 경향의 결과라고 여기기 쉽다. 신에 대한 믿음이 퇴보하면서 인간 능력에 대한 신뢰가 힘을 얻었다. 우리가 스스로를 자수성가한 존재, 자기충족적 존재로 볼수록 우리의 성공에 대해 빚진 느낌이나 감사의 마음을 가질 까닭은 줄어든다.

그러나 오늘날에도 여전히 성공에 대한 우리의 태도는 우리가 종종 떠올리는 '섭리에 대한 믿음'과 무관하지 않다. 우리가 자유로운 인간 행위자이며 스스로의 노력으로 성공도 실패도 할 수 있다고 보는 생각

은 능력주의의 일면일 뿐이다. '성공한 사람은 그럴 만해서 성공했다'
는 신념이 공통적으로 중요한 포인트다. 이러한 승리주의triumphalism적
측면으로부터 승자들 사이의 오만, 패자들 사이의 굴욕이 나온다. 이는
세속 사회에 남아 있는 섭리론의 도덕적 어휘를 반영한다.

"운 좋은 사람은 운이 좋다는 사실에 만족하는 경우가 드물다." 막스
베버는 이렇게 보았다. "이를 넘어서, 그는 자신이 그런 행운을 가질 권
리가 있다고 납득할 필요가 있다. 그는 자신이 '그럴 만하다'고, 그리고
무엇보다도 다른 이들에 비해 '그럴 자격이 있다'고 확신하기를 바란
다. 그는 또한 운이 나쁜 사람들도 자신의 당연한 업보일 뿐이라고 믿
기를 바란다."[20]

능력의 폭정 중 일부는 이러한 충동에서 비롯된다. 오늘날의 세속적
능력주의 질서는 이전의 섭리론 신앙처럼 성공에 도덕의 틀을 씌운다.
성공한 사람들이 자신의 권력과 부를 통해 신의 섭리를 불러온 게 아니
라 해도(그들은 스스로의 노력과 근로에만 감사할 뿐이다), 성공은 그들의
탁월한 덕성을 반영한다. 부자는 가난한 자보다 부자일 만해서 부자라
는 것이다.

이러한 능력주의의 승리주의적 측면은 일종의 '신 없는 섭리론'이라
고 할 수 있다. 말하자면 인간사에 개입하는 신이 없이도 일정한 섭리
가 발동한다는 것이다. 성공한 사람들은 자기 힘으로 성공했다. 그들의
성공은 그들의 미덕을 입증하는 것이기도 하다. 이 사고방식은 경제 경
쟁에서의 도덕론에서 더욱 고조된다. 이는 승자를 추켜올리고 패자를
깎아내린다. 문화역사학자 잭슨 리어스는 칼뱅주의의 섭리론과 원죄론
이 사그라진 뒤에도 섭리론적 사고가 존속하고 있음을 보여준다. 칼뱅

과 청교도에게 모든 사람은 신 앞에서 평등하다. 그 누구도 구원받을 만한 자격은 없고, 구원은 오로지 신의 은총에 따른 것이기 때문이다.[21]

그러나 자유를 강조하는 신학자들이 스스로를 구원할 인간 능력을 강조했을 때, 성공은 개인의 능력과 섭리적 계획의 일치를 나타내게 되었다. 프로테스탄트의 섭리론은 때로는 지지부진하고 때로는 멈추기도 하면서, 그렇지만 확실하게 경제적 현상 유지를 정신적으로 정당화하는 수단이 되었다. 섭리는 암암리에 부의 불평등을 지지했다.[22]

리어스는 미국의 공공 문화를 운의 윤리의식과, 보다 강력한 자수성가의 윤리의식이 벌이는 불공평한 각축장으로 보았다. 운의 윤리는 인간의 이해와 통제력을 벗어나는 삶의 차원을 중시한다. 세상이 반드시 각자의 능력에 맞는 보상을 주지는 않기 때문에, 인생에는 신비, 비극, 겸손함이 있어야 한다고 본다. 다음과 같은 〈전도서〉의 내용은 이런 윤리의식을 잘 표현한다. "내가 돌이켜 해 아래서 보았다. 빠른 경주자라고 먼저 도착하는 것이 아니다. 강한 자라고 싸움에 승리하는 것이 아니다. 지혜로운 자라고 음식을 얻는 것이 아니다. 명철한 자라고 재물을 얻는 것이 아니다. 기능을 갖춘 자라고 은총을 입는 것이 아니다. 이는 때와 우연이 이 모든 자에게 임함이로다."[23]

반면 자수성가의 윤리는 인간의 선택을 영적 질서의 중심에 놓는다.[24] 이는 신을 부정한다는 뜻은 아니지만, 그 섭리적 질서에서의 역할을 뒤바꾼다는 뜻이다. 리어스는 자수성가와 자기통제의 윤리가 복음주의 개신교 내부에서 나왔음을 보여주면서, 결국 그 계열의 지배적 사상이 되었다고 한다. 그것은 '은총에 의한 구원'에서 루터가 매도했던 '일을 통한 구원'으로의 전환을 가져왔다. 18세기 중반까지, 일이란 성사가 아니라(전통 가톨릭에서처럼) 세속적인 도덕적 행위를 의미했다.[25] 그러나 그런 세속적 노력은 아직도 섭리론적 틀에서 힘을 얻고 있다.

> 개신교 신앙에 따르면 섭리는 아직도 모든 것을 다스린다. 그러나 인간은 신의 계획이 펼쳐지는 과정에 자유롭게 참여하거나 참여하지 않을 수 있다. 신의 목표에 동조자가 될 수도 그러지 않을 수도 있다는 말이다. 복음주의적 합리성은 모든 것을 지배하는 섭리와, 전례 없이 유력한 인간의 노력 사이에 균형 잡힌 신앙적 태도를 마련했다.[26]

인간의 노력과 섭리에 따른 성별聖別을 하나로 엮는 일은 능력주의로의 발전에 결정적인 동력을 제공했다. 이는 운과 언약의 윤리를 때려 부수고, 세속적인 성공과 도덕적인 자격을 결합시켰다. 리어스는 이를 도덕적 손실로 보았다. "자기 운명에 대한 개인의 책임을 덜 강조하는 문화는 보다 관대하고 인자할 수 있다." 운이 예측 불가능한 것임을 더 중시하는 경우, 행운의 소유자들이 '내가 만약 불운했더라면?' 하는 상상을 해보도록 만든다. 그리고 능력주의 신화에 따른 오만방자함을 넘어서, 사람의 팔자는 예측할 수 없음을 인식하게끔 한다.[27]

리어스는 도덕적, 그리고 시민적 손실을 뚜렷하게 지목한다.

> 자기 통제의 문화는 기독교적 섭리론을 뽐내며 저속하게 구는 형태로 지속되었고, 이것이 두 세기 동안 미국 도덕성의 근간이 되었다. 비록 이제는 즐

겨 쓰는 용어가 종교적이라기보다는 기술관료적이지만 말이다. 섭리론에
서 세속적인 성공에 신성함을 부여하고, 우리가 신의(또는 '진화의') 계획 중
일부일 뿐 아니라 사회적 · 경제적인 체제를 운영하는 우리 스스로의 계획
중 일부이기도 하다는 그럴듯한 설명을 하고, 그런 관점을 심지어 국제 분
쟁에까지 적용하는 모든 태도에는 오만함이 깃들어 있다.[28]

저마다 가질 만한 것을 갖는다는 섭리론적 관념은 지금의 공적 담론
에서 목소리를 내고 있다. 그 목소리는 두 종류다. 하나는 오만한 목소
리, 또 하나는 징벌의 목소리다. 두 가지 다 우리 스스로 운명을 책임질
것을 강조하며, 성공도 실패도 자기 탓이라고 본다. 2008년 금융위기
는 섭리적 오만의 두드러진 예다. 월스트리트 은행가들의 모험적이고
탐욕적인 행동이 세계 경제를 파멸 직전까지 몰고 갔다. 세금을 털어서
막대한 구제금융이 동원되었다. 주택 소유자와 우량기업들까지도 피해
복구에 애를 써야 했다.
　그러나 월스트리트 은행가들은 얼마 뒤 스스로에게 수백억 달러의
보너스를 지급했다. 대중의 분노에도 불구하고 어떻게 그토록 후할 수
있었느냐고 질문받자, 골드만삭스의 CEO였던 로이드 블랭크페인은
이렇게 대답했다. "(자신과 그의 동료 은행가들을 일컬어) 신의 일을 하는
사람들이니까요."[29]
　섭리적 징벌론은 최근 일부 기독교 보수파에서 막대한 태풍 피해를
비롯한 여러 재난 이후에 들고 나왔다. 2005년 허리케인 카트리나가
뉴올리언스를 쑥대밭으로 만들자, 프랭클린 그레이엄 목사는 그 폭풍이
마디그라* 같은 성적 타락, 집단 성교, 그 밖의 죄업으로 얼룩진 '악의

도시'에 대한 신의 응보라고 선언했다.[30] 2009년 아이티에서 지진으로 20만 명 이상이 숨지자 TV 설교자인 팻 로버트슨은 그 재난이 1804년 프랑스에 맞서 아이티 노예들이 봉기했을 때 악마와 맺은 계약의 결과라고 주장했다.[31]

뉴욕 세계무역센터에 9.11 테러가 자행된 며칠 뒤, 제리 폴웰 목사는 로버트슨의 기독교 TV 프로그램에 출연해 이 테러를 미국의 죄에 대한 신의 응보라고 풀이했다.

*
Mardi Gras
본래 가톨릭 교회에서 사육제의 마지막 날을 의미하는데, 회개 기간으로 들어가기에 앞서 마음껏 즐기자는 뜻에서 예부터 화려한 축제와 음주가무 등이 있었다. 최근에는 가톨릭교도가 아닌 사람들도 이때를 이용해 여러 일탈을 벌이는 경우가 일반화됨으로써 '난잡한 축제'의 대명사처럼 되었다.

낙태 찬성론자들은 이 사건에 대한 부담을 져야만 할 것이다. 신께서는 조롱을 참지 않으시기 때문이다. 우리는 4,000만 명의 죄 없는 아기들을 없앰으로써 신을 격분케 하였다. 나는 이교도들과 낙태 찬성론자들, 그리고 여성주의자들, 게이와 레즈비언들이 다른 생활 방식을 택해야 한다고 확신한다. '미국 시민자유연맹[ACLU]'에서는 하나같이 미국을 세속화하려고 애쓴다. 나는 그들의 얼굴 앞에 손가락을 내밀고 말할 것이다. "당신들이 이 일을 초래했어."[32]

큰 재난을 신의 징벌로 풀이하는 일은 기독교 섭리론의 전유물은 아니다. 2011년 대지진이 일본을 덮치며 후쿠시마 원전에 사고가 났을 때, 유명한 극우파였던 도쿄지사 이시하라 신타로는 이 사태를 "일본이 물질주의에 빠진 데 대한 천벌"이라고 주장했다. "우리는 일본 정신을 오랫동안 좀먹어온 이기주의를 씻어 내릴 쓰나미가 필요했습니다."[33]

부와 건강

최근 수십 년 동안 미국 기독교는 '번영의 복음'이라 불리는 떠들썩한 신종 섭리론을 내놓았다. TV 설교자들과 이 나라의 초대형 교회들의 전도사들 일부가 이끌었던 이 섭리론은 신이 믿는 자에게 부와 건강을 내리신다고 했다. 은총을 인간이 감히 주장할 수 없는 신의 선물이라 보는 시각에서 한참 떨어져서, 이 번영의 복음은 인간 능력과 의지를 한껏 강조했다. 이 운동의 배경을 마련한 20세기 초의 전도자인 케니언은 기독교인들이 이렇게 여기도록 권했다. "신의 능력은 나의 것이다. 신의 힘도 나의 것이다. 그의 성공은 내 것이니, 나는 승리자다. 나는 정복자다."[34]

번영 복음주의 역사가인 케이트 바울러는 그 가르침이 다음의 구절로 집약된다고 한다. "나는 축복받았다." 그리고 이러한 축복의 증거는 부유하고 건강하다는 사실이다.[35] 미국 최대의 교회인 휴스턴 교회의 유명한 번영 전도사 조엘 오스틴은 오프라 윈프리 쇼에서 이렇게 말했다. "예수님은 우리가 유복한 삶을 살도록 돌아가신 겁니다."[36] 그의 베스트셀러 저서는 신앙에서 비롯된 축복의 사례를 여럿 들고 있는데, 그 가운데는 그가 살고 있는 고급 맨션, 또 그의 비행기 좌석이 비즈니스 클래스로 승격되었을 때의 이야기도 들어 있다.[37]

축복의 복음이란, 부와 건강이 유덕함의 증표라는 능력주의적 신념과는 달리 행운 앞에서의 겸손함을 불러일으킬 것도 같다. 그러나 바울러가 보듯, "축복받은"이란 은사와 보상 사이의 경계를 모호하게 만드는 표현이다.

이는 순수한 감사의 표현으로 읽힐 수 있다. "신이여 감사합니다. 저 스스로는 이렇게 될 수 없었습니다." 그러나 또한 될 만해서 되었다는 뜻도 될 수 있다. "감사하다. 나 자신이여. 이로써 나는 될성부른 나무로 자라났다." 이야말로 행운이 아니라 고된 노력으로 성공한다는 아메리칸 드림을 믿는 미국 사회에서는 최적의 해석이다.[38]

비록 번영 복음을 설파하는 대형 교회에 다니는 미국인만 100만 명에 이르지만, 그것이 고된 노력과 자기 구제에 대한 미국적 믿음에 주는 영향력은 더 크다고 할 수 있다. 〈타임〉에서 실시한 여론조사에 따르면 미국 기독교인의 거의 삼분의 일이 "신께 헌금을 하면 신은 더 많은 돈으로 갚아주신다"는 데 동의했다. 그리고 61퍼센트는 "신은 그의 성도들이 물질적으로 번영하기를 바라신다"고 믿었다.[39]

21세기 초, 번영 복음은 근면한 노동을 장려하고 사회적 상승, 적극적 사고 등을 중시한다는 점에서 아메리칸 드림 자체와 구별하기 어려워졌다. "번영 복음 운동은 미국인들에게 '자수성가한 국민의 나라'라는 자부심에 들어맞는 복음만 준 것이 아니었다." 바울러의 말이다. "그것은 개인 경제활동의 기반인 기본 경제구조의 정당성도 확인해주었다." 그리고 번영은 미덕의 증표라는 믿음 또한 강화했다. 이전의 성공 복음처럼 시장을 신뢰했다. "시장이란 성공과 실패로 보상과 처벌을 구분해준다. 유덕한 사람은 풍족한 보상을 받고, 사악한 자는 끝내 파멸할 것이다."[40]

번영 복음의 매력 중 하나는 그것이 "자신의 운명에 대해 자신의 책임을"[41] 강조하는 데 있다. 이는 성급하면서도 개인에게 힘을 심어주는 관념이다. 신학적으로 이는 구원이 일종의 성취이며 우리 힘으로 얻는 것이라고 여기는 것이다. 세속적으로 말하면, '사람들에게 충분한 노력과 믿음만 있다면 부와 건강을 이룰 수 있다'는 확신을 주는 것이다. 매우 능력주의적인 이야기다. 모든 능력주의 윤리처럼, 개인의 책임을 극찬하는 그 개념은 일이 잘되어갈 때는 기꺼워할 만하다. 하지만 반대로 일이 잘못될 때는? 사기를 꺾고 심지어 자책에 시달리게 만든다.

건강 문제를 생각해 보자. 우리 건강이 우리 손에 있다는 말처럼 힘이 솟을 말이 어디 있겠는가? 다시 말해서 아프다면 기도로 나을 수 있고, 병이란 착하게 살고 신을 사랑하면 걸릴 일이 없다고 한다면? 그러나 이렇게 인간 능력을 드높이 띄워버리면, 그만큼 그림자도 짙어진다. 이런 생각을 가진 상태에서 병이 들기라도 하면 그것은 단지 불운이 아닌 '병자의 덕 없음'으로 해석된다. 심지어 죽음조차 정신적 피해를 더한다. 바울러는 이렇게 말한다. "신자가 아프거나 죽거나 하면 수치심이 슬픔과 뒤섞인다. 사랑하던 사람을 잃었는데 그들의 믿음에 대한 신뢰도 잃게 되었기 때문이다."[42]

번영 복음적 사고의 거친 면은 건강보험 논쟁에서 드러난다.[43] 트럼프와 공화당 상원의원들이 오바마케어를 반대하고 폐기하려 했을 때, 그 대부분은 그들의 시장친화적인 대안이 경쟁은 늘리고 비용은 줄일 것이며 사람들을 기존 방식으로(조건들로) 보호할 것이라고 주장했다. 그러나 앨라배마 출신의 보수적인 공화당 하원의원인 모 브룩스는 다른 주장을 내놓았다. 그는 공화당의 계획이 더 건강할 필요가 있는 사람이 더 많은 비용을 지불하게 하는 것이라고 명시했다. 그러나 이는 악덕이 아닌 미덕만을 계산한 것이다. 삶을 잘 살아간 사람에게 응분의 보상을 하는 개념이기 때문이다. 더 높은 보험 요건을 가진 사람에게 더 많은 보험료를 부담시키는 보험회사의 시스템은 다만 비용-편익 분석상 타당할 뿐 아니라 도덕적으로도 정당하다. 환자에게 보험료를 더 받는 것은 '좋은 삶(선한 삶)을 산 사람, 건강하고, 건강을 유지하기 위한 일을 한 사람들'의 비용을 경감시키게 될 것이다. 그런데 지금은 정도만 걸어온 사람이 치솟는 비용을 감당하게 되었다.[44]

브룩스의 주장은 청교도에서 번영 복음으로 이어지는 혹독한 능력주의 논리를 재조명하는 것이다. 만약 번영이 구원의 증표라면 고난은 죄의 증표일 것이다. 이런 논리는 꼭 종교하고만 관련되지 않는다. 인간의 자유를 거침없는 의지로 설정하고, 인간이 기본적으로 자기 운명의 책임을 지는 주체라고 보는 모든 윤리 의식에 해당된다.

2009년 오바마케어 논쟁이 한창일 때, 홀푸드Whole Foods 설립자인 존 매키는 〈월스트리트저널〉에 기고한 글에서 건강보험의 정당성에 대해 비판했다. 그의 주장은 종교와는 무관한 자유방임주의 논리에 기대고 있었다. 그러나 번영 복음 전도사들과 마찬가지로 그는 개인의 책임을 꾸준히 강조하면서 건강을 지키는 일은 각자가 알아서 해야 한다고 주장했다.

건강보험의 문제들 대부분은 자체적으로 비롯된 것들이다. 미국인의 삼분의 이가 과체중이며 삼분의 일이 비만인 것이 현재 상황이다. 우리를 죽음에 이르게 하는 질병의 대부분, 가령 심장병, 암, 뇌졸중, 당뇨병, 비만 등에 들어가는 비용이 건보료 지출액의 70퍼센트에 이른다. 이는 또한 적절한 식습관, 운동, 금연, 적정량의 음주를 비롯한 건강한 생활 습관으로 예방될

수 있는 질병이기도 하다.[45]

그의 주장에 따르면 건강을 해치는 사람들 다수는 그 누구도 아닌 자기 탓을 해야 한다. 신앙심이 없어서가 아니다. 다만 과학과 의학의 증거들, 예를 들면 채소와 저지방 위주의 식단이 '고치려면 거액이 드는 치명적인 질병을 예방하고 종종 치료하는 데 도움이 된다'는 사실을 외면했기 때문이다. "우리는 하려고만 하면 90대까지, 심지어 100세까지 병치레 없이 살 수 있다." 그가 병자는 병에 걸려도 싸다고 노골적으로 언급하지는 않았지만, 최소한 동료 시민들에게 기대려 해서는 안 된다고는 했다. "우리 모두는 우리 자신의 삶과 건강에 책임을 진다."[46]

매키에게는 (번영 복음 전도사들이나 마찬가지로) 건강이 곧 미덕의 증표다. 그 미덕이라는 것이 대형 교회에 꼬박꼬박 나가는 것이든 홀푸드의 유기농 식품을 꼬박꼬박 먹는 것이든 말이다.

자유주의적 섭리론

부와 건강을 상과 벌의 문제로 보는 관점은 능력주의적 생활 방식이라고 할 수 있다. 이는 운이나 은총의 의미를 고려하지 않고, 우리 자신이 전적으로 우리 운명을 책임진다고 여긴다. 우리 삶에서 일어나는 모든 일은 우리가 취한 선택과 삶의 태도에 대한 상 또는 벌인 것이다. 이런 사고방식은 자수성가와 자기 통제의 윤리를 확고히 찬양하며, 능력주의적 오만에 빠질 길을 열어준다. 성공한 사람은 자신이 '신의 일을 하고 있다'고 생각하며, 허리케인이든 쓰나미든 나쁜 건강이든 희생자들이 겪는 재난을 자업자득이라 여기고 희생자들을 업신여기게 된다.

그러한 오만은 번영 복음주의 보수파와 자유지상주의적 복지국가 반대론자들 사이에서만 보이는 게 아니다. 자유주의, 진보 정치계에서도 두드러진다. 한 예로, 미국의 힘과 번영을 섭리론 냄새가 물씬한 말로 칭송하며 그것은 '성스러운 숙명 또는 의로운 지위'라는 식으로 읊어대는 경우를 볼 수 있다. 2016년 민주당 대선후보 수락 연설에서 힐러리 클린턴은 이렇게 선언했다. "결국 도널드 트럼프가 깨닫지 못한 사실이 있습니다. 미국이 위대한 까닭, 그것은 미국이 선하기 때문이라는 것입니다."[47] 그녀는 선거 운동 기간 동안 이런 식의 표현을 자주 썼다. 유권자들에게 트럼프의 "미국을 다시 위대하게 하겠다"는 약속은 그의 난폭함이며 졸부 기질하고 맞지 않는다는 인식을 심기 위해서였다.

그러나 선한 것과 위대한 것이 꼭 연결되지는 않는다. 사람이든 나라든 정의로움은 정의로움이고, 부와 권력은 부와 권력이다. 역사를 조금만 살펴봐도 강대국이 꼭 정의롭지는 않으며, 도덕적으로 존경할 만한 나라들이 꼭 강력하지는 않았음을 알 수 있다.

"미국은 선하기 때문에 위대하다"는 문구는 이제 우리가 그 섭리론적 전제를 잊었기에 어색하지 않게 들린다. 이 말은 미국은 세계에서 뭔가 신성한 의무를 띠고 있다는, 말하자면 '하나의 대륙을 정복하거나 세계를 민주주의 실현에 안전한 곳으로 만들어야 할 명백한 운명*을 부여받았다'는 오래 묵은 신념과 짝을 이룬다. 그러나 신

> *
> **Manifest Destiny**
> 미국 19세기에 유행한 관념으로, 우월한 백인종이 인디언 등을 굴복시키고 아메리카 대륙을 지배하는 것은 신이 정해준 명백한 운명이라는 의미다. 유럽의 '백인의 사명'과 비슷하며 인종주의적 선민의식을 나타낸다.

성한 의무라는 의식이 퇴조한 지금에도 정치인들은 우리의 위대함이 우리의 선함에서 비롯된다는 주장을 되풀이하고 있다.

이 구호 자체는 비교적 최근에 나왔다. 이를 처음 사용한 대통령은 아이젠하워다. 그는 이것이 유명한 고전 《미국의 민주주의》의 저자인 토크빌이 한 말이라고 잘못 인용했다. 1953년 연설에서 아이젠하워는 "미국을 방문한 어느 현명한 프랑스인의 말을 인용한다"면서 "그가 미국의 성공 원인을 알고 싶어 미국에 찾아왔던 것"이라고 했다. 아이젠하워는 토크빌의 말을 인용한다면서 이렇게 말했다. "미국의 교회를 방문하고 그 설교단이 정의의 불꽃으로 타오르고 있음을 보기 전까지, 나는 미국의 천재성과 힘을 이해하지 못했다. 미국은 선하기 때문에 위대하다. 그리고 만일 미국이 더 이상 선하지 않게 된다면 미국은 더 이상 위대할 수 없으리라."[48]

사실 이러한 말은 토크빌의 저작에 나오지 않는다.[49] 하지만 후임 대통령들, 특히 공화당 출신 대통령들에게 이 구호는 계속 인기였다. 제럴드 포드, 로널드 레이건, 조지 부시(아버지와 아들 모두) 대통령들 모두가 이를 한껏 고무적으로 읊었으며 대개 그 청중은 기독교인들이었다.[50] 1984년 '복음주의 교회 성도대회'에서 로널드 레이건은 이 구호를 그 섭리론적 연원을 분명히 밝히면서 언급했다.

우리의 모든 물질적 부와 대외적 영향력은 우리의 신앙심 위에, 그리고 그 신앙에서 비롯되는 기본적 가치들 위에 서 있는 것입니다. 150년 전 위대한 프랑스 철학자 알렉시스 드 토크빌은 "미국이 위대한 이유는 미국이 선하기 때문"이라고 보았습니다. 그리고 "미국이 더 이상 선하지 않게 되면

더 이상 위대할 수 없게 되리라"고도 했습니다.[51]

1990년대에는 그들의 언어 표현에 영적인 색채를 입히고 싶어 했던 민주당 사람들이 이 구호를 거론하기 시작했다. 빌 클린턴은 대통령 시절 이 말을 아홉 차례 했다. 존 케리와 힐러리 클린턴은 각자의 대통령 선거 운동에서 이 말을 거론했다.[52]

역사의 옳은 편

———

미국은 선하기 때문에 위대하다는 주장은 밝고 기운찬 아이디어다. 그러나 그 이면에는 '허리케인이 죄의 대가'라는 어두움이 있다. 그것은 능력주의 신념을 국가에 적용한 것이다. 오랜 섭리론 전통에 따르면 세속적 성공은 구원의, 또는 세속의 언어로는 선함의 증표가 된다. 그러나 이런 식으로 미국의 역사적 역할을 해석하는 일은 진보파에 있어 모험이다. 부유하고 강력한 나라가 미덕 덕분에 그렇다면, 마찬가지로 부유하고 강력한 시민들도 그렇지 않을까?

많은 진보파와 자유주의자들, 특히 평등 문제에 중점을 두는 사람들은 부자가 가난한 사람보다 부자일 만해서 부자라는 주장에 반대한다. 그들은 그런 주장이 어려운 처지의 사람들을 도우려 부자들에게 과세하는 일에 딴지를 거는 편협한 도덕론이라고 본다. 풍요는 도덕적 우위의 표지라는 주장에 반대하면서, 평등지향적 진보파들은 운의 우연성을 강조한다. 그들은 시장 사회에서의 성공과 실패는 인성과 미덕만이 아니라 운과 상황에 따라 크게 좌우된다고 지적한다. 승자와 패자를 가르는 여러 요인들 중에는 도덕적 관점에서 임의적인 것들이 많다.

그러나 강대국은 선해서 위대하다는 도덕론적이고 섭리론적인 아이디어를 받아내면서 동시에 부유한 개인은 자신의 미덕으로 부유해진 거라는 도덕론적, 능력주의적 아이디어를 밀어내기란 쉽지가 않다. 국가들 가운데 일정한 도덕적 특권을 인정한다면, 같은 논리가 '1퍼센트'들에게도 적용되어야 한다. 도덕적으로 또 신학적으로 대외적 섭리론과 대내적 능력주의는 함께 서든지 함께 무너지든지 해야 한다.

비록 최근 수십 년간 정치인들이 이런 긴장을 뚜렷이 인식하지는 못했으나, 이를 국내외에서 능력주의적 사고를 도입해 풀어보려고 조금씩 시도하고 있다. '선량하니까 위대하다'는 섭리론에 내포된 능력주의적 색채는 사회적 단결, 개인의 책임, 복지국가 등에 대한 국내적 논쟁들에 그대로 반영되었다. 1980년대와 1990년대에 진보파들은 복지국가에 대한 보수적인 비판을 점점 더 많이 수용해갔다. 그 가운데는 개인의 책임을 더욱 강조한다는 개념도 있었다. 비록 그들이 모든 건강과 부를 개인의 덕행으로 돌린다는 식으로까지는 주장하지 않았으나, 미국의 빌 클린턴이나 영국의 토니 블레어 같은 정치인들은 개인 책임과 수혜자들의 자격을 더 밀접하게 엮는 식으로 복지 제도를 고쳤다.[53]

오늘날 자유주의 진영의 섭리론적 태도는 국내외 정책을 모두 건드리는 또 다른 언어 표현의 변화에서도 나타난다. 그것은 자신의 정책이나 정치적 동맹자를 변호하며 "역사의 옳은 편에 서 있다"고 하고, 그 비판자들에 대해서는 "역사의 잘못된 편에 서 있다"고 규정하는 것이다. 아마도 역사의 '옳은 편'이니 '잘못된 편'이니 하는 논쟁은 냉전이 한창일 때 공산주의 초강대국과 반공 초강대국이 서로를 손가락질하며 자신들의 체제만이 승리할 것이라고 강변할 때를 상기시킨다는 사람이 많을 것이다. 하지만 놀랍게도 그런 표현을 냉전기 논쟁의 맥락에서 사용한 미국 대통령은 한 명도 없다.[54]

1990년대와 2000년대에 이르러서야 역사의 옳은 편과 잘못된 편에 대한 논쟁은 정치적으로 널리 통용되는 논쟁이 되었다. 그리고 그 논쟁은 대체로 민주당 사람들이 주도했다. 조지 W. 부시 대통령은 이 문구를 딱 한 번만 언급했다. 2005년 미국 군인들 앞에서의 연설에서 "중동의 테러리스트들은 패배할 수밖에 없습니다. 역사의 잘못된 편에 서 있으니까요"라고 했을 때였다. 그는 덧붙여, "미국의 이라크 침공 덕분에 자유의 물결이 중동 전역에서 넘치고 있다"고도 했다. 1년 뒤 리처드 체니 부통령은 항공모함에서 가진 연설에서 이라크 전쟁을 옹호하며 미군의 활동을 이렇게 정당화했다. "우리의 동기는 불가피했습니다. 우리의 동기는 정의로웠습니다. 우리는 역사의 옳은 편에 서 있습니다."[55]

그러나 대체로 이런 승리주의적 표현은 민주당 대통령들이 즐겨 썼다. 빌 클린턴은 대통령 재직 중 25번이나 썼고, 버락 오바마는 무려 32번이나 썼다.[56] 때때로 오바마는 급진적 이슬람 테러를 두고 부시나 체니의 말이 아닌가 싶을 정도로 비슷한 투로 이야기했다. "알카에다와 그 동조자들은 잘못된 역사의 편에 서 있는 왜소한 인간들입니다." 오바마는 미국 웨스트포인트 사관학교와 미국 공군 사관학교에서 한 연설에서 "이슬람 국가 테러리스트들은 미국이나 우리의 생활방식을 파괴할 만큼 강력하지 않다"면서 그 이유는 부분적으로 "우리야말로 역사의 올바른 편에 서 있기 때문"이라고 했다.[57]

클린턴과 오바마는 이 승리주의적 언어 표현을 다른 맥락으로 썼다. 이는 그들의 신념을 반영했다. 베를린 장벽의 붕괴와 소련의 몰락 이후 역사는 의심할 수 없이 자유민주주의와 자유시장경제의 확산으로 이어져 왔다는 신념이었다. 1994년 클린턴은 러시아 최초의 민주적 선출 대통령이던 보리스 옐친의 장래에 대해 낙관적인 견해를 밝혔다. "그는 민주주의에 대한 신념의 소유자다. 그는 역사의 옳은 쪽에 서 있다." 이슬람권에서의 민주주의 봉기 상황을 보면서 오바마는 취임 연설에서 독재자들과 폭군들에 대해 엄한 경고를 날렸다. "부패와 기만, 반대파에 대한 억압으로 권력을 유지해 온 사람들은 알아야 합니다. 그들이 역사의 잘못된 쪽에 있음을."[58]

2009년에 이란인들이 거리로 뛰쳐나와 폭압적 정부에 반대 시위를 했을 때, 오바마는 그들을 추켜세우며 이렇게 말했다. "정의의 편에 선 사람들은 언제나 역사의 옳은 편에 선 사람들입니다." 2011년 아랍의 봄이 '민주주의가 북아프리카와 중동에서 권위주의를 대신할 것'이라는 희망을 북돋웠을 때도 오바마는 역사를 들먹였다. 그는 리비아의 독재자 무아마르 카다피가 "역사의 잘못된 쪽에 있다"며 그가 권좌에서 물러나는 걸 지지한다고 밝혔다. 그의 행정부가 이집트 타리르 광장에 모여든 민주주의 시위자들을 암암리에 지지하지 않느냐는 질문을 받고 오바마는 대답했다. "저는 이집트에서의 상황이 역사에 남김없이 기록될 거라고 생각합니다. 우리는 역사의 올바른 편에 서 있습니다."[59]

역사가 되기도 전에 역사를 들먹이는 일, 그것은 두 가지 점에서 문제가 있다. 첫째, 일이 이렇게 저렇게 흘러갈 거라고 하는 예측은 고약한 결과를 낳을 수 있다. 사담 후세인을 몰아내었지만 중동에 자유민주주의가 자리 잡지는 않았다. 아랍의 봄에 품었던 희망조차 얼마 있지 않아 새로운 독재와 탄압의 겨울로 바뀌어버렸다. 블라디미르 푸틴이 다스리는 러시아를 보면, 옐친 치하에서 민주주의가 꽃피리라 믿었던 희망이 참으로 덧없이 느껴진다.

둘째, 역사가 예측한 대로 흘러갈지라도 그것이 곧 도덕적 정당화의 기반이 될 수는 없다. 결국 옐친이 아닌 푸틴이 역사의 옳은 편에 서 있었다고 할 수 있음이 드러났다. 적어도 그가 러시아를 독재적으로 통치하면서 권력을 계속 유지했다는 점을 보자면 말이다. 시리아에서는 폭압적 통치자인 바샤르 알 아사드가 치열한 내전을 거치고도 건재했으며, 그런 점에서 역사의 옳은 편에 서 있던 셈이었다. 그러나 이는 그의 정권이 도덕적으로 정당하다는 의미는 아니다.

도덕 세계의 궤적

스스로의 목적에 대해 "나는 역사의 옳은 편에 서 있다"며 옹호하려는 사람은 자신이 역사의 긴 맥락을 보고 있다고 답할지 모른다. 그러나 그런 답변은 추가적인 가정을 필요로 한다. 충분한 시간이 있다면, 설령 속도가 아주 느릴지언정 역사는 정의를 향해 움직인다는 것이다. 이 가정은 역사의 옳은 편을 운운하는 가운데 섭리론을 부여한다. 이는 역사가 신의 손에 따라서 또는 세속적인 도덕 진보와 발전을 향해서 움직여간다는 믿음에 기반한다.

버락 오바마는 그런 믿음을 가졌고 종종 표현했다. 그는 마틴 루터 킹의 다음과 같은 말을 즐겨 인용했다. "도덕 세계의 궤적은 길다. 그러나 반드시 정의를 향해 휘어진다." 그가 얼마나 이 말을 좋아했는가 하면, 대통령이 된 뒤 연설과 선언에서 33차례 인용했으며 집무실의 양탄자에 새겨 넣기까지 했다.[60]

이 섭리론에 대한 믿음은 역사의 옳은 편과 잘못된 편 이야기에 도덕적 보증을 제공한다. 또한 미국(또는 다른 어떤 나라라도)이 선하기에 위대하다는 주장도 뒷받침한다. 어떤 나라라도 신의 일을 하기만 하면, 또는 자유와 정의로 뻗은 역사의 행진에 앞장서기만 하면 그 위대함이 선함의 증표가 될 수 있다.

자신의 일과 목표가 신의 계획에 연계되어 있다고, 또는 역사 속에서의 자유와 정의의 행진과 함께한다고 믿으면 큰 희망을 얻을 수 있다. 특히 부정의에 맞서 싸우는 사람들이라면 더욱 그렇다. "도덕 세계의 궤적이 정의를 향해 휘어진다"는 마틴 루터 킹의 가르침은 1950년대와 1960년대의 민권 시위대에게 흑백 분리주의자들의 폭력적 대항에도 불구하고 계속 시위할 힘을 주었다. 킹은 이 기억될 만한 문구를 19세기 매사추세츠 주에서 노예제 폐지운동을 벌였던 시어도어 파커 목사의 설교에서 가져왔다. 킹의 것보다 덜 단순했던 파커의 문구는 섭리론 신학이 어떻게 피억압자들의 희망을 샘솟게 하는지 보여준다.

세상의 진실을 바라보세요. 정의가 계속해서 또 크게 승리하고 있음이 보일 겁니다. 저는 도덕 세계를 이해하는 체 하지 않습니다. 그 궤적은 길지만 저의 눈은 조금밖에 볼 수가 없습니다. 저는 제가 본 것만으로 그 곡면을 계산해 내고 궤적을 완전히 그려낼 수 없습니다. 다만 저는 제 양심을 통해 그것을 파악할 수 있습니다. 그리고 제가 본 것을 통해 그것이 정의를 향해 휘어진다는 것을 확신할 수 있습니다. 모든 일은 오랫동안 잘못된 채로 남지 않습니다. 제퍼슨은 노예제도를 생각했을 때 몸을 떨었습니다. 그리고 신의 정의로우심을 기억했습니다. 머지않아 미국 전체가 떨 것입니다.[61]

킹과 파커의 입을 통해 도덕 세계의 궤적이 정의를 향해 휘어진다는 믿음은 부정의에 맞선 싸움을 위한 크고 예언자적인 외침이 되었다. 그러나 똑같은 섭리론 믿음이 약자들에게는 희망을, 강자들에게는 오만을 불러일으킨다. 이는 최근 수십 년 동안 자유주의의 감각 변화에서 찾을 수 있다. 민권의 도덕적 긴급성에 대한 감각이 냉전 이후 자족적인 승리주의 감각으로 바뀌어 버렸다.

소련의 몰락과 베를린 장벽의 붕괴로, 많은 서구인들은 역사가 자유민주주의와 자유시장자본주의로의 행로를 명백히 드러냈다고 여기게 되었다. 그런 가정에 힘입어 그들은 신자유주의적 세계화의 비전을 실천에 옮겼다. 자유무역협정, 금융 규제 철폐를 비롯한 재화, 자본, 사람의 국가 간 흐름을 쉽게 하는 여러 조치들이 취해졌다. 그들은 글로벌 시장 확대가 글로벌 상호의존성을 높일 것이며, 국가 간 전쟁 가능성은 줄어들고 민족주의 정체성이 완화되며 인권에 대한 존중은 높아질 거라고 믿어 의심치 않았다. 글로벌 경제와 새로운 IT가 가져올 긍정적 효과는 심지어 권위주의적 정권의 힘을 빼고 그들을 자유민주주의로 인도하기까지 하리라 여겨졌다.

일은 그렇게 흘러가지 않았다. 세계화 프로젝트는 2008년 금융위기를 몰고 왔으며, 8년 뒤에는 격렬한 정치적 반동을 일으켰다. 민족주의와 권위주의는 사라지기는커녕 전 세계적으로 새롭게 힘을 얻었고, 민주 사회들에서도 자유주의적 제도와 규범을 위협했다.

하지만 1980년대와 1990년대에 시장친화적 세계화가 유력해질 때 이를 추진했던 엘리트들은 역사의 진행 방향을 의심하지 않았다. 1980년대 초부터 2008년까지 "역사의 옳은 편"이라는 표현의 사용량은 급증하여, 구글에서 찾아보면 책 여덟 권 분량에 해당될 정도로 많이 나온다.[62]

세계화 지지자들은 역사가 자기네 편이라고 굳게 믿었다. 빌 클린턴은 1993년에 의회가 NAFTA(북미자유무역협정)를 지지하도록 설득하며, 이 협정이 미국 노동자들의 일자리 전망을 위협하리라는 우려를 무마하려 애썼다. 그러나 그 자신이 가장 우려한 부분은 'NAFTA가 무산되면 세계화에 문제가 생기리라'는 것이었다. "제가 걱정하는 일은 이로써 미국이 역사의 잘못된 쪽으로 돌아서는 것입니다. 우리가 21세기로 나갈 때 말입니다. 그 문제는 다른 모든 문제보다 중요합니다." 1998년 베를린에 방문한 클린턴은 "글로벌 경제로의 어려운 이행을 해낸 것"에 대해 독일을 찬양했다. 비록 많은 독일인들은 "그 혜택을 느끼지 못할 수도 있지만", 독일이 세계화를 수용함으로써 "분명 역사의 옳은 편에 서게 되었다"고 그는 말했다.[63]

진보파들에게 역사의 옳은 편에 서는 일은 자유시장경제의 고삐를 완전히 푸는 일까지 포함할 수는 없었다. 그것은 외부에서는 글로벌 자본주의를 지지하면서 내부에서는 차별 철폐와 공평한 기회의 확대를 위해 애써야 한다는 뜻이었다. 건강보험 개혁, 가족의료 휴가법*, 대학 등록금 관련 세액 공제, 연방정부 계약업체에 성소수자[LGBT] 차별을 금지하는 행정명령 등등은 클린턴과 오바마가 종종 "역사의 옳은 편"이라는 문구와 함께 추진한 일들이었다. 클린턴은 2008년 민주당 전당대회에서 오바마를 후보로 인준하며, 그가 군 통수권자가 되기에는 너무 어리며 경험이 부족하다고 공화당에서 비난함에도 결국 대통령에 당선되었을 때를 떠올렸다. "1992년에는 그런 비난이 먹히지 않았

* 97p. 하단
The Family and Medical Leave Act

1993년 클린턴 행정부에서 추진해 이뤄진 연방법규. 노동자 자신이나 가족이 의료문제 등 중대한 가정 문제를 만났을 때 고용주가 그를 해고하거나 인사 상 불이익을 주지 않고 무급휴가를 주도록 한 내용이다.

습니다. 왜냐하면 우리가 역사의 옳은 편에 서 있었기 때문이죠. 이제 2008년에도 마찬가지일 것입니다. 버락 오바마가 역사의 옳은 편에 서 있으니 말입니다."[64]

차별에 반대하고 기회를 확대하는 일은 가치 있는 일이다. 힐러리 클린턴은 2016년 대선에서 이를 중심 주제로 삼았다. 그러나 그 당시 신자유주의적 세계화는 소득과 재산의 불평등을 한껏 심화시키고 있었고 경제는 금융에 지배받고 있었으며, 정치는 시민보다 돈의 힘이 더 큰 목소리를 내는 상황이었다. 또한 분노한 민족주의가 밀물처럼 일어나고, 기회 평등을 개선하려는 프로젝트는 당시 유명무실한, 대선 과정에서의 값싼 말잔치처럼 여겨지고 있었다.

오바마가 도덕 세계의 궤적이 정의를 향해 휘어진다고 말했을 때, 그는 마틴 루터 킹은 말하지 않았던 확언을 덧붙였다. "결국 미국은 옳은 길로 갔습니다."[65] 그러나 그 덧붙임 때문에 킹의 메시지는 본래의 정신과 어긋나 버렸다.

시간이 가면서 오바마의 섭리론은 변화를 위한 예언자적 외침이라기보다 일종의 정당한 휴식, 미국 예외주의를 부추기는 재확언에 가까워

졌다. "진보란 언제나 일직선으로만 가는 건 아닙니다." 그는 2012년 캘리포니아 주 베벌리힐스에서의 정치자금 모금 행사에서 이렇게 말했다. "지그재그로 가는 거죠. 그리고 정치사회가 잘못된 길에 들어설 때도 있고, 일부 사람들이 미처 챙겨지지 못할 때도 있습니다. 그러나 미국이 예외적인 까닭이 뭐냐 하면, 결국 옳은 길로 간다는 겁니다. 마틴 루터 킹 목사가 도덕 세계의 궤적은 길지만 반드시 정의를 향해 휘어진다고 말한 그대로입니다. 그러므로 미국은 특별합니다. 그래서 미국이 특별해집니다."[66]

1895년, 웰슬리 대학 교수이자 사회개혁가였던 캐서린 리 베이츠는 애국주의적인 시, 〈아름다운 미국 America the Beautiful〉을 발표했다. 15년 뒤 교회 오르간 연주자였던 어떤 사람이 여기에 곡을 붙였다. 미국의 선함에 대한 송가라고 할 이 노래는 미국을 사랑하는 노래 가운데 가장 인기 있는 곡 중 하나가 되었다. 이 곡을 국가로 정하기를 바라는 사람이 많았다.[67]

미국 공식 국가인 〈성조기여 영원하라〉와 달리 〈아름다운 미국〉은 평화주의적 송가다. 이는 "로켓은 붉은 섬광을 뿌리고, 폭탄은 공중에서 작렬하네"*가 아니라, 이 나라의 "자줏빛 산의 위엄"을 노래한다. 이 노래의 후렴구는 신의 은총을 바라는 기도다.

> 미국이여! 미국이여!
> 신께서 그대에게 은총을 내리시기를.
> 그대의 형제에게 보인 선행에

*
**로켓은 붉은 섬광을 뿌리고,
폭탄은 공중에서 작렬하네**
미국 국가 〈성조기여 영원하라〉의
일부 가사다.

이 바다에서 빛나는 저 바다까지

왕관으로 송축되기를!⁶⁸

그러나 신의 은총을 언급하는 가사는 종종 두 가지로 해석되었다. 기원문으로서 "신께서 그대에게 은총을 내리시기를"로 해석되기도 했으나, 과거형 즉 사실에 대한 묘사로 해석되기도 했다. "신께서 그대에게 은총을 내리셨도다."⁶⁹

나머지 가사에서 유추하면 원작자인 시인은 첫 번째 의미로 썼음이 분명하다. 다시 말해서 신의 은총을 바라는 기도문인 것이다. 바로 다음 가사가 이를 분명히 한다. 신이 그대의 형제에게 보인 선행에 "왕관을 내렸다crowned"고 하지 않고, 그렇게 되기를crown 바라고만 있다.

하지만 많은 미국인들은 두 번째 해석을 따랐고, "신께서 그대에게 은총을 내리셨도다"라고 기정사실화했다. 이는 미국 섭리론이 한 줄기 염원보다는 확언의 성향을 더 띤다는 사실을 반영한다. 신의 은총은 무조건적인 선물이 아니며 우리가 받아 마땅한 것, 사실상 우리 힘으로 성취한 것이다. "미국은 선하며, 따라서 위대하다."

능력과 은총 사이의 균형은 오래 유지하기 어렵다. 청교도들에서부터 번영 복음 전도자들까지, 성취의 윤리학은 거의 저항할 수 없을 만큼의 유혹이었고 언제나 보다 겸손한 희망과 기도의 윤리학, 수혜와 감사의 윤리학을 압도했다. 능력주의는 우리의 은총을 추동하거나 그 자체의 이미지로 개조했다. 다시 말해 우리는 은총을 받을 자격이 있으니 은총을 받았다는 것이다.

2001년 10월 28일, 9.11 테러가 있은 지 겨우 몇 주가 지난 시점에

전설적인 흑인 미국 소울 가수이자 음악가인 레이 찰스는 월드 시리즈 야구경기 제2차전 개막식에서 〈아름다운 미국〉을 전자기타 판으로 편곡해서 불렀다. 찰스는 그 곡을 어느 누구와도 다르게 삶의 비통함과 고통 끝에 얻은 구원의 희열을 절절히 담아 열창했다. 그는 언제나 그랬듯 반복 악절을 덧붙여 그의 청중들이 미국의 은총이란 결코 단순한 희망이나 기도가 아니라 기정사실이라고 받아들이게끔 불렀다.

> 미국이여! 미국이여!
> 신께서 그대에게 은총을 내리셨네. 오 예, 그러셨다네.
> 그리고 왕관을 내리셨네. 그대여, 혹시 잊지 않았는가?
> 이 바다에서 빛나는 저 바다까지
> 그대의 형제를 구한 선행의 보답이라네.[70]

그가 부르는 마지막 가사가 스타디움에 울려 퍼질 때, 넉 대의 F-16 전투기가 상공을 비행했다. 찰스의 노래가 담고 있던 애절함과 비통함은 더 강하고 덜 관대한 굉음에 묻혔다. 여기에 섭리론적 믿음에 대한 확신의 모습이 존재했다. 도덕 세계의 궤적은 정의를 향해 휘어질지도 모르나, 신은 스스로 돕는 자를 돕는다.

CHAPTER **3**

사회적 상승을
어떻게 말로
포장하는가

THE RHETORIC OF RISING

3

요즘 우리는 성공을 청교도들이 구원을 바라보던 방식과 비슷하게 본다. 행운이나 은총의 결과가 아니라 우리 스스로의 노력과 분투로 얻은 성과라고 보는 것이다. 이것이 바로 능력주의 윤리의 핵심이다. 자유(힘써 일함으로써 내 스스로 운명을 통제할 수 있는 능력)와 당당한 자격을 한껏 강조한다. 내가 많은 세속적 재화(소득과 재산, 권력과 명예)를 손에 넣는 데 스스로 책임이 있다면, 그러한 '취득의 자격'이 있을 것이다. 성공은 미덕의 증표다. 나의 부유함은 나의 몫이다.

이런 식의 사고는 힘을 내게 해준다. 스스로가 자기 운명의 책임자이며 통제 불능의 힘에 몰려가는 희생자가 아니라고 여기도록 한다. 하지만 여기에는 어두운 면도 있다. 우리 자신을 자수성가하고 자기충족적인 존재로 여길수록, 우리보다 운이 덜 좋았던 사람들에 대한 배려가 힘들어진다. 내 성공이 순전히 내 덕이라면 그들의 실패도 순전히 그들 탓이 아니겠는가. 이 논리는 능력주의가 공동체 의식을 약화시키는 논리로 기능한다. 우리 운명이 개인 책임이라는 생각이 강할수록 우리가 다른 사람까지 챙길 필요를 느끼기 힘들다.

지난 40년간 능력주의적 가정은 민주 사회의 공적 삶에 한층 더 파고들었다. 심지어 불평등이 거침없이 확산되는데도, 공적 문화는 우리 각자 '알아서 운명을 책임져라', '스스로 초래한 운명을 받아들여라'는 식으로 바뀌어 버렸다. 이는 마치 세계화의 승자들이 스스로에게 또 다른 모두에게 납득시키려는 말처럼 들린다. 말하자면 최고의 자리에 올라앉은 사람과 바닥에 떨어진 사람은 그럴 만해서 그럴 수밖에 없다는 것이다. 만약 그렇지 않다면 그들이 그들에게 맞는 땅으로 떨어지도록 하기 위해 불공정한 장애물을 치워야 할 것이다. 주류 중도우파와 중도좌파 정당들 사이에서 최근 수십 년간 벌어진 정치 논쟁은 주로 기회의 평등을 어떻게 해석하고 어떻게 실현하느냐에 초점을 맞추고 있었다. 이에 따라 사람들이 저마다의 노력과 재능으로 사회적 상승을 실현할 수 있게 하자는 것이었다.

고된 노력과 정당한 자격

나는 능력주의 정서가 점점 짙어지고 있음을 나의 학생들에게서 느낄 수 있었다. 1980년부터 하버드에서 정치철학을 가르쳐온 나는 때때로 학생들에게 해가 지남에 따라 자신의 의견이 바뀐 건 없는지 묻곤 한다. 보통은 그런 질문에 답이 잘 나오지 않는다. 교실에서 내가 가르치는 주제(정의론, 시장과 도덕, 신기술의 윤리학) 아래 논쟁을 벌여 보면 학생들의 도덕 및 정치관은 매우 다양했다. 그런 가운데 크게 의견이 바뀌는 경우는 별로 없었는데, 예외가 하나 있었다. 1990년대에 시작되어 지금까지 이어지는 현상으로, 갈수록 더 많은 학생들이 '자신의 성공은 자신의 덕이며, 자신이 기울인 노력에 따라 얻은 것'이라고 생각한다는 점이었다. 내가 가르치는 학생들 사이에서 이런 능력주의적 신념은 점점 강해지고 있다.

먼저 나는 이 현상이 학생들의 성장 연령대가 로널드 레이건 시대이고 따라서 당시 유행한 개인주의 철학에 물 들었기 때문 아닐까 하고 생각했다. 그러나 그 학생들 대부분은 정치적으로 보수주의적이지 않았다. 능력주의적 직관은 정치적 성향을 불문하고 널리 퍼져 있었다. 그런 직관이란 대학 입학에서의 소수집단 우대정책과 관련된 토론에서 특히 강하게 불거졌다. 소수집단 우대정책에 찬성하는 학생이든 반대하는 학생이든 '나는 죽어라 노력해서 하버드에 왔으며 따라서 나의 지위는 능력으로 정당화된다'고 여기고 있었다. 그들이 운이나 기타의 통제 불가능 요인으로 입학한 게 아니냐는 말에는 거센 반발이 일었다.

쉽게 들어가기 힘든 대학의 학생들 사이에서 능력주의 정서가 팽배해지는 현상은 이해하기 어렵지 않다. 1970년대 중반까지만 해도 스탠포드대는 지원자 가운데 거의 삼분의 일을 입학시키고 있었다. 1980년대 초에는 하버드와 스탠포드가 오분의 일을 입학시켰다. 그러나 2019년 이 두 명문대는 이십분의 일도 입학시키지 않았다. 입시 경쟁이 치열해지면서 명문대(그들의 부모가 입학을 열망하는 대학들)를 지망하는 청소년들은 가혹한 경쟁에 뛰어들게 되었다(고급 교과과정에서 요구하는 빡빡한 스케줄과 막대한 과제물, 심리적 부담, 사설 입시 컨설턴트와 SAT 과외교사, 체육특기를 비롯한 특별활동 강사들의 훈육, 그리고 인턴 이수와 해외 봉사점수 따기 등등 목표 대학의 입학담당자들에게 좋은 인상을 주기 위한 온갖 노력들). 이 모든 것이 자기 아이들에게 '최선'을 선물하려는 극성 부모들 때문에 빚어진 일이었다.

이런 과도한 스트레스와 힘겨운 노력을 겪은 뒤에 얻은 것이, '스스로의 힘으로 쟁취한 것이며 성공은 오로지 자신의 몫'이라고 여겨지지 않기란 힘든 일이다. 그렇다 해서 학생들이 이기적인 사람이 되었다고는 볼 수 없다. 많은 학생들이 많은 시간을 공공 봉사나 그 밖의 선행에 투자하고 있다. 그러나 그런 경험은 그들을 철저한 능력주의자로 만들었다. 과거 청교도 선배들처럼 그들은 성공이 노력의 산물이라 믿는다.

내가 대학생들 사이에서 능력주의 정서를 느낀 것은 미국에서만이 아니다. 2012년 나는 중국의 남동쪽 해안 지역에 있는 샤먼대에서 강연을 했다. 강연 주제는 '시장경제에 대한 도덕적 제한'이었다. 최근의 신문에서 아이폰과 아이패드를 사느라 자기 신장을 판 중국 10대 학생 기사[1]를 읽었던 나는 학생들에게 그 일을 어떻게 생각하느냐고 질문했다. 뒤이은 토론에서 많은 학생들은 자유지상주의적 견해를 나타냈다. 그 10대 학생이 강압이나 협박에 의하지 않고 자유의사에 따라 자기 신장을 팔기로 했다면 아무 문제가 없다는 것이었다. 이 입장에 반대한 일부 학생들은 가난한 사람의 신장을 사서 부자가 생명을 연장하는 일은 불공평하다고 주장했다. 강연이 끝난 뒤 한 학생은 내게 비공식적으로 답을 주었다. 부를 이룩한 사람은 그만한 능력을 입증한 것이며, 따라서 생명을 연장해도 된다는 것이었다.

나는 이렇게 후안무치한 능력주의 사고의 응용에 깜짝 놀랐다. 돌이켜 보면 이런 주장이나 개인의 건강과 부가 신의 은총의 증표라고 하는 번영 복음 신앙이나 도덕적으로 동색임을 알 수 있다. 물론 내게 그런 답을 들려준 중국 학생은 아마도 청교도 사상이나 섭리론 전통과는 무관할 것이다. 그러나 그와 그의 학우들은 중국이 시장경제로 전환할 때 자라났다.

부유한 사람은 많은 돈을 가질 자격이 있다는 생각은 내가 중국 방문 때 만났던 학생들의 도덕적 직관, 또한 지난 십여 년간 다수의 중국 대학에서 배양된 도덕적 직관에 깊이 뿌리내리고 있다. 문화적 차이에도 불구하고 이 중국 대학생들은 우리 하버드대 학생들처럼 치열한 입시 경쟁을 뚫은 사람들이며, 그 경쟁의 배경에는 치열한 시장사회의 경쟁이 있다. 우리가 성공하는 과정에서 다른 누군가에게 빚을 졌다는 생각에는 저항하는 한편, 우리는 스스로 성공했고 따라서 그럴 자격이 충분하다는 생각 그리고 우리의 노력과 재능에 대해 사회체제가 부여하는 보상이 아무리 크든 문제될 게 없다는 생각에는 환호하는 일은 놀랍지 않다.

시장과 능력

1970년대 말과 1980년대 초 덩샤오핑이 중국 시장 개혁을 시작했을 때, 영국의 마거릿 대처와 미국의 로널드 레이건은 사회가 시장에 더 많이 의존하게 하려고 애쓰는 중이었다. 이 '시장 신앙'의 시대는 이후 수십 년 동안 능력주의 가치와 행동방식이 부흥하도록 길을 열었다.

물론 시장이 반드시 능력주의적 가정에 기댈 필요는 없다. 시장에 대한 가장 친숙한 논증은 효용성과 자유에 대한 것이다. 효용성 담론이란 시장이 GDP를 늘리고 일반적 복지를 극대화할 동기를 부여한다고 주장하는 것이다. 자유 담론이란 시장이 교환하는 재화의 가치를 두고 자유롭게 선택할 수 있게 해준다고 주장하는 것이다.

그러나 1980년대의 시장 승리주의는 제3의 담론 즉 능력주의 담론을 촉발했다. 공정한 기회를 부여하는 시스템 위에서 움직인다는 전제 아래, 시장은 개인에게 합당한 몫을 돌려준다고 여겨졌다. 모두가 경쟁에서 공평한 기회를 가지는 이상, 시장에서 결과는 능력주의적 보상을 받을 만했다.

능력주의 윤리는 때때로 대처와 레이건의 자유시장 보수주의에도 슬쩍 손을 얹었다. 그러나 이는 그들을 이어 집권한 중도좌파 정권에서 활짝 피어났다. 1990년대부터 지금까지 중도좌파의 정치론이 갖는 특성 때문이었다. 토니 블레어나 빌 클린턴 같은 정치인들은 대처와 레이건이 말한 시장 신앙의 기본 전제를 문제 삼는 대신 받아들였으며, 다만 그 거친 부분을 슬슬 다듬기만 했다.

그들은 시장 메커니즘이 공적 선을 이루는 기본 수단이라는 레이건-대처식 사고를 받아들였다. 그러나 그들은 시장이 공정하게 작동해야 함을 분명히 하려고 했다. 인종이나 계층, 종교, 민족, 성별이나 성적 지향성에 관계없이 모든 시민은 시장이 내려준 보상을 누림에 공평하게 경쟁할 수 있어야 한다. 중도좌파 진보주의자들에게 기회의 평등은 단지 차별을 없애는 일 이상을 필요로 했다. 노동시장에서 개인이 효과적으로 경쟁할 수 있게 해줄 교육, 보건, 보육 등 여러 서비스 역시 동등

해질 필요가 있었다.

이로써 다시 중도좌파이면서 시장친화적 자유주의인 담론이 1990년대에서 2016년까지 시대를 풍미하게 된다. 모든 사람이 같은 조건에서 경쟁하도록 한다. 이는 시장사회에만 맞을 뿐 아니라 어떤 점에서는 그 저변에 깔린 원칙들을 실현한다는 의미도 있었다. 그 원칙이란 공정성과 생산성이었다. 차별을 없애고 기회를 늘리는 일은 시장을 보다 공정하게 만들고, 더 많은 재능이 유입되도록 함으로써 시장의 생산성을 높일 것이었다. (빌 클린턴은 종종 공정성 담론 밑에 생산성 담론을 깔고 말하곤 했다. "우리는 단 한 사람도 낭비하지 않을 것입니다.")[2]

그러나 공정성과 생산성을 넘어, 진보주의자들은 제3의 담론도 내놓았다. 그것은 시장에 더 의미 있는 가치를 부여하는 담론이었다. 즉 사람들이 오직 노력과 재능으로만 시장에 성과를 내밀 수 있다면 그것은 능력에 따른 자연스러운 서열화를 이루리라는 것이었다. 기회가 진실로 평등한 사회에서 시장은 개개인에게 그들에게 합당한 몫을 제공할 것이다.

지난 40년간 능력과 타당한 자격에 대한 담론은 공적 담론의 중심에 자리 잡았다. 이런 능력주의로의 전환이 갖는 일부 측면은 그 부정적인 성격을 드러내 준다. 이 측면이란 첫째, 책임을 특히 강조함으로써 복지국가 개념에 의문을 제기하고 관련 리스크 부담을 정부와 기업에서 개인으로 옮기려는 태도다.[3] 둘째 측면은 더 야심적이다. 이는 '사회적 상승에 대한 언어적 포장'이라 불릴 만한 표현들에서 나타난다. 열심히 일하고 규칙대로 행동하면 누구나 자기 재능과 희망이 허용하는 한 사회적 상승을 할 수 있으리라는 약속 말이다. 개인 책임의 담론과 사회적 상승의 담론은 지난 수십 년간 정치 논쟁에 불을 붙인 주역이었다. 그리고 결국에는 능력주의에 대한 포퓰리즘의 반격을 초래했다.

자기 책임의 담론

1980년대와 1990년대, 사회적 책임은 개인에게 주어져야 마땅하다는 담론은 복지국가 관련 논쟁에서 두드러졌다. 20세기 대부분의 기간 동안 복지국가를 둘러싼 논쟁은 연대solidarity와 관련되었다. 다시 말해 우리 시민들이 서로에게 얼마나 빚지고 있느냐에 대한 것이었다. 한 쪽에서는 더 강력한 연대를 주장했고, 다른 쪽에서는 보다 제한적이기를 바랐다. 그러나 1980년대부터 복지국가 관련 논쟁의 중점은 연대보다는 '불우한 사람들이 자신의 불우함에 얼마나 책임을 져야 하느냐'로 옮아갔다. 한 쪽에서는 개인 책임을 더 강하게 주장했고, 다른 쪽에서는 그보다 덜 책임지는 게 마땅하다 여겼다.

개인 책임을 확대해서 보는 관점은 능력주의 가정이 먹히고 있음을 나타낸다. 우리 삶에 대해 우리가 져야 할 책임이 크면 클수록 우리 삶의 결과에 대해 찬양하거나 비하할 소지 또한 커진다.

복지국가에 대한 레이건-대처식 비판은 누구나 자기 자신의 복지에 대해 책임을 져야 하며, 따라서 공동체는 단지 자기 책임이라 할 수 없는 불운에 대해서만 도움을 주어야 한다는 것이었다. "우리는 그 자신의 실수가 아닌 일로 힘겨워하는 사람을 결코 내버려두지 않을 것입니다. 그는 반드시 우리의 도움을 받을 것입니다." 레이건은 언젠가의 연두 교서에서 이렇게 밝혔다. "그러나 복지의 굴레에서 벗어나 스스로를 구원한 사람들이 얼마나 되는지도 살펴볼 수 있어야 합니다."[4] 여기서 "그 자신의 실수가 아닌 일로"라는 문구는 그 배경 사상을 잘 보여준다. 마치 관대함에 대한 이야기 같지만 "그 자신의 실수가 아닌 일로" 힘겨워하는 사람에게만 공동체의 도움을 주겠다는 선언이기도 하다.

그러나 모든 개인 책임론이 그렇듯 여기에도 역시 가혹한 면이 있다. 상황에 따른 희생자이기에 우리의 도움을 받을 만한 사람들이 있다. 그러나 조금이라도 그런 곤경을 초래한 자기 책임이 있는 사람은? 논란이 있지만 도와주지 않아도 될 것이다. 대통령 가운데 "그 자신의 실수가 아닌 일로"라는 표현을 처음 쓴 사람은 캘빈 쿨리지, 그리고 허버트 후버였다. 이는 철저히 개인에게 책임을 돌리는 내용이었다. 누군가가 가난하거나 병 들었다면 그것은 그들의 잘못된 선택 때문이며, 정부 도움을 기대하지 말고 스스로 지켜야 한다는 주장 도중에 사용된 표현이었다. 프랭클린 루스벨트도 이 표현을 가끔 썼다. 하지만 그의 경우 대공황으로 일자리를 잃은 사람에게 '스스로의 잘못으로 그랬다고 생각해서는 안 된다'는 주장 도중에 언급된 것이었다.[5]

정부의 역할을 줄이려고 했던 로널드 레이건은 이 문구를 그의 어떤 선임 대통령들보다 많이 사용했다. 그러나 그 후임인 두 사람의 민주당 대통령 빌 클린턴과 버락 오바마는 레이건보다 두 배나 많이 사용했다.[6] 그럼으로써 그들은 레이건처럼 은연중에 도움 받을 자격이 있는 가난한 사람과 그런 자격이 없는 가난한 사람을 구분했다. 스스로 통제할 수 없는 힘에 맞서 싸우는 사람은 정부 보조를 받을 만했다. 다만 불우해서 가난해진 사람은 자격이 없었다.

1992년, 클린턴은 대통령 공약으로 "우리가 알고 있는 복지를 끝내 겠다"는 언급을 했다. 대통령에 당선된 뒤, 그는 자기 책임의 담론을 사 회적 상승의 담론과 연결 지었다. 그리하여 능력주의의 가혹한 면과 야 심적인 면을 함께 촉진했다. "우리는 미국이 최선을 다하게 해야만 합 니다." 그는 대통령 취임사에서 이렇게 밝혔다. "모두에게 더 많은 기회 를 주고, 모두에게 그에 따른 더 많은 책임을 지도록 할 것입니다. 이제 는 우리 정부나 서로에게 아무 근거 없이 뭔가를 요구하는 나쁜 버릇을 없앨 때입니다."[7]

자기 책임의 담론과 사회적 상승의 담론은 이처럼 공통 요소가 있다. 둘 다 자립과 자수성가의 이상을 지향하는 것처럼 보인다. 1980년대와 1990년대에 자기 책임이란 복지를 기피하고 일자리를 갖는 것이었다. 기회란 교육과 훈련을 받아 노동 시장에서 효과적으로 경쟁할 수 있게 해주는 것이었다. 기회가 평등하다면 누구나 각자의 노력과 재능에 따 라 사회적 상승을 성취할 수 있을 것이다. 그리고 그들의 성공은 그들 의 능력 정도를 알려 주는 지표가 될 것이다. 클린턴은 이렇게 선언했 다. "모든 미국 시민에게 주어진 과제 즉 신이 부여한 재능과 스스로의 결의에 따라 최대한 사회적 상승을 성취하는 것, 이는 단순히 권리가 아닙니다. 숭고한 책임입니다. 기회와 책임, 이 둘은 함께 갑니다. 어느 한 쪽만 선택할 수는 없습니다."[8]

클린턴은 복지가 "그 자신의 실수가 아닌 일로" 어려운 형편인 사람 에게만 제한되어야 한다는 레이건의 주장을 되풀이했다. 클린턴은 "정 부의 역할은, 경제적 기회를 만들어내는 일 그리고 그 자신의 실수가 아닌 일로 경제적 부담을 겪고 있는 사람을 돕는 일입니다"라고 말했다.[9] 1996년 그는 동료 민주당원들 다수의 반대를 무릅쓰며 '개인 책임 원칙'을 요구하는 복지제도 개혁법에 서명했다. 이는 일을 하는 사람들에게만 복지 혜택을 줄 것, 그리고 그들이 받는 복지 수혜 기간을 일정하게 한정할 것을 내용으로 했다.[10]

개인 책임을 강조하는 사회적 변화와 그것이 갖는 능력주의적 함의는 대서양을 가로질렀다. 클린턴이 개인 책임의 강조를 내세우는 복지제도 개혁법을 승인했을 때, 곧 영국 수상이 될 예정이던 토니 블레어는 비슷한 메시지를 냈다. "우리는 새로운 시대에 맞춰 새로운 복지의 틀을 짜야 합니다. 기회와 책임이 함께 가도록 하는 것입니다." 블레어는 자신의 정치는 능력주의 정신을 지향하고 있음을 저서를 통해 확실히 밝혔다. "새로운 노동당은 능력주의를 당의 노선으로 삼아야 한다. 사람은 태생이나 특권에 따른 특혜가 아닌 스스로의 재능에 의해 사회적 상승을 이룰 수 있다는 것, 그것이 우리의 믿음이다."[11]

몇 년 뒤 독일에서는 게르하르트 슈뢰더 수상이 비슷한 말을 하며 복지 제도 개혁을 지지했다.

이런 수단으로, 우리는 우리의 복지국가를 세계화 폭풍에 맞설 수 있도록 개조할 것입니다. 그러기 위해 우리는 모든 점에서 책임을 강화할 필요가 있습니다. 우리 스스로의 개인 책임도 늘려야 하며, 우리 자녀가 얻을 기회를 위한 공동의 책임도 늘려야 합니다. 사회정책적으로 이는 모든 사람이 똑같은 기회를 가져야 한다는 뜻입니다. 그러나 한편으로 모든 사람이 각자의 기회를 잡을 책임을 져야 한다는 뜻도 됩니다.[12]

자기 책임의 담론은 이제 하도 익숙해져서 지난 수십 년간 그것이 띠었던 의미와, 여기에 연결된 능력주의적 성공론을 간과하기 쉽다. 정치 지도자들은 오래 전부터 책임에 대해 거론해왔고, 전형적으로는 시민 개인이 그 나라와 동료 시민들에게 갖는 책임을 들먹였다. 그러나 야스차 뭉크의 지적처럼, 이제 책임이란 "우리 스스로 자신을 돌봐야 한다는 책임이자, 그렇게 못할 경우 겪게 될 고난에 대한 책임"을 의미하게 되었다. 복지국가는 이제 책임을 면해줄 방파제로서 충분하지 않으며, 전보다 더욱 개인에게 책임을 물리고 있다. 잘못된 행동이 아닌, 운이 나쁜 탓에 곤경에 놓인 사람에게만 복지 수혜 자격을 제한하는 조치가 대표적인 '각자 능력대로 대접하려는' 시도의 일환이라 할 수 있다.[13]

재능과 노력이 허용하는 한도까지

사회적 상승의 담론 역시 새로운 형태를 취하다 보니 쉽게 알아차리기 어렵다. 평등한 기회와 사회적 상향 이동 보장이라는 이상은 오래 전부터 아메리칸 드림의 일부였다. 그 밖의 나라에서도 그런 이상은 추구되어 왔다. "누구나 자신의 재능과 노력이 허용하는 한도까지 출세할 수 있어야 한다"는 말은 거의 케케묵었다는 느낌이 들 정도로 익숙하다. 즉 거의 이의가 없는 담론이다. 주류 정치인들은 끊임없이 이 담론을 들먹인다. 그리고 누구의 비판도 받지 않는다.

그런데 이 구호가 꽤나 최근에 나온 것임을 알면 놀라지 않을 수 없다. 미국의 정치 담론장에서 그것이 두드러진 지는 겨우 40년을 넘지 않는다. 로널드 레이건은 이 구호를 정치 담론으로 뚜렷이 제기한 최초의 미국 대통령이었다. 백악관 브리핑 도중 그는 행정부의 흑인 구성원을 언급하면서 능력과 사회적 상승의 연관성을 명백히 짚었다. "모든 미국인은 개개인의 능력을 기준으로 평가받을 권리가 있다. 그리고 자신의 꿈과 노력이 허용하는 한도까지 뻗어갈 수 있어야 마땅하다." 레이건에게 사회적 상승의 담론은 단지 차별을 극복하는 것 이상이었다. 그것은 이를 여러 가지로 써먹을 수 있었는데, 가령 감세 논쟁에서 그랬다. "감세는 모든 미국인이 각자의 노력, 기술, 상상, 창조성에 따라서 갈 수 있는 데까지 갈 장애물을 없애줄 것이다."[14]

빌 클린턴은 레이건의 구호를 받아들이고 자주 써먹었다. "우리 모두가 사회적 상승의 기회를 갖는다는 아메리칸 드림은 단순하지만 강력한 이상이다. 우리가 열심히 일하고 규칙을 지키며 행동한다면 신이 주신 능력이 허용하는 한도까지 뻗어갈 기회를 얻을 수 있을 것이다." 2000년대에 사회적 상승 담론은 양당제의 틀에서 너끈히 자리 잡았다. 공화당의 조지 W. 부시, 존 매케인, 마코 루비오는 모두 이를 열렬히 주장했다. 그러나 버락 오바마처럼 이 담론에 애착을 가진 미국 대통령은 달리 없었다. 그가 이를 언급한 횟수는 그 이전의 대통령들이 언급한 횟수를 모두 합친 것보다 많다. 그의 대통령 임기의 핵심 테마라고 해도 과언이 아닐 정도였다.[15]

'고등교육 문제에 있어' 오바마는 백악관에 교육관계자들을 모아놓고 이렇게 말했다. "가장 중요한 점은 명석하고 동기부여가 잘 된 청소년들에게, 그들의 재능이 그리고 그들의 직업윤리와 꿈이 허용하는 한도까지 갈 수 있는 기회를 주는 것입니다." 그는 대학 교육을 사회적 상승의 기본 수단으로 여겼다. "이제 한 국가로서 우리는 평등한 결과를 약속하지 않습니다. 다만 모든 사람이 성공의 평등한 기회를 가져야 한다고 여깁니다. 누구든, 무엇을 좋아하든, 어디 출신이든 그래야 합니다. 이것이 미국이 줄 수 있는 근본적 약속입니다. 어디서 출발했는지가 어디에 닿을지를 결정하지 않습니다. 그래서 저는 모든 사람들이 대학에 들어가기를 원한다면 기쁠 것입니다."[16]

다른 곳에서 오바마는 영부인 미셸을 예로 들었다. 그녀는 노동자 집안에서 자랐으나 프린스턴대와 하버드 로스쿨에 다녔고 그래서 사회적 상승을 이룰 수 있었다는 것이었다. "미셸과 그녀의 오빠는 믿을 수 없을 정도의 교육을 받을 수 있었죠. 그래서 꿈의 끝까지 갈 수 있었습니다." 이는 다음과 같은 오바마의 신념을 뒷받침했다. "미국을 그토록 특별하게 하는 것은, 그리고 우리 미국인을 이토록 독특하게 하는 것은 이 기본적인 계약에 있습니다. 이 나라에서는 어떻게 생긴 사람이든 어디서 온 사람이든 성씨가 뭐든 어떤 실패를 겪었든 따지지 않는다는 겁니다. 이 나라에서는 열심히 일하기만 한다면, 책임을 다하기만 한다면 성공할 수 있습니다. 위로 올라갈 수 있다는 겁니다."[17]

오바마의 사회적 상승 담론은 레이건과 클린턴의 주장을 되풀이하며 능력주의를 지향했다. 비차별을 강조하고, 열심히 노력할 것을 주장하고, "개인이 각자 책임을 지라"고 시민들에게 훈계했다. 따라서 여기서 사회적 상승 담론과 능력주의 윤리가 한 데 엮인다. 기회가 정말로 평등하다면 누구나 자신의 재능과 노력이 허용하는 한도까지 출세할 수 있다. 그뿐이 아니다. 그들의 성공은 그들 자신이 일궈낸 것이며 따라서 그들은 그에 대한 보상을 받을 자격이 있다.

마땅히 받을 것을 받는다

―――――

사회적 상승의 담론이 뚜렷해짐에 따라 능력과 정당한 자격에 대한 사회적 거론도 많아졌다. 미국인이라면 1970~1980년대 내내 어디서나 보고 들을 수 있던 맥도날드의 광고가 있다. 맞벌이 엄마 아빠에게 "여러분은 오늘 쉴 자격이 있어요"라고 하는 광고다. 책과 신문의 경우를 보자. 책에서 어떤 단어나 구절이 쓰인 빈도를 찾아주는 구글 엔그램에 따르면 "자격이 있다you deserve"는 말의 쓰임은 1970년에서 2008년 사이 세 배로 늘었다. 〈뉴욕타임스〉에서 "자격이 있다"란 말은 로널드 레이건이 취임했던 해에 비해 2018년에 네 배 많이 사용되었다.[18]

일부 자격 담론은 노골적으로 능력주의 사고와 닿아 있다. 예를 들어 1988년 〈뉴욕타임스〉의 기사 하나를 보면 "동기부여 녹음테이프 시장이 커지고 있다"는 내용이 보인다. 파도 소리를 배경음으로 최면을 거는 듯한 메시지를 중얼거리는 녹음테이프인데, 가령 이런 메시지다. "난 아빠보다 더 잘나갈 자격이 있어. 나는 성공할 자격이 있어. 나는 목표를 이룰 자격이 있어. 나는 부자가 될 자격이 있어." 그러나 자격 담론이 대중문화에 녹아들면서 그 내용은 더 고무적이면서 무조건 성공을 약속하는 형태가 되었다. 〈뉴욕타임스〉의 최근 요리 레시피 기사 제목에서 드러나듯 말이다. "여러분은 더 맛있는 치킨을 만들 자격이 있어요(여러분이 만들 자격이 있는 이 부드러운 치킨을 어떤 비법으로 만드냐고요? 지나치게 굽지만 않으면 돼요)."[19]

능력과 자격 담론이 일상생활에서 두드러지고 있을 때, 철학계에도 비슷한 일이 벌어졌다. 1960~1970년대에 영미권 주요 철학자들은 능력주의를 배격했다. 시장에서 개인이 얻을 수 있는 것은 그가 통제할 수 없는 우연성(가령 그의 재능에 대한 수요나 그 재능의 희귀성 정도)에 따르기 마련이라는 근거에서였다. 그러나 1980~1990년대가 되자 영향력 있는 철학자 집단, 당시 정치계를 풍미하던 '자기 책임의 담론'을 반영하는 집단이 다시 능력주의를 들고 나왔다. '행운 평등주의자Luck Egalitarians'라 불렸던 그들은 사회가 어려운 사람을 돕는 것에 대한 의무를 따질 때, 자신의 불운에 책임져야 할 사람과 단지 운이 없었던 사람을 구별해야 한다고 주장했다. 그들은 자신의 곤경에 대한 책임이 없는 사람만이 정부 지원을 받을 자격이 있다고 보았다.[20]

정치인들 사이에서는 능력과 자격 담론이 사회적 상승 담론과 짝을 이루었다. 1960~1970년대 미국 대통령들은 자격 운운하면서 청중들을 자극하는 시도를 거의 하지 않았다. 케네디는 "자격이 있다"는 말 자체를 한 번도 쓰지 않았다. 그러던 것이 레이건 때부터 바뀌었다. 그는 "자격이 있다"는 말을 그의 전임자들이 쓴 것을 모두 합친 것보다 더 많이 썼다.[21] 가령 1983년에 있었던 기업인들과의 간담회에서 그는 "스스로의 노력으로 성공한 사람은 그만한 보상을 받을 자격이 있다"고 말했다.

미국은 시기와 분노를 바탕으로 세워진 나라가 아닙니다. 제가 언제나 믿는 꿈이 있습니다. 그것은 우리가 누구든 어디서 왔든지 간에 열심히 일하기만 하면 성공할 수 있다는 것입니다. 맙소사! 그렇게 우리는 삶에서 마땅히 받아야 할 것을 받을 수 있습니다. 받아야 할 보상을 받기 위해 애쓰는 우리들의 노력이 미국을 세계 최고의 국가로 만들었습니다.[22]

레이건 이후 "자격이 있다"는 말은 당파를 불문하고 대통령들의 상투적 문구가 되었다. 클린턴은 이 말을 레이건보다 두 배 더 썼다. 오바마는 세 배였다. 그 맥락은 일상적인 언급에서부터 의미심장한 발언까지 두루 걸쳐 있었다. 클린턴은 국방부 산하 센터를 유치해 일자리 창출이 기대되는 한 도시에서 연설하며 다음과 같이 말했다. "여러분은 여러분이 받을 자격이 있는 것을 받았습니다." 오바마는 도매상점 노동자들과 간담회를 하며 이렇게 말했다. "여러분이 땀 흘려 일한 이상 그에 마땅한 급료를 받을 자격이 있습니다." 오하이오의 개방대학에서 연설할 때 오바마는 중산층에 대한 감세를 옹호하며 말했다. "여러분은 세금 우대를 받을 자격이 있습니다. 도움 받을 자격이 있는 것이죠."[23]

영국에서는 1990년대 토니 블레어에 의해 제창된 능력주의 신념이 계속 영국 정치를 휘어잡았다. 심지어 브렉시트 국민투표 뒤에도 말이다. 2010년 수상에 취임한 지 얼마 되지 않았던 테레사 메이는 '영국을 진정으로 능력주의화하는 비전'을 내세우면서 '보통 사람들, 노동계급'을 그 주인공이라 했다. 그녀는 "그들은 더 나은 조건에서 일할 자격이 있다"고 밝혔다. 그녀가 제시한 더 나은 조건이란 바로 능력주의 원칙에 따라 살아가는 것이었다.[24]

저는 영국이 세계 최고의 능력주의 국가가 되기를 바랍니다. 다시 말해 모든 사람이 각자의 재능과 노력이 허용하는 한 성공할 수 있는 공정한 기회를 가지는 나라가 되기를 바랍니다. 영국이 특권이 아닌 능력에 따라 위로 올라설 수 있는 나라이기를 바랍니다. 각자의 재능과 노력만이 중요하며, 태어난 집안이 어떤지, 부모가 어떤 사람인지, 어떤 악센트의 영어를 쓰는

지는 전혀 상관없어지기를 바랍니다.[25]

사실 사회적 상승과 자격에 대한 그들의 담론이 어떻든 대부분의 미국 정치인들은 노골적으로 능력주의를 거론하지는 않는다. 하지만 오바마는 예외였다. 가령 그는 ESPN의 스포츠 해설자와의 인터뷰에서 사람들이 스포츠에 끌리는 이유에 대해 "그것이 진정으로 능력주의적인 몇 안 되는 경우기 때문이겠죠. 여기엔 '대충 어떻게든 된다'는 게 거의 없습니다. 누가 이기든 지든, 누가 잘하고 못하든 모두 철저한 기준에 따라 판명됩니다"[26]라고 했다.

2016년 대통령 선거운동 당시 힐러리 클린턴은 사회적 상승과 자격에 관한 담론을 끊임없이 거론했다. "우리의 유세는 근본적 신념을 재확인하려는 것입니다. 그것은 여기 미국에서는 모든 사람이 어떻게 생겼든, 어떤 사람이든, 누구를 사랑하든 아무 상관없이 노력과 꿈이 허용하는 한 나아갈 기회를 가져야 한다는 것입니다." 그녀는 자신이 당선되면 "여러분이 얻을 자격이 있는 기회를 얻을 수 있게" 하겠다고 공약했다. 어느 선거운동 집회에서 그녀는 이렇게 선언했다. "저는 참된 능력주의가 자리 잡기를 바랍니다. 저는 불평등에 진절머리가 납니다. 누구나 열심히 일한다면 얼마든지 성공할 수 있다고 모든 사람이 믿을 수 있기를 바랍니다."[27]

포퓰리즘의 반격

힐러리 클린턴의 불운이랄까. 사회적 상승에 관한 담론은 2016년 그 추진력을 잃어버렸다. 그녀를 누른 후보인 도널드 트럼프는 사회적 상승에 대한 이야기나, 미국인이라면 누구나 재능과 노력이 허용하는 한 나아갈 수 있어야 한다는 말을 꺼내지 않았다. 내가 아는 한 트럼프는 유세 기간 중 이 구호를 한 번도 쓴 적이 없다. 또한 그는 대통령이 되어서도 이런 이야기를 일절 안 했다. 대신 그는 승자와 패자에 대한 거친 발언을 내놓으며 "미국을 다시 위대하게 만들겠노라"고 했다. 그러나 그가 말한 위대함의 비전은, 지난 40년간 미국에서 활발한 공적 담론을 일으켰던 능력주의적 기획과 아무 상관이 없다.

사실 능력주의 엘리트에 대한 포퓰리즘적 반감이 트럼프 당선과 그해 초 영국에서 예상을 깨고 이루어진 브렉시트 표결에 일정한 역할을 했다고 믿을 이유가 있다. 선거는 복합적 이벤트이므로 어떤 일이 투표자의 표를 이끌어냈는지 확실히 알기 어렵다. 그러나 트럼프와 브렉시트 그리고 다른 나라들의 포퓰리스트 정당들에 표를 던진 많은 노동계급 사람들은 사회적 상승에 대한 약속보다는 국민 주권 원칙의 재확인, 국가 정체성과 국가적 자존심 등의 강조에 동조했던 것으로 보인다. 시장주도적 세계화를 환영하면서 그 이익 대부분을 챙기고 노동자들을 외국 노동자들과의 경쟁에 내몬 장본인들, 동료 시민들보다는 세계 각지의 엘리트들과 더 가까워 보이는 능력주의 엘리트, 전문가, 전문직업인 계층에 대해 분노를 표출한 것이다.

기존 질서에 대한 포퓰리즘적 증오가 꼭 능력주의적 오만에만 맞춰진 것은 아니었다. 외국인혐오증, 인종주의, 다문화주의에 대한 적대감 등도 한몫했다. 그러나 포퓰리즘의 반격에 있어 적어도 일부는 능력주의 위계질서 꼭대기에 자리 잡고 있는 자들이 그들보다 덜 성공한 자들을 깔보고 있다는 인식에서 촉발되었다. 이런 포퓰리스트들의 불만은 근거 없는 것이 아니다. 수십 년간 능력주의 엘리트들은 '규칙을 지키며 열심히 일하는 자는 누구나 자기 재능이 허용하는 한도까지 성공할 수 있으리라'고 주문을 외워댔다. 그들은 바닥에 묶여 있는 사람들 또는 물 밑으로 가라앉지 않으려고 발버둥치는 사람들의 사정을 챙기지 못했다. 사회적 상승의 담론은 그런 이들에게 있어 약속이라기보다는 조롱이었다.

이것이 트럼프를 찍은 사람들이 힐러리 클린턴의 능력주의 주문을 듣고 느낀 것일 수 있다. 그들에게 사회적 상승 담론은 신이 나기보다는 성이 나는 말장난이었을 것이다. 하지만 그건 그들이 능력주의 신념을 저버렸기 때문이 아니다. 오히려 그들은 능력주의를 받아들였다. 하지만 그건 능력주의가 이전까지와 같은 식으로 작동하리라고 믿었기 때문이었다. 그들은 이것이 성취에 대한 장벽을 부수는 정부의 추가 조치가 필요한, 끝나지 않은 프로젝트라고는 생각하지 못했다. 그들은 부분적으로 그러한 개입이 인종, 민족적 소수 우대 정책으로 이어지면서 능력주의가 보강되기는커녕 파괴될 거라고 여겼다. 그들은 힘들게 일해 어느 정도의 성공을 거두는 선에서 자신들에게 가해진 시장의 가혹한 판결을 감내했으며, 도덕적·심리적으로 그 판결 결과를 지키려 했다.

2016년 대선 뒤 시행된 어느 설문조사에서는 트럼프 지지자와 반대자들에게 지금의 미국이 얼마나 능력주의 원칙에 따르고 있는지 물어보았다. 가령 "전반적으로 미국 사회는 공평하고 공정하다", "경제적 상승의 기회는 그에 대한 관심을 가진 이상 모두에게 열려 있다", "우리 사회는 백인 미국인과 인종, 민족적 소수 미국인이 동등한 성공 기회를 갖는 수준에 이르렀다" 등의 명제를 제시하고 그에 대한 찬반 의견을 묻는 것이었다.[28] 부유한 응답자들이 불우한 경제적 조건의 응답자들보다 이런 명제들에 더 긍정적이었다는 사실은 놀랍지 않다. 그러나 계층에 상관없이 트럼프 지지자들은 비지지자들에 비해 이런 명제들에 더 긍정적인 모습을 보였다.[29] 트럼프 지지자들은 진보파의 사회적 상승 담론에 짜증을 냈는데, 그것은 그들이 능력주의를 배격하기 때문이 아니었다. 다만 그것이 기존 사회질서를 유지하는 쪽으로 귀결되리라 보고 있었기 때문에 화가 났던 것이었다. 그들은 그런 담론의 원칙에는 공감했고 각자의 능력에 대한 혹독한 평가가 필요하다는 점도 받아들였다. 그리고 다른 이들도 그에 동조해야 한다고 보았다.

능력주의의 폭정은 사회적 상승의 담론 그 이상의 것들에서 비롯된다. 이는 여러 가지의 태도와 상황을 포괄한다. 그런 많은 것들이 하나로 어우러지면서 능력주의를 유해하게 만든다. 첫째, 노골적인 불평등이 이어지고 사회적 이동성이 가로막힌 상황에서는 '우리는 스스로의 운명에 대한 책임자이며, 우리가 얻는 것에 대한 책임을 갖는다'라는 메시지가 사회적 연대를 약화하며, 세계화에 뒤처진 사람들의 사기를 꺾는다. 두 번째, 대학 학위가 그럴 듯한 일자리를 얻고 품격 있는 삶을 살기 위한 기본 조건이라는 주장은 '학력주의 편견'을 조성하며, 그로써 노동의 명예를 줄이고 대학에 가지 않은 사람들의 위신을 떨어트린다. 셋째, '사회적, 정치적 문제들은 고도의 교육을 받고 가치중립적인 전문가들의 손에 맡길 때 가장 잘 풀릴 수 있다'는 생각은 민주주의를 타락시키고 일반 시민의 정치권력을 거세하는 상황을 초래한다.

과연 "하면 된다"가 맞나?

정치인들이 제대로 먹히지도 않는 공허한 말을 지겹도록 반복할 때는, 그것이 더 이상 진실이 아니라는 심증이 가게 마련이다. 바로 사회적 상승 담론이 여기에 들어맞는다. 불평등이 위험수위까지 올라왔을 때 이러한 담론이 가장 구역질나게 들렸음은 우연이 아니다. 가장 부유한 1퍼센트가 전체 인구의 50퍼센트보다 더 많이 벌고 있으며[30] 중위 소득이 40년 동안 줄곧 제자리걸음만 한 상황에서,[31] '노력하고 열심히 일하기만 하면 성공한다'는 말이 빈말로 들리지 않을 리 있겠는가.

이러한 빈말은 두 종류의 불만을 낳았다. 하나는 체제가 능력주의적 약속을 충족하지 못함에 따라 나타나는 불만으로, 규칙을 지키며 열심히 일한 사람도 제자리를 맴돌 수밖에 없기 때문에 빚어졌다. 또 다른 불만은 능력주의적 약속이 이미 지켜졌고, 자신들은 볼 장 다 봤다는 절망에서 우러났다. 후자가 더욱 사기를 떨어트리는 불만이었다. 그것은 그들이 뒤처졌으며 그 잘못은 순전히 자신들에게 있음을 의미했기 때문이다.

미국인은 그 어떤 사람들보다도 '열심히 일하면 성공한다', '자기 운명은 자기 손에 달려 있다'는 믿음에 집착하는 사람들이다. 국제 공공

여론 조사에 따르면, 대부분의 미국인(77퍼센트)이 열심히 일하면 성공한다고 믿는다. 독일인의 경우 그 절반밖에 되지 않는다. 프랑스와 일본에서는 대부분의 응답자가 "열심히 일한다고 해서 반드시 성공한다는 보장은 없다"고 대답했다.[32]

"앞서가는 삶을 살기 위해 가장 중요한 건 무엇인가"란 질문에, 미국인들 대다수(73퍼센트)가 열심히 일하는 것을 가장 중요한 요소로 꼽았다. 프로테스탄트 직업윤리가 굳건히 버티고 있는 셈이다. 독일에서는 그 절반에 못 미치는 사람들이 열심히 일하는 것을 성공의 최대 요인으로 꼽았다. 프랑스의 경우에는 네 명 가운데 한 명에 불과했다.[33]

이러한 조사에서 으레 그렇듯 응답 성향은 질문을 어떻게 구성하느냐에 달려 있다. "왜 어떤 사람은 부유하고 어떤 사람은 가난한가"라는 질문에, 미국인들은 일과 성공에 대해 포괄적인 질문을 했을 때보다는 노력의 중요성을 덜 확신하는 모습을 보였다. "부자가 부자인 까닭은 남보다 열심히 일해서일까, 살다 보니 운이 좋아서일까"라는 질문에서는 미국인의 의견이 반반으로 갈렸다. "가난한 사람은 왜 가난할까"라는 질문에는 다수의 미국인이 자신이 통제할 수 없는 환경 탓이라고 대답했다. 겨우 열 명 중 세 명이 노력 부족을 가난의 원인으로 들었다.[34]

'일만 열심히 하면 성공으로 곧장 달려갈 수 있다'는 믿음은 '우리가 우리 운명의 주재자이며, 앞날은 스스로의 손에 달려 있다'는 보다 범위가 큰 믿음을 반영하고 있다. 미국인은 다른 대부분의 국가 국민들보다 인간의 자수성가 능력을 더 많이 믿는다. 과반수의 미국인(57퍼센트)이 "인생 성공은 자신이 통제할 수 없는 변수에 더 많이 좌우된다"는 말에 반대한다. 반면 대부분의 유럽 국가를 포함한 타 국가 국민들

과반수는 성공이 자신의 통제 범위 밖의 변수에 따라 주로 결정된다고 본다.[35]

일과 자기구제에 대한 이런 입장은 연대와 시민의 상호적 책임에 대한 입장에도 영향을 준다. 열심히 일하는 사람이면 누구나 성공하리라 믿어도 되고, 실패하는 사람은 누구보다도 자신을 탓해야 하는 게 옳다면 그들을 도와주어야 한다는 말이 공감을 얻기 어렵다. 이것이야말로 능력주의의 혹독한 면이다.

오직 자기 외에는 자신의 운명에 대해 말할 사람이 없다면 최고의 자리에 서는 사람과 최저의 자리에 서는 사람 각자의 사회적 위치가 정당화된다. 부자는 부자일 만해서 부자인 것이다. 그러나 만약 가장 잘나가는 사회구성원이 자기 이외의 요인, 가령 행운이나 신의 은총이나 공동체의 지원 덕분에 그 자리에 섰다면 그런 사람이 다른 이들의 운명에 힘을 보태줘야 한다는 도덕적 주장은 힘을 얻는다. 우리 모두가 공동 운명체라는 주장이 쉽게 받아들여질 수 있다.

그래서 '우리 스스로가 운명의 주인'이라는 믿음이 굳건한 미국은 사회민주주의 유럽보다 덜 관대한 복지국가일 수밖에 없는 것이다. 유럽인들은 자신의 삶이 자기 통제 밖의 변수에 더 많이 휘둘린다고 생각한다. 노력하고 열심히 일함으로써 누구나 성공할 수 있다면, 정부는 '일자리와 기회가 모두에게 열려 있다'고 확인만 해주면 그만일 것이다. 미국의 중도 좌파와 중도 우파 정치인들은 현재 정책이 기회의 평등 원칙에 부합하느냐에 이견을 보일 수도 있다. 그러나 그들도 그런 정책의 목표가 '출발점이 어디든 모든 이에게 위로 올라갈 수 있는 기회를 마련하려는 것'이라는 데 동의할 것이다. 달리 말해 그들은 사회적 이동성이 불평등의 해답이라고 본다. 따라서 상승에 성공한 사람은 그 결과물을 오롯이 누릴 권리가 있다고 여긴다.

그러나 노력과 근성으로 성공할 수 있다는 미국적 믿음은 더 이상 현실과 맞지 않는다. 제2차 세계대전 뒤 수십 년간 미국인들은 자기 자녀들이 자신들보다 경제적으로 나은 삶을 살기를 기대할 수 있었다. 이제는 더 이상 그럴 수 없다. 1940년대에 태어난 사람 가운데 거의 전부(90퍼센트)는 부모보다 많은 수입을 올렸다. 그러나 1980년대 생은 겨우 절반이 부모보다 많이 벌어들인다.[36]

사회적 상승에 대한 흔한 믿음에 반해, 가난뱅이가 부자 되기도 훨씬 어렵다. 미국에서 가난하게 태어난 사람은 상류층으로 올라갈 가능성이 거의 없다. 사실 대부분이 중산층조차 되지 못한다. 사회적 상승에 대한 연구에선 보통 소득 수준을 다섯 단계로 구분한다. 그 가운데 가장 하층에서 태어난 사람은 겨우 4~7퍼센트만 최상위층에 도달한다. 그리고 삼분의 일 정도만이 중간층이나 그 이상까지 간다. 정확한 숫자는 연구 결과마다 다르지만, 아메리칸 드림에서 찬미 받는 '자수성가한 부자'의 삶을 실현하는 미국인은 매우 드물다.[37]

사실 다른 많은 나라들보다 미국에서 사회적 이동성이 떨어지고 있다. 부나 가난의 대물림 현상은 독일, 스페인, 일본, 오스트레일리아, 스웨덴, 캐나다, 핀란드, 노르웨이, 덴마크보다 미국에서 더 자주 일어난다. 미국과 영국에서는 부모의 부가 자녀에게 고스란히 이어지는 일이 거의 절반에 이르지만, 캐나다, 핀란드, 노르웨이, 덴마크(이동성이 가장 크다)에서는 그 절반 정도일 뿐이다.[38]

밝혀진 대로라면 덴마크와 캐나다의 청소년은 미국 청소년에 비해 가난한 집에 태어났다가 부자가 될 가능성이 훨씬 크다.[39] 이런 기준에서 아메리칸 드림은 미국이 아니라 코펜하겐에서 살아 숨 쉬고 있다고 볼 일이다.

아메리칸 드림은 베이징에서도 살아 숨쉰다. 〈뉴욕타임스〉의 최근 기사 하나는 다음과 같은 시나리오를 보여주었다.

내기를 건다고 가정해보자. 열여덟 살짜리 소년이 두 명 있다. 한 사람은 중국에, 다른 한 사람은 미국에 살고 있다. 둘 다 가난하며 장래 상황이 나아질 전망도 어둡다. 자, 둘 중 한 소년을 골라보자. 어느 쪽이 더 사회적으로 출세할 가능성이 있겠는가?

독자는 누구를 골랐는가?

얼마 전까지만 해도 답은 뻔했다. 어쨌든 "아메리칸 드림". 미국에서라면 누구든 열심히 일한다면 더 나은 삶을 얻을 수 있으리라 여겨졌다.

그러나 오늘날 정답은 당황스럽다. 미국보다 중국이 개인의 생활 향상을 훨씬 빨리 성취해 주고 있는 것이다.[40]

1980년 이후 중국의 예상을 뒤엎은 경제발전을 생각하면 이런 결론이 그다지 놀랍지 않을지도 모른다. 중국에서는 부자와 빈자 모두 소득 수준을 개선했다. 그 사이에 미국은 소득 수준 개선이 대부분 상류층에 집중되었다. 1인당 국민소득에서는 미국이 아직 중국을 훨씬 앞서고 있지만 오늘날 중국 젊은이들은 그 부모 세대보다 부유하다.[41]

더 놀라운 점은 세계은행에 따르면 중국의 소득 불평등 수준이 미국과 엇비슷하다는 사실이다. 더욱이 중국은 이제 미국보다 세대 간 이동성 정도가 높다. 이는 기회의 땅이라는 미국이 중국보다 밑바닥에서 위로 올라 성공할 가능성이 낮다는 뜻이다.[42]

내 학생들이 그 사실을 접했을 때 그들은 웅성거렸다. 대부분은 미국 예외주의를 마음 속 깊이 믿고 있었으며, 미국이야말로 열심히 일한 사람이 앞서갈 수 있는 땅이라고 생각하고 있었다. 이러한 사회적 상향성에 대한 믿음이 미국이 불평등에 대해 줄곧 해온 대답이었다. '그래. 미국이 다른 민주국가들보다 소득 불평등이 클지도 몰라. 하지만 유럽처럼 계층 이동이 어려운 사회보다 우리나라에서는 불평등의 의미가 덜하지. 누구든 태어날 때의 계층에 묶여 있을 필요가 없으니 말이야'라고 그들은 생각했다.

그러나 미국이 다른 많은 나라보다 더 불평등할 뿐 아니라 이동성도 덜하다는 사실을 알면 충격과 당황에 빠지게 된다. 어떤 사람은 사회적 이동성 지표를 애써 부정하며 "나 때는 말이야. 힘써 노력만 하면…"이라는 식으로 개인 경험에 집착한다. 텍사스 출신의 어느 보수적인 대학생은 자기 경험상 노력만으로도 충분하다고 주장했다. "제가 다닌 고등학교에서는 모두가 그렇게 생각했죠. 학업에 충실하고 성적이 좋으면 좋은 대학에 가고, 좋은 일자리를 얻어요. 그렇지 않으면 유전에서 일하게 되고요. 실제로 그렇게 되었고 말예요." 다른 학생들은 자기들도 고등학교 때 열심히 노력했다고 회상하면서도, 다른 뒷받침이 있었기에 성공할 수 있었음도 인정했다.

내 학생들 중 일부는 이렇게 주장했다. 비록 아메리칸 드림이 현실과 맞지 않는다 해도 그 사실을 널리 퍼뜨리지 말아야 할 필요가 있다고 말이다. 이러한 신화를 보호함으로써 사람들이 계속 '재능과 노력이 허용하는 한 상승할 수 있다'고 믿게 해야 한다는 것이었다. 그러면 아메리칸 드림은 플라톤이 말한 "고귀한 거짓말"*이 될 것이다. 즉 사실은 아니지만 시민들이 불평등을 정당하다고 받아들이게 함으로써 사회의 조화를 유지한다는 말이다. 플라톤의 경우, '신이 각기 다른 금속으로 영혼을 만들어 사람을 창조했'는 신화는 철인왕이 이끄는 수호자 계급이 나라를 다스릴 때 계급구분을 정당화하기에 적당했다.[43] 현대 미국의 경우, '아무리 부자와 빈자 사이에 큰 격차가 있더라도 노력만 한다면 밑바닥에서 꼭대기까지 얼마든지 올라갈 수 있다'가 곧 그런 신화가 되는 셈이다.

> *
> **Noble Lie**
> 플라톤은 《국가론》에서 신들이 간통을 저지르거나 실수를 했다는 신화의 내용을 그대로 아동들에게 학습하면 신에 대한 존경심이 없어질 것이므로 그런 내용을 교육에서 삭제하고 가르쳐야 하며, 이를 "고귀한 거짓말"이라고 불렀다.

　내 학생들만 사회적 상승의 전망에 대해 잘못 알고 있는 건 아니다. 연구자들이 미국과 유럽의 시민들에게 가난한 사람이 부자가 될 가능성이 각자의 나라에서 어느 정도라고 생각하느냐고 질문했을 때, 미국과 유럽의 응답자들은 대체로 현실과 다른 대답을 했다. 하지만 흥미로운 것은 그들이 정반대로 틀렸다는 점이다. 미국인들은 자국의 사회적 상승 가능성을 과대평가했고, 유럽인들은 과소평가하고 있었다.[44]

보는 것과 믿는 것

　이러한 결과를 통해 우리가 사회적, 정치적 구조를 어떻게 이해하고 있는지 알 수 있다. 우리는 세계를 희망과 공포를 통해 바라본다. 언뜻 보면 사람들이 각자의 사회에서 지배적인 사회적 이동성 경향에 대해 단지 잘못된 인식을 하고 있는 것처럼 보인다. 그러나 재미있게도 세상 일에 대한 해석에는 잘못된 인식 역시 한 몫 한다는 게 진실이다. 미국 보다 더 평등하고 사회적 이동성이 높은 나라에 사는 유럽인은 사회적 상승에 대해 지나치게 비관적이며, 미국인은 지나치게 낙관적이다. 왜 그럴까?

두 경우 모두 믿음과 신념이 인식을 왜곡했다. 개인 책임을 우선시하는 미국인의 강력한 성향과 불평등을 용인하려는 태도가 '열심히 일하면 사회적 상승이 쉽다'는 인식으로 이어졌다. 개인의 노력이 갖는 힘에 대한 유럽인들의 의심은 불평등을 참아내기 힘들게 했으며, 그와 함께 사회적 상승의 가능성을 과소평가하도록 했다.

이처럼 각자의 이상과 기대로 세상을 바라보는 경향을 생각하면, 능력주의적 약속이 얼마나 노동계급과 중산계급 유권자들의 사기를 꺾고 심지어 굴욕감까지 줄 수 있는지 이해할 수 있다. 언뜻 보면 당황스럽기도 하다. 장벽을 없애고 운동장의 기울기를 바로잡고 교육 기회를 더 넓혀 일부 특권층이 아닌 모두가 아메리칸 드림을 이룰 수 있게 하겠다는 데 누가 반대한단 말인가? 교육 균등화, 직업 훈련, 아동 돌봄 등등 자유주의자들과 진보파의 정책들로 혜택을 보는 노동계급과 중산층은 사회적 상승 담론에 이끌려야 하지 않는가?

그런데 그게 꼭 그렇지가 않다. 2016년 노동자들에 대한 세계화의 가혹한 부작용이 가시화되자, 진보 엘리트들의 사회적 상승 담론은 더욱 엄격한 성격을 띠어갔다. 불평등이 증대하는 상황에서도 그들은 "우리 운명의 책임자는 우리 자신이며 따라서 성공과 실패는 우리 하기 나름"이라는 말을 되풀이했다.

불평등에 대한 이러한 시각은 능력주의적 오만에 더욱 힘을 실었다. 세계화에 따른 이익을 긁어모은 사람은 그만한 자격이 있는 사람이며, 그 과정에서 뒤떨어진 사람은 그래도 싸다는 믿음이 이로써 한결 굳어졌다. 오바마 대통령의 경제자문 중 하나였던 래리 서머스는 딱 잘라 이렇게 말했다. "우리 사회가 극복해야 할 점 한 가지는 '진실이 평등화와 역행한다'는 것이다. 그 이유 중 하나는 우리 사회의 불평등이 모르긴 몰라도 각자 어느 정도 대접받을 만큼 대접받기 마련인 상황에서 비롯됨에 있다."[45]

어쩌면 사회적 상승 담론을 이렇게 옹호할 수도 있다. 그것은 우리가 추구할 이상적 목표로서 공정한 기회에 따른 경쟁을 제시할 따름이지, 우리 현실을 풀이하는 주장은 아니라고 말이다. 그러나 이 담론에서 능력의 비중은 지나치게 커진다. 결국 이상에서 출발하지만, 현실은 이렇기 마련이라는 주장으로 미끄러지게 된다.

사회적 상승 담론이 야심적이며 아직 달성되지 못한 저 너머를 약속한다고는 하지만, 결국에는 이미 이루어진 현실만을 축복하게 된다. "여기 미국에서는 누구나 열심히 일하면 출세할 수 있습니다." 호소력 강한 담론이 으레 그렇듯, 야심과 축복을 하나로 뒤섞는다. 희망은 긍정하되 현실에서 그 희망을 이룬 자들에게 한정된 축복을 보내는 것이다.

오바마의 언급은 그런 점에서 되새길 만하다. 2012년 라디오 연설에서 그는 이렇게 말했다. "이 나라는 어떻게 생긴 사람이든 어디서 온 사람이든 따지지 않습니다. 열심히 공부하고 열심히 일하기만 한다면 재능이 허락하는 한도까지 성공할 수 있습니다. 여러분, 하면 됩니다.You

이 말을 들은 청중들은 그들의 대통령이 앞으로 이뤄지길 바라는 보다 평등하고 이동성 있는 나라를 제시했다기보다, 현재 미국의 실제 상황을 묘사했다고 생각했을 것이다. 그는 일종의 찬사를 했다. 힘써 일하기만 하면 아무 특권이 없어도 성공할 수 있는 나라를 실현한 미국에 대하여.

그러나 그의 말은 찬사에서 야심으로 넘어갔다. "저는 오늘날 제가 받은 교육 기회로 미국 대통령이 된 유일한 사람입니다. 저는 미국의 모든 아이들이 그런 기회를 갖기 바랍니다. 그것이 제가 반드시 이루고자 싸우고 있는 목표입니다. 그리고 제가 여러분의 대통령으로서 권한을 누리는 한, 저는 이 싸움을 계속할 것입니다."[47]

팩트에서 희망으로 넘어가고, 다시 팩트로 넘어가는 이러한 경향은 말실수라거나 철학적 혼동 차원이 아니다. 사회적 상승 담론에 관한 정치적 측면이 특별히 불거져 나온 것이다. 희망과 팩트를 뒤섞는 이런 어법은 승리와 패배의 의미가 뭔지 혼란스럽게 만든다. 능력주의가 나아갈 이상에 대한 야심을 나타내면, 패배자는 시스템을 비난하게 된다. 그러나 능력주의가 주어진 현실을 묘사하는 것이라면 패배자는 스스로를 비난하도록 요구받게 된다.

최근 이러한 요구는 '뭐 하다가 대학 학위도 못 받았느냐'의 형태를 가장 많이 띤다. 능력주의적 오만의 가장 고약한 측면은 학력주의에서 찾을 수 있다.

최후의 면책적 편견, 학력주의

CREDENTIALISM: THE LAST ACCEPTABLE PREJUDICE

오랫동안 마이클 코언은 도널드 트럼프의 개인 변호사이자 해결사로 일해 왔다. 2019년 2월, 그는 미국 연방의회 청문회장에 출석했다. 그 곳에서 그는 자신의 옛 보스를 두고 말할 기회를 얻자, 자신이 트럼프를 위해 해야 했던 몇 가지 지저분한 일을 밝혔다. 그 가운데는 트럼프와의 정사를 폭로하지 못하도록 포르노배우에게 돈을 찔러주는 일도 있었다. 증언 도중 코언은 또 다른 트럼프 관련 비리를 실토했는데, 트럼프가 다녔던 대학들과 대학 이사진에게 트럼프의 대학 성적이나 SAT 점수 등을 밝히면 고소하겠다고 협박한 것이었다.[1]

트럼프는 아마 자신의 대학 성적이 부끄러웠고, 그것이 공개되면 자신이 대통령이 되는 데 지장이 있으리라(아니면 적어도 자신의 명예가 실추되리라) 판단했을 것이다. 코언의 언급으로 인해, 트럼프가 자신의 성적을 감추려 했을 때 보인 위선에 이목이 쏠렸다. 2011년, 트럼프는 오바마 대통령에게 학업 성적을 공개하라고 몰아붙인 바 있었다. "저는 그가 아주 형편없는 학생이었다고 들었습니다. 형편없었다고요. 어떻게 형편없는 학생이 컬럼비아대에 입학하고, 또 하버드 로스쿨에 들어갈 수 있었을까요? 제발 그의 성적이 공개되기를 바랍니다."[2]

자신이 트럼프의 학점과 SAT 점수 공개를 막으려 일했다는 코언의 폭로는 포르노배우에게 뇌물을 주었다는 보다 센세이셔널한 증언에 밀려 충분히 관심을 끌지 못했다. 그러나 시대상을 보여주는 지표로서 이는 의미심장했다. 학력이 얼마나 공적으로 중요한 문제인지를 나타내 준 것이다. 2000년대에는 대학 성적을 얼마나 잘 받았는지, 심지어 대학 입학시험을 통과했는지 여부가 대통령에게 후광을 씌워줄 수도 있고 반대로 먹칠을 할 수도 있는 문제로 작용했다. 도널드 트럼프는 틀림없이 그렇게 여겼을 것이다. 그는 먼저 오바마의 출생 증명 진위를 문제 삼음으로써 그가 적법한 미국 시민인가를 물고 늘어졌다. 그 시도가 실패하자 그에 버금가는 인신공격성 의혹을 제기했다. 바로 오바마가 능력주의적으로 볼 때 적절한 학력의 소유자냐는 의혹이었다.

무기가 된 대학 간판

트럼프가 거론하는 문제들은 그 자신의 약한 부분을 나타냈다. 대선 유세 기간과 대통령 재임 기간 내내, 트럼프는 자신의 학업 성적이 뛰어났다고 여러 차례 자랑했다. 대통령의 사용 어휘에 대한 한 연구에 따르면 그가 초등학교 4학년 수준의 어휘를 구사하며, 그것은 지난 100년간의 그 어떤 대통령보다도 낮은 수준이라고 한다. 그의 국무장관조차 트럼프를 "얼간이"라 불렀다고 하며, 국방장관은 트럼프의 세계정세 인식 수준이 초등학교 5~6학년생 정도라고 말했다고 한다.

자신의 지능에 대한 공격을 받자, 트럼프는 스스로가 "스마트한 사람"이며 사실 "아주 명민한 천재"라고 강변했다. 2016년 대선 유세 때 어떤 외교 전문가의 자문을 받고 발언하느냐는 질문에 그는 이렇게 대답했다. "저는 저 혼자 말하고 있습니다. 제 뜻대로요. 왜냐면 저는 아주 훌륭한 브레인이고 아주 많은 것을 말할 수 있으니까요. 제 최고 자문역은 제 자신입니다." 그는 자신의 IQ는 높고 자신을 비판하는 사람들은 낮다고 거듭 이야기했다. 특히 흑인들에게 그런 모욕을 일삼았다.[3]

IQ 관련 유전학을 언급하며 트럼프는 자신의 삼촌 하나가 MIT 교수("천재 학자"라 표현했다)였다는 사실을 내세웠다. 그리고 이것이 그가 "좋은 유전자, 아주 좋은 유전자를 가졌다는 증거"라고 숱하게 말했다. 그의 제1기 내각을 구성한 직후에는 이렇게 말하기도 했다. "일찍이 우리처럼 IQ가 높은 사람들로 내각을 이룬 적은 한 번도 없었습니다!" 취임 다음 날 CIA 직원들을 향한 연설에서도 다음과 같이 말했다. "나를 믿어 주세요. 나는 꽤나 스마트한 사람입니다."[4]

그는 청중들에게 자신의 대학 학위에 대해 끝없이 상기시켜 주고 싶어 했다. 포덤대에서 2년간 있다가 펜실베이니아대로 옮겼고, 그곳의 와튼 스쿨에서 금융학 학사를 마쳤다고 말이다. 그는 자신이 "들어가기 엄청 힘든 대학, 세계 최고의 학교, 대단한 천재라야 다닐 수 있는 학교"[5]를 나왔다고 뻐겼다. 2016 대선 유세에서 그는 반보수로 편향된 언론들이 그의 학력을 자꾸 물고 늘어져 그때마다 변명하는 게 지긋지

긋하다고 불평했다.

제가 진보적 민주당 후보로 출마했다면 그들은 저를 세상에서 가장 스마트한 사람 중 하나라고 보도했을 겁니다. 사실이 그렇죠! 하지만 저는 보수적 공화당 후보예요. 그러니 맙소사, 저들이 어떻게 보도한답니까? 그래서 제가 입만 열면 이렇게 말할 수밖에 없는 거예요. "와튼 스쿨에 입학했고, 좋은 성적을 받았습니다. 그리고 또 어딜 들어갔고, 저길 들어갔고, 이런 걸 했고, 재산을 모았고." 여러분, 제가 왜 늘 학력 타령을 하는지 아시겠지요? 우리가 불리한 입장을 강요당하기 때문인 거예요.[6]

스스로 내세운 불리함과 취약함에 비분강개하면서도, 트럼프는 자신이 "스마트한 사람"이라고 입이 닳도록 거듭 말했다. 그의 비판자들 눈에는 참 눈물겹고 우스운 말이었겠지만 말이다. 그는 끝까지 이를 자신의 정치적 자산으로 삼으려 했다. 그리고 실제로 그의 유세에 참여했던 분노에 찌든 노동계급 지지자들과, 트럼프처럼 엘리트의 능력주의적 오만에 분개한 사람들 사이에서 공명을 얻었다. 트럼프가 벌이는 짓은 능력주의적 사회가 어떤 굴욕을 안길 수 있는지 되돌아보게 한다. 그는 엘리트를 공격하는 동시에 그들의 존경을 갈구했다. 2017년의 한 집회에서 그는 엘리트를 실컷 욕하더니 잠시 뒤에는 자신이 엘리트라고 주장했다.

여러분, 잘 아시겠지만, 저는 모범생이었습니다. 저는 엘리트 이야기를 귀가 따갑게 듣곤 했습니다. 엘리트, 엘리트라! 여러분, 그들이 과연 엘리트라고 불릴 만할까요? 저는 그들보다 수준이 높은 학교를 나왔습니다. 저는 그들보다 성적이 뛰어났습니다. 저는 더 크고 더 멋들어진 아파트에서 살았습니다. 그리고 이제는 백악관에서 살고 있죠. 아주 끝내주는 곳입니다. 무슨 말인지 아시죠? 제 생각에는 우리가 바로 엘리트입니다. 그들은 엘리트 축에 못 끼죠.[7]

능력주의적 학력 논쟁에서 방어 자세를 취한 정치인은 트럼프만이 아니다. 1987년 첫 대통령 선거 유세에서 조 바이든은 어느 유권자가 그에게 "어떤 로스쿨을 다녔고 어느 정도의 성적을 받았느냐"고 캐묻자 버럭 성을 냈다.

저는 당신보다 아마도 높은 IQ를 가졌다고 생각합니다. 저는 전 학년 장학생으로 로스쿨에 입학했죠. 우리 학년에서 전 학년 장학생은 제가 유일했답니다. 그리고 사실 학년 내 상위 50퍼센트 성적으로 졸업했어요. 졸업 학기에는 정치학 분야에서 최우등이었고요. 졸업 때 필요 학점은 123학점이었는데 165학점을 이수하며 3개 학위를 동시 취득했습니다. 자, 우리 마주 앉아서 누구 IQ가 더 높은지 비교해 볼까요? 아주 재미있겠는데요.[8]

바이든의 대답에서 이른바 '팩트 체크'란 과장으로 범벅되어 있다. 그는 불우 학생에게 주는 등록금 부분 면제 장학금을 받았을 뿐이다. 그의 최종 성적은 동급생들 중 바닥에 가까웠다. 그리고 (복수전공을 시도하긴 했지만) 3개는커녕 1개 학사학위만 겨우 받았다. 그밖에도 과장이 한 둘이 아니다.[9] 그러나 진짜 놀라운 점은 정치인들이 자기 대학 성적을 부풀린다는 데 있지 않다. 그들이 그러지 않으면 안 된다고 여기는 점에 있다.

자신의 학력에 별 문제 없는 인사까지도 때로는 자기방어에 급급한 태도를 보인다. 2018년 트럼프의 미 연방법원 판사 지명자(그리고 결국 인준자) 브렛 캐버노에 대한 인사청문회를 떠올려 보자. 청문회 막바지, 그의 인준이 어떤 여성의 고발 때문에 불투명해졌다. 고교 시절에 캐버노로부터 성폭력을 당했다는 고발이었다. 그가 정말 취한 상태에서 성폭력을 했느냐고 상원의원들이 묻자, 캐버노는 혐의를 부인했을 뿐 아니라 뜬금없이 자기 학력 변호까지 늘어놓았다. 자신이 얼마나 고등학교 때 열심히 공부했는지 아느냐면서 예일대와 예일 로스쿨에 입학했다는 것까지 강조했던 것이다.

고교 생활기록부에 음주와 성폭력 건이 기재되어 있는가라는 질문에 그는 대답했다. "저는 우리 학년 수석이었습니다. 정말 죽어라고 공부했어요. 대학 농구팀 주장이었고요. 예일대에 들어갔고요. 예일 로스쿨에 들어갔습니다. 이 나라의 제1등 로스쿨이죠. 거기서 저는 오직 공부만 파고 또 팠어요."[10]

문제는 캐버노가 공부를 잘했느냐 여부가 아니었다. 그가 18세 때 술을 마시고 파티에서 소녀에게 성폭력을 가했는지가 주제였지만, 그는 공부 이야기만 거듭했다. 하지만 2018년 당시 학력주의가 하도 만연한 나머지, 학교의 대문을 훨씬 넘어선 곳의 도덕, 정치 논쟁까지 좌우할 만큼 중요한 판단 기준으로 여겨졌던 것이다.

대학 학력의 무기화, 그것은 능력주의가 얼마나 폭정을 자행할 수 있는지 보여준다. 세계화 시대는 노동계급에게 큰 폭의 불평등 확대를,

또한 임금의 정체를 안겨주었다. 미국에서 가장 부유한 10퍼센트는 대부분의 이익을 챙겼고, 하위 50퍼센트는 거의 아무 것도 얻지 못했다. 1990년대와 2000년대에 진보적, 자유주의적 정당들은 이 불평등을 직접 다루지 않았고, 경제의 구조적 개혁을 외면했다. 대신 그들은 시장 주도적 세계화를 받아들였으며, '기회의 평등을 늘리기 위한' 정책을 통해 불평등한 혜택을 조장했다.

그것이 사회적 상승 담론의 포인트였다. 성공의 길에 놓인 장애물을 모두 제거할 수 있다면 모든 사람이 동등한 성공 기회를 가질 수 있다는 것, 인종이나 출신 계층이나 성별에 상관없이 누구나 자기 재능과 노력이 허락하는 한 위로 올라갈 수 있다는 것, 그리고 기회가 정말로 평등하다면 꼭대기에 선 사람은 그 성공과 관련된 보상을 누릴 자격이 충분하다는 것…. 이것이 능력주의의 약속이었다. 더 많은 평등의 약속이 아니라, 더 많고 더 공정한 사회적 이동 가능성의 약속 말이다. 이는 소득 사다리의 단 사이 거리가 점점 벌어지고 있다는 사실을 인정한다. 그러나 서로 먼저 사다리에 오르려 경쟁하는 과정에서만 공정함을 추구할 뿐이다. 이런 정치 기획에 별 감흥이 없는 까닭은 쉽게 이해할 수 있다. 더구나 한때 정의와 공동선에 열중했던 정당들이 그런 이야기나 늘어놓는 상황이라면 더더욱 그렇다. 그러나 능력주의의 이상이 정의로운 사회에 기반이 될 수 있는지 아닌지는 잠시 접어두고, 여기서 비롯된 성공과 실패에 대한 태도부터 살펴보자.

불평등의 해답은 교육?

———

능력주의 체제를 수용하는 사람은, 진정한 기회의 평등을 위해선 차별을 뿌리 뽑는 것 이상이 요구됨을 알고 있다. 그것은 공평한 경쟁을 위한 '운동장 고르기'를 필요로 한다. 모든 사람들이 지식기반 · 글로벌 경제 무대에서 효과적으로 경쟁할 수 있도록 하는 것이다. 그 결과 1990~2000년대의 주류 정당들은 불평등, 임금 정체, 제조업 일자리 감소 등에 대한 해답으로 일단 교육을 내세우게 되었다. "우리가 맞이한 모든 문제들, 모든 도전들을 생각해 봅시다." 1991년 조지 H. W. 부시는 다음과 같이 말했다. "해답은 교육입니다." 영국의 토니 블레어는 1996년 중앙집권적이고 개혁적인 정책 대안을 발표하면서 이러한 감상적 발언을 했다. "제게 물어보십시오. 정부가 제일 먼저 추구해야 할 세 가지가 뭐냐고. 그러면 저는 이렇게 말씀드릴 겁니다. 교육입니다. 교육이지요. 교육이라고요."[11]

빌 클린턴은 교육의 중요성과 일자리의 연관성에 대해 각운을 살려가며 말했다. "우리가 뭘 얻을 수 있느냐, 그것은 우리가 뭘 배울 수 있느냐에 달려 있습니다." 그의 주장으로는 바야흐로 글로벌 경쟁 시대에 대학 학위가 없는 노동자는 그럴듯한 보수를 주는 그럴듯한 직장을 찾기 어려울 수밖에 없었다. "모든 사람이 대학에 갈 수 있어야 합니다. 우리가 뭘 얻을 수 있느냐는 우리가 뭘 배울 수 있느냐에 달려 있기 때문이죠." 클린턴은 대통령 임기 동안 이런 표현을 30번 이상 했다. 그것은 당시의 상식을 반영한 것이며, 두 주요 정당 모두의 환영을 받았다. 공화당 상원의원이던 존 매케인 역시 2008년 대통령 선거에 나섰

을 때 이러한 표현을 즐겨 썼다.[12]

버락 오바마도 미국 노동자들이 겪는 경제적 곤경의 해답을 고등교육에서 찾았다. 브루클린의 어느 기술대학에서 그는 이렇게 연설했다. "과거에는 열심히 일하려고만 하면 교육을 많이 받을 필요가 없었습니다."[13]

> 그냥 고등학교만 다녔어도 공장이나 옷가게에서 일자리를 얻을 수 있었죠. 또 대학을 나온 사람들에 비해 부족하지 않은 월급을 받고 지낼 수 있었습니다. 그러나 그런 시대는 지났습니다. 그리고 다시는 그런 시대가 오지 않을 겁니다. 우리는 21세기 글로벌 경제 시대에 살고 있습니다. 그리고 글로벌 경제는 일자리를 어디서든 채울 수 있도록 합니다. 기업들은 최고 수준의 교육을 받은 사람들을 원합니다. 그들이 어디 사는 사람이든 상관없이 말입니다. 이제 베이징에서, 방갈로르에서, 모스크바에서 수십억 명의 사람들이 모여들고 있으며, 그들은 여러분과 직접 경쟁합니다. 여러분의 교육 수준이 높지 못하다면 생활에 충분한 임금을 주는 일자리를 찾기 어려울 겁니다.[14]

글로벌 경쟁에 대한 이런 불편한 소식을 전한 오바마는 청중들에게 "더 많은 교육이 해답"이라고 확언했다. 그리고 사회적 상승 담론의 보다 활기찬 변형판을 내놓으며 연설을 마쳤다. "저는 계속 싸울 것입니다. 여러분이 누구든 어디서 왔든 뭘 좋아하든 상관없이, 이 나라가 언제나 '하면 된다'는 신념이 이뤄지는 나라가 될 수 있도록 말입니다."[15]

수십 년간 진보 및 자유주의 정치권의 주된 담론은 이쪽을 맴돌았으며, 그 끝은 브렉시트, 트럼프, 그 외 포퓰리즘의 반격이었다. 글로벌 경제는 마치 자연법칙에 따르듯 우리에게 주어진 것이며, 결코 사라지지 않을 것이었다. 주된 정치적 문제는 '어떻게 그것을 재편할 것인지'가 아니라, '어떻게 그것에 적응하느냐'였다. 그리고 '그것이 노동자의 임금과 일자리 전망에 주는 악영향을 어떻게 덜어주느냐'였다(엘리트 직업인들은 도리어 혜택을 누리니까 신경 쓸 것 없다).

해답은 이랬다. 노동자의 학력 수준을 높여 그들이 '글로벌 경제 환경에서 경쟁하고 승리할 수 있도록' 한다. 기회의 평등이 기본적인 도덕적, 정치적 프로젝트 과제였다면 고학력을 이수할 수 있게 해주는 것은 정책의 제1목표였다.

클린턴-오바마 시대가 끝나갈 무렵 일부 정치평론가들은 대체로 능력주의적 자유주의에 대한 민주당의 노선에 동조했다. 세계화를 수용하고, 대학 학위 취득을 응원하고, 재능 있고 학력이 좋은 사람은 최고의 위치에 올라갈 만하다고 믿는 것 등등을. 작가이자 MSNBC 텔레비전 프로그램의 진행자인 크리스토퍼 헤이즈는 최근 좌파가 "능력주의를 더욱 능력주의적이게 하는 이슈(가령 인종차별과 싸우고, 여성 고학력자를 늘리고, 동성애자의 권리를 증진하는 등)에서 대성공을 거두었다"고 평가했다. 그러나 "소득 불평등 증가세를 완화하는 등 능력주의 관심 밖의 문제들"에 대해서는 실패했다고 덧붙였다.[16]

결과의 평등보다 기회의 평등을 찾는 시스템 틀 안에서는 교육 시스템의 책임이 막중해질 수밖에 없다. 또한 불평등이 꾸준히 늘어남에 따라 교육

에 대한 요구는 점점 더 커질 것이다. 교육이 이 사회의 다른 죄악들을 사면해주기를 바라며.[17]

포퓰리즘 감각으로 글을 쓰는 작가인 토머스 프랭크는 진보파들이 불평등의 해법으로 교육에 중점을 두는 시각을 비판했다. "진보파에게 모든 중대한 경제 문제는 사실 교육 문제일 뿐이다. 루저들은 모두가 너무도 잘 알고 있는 미래 사회에서 필요한 기술과 학력을 따내지 못한 자들일 따름이다." 프랭크는 이런 식의 불평등 해법이 엉터리이며, 자기충족적 예언을 담고 있다고 보았다.

그것은 사실 해답도 뭣도 아니다. 일종의 도덕적 판단이다. 스스로의 성공에 취한 승자들이 그런 판단을 내린다. 전문직업인 계층은 그들의 교육 수준에 따라 정의되며, 그들은 입만 열면 더 많은 교육이 필요하다고 말한다. 그들에 따르면 불평등이란 시스템의 실패가 아니라 실패자 개인의 실패일 뿐이다.[18]

프랭크는 이 모든 교육 운운하는 이야기가 불평등을 직접 초래한 정책에서 민주당의 주의를 돌리고 있다고 지적했다. 그에 따르면 생산성은 1980~1990년대에 증가했으나 임금은 그렇지 않았다. 그는 과연 교육 실패가 불평등의 주원인일까? 하고 의문을 제기했다. "진짜 문제는 노동자의 지적 능력이 떨어지는 것과 상관없으며, 노동자의 정치적 영향력이 약한 데 있다. 생산에 종사하는 사람들은 그들이 생산한 것에서 자기 몫을 요구할 능력을 잃어가고 있다. 그들이 생산한 것에 대한 소유권을 가진 사람들은 더, 더 많이 챙겨가고 있다. 이 사실을 인식하지 못하는 민주당 사람들은 경제 현실을 제대로 보지 못한다. 그 현실이란 독점산업에서 경제의 금융화, 그리고 노동 관리 시스템에서 찾을 수 있는데, 그들은 대신 그런 현실 모두를 방치하게 만드는 도덕적 환상에 젖어 있을 뿐이다."[19]

"스스로의 성공에 취한 승자들이 내린 도덕적 판단"이라는 프랭크의 표현은 뭔가 중요한 점을 꿰뚫고 있다. 더 많은 사람이 대학에 가도록 권하는 일은 좋다. 못사는 집 사람도 대학에 갈 수 있도록 돕는 일은 더욱 좋다. 그러나 불평등과 수십 년 동안의 세계화로 노동자가 떠안게 된 고통을 해결하는 방법으로 오직 교육에만 집중하는 일은 심각한 역효과를 낳는다. 대학에 가지 않은 사람들의 사회적 명망이 추락하는 것이다.

그런 역효과는 두 가지로 나타난다. 어느 것이나 노동과 노동계급의 사회적 지위에 악영향을 준다. 첫째, 미국인 대부분은 대학 학위가 없다. 관리자 또는 전문직업인으로서 기업에 다니는 사람들에겐 이 사실이 뜻밖일 수 있다. 비록 최근에 대학 졸업자 비율이 늘어났지만, 아직도 4년제 대학을 졸업한 사람은 미국의 성인 세 명 중 한 명 꼴이다.[20] 능력주의 엘리트들은 성공과 실패의 문제를 대학 학력과 긴밀하게 엮음으로써, 대학 졸업장이 없는 사람이 글로벌 경제에서 힘든 상황을 겪는 것이 자업자득이라며 은연중 멸시하게 된다. 그들은 또한 대졸자의 임금 수준을 한껏 높이는 정책으로 초래된 문제에서 스스로의 책임을 면제해준다.

둘째, 노동자들에게 "당신들의 학력이 떨어지기 때문에 그런 꼴이 된 것이다"라고 말해줌으로써 능력주의자들은 사람을 승자와 패자로 나누는 일에 도덕적 정당성을 부여하고, 부지불식간에 학력주의를 조장한다. 대학에 가지 않은 사람에게 고약한 편견을 갖도록 하는 것이다.

학력주의 편견은 능력주의적 오만의 한 증상이라 할 수 있다. 최근 수십 년 동안 능력주의에 더욱 물들게 되면서, 엘리트들은 출세하지 못한 사람들을 깔보는 버릇마저 들었다. 대학에 가서 자신의 조건을 향상시키라고 노동자들에게 골백번 되풀이하는 말은 아무리 의도가 좋을지라도 결국 학력주의를 조장하고 학력 떨어지는 사람들의 사회적 인식과 명망을 훼손한다.

최고의 인재들

오바마는 2000년대 초에 전문직업인들의 상식이 되어 버린 이런 능력주의적 사고의 기수나 다름없었다. 조너선 알터의 글에서처럼, "언젠가부터 오바마는 최고 지위의 전문직업인들은 공정한 '선별 과정'을 거친 사람들이라는 생각에 빠져버렸다. 그 선별 과정은 그와 미셸이 아이비리그에 진학하도록 해준 과정이기도 하기에, 이는 곧 그런 과정을 거친 사람들의 높은 지위를 정당화해주는 것이었다."[21]

오바마 대통령의 임기 첫 해를 다룬 책에서 알터는 "오바마가 지명한 고위직들의 사분의 일이 어떤 식으로든 하버드와 연관이 있고(졸업자이거나, 교수이거나), 90퍼센트 이상은 대학원 학위의 소유자"라고 지적했다. "낭중지추囊中之錐에 대한 오바마의 믿음은 확고하다. 그 자신이 위대한 미국의 전후 능력주의 산물이기 때문에 그는 스스로 딛고 오른 계층 이동 사다리의 관점에서 세상을 보지 않을 수가 없다."[22]

고급 학력에 대한 선호는 오바마의 임기 내내 이어졌다. 두 번째 임기 중반 무렵, 그의 내각 구성원 중 삼분의 이는 아이비리그 출신이었다. 21명 중 13명은 하버드 또는 예일 졸업자였으며 대학원 학위가 없는 사람은 세 명뿐이었다.[23]

학력이 뛰어난 사람이 정부를 이끈다는 것은 비교적 좋아 보인다. 그들이 올바른 결정을 내리고, 노동계급의 생활을 동정적으로 이해한다는 전제에서 말이다. 그것이 바로 아리스토텔레스가 실천적 지혜와 시민적 덕성이라고 부른 것이다. 그러나 역사를 보면 뛰어난 학력과 실천적 지혜 또는 공동선 실현에 대한 본능적인 욕구가 서로 그다지 일치하지 않음을 알 수 있다. 학력주의가 잘못된 가장 대표적인 사례 하나는 데이비드 할버스탐의 고전적 저작인 《최고의 인재들 The Best and the Brightest》에서 찾을 수 있다. 이 책에는 존 F. 케네디가 호화찬란한 학력의 소유자들로 내각을 꾸렸던 사례가 나와 있다. 그러나 그들의 뛰어난 전문성에도 불구하고 미국은 베트남 전쟁의 늪에 뛰어들고 말았다.[24]

알터는 케네디 내각과 오바마 내각의 비슷함에 주목한다. "두 대통령 모두 아이비리그를 나왔으며, 미국인들 대부분의 일상생활에 어느 정도 경멸 섞인 무관심을 갖고 있었다."[25] 결국 오바마의 경제고문들도 늪을 자초했다. 베트남 전쟁보다는 덜 치명적인 늪이었으나, 그럼에도 미국 정치의 형태를 바꿔 버리는 데 결정적 작용을 한 늪이었다. 금융 위기를 맞이해 월스트리트의 편을 들어주도록 함으로써 그들은 은행들이 담보도 없이 거액의 구제금융을 받도록 했다. 덕분에 민주당은 많은 노동자들의 눈 밖에 났다. 그리고 트럼프는 백악관에 갈 꽃길을 얻었다.

이런 정치적 판단 착오는 능력주의적 오만과 무관하지 않다. 프랭크는 이를 두고 "민주당 사람들과 월스트리트 사람들이 널리 공유하고 있던 거대한 능력주의적 특권, 그것은 명문 대학원 학위와 직결되어 있었다"[26]고 설명했다.

> 오바마는 여러 가지 점에서 월스트리트를 높이 평가했다. 투자은행이란 최상급 전문직업의 지위를 표상했기 때문이다. 그의 행정부에 들어찬 성취지향적 인물들의 눈에 투자은행가들은 친구 이상의 존재였다. 그들은 전문직업인 동료였다. 섬세한 정신의 소유자이며, 현학적인 언어를 구사하는 사람, 놀랄 만큼 혁신적인 사람이었다.[27]

프랭크는 "투자은행가에 대한 이러한 자기투영적 존경은 민주당 사람들이 대형 은행의 문제점들을 놓치도록 했다. 그리하여 구조적 개혁의 필요성도, 이 업계를 휩쓸어 버린 사기의 막대한 규모도 파악되지 못했다"고 주장한다. 그는 전 연방 검사로 은행 구제금융 감시관을 맡은 뒤 자신이 본 일에 대해 냉엄한 르포 서적을 쓴 닐 배로프스키를 인용한다. 이 책의 제목과 부제목이 베로프스키의 생각을 압축해서 전달하고 있다.《구제금융: 워싱턴은 어떻게 월스트리트를 구하고 메인스트리트*를 저버렸는가? 그것을 파헤친다 *Bailout: An Inside Account of How Washington Abandoned Main Street While Rescuing Wall*

*
Main Street
미국인의 일상생활, 일반 미국인을 지칭하는 말이다.

월스트리트 간부들이 오바마 선거운동에 거액의 기부를 했음은 사실이지만, 그의 행정부가 금융업계에 관대하게 대한 것은 단지 정치적 보은 때문만은 아니었다. 배로프스키가 지적하듯 더 심층적이고 능력주의적인 풀이가 있는데, 그것은 '정책결정자들 사이에서 학력이 뛰어나고 전문성이 돋보이는 투자은행가들은 그들이 실제로 받는 엄청난 보수가 아깝지 않은 인재들이다'는 믿음이 깔려 있는 게 문제라는 것이었다.

> 월스트리트의 픽션, 즉 '금융업 간부들은 초자연적인 능력을 지닌 슈퍼맨들'이며 '어마어마한 봉급과 보너스를 받아도 전혀 아깝지 않은 나라의 보배들'이라는 픽션은 재무부 사람들의 뼛속까지 물들이고 있다. 금융 위기가 그들이 벌인 짓이 얼마나 어이없었는지 아무리 드러내 보여도, 재무부 사람들은 한 결 같이 그 헛된 믿음을 지켰다. 어떤 월스트리트 간부가 6,400만 달러의 '잔류 보너스'를 받는다고 하면 그들은 '그는 그럴 만한 가치가 있는 사람임에 틀림없어'라며 고개를 끄덕일 것이다.[29]

정책 결정에서 작용한 효과를 넘어, 학력주의는 1990~2000년대 민주당 사람들의 정치적 표현 방식을 윤색했으며, 공적 담론에서 쓰는 용어조차 교묘하게 변형시켰다. 모든 연령대의 정치인과 오피니언 리더들, 홍보 또는 광고업자들은 그들이 퍼뜨리고 싶은 '판단과 평가'의 언어를 사용하게 마련이다. 보통 가치 있는 것과 없는 것 사이의 이분법적 대조를 많이 쓴다. 정의냐 불의냐, 자유냐 부자유냐, 진보냐 퇴보냐,

강력하냐 취약하냐, 열려 있냐 닫혀 있냐 등등. 지난 수십 년 동안 능력주의적 사고방식이 우세해지면서 그런 이분법적 가치 대조는 '스마트하냐 우둔하냐Smart vs. Dumb'가 대세로 자리 잡았다.

최근까지 '스마트한'이라는 형용사는 주로 사람을 묘사할 때 쓰였다. 미국식 영어에서 누군가를 "스마트하다"고 말한다면 그 사람의 지능을 칭찬하는 의미였다(영국식 영어의 경우 "영리하다clever"를 쓸 것이다). 디지털 시대가 열리면서 '스마트'는 물건에 붙게 되었다. 스마트카, 스마트폰, 스마트밤bomb, 스마트온도조절기, 스마트토스터 등이다. 그러나 디지털 시대가 능력주의 시대와 손을 맞잡게 되자 '스마트하다'는 표현을 통치 방식에도 사용하는 것이 이상하지 않게 되었다.

스마트해지기 위한 일

1980년대 이전까지 미국 대통령들은 '스마트'라는 말을 거의 쓰지 않았다. 가끔 그들이 그 말을 쓸 때는 매번 전통적 의미로 활용했다(가령 "미국 국민은 스마트합니다"). 그러다 조지 H. W. 부시가 이 말을 새로운, 디지털 시대다운 의미로 쓰기 시작했다. 그는 스마트카, 스마트고속도로, 스마트 웨폰, 스마트 스쿨 등을 종종 언급했다. 그러나 대통령의 언어에서 '스마트'가 폭발적으로 나타난 때는 빌 클린턴과 조지 W. 부시 때였다. 두 사람 모두 이 단어를 450회 이상 썼다. 그리고 오바마는 900회를 넘겼다.[30]

이런 추세는 일반인들의 언어에서도 비슷하게 나타났다. 책을 보면,

1975년에서 2008년까지 '스마트'는 연간 사용 빈도가 점점 늘어 거의 세 배에 이르게 되었다. '스투핏 stupid'은 두 배로 늘었다. 〈뉴욕타임스〉에서는 '스마트' 사용 빈도가 1980년에서 2000년 사이에 4배로 늘었으며 2018년에는 다시 그 두 배가 되었다.[31]

능력주의적 기준이 대중의 마음을 지배하게 되면서 '스마트'는 점점 더 많이 쓰이고, 그 진짜 의미는 알게 모르게 변화하고 있다. '스마트'는 디지털 기기와 장비를 놓고 부르는 표현만이 아니게 되었다. 점점 더 일반적인 찬사로, 그리고 어떤 정책을 두고 다른 정책과 비교할 때 쓰는 말로 활용되고 있다. 이분법적 가치 비교평가의 '스마트하냐 둔하냐'는 '정의냐 불의냐', '옳으냐 그르냐' 등의 윤리적, 이념적 비교평가를 대체하기 시작했다. 클린턴과 오바마 모두 자신들이 선호하는 정책을 두고 "옳고 그르고의 문제가 아닌, 실행해야만 스마트해질 수 있는 일"이라고 여러 차례 말했다. 능력주의가 판을 치는 요즘 이러한 언어 사용 관행은 '윤리적 옳음보다 스마트한 게 백 배 낫다'는 인식을 심을 수 있다.

"전 세계적인 AIDS와의 싸움, 그것은 옳은 일이기 때문에 해야 하는 게 아닙니다. 스마트한 일이라 해야 하는 거죠." 클린턴이 미국민에게 보낸 메시지다. "긴밀하게 연결된 세계에서는 어디든 전염병이 발생했다 하면 모든 곳의 보건에 위협을 주기 때문입니다." 처방약 관련 혜택을 의료보험에 부가하는 일에 대해선 "단지 해야 할 옳은 일이 아닙니다. 의료적 차원에서 스마트해지기 위한 일이죠"라고 했으며, 최저임금 인상에 대해서도 "근로가정을 위해 옳은 일일 뿐 아니라 우리 경제를 위해 스마트한 일입니다"라고 표현했다.[32]

같은 문구를 오바마도 썼다. "여성의 권리 신장은 단지 옳은 일일 뿐이 아닙니다. 스마트해지기 위해 해야 할 일입니다. 여성이 성공하면 이 나라는 더 안전하고 튼튼하고 부유한 나라가 될 겁니다." UN 총회 연설에서는 개발 원조에 대해 똑같이 말했다. "그것은 단지 옳은 일일 뿐이 아닙니다. 스마트해지기 위해 해야 할 일입니다." 오바마는 이민법 개혁부터 실업보험 확대에 이르는 온갖 이슈를 두고 '윤리적이면서 스마트하다'는 주장을 하곤 했다.[33]

"스마트해지기 위해 할 일"이라는 말은 언제나 신중한, 또는 손익계산적인 합리성과 관련되며 도덕적 고려와는 무관하다. 물론 클린턴과 오바마는 도덕적 이야기를 현실적 신중성의 이야기로 뒷받침한 최초의 정치지도자들이 아니다. 놀라운 건, 이제 현실적 신중성이 "스마트하냐"의 문제가 되었다는 점이다.

자신의 정책이 우둔하지 않고 스마트하다며 변명하는 일은 자신의 학력이 출중하다며 변명하는 일과 매우 닮았다. 국무장관에 막 임명되었을 때 힐러리 클린턴은 자신의 부장관들 몇몇을 선임하며 이런 연관성을 뚜렷이 보여주었다. "의회 외교위원회 청문회에서 저는 스마트 파워의 활용에 대해 말했습니다. 스마트 파워의 핵심은 스마트한 사람들입니다. 그리고 이 유능한 분들은 제가 아는 가장 스마트한 분들 중에 속해 있습니다."[34]

정당 간 대결이 과열되는 시점에 '스마트하냐 우둔하냐'의 담론은 그럴듯한 호소력이 있다. 이로써 화자는 이념 전쟁에서 탈출구를 찾을 수 있으며, 뭐가 도덕적이냐에 대한 탁상공론보다 뭐가 스마트하고 센스 있으며 신중하냐에 대한 실용적 토론으로 물러서는 자세를 보일 수 있다. 오바마도 이런 식으로 겉보기에는 초당파적이며 능력주의적인 사고방식과 발언 방식에 기댔다. 인종, 민족, 성 평등과 관련된 쟁점들에서 오바마는 유창하게 진짜배기의 도덕적 주장을 폈다. 그러나 외교정책이나 경제정책으로 넘어가면 마치 본능인 것처럼 '스마트하냐 우둔하냐'의 비이념적 언어를 사용했다.

오바마는 그의 초기 정치 경력 중 가장 중요한 연설을 2002년에 했다. 당시 그는 일리노이 주 출신 상원의원이었고, 이라크 전쟁에 대해 반대를 표명했다. 그것은 6년 뒤에 힐러리 클린턴과 구별되는 그의 입장을 나타내는 것이었으며, 결국 그가 민주당 대통령 후보로 추대되는 데 큰 영향을 미쳤다. 그런데 전국적 수준의 정치인으로 떠오르기 전부터도 오바마는 스마트하냐 우둔하냐의 논법을 즐겨 쓰고 있었다. 당시 시카고에서 이 젊은 상원의원은 반전을 선언하며 이렇게 말했다. "저는 모든 전쟁에 반대하는 건 아닙니다. 이 전쟁에 반대하는 까닭은 그것이 우둔한 전쟁dumb war이기 때문입니다."[35]

그의 두 번째 대통령 임기 중 오바마는 그의 외교 정책 노선을 설명해달라는 요청을 받았다. 그는 아주 짧고 거친 말로 요약해 보였다. "어리석은 짓은 하지 말자."[36]

2013년 오바마는 재정적자를 줄이는 방안을 두고 전반적인 예산 감축에 반대하며 공화당과 크게 대립했다. 그는 또 다시 스마트하냐 우둔하냐의 논법에 의지했다. "일을 센스 있게 하는 법이 있고, 일을 우둔하게 하는 법이 있습니다." 그는 버지니아 주의 조선공들을 두고 이렇게 말했다. 며칠 뒤 기자회견에서는 이랬다. "우리는 우둔하고 제멋대로인 방식으로 마구 예산을 잘라버려서는 안 됩니다." 대신 "스마트한 세출

절감과 재정 지원 개혁이 필요하다"고 밝혔다.[37]

오바마는 스마트한 세출 삭감과 세입 증대 수단이야말로 일을 센스 있게 하는 것이며, 이념적 대립을 면할 수 있는 비당파적 수단이라고 주장했다. "저는 이 일이 특정 당파에 치우쳤다고 생각하지 않습니다. 이는 제가 2년 동안 제안했던 일처리 방식입니다. 그리고 지난해에 실현했던 방식이죠."[38] 그는 어째서 그의 대통령 선거 유세 때 내건 정책이 비당파적일 수 있는지는 설명하지 않았다.

대중을 내려다보는 엘리트

엘리트는 그들의 '스마트한 정책'에 대해 그 당파성을 모를 뿐 아니라, 입이 닳도록 "스마트하다", "우둔하다"를 말함으로써 오만한 태도를 취하고 있음도 까맣게 모르는 것 같다. 2016년 많은 노동자들은 교육을 잘 받은 엘리트들이 자신들을 내려다본다는 느낌에 분을 품었다. 엘리트에 대한 포퓰리즘의 반격에 힘을 실어준 이 불만은 근거가 아주 없지는 않았다. 여론 조사는 다수의 노동계급 유권자가 어떤 마음이었는지 알려준다. 인종주의와 성차별주의가 지지받기 힘들 때(힘들지만 완전히 외면되는 것은 또 아닐 때다), 학력주의는 최후의 면책적 편견이 된다. 미국과 유럽에서, 학력이 시원치 않은 사람에 대한 멸시는 다른 부분에서 시원치 않은 집단에 대한 멸시보다 훨씬 두드러진다. 아니면 적어도 훨씬 잘 통용된다.

영국, 네덜란드, 벨기에에서 실시된 일련의 설문조사에서 사회심리학자 연구팀은 대학을 졸업한 응답자들이 다른 약점보다 대학 졸업을 못한 약점이 있는 집단에게 더 반감을 가진다는 사실을 발견했다. 연구자들은 전형적인 차별 대상 집단들 즉 무슬림, 터키 출신 유럽 거주민, 빈곤층, 비만인, 시각장애인, 저학력자 등에 대해 고학력 유럽인들이 보이는 반응을 조사했는데, 그 가운데 저학력자가 가장 기피됨을 알 수 있었다.[39]

미국에서 실시된 비슷한 조사에서, 연구자들은 유럽과 다른 차별 대상 집단들을 예시했다. 흑인들, 노동계급, 빈곤층, 저학력자였다. 미국인들은 이 가운데 저학력자에 대해 가장 낮은 평가를 했다.[40]

대졸 엘리트가 그보다 못한 교육 수준의 대중을 어떻게 낮춰 보는지를 넘어, 이 연구보고서들의 저자들은 몇 가지 흥미로운 결론을 이끌어 냈다. 첫째, 그들은 교육 받은 엘리트가 교육 수준이 낮은 대중보다 깨어 있어서 더 관용적이라는 익숙한 생각이 어긋남을 포착했다. 그들에 따르면 교육 수준이 높은 엘리트는 보다 못한 교육 수준의 대중에 비해 편견이 결코 적지 않다. 다만 편견의 대상이 다를 뿐이다. 더욱이 엘리트는 그런 편견을 부끄러워하지도 않는다. 그들 대부분은 인종주의와 성차별주의에는 반대할지 모르나, 저학력자에 대한 편견에 대해서는 '그러면 어때?'라는 태도를 가지고 있다.[41]

둘째, 대졸 엘리트들이 편견에 거리낌 없는 까닭은 개인 책임을 중시하는 능력주의와 관련이 있다. 엘리트는 가난이나 출신 계층을 따지기보다 학력을 따져 노동계급을 멸시한다. 학력 이외의 것은 적어도 부분적으로 그들이 어쩔 수 없었던 것이라 보기 때문이다. 반대로 낮은 학력은 개인의 노력 부족을 나타낸다고 본다. 그래서 대학에 못 간 것은 그 개인의 책임이라 여긴다. "노동계급과 비교해, 저학력자는 보다 자기 책임이 크고 더 비난받을 만하다 여겨진다. 그들에 대해서는 분노 감정이 많고, 호감이 적다."[42]

셋째, 저학력자에 대한 이런 안 좋은 감정은 엘리트만의 것이 아니다. 저학력자들 스스로도 그렇다. 이는 능력주의적 성공관이 얼마나 사회에 깊이 파고들어 있으며, 대학에 가지 않은 사람들이 그 때문에 얼마나 사기 저하를 겪고 있는지 보여준다. "저학력자들이 자신들에 대한 손가락질에 저항하는 모습은 찾을 수 없다. 반대로 그들은 그런 손가락질을 내면화하는 것처럼 보이기도 한다. 저학력자들은 자신들의 상황이 자업자득이며 욕먹어도 싸다고 여기는 듯하다. 스스로에게도 말이다."[43]

마지막으로 연구자들은 능력주의적 사회에서 대학 진학이 계속 강조됨으로써 비대졸자에 대한 사회적 편견이 강화된다고 본다. "교육이야말로 사회문제 해결의 만병통치약이라는 식의 권고는, 사회경제적으로 낮은 지위의 집단이 더욱 부정적으로 평가되면서 능력주의 이데올로기가 강화될 위험성을 키운다." 이는 사람들이 불평등을 더 선뜻 받아들이게 하며, 성공은 능력 나름이라고 믿기 쉽도록 한다. "교육을 개인 책임이라 여기게 되면 교육 격차에 따른 사회적 불평등에 대한 비판이 줄어들 것이다. 교육 성과는 대체로 개인 하기 나름이라 여겨지게 되고, 그에 따른 사회적 성공 및 실패 또한 그렇게 된다."[44]

학위가 있어야 통치도 한다

———

2000년대 미국과 서유럽에서 비대졸자 시민은 단지 업신여겨질 뿐이 아니다. 선출 공직에 전혀 참여할 수가 없다. 미 의회에서는 하원의원 95퍼센트와 상원의원 100퍼센트가 대졸자다. 이는 소수의 대졸자가 다수의 비대졸자를 통치하고 있다는 뜻이다. 미국 성인의 삼분의 이가 비대졸자이지만, 그 가운데 연방의회에 자리를 갖고 있는 사람은 손꼽을 정도다.

늘 그랬던 것은 아니다. 의회에 고학력자가 많기는 했지만 1960년대만 해도 상원의원 사분의 일과 하원의원 사분의 일이 비대졸자였다. 그리고 지난 50년 동안 의회는 인종, 민족, 성별에 있어서는 더 다원화되었다. 그러나 학력과 출신계층에서는 훨씬 일원화되었다.[45]

이러한 현상의 한 가지 결과는 '노동계에서는 아주 극소수만 선출직에 몸담을 수 있다'는 것이다. 미국 노동자의 약 절반은 육체노동, 서비스직, 사무직에 종사하고 있다. 그러나 선출 전 그런 직업을 갖고 있던 연방의회 의원은 2퍼센트에 못 미친다. 주의회의 경우, 노동계급 출신자는 3퍼센트에 불과하다.[46]

학력주의는 영국과 유럽의 대의정부도 바꿔놓았다. 영국에서는 미국과 같이 대졸자가 비대졸자를 통치하고 있다. 영국 전체를 통틀어 70퍼센트는 비대졸자다. 국회의원의 경우에는 12퍼센트만 그렇다. 하원의원은 열 중 아홉이 대졸자이며 넷 중 하나가 옥스퍼드나 케임브리지를 나왔다.[47]

지난 40년 동안 영국 노동당은 하원의원들의 교육과 출신계층에서 크나큰 변화를 겪었다. 1979년에는 노동당 소속 하원의원의 41퍼센트가 비대졸자였다. 2017년에는 16퍼센트만이 그렇다.

이러한 학력주의 밀물은 노동계 출신 하원의원의 급썰물과 함께 했다. 이제 그들은 하원의 4퍼센트만 차지하고 있다. 전통적으로 노동계급을 대변해온 노동당의 계급 구성은 가장 급격히 바뀌었다. 1959년에는 노동당 하원의원의 37퍼센트가 육체노동자 출신이었다. 2015년에는 7퍼센트만이 그랬다. 영국 정치학자 올리버 히스의 말처럼, "하원의원 출신 구성의 그러한 변화는 의회가 영국 국민을 대표하는 범위를 좁혔다. 노동당은 전통적인 노동계급 대변 역할을 훨씬 덜 하게 되었다."[48]

보다 학력이 낮은 사회 구성원들은 서유럽 전체적으로 의회에서 밀려나고 있다. 미국, 영국과 비슷한 패턴이다. 독일, 프랑스, 네덜란드, 벨기에에서 대의정부는 고학력자들에게 점령되었다. 이처럼 부유한 나라들에서조차 성인의 70퍼센트 가량은 비대졸자다. 그러나 그들 가운데 국회에 들어간 사람은 극소수다.[49]

독일 연방의회는 83퍼센트가 대졸자다. 2퍼센트도 안 되는 의원들만이 직업계 중학교(하우프트슐레)가 최고학력이다. 프랑스, 네덜란드, 벨기에에서는 82~94퍼센트의 국회의원이 대졸자다. 이들 나라의 내각 구성원은 학력 수준이 더 높다. 가령 앙겔라 메르켈의 2013년도 내각은 15명의 장관 중 9명이 박사 학위 소지자였다. 그리고 남은 6명 가운데 1명만 빼고는 석사 학위가 있었다. 독일 정치에서 박사학위는 매우 큰 의미를 가진다. 박사학위 논문의 표절 문제 때문에 여론의 분노에 밀려 장관이 사임한 사례들도 있다.[50]

정부에 비대졸자가 거의 없는 상황은 능력주의 시대의 산물이다. 그러나 전례가 없던 일은 아니다. 대부분의 근로 인구가 투표권을 갖기 이전에도 그랬음을 되돌아보는 건 다소 씁쓸할 수 있다. 오늘날 유럽 의회의 높은 고학력자 비율은, 19세기 말 재산 기준으로 투표권을 제한했던 때와 비슷하다. 독일, 프랑스, 네덜란드, 벨기에에서 19세기 중반과 후반의 국회의원들은 대부분 대졸자였다.[51]

그런 양상은 보통선거가 이루어지고 사회주의 및 사회민주주의 정당들이 의회 구성을 민주화한 20세기에 바뀌었다. 1920년대에서 1950년대까지 비대졸자 국회의원들은 현저히 늘어 입법부의 삼분의 일에서 이분의 일까지 차지했다. 그러나 1960년대부터 대졸자 비율이 올라가기 시작했다. 그리고 2000년대 들어 비대졸자 국회의원은 과거 귀족과 지주들의 시대와 마찬가지로 찾아보기 어렵게 되었다.[52]

어떤 이들은 고학력 대졸자들이 정부를 이끌어간다면 환영할 일이지 문제될 게 무엇이냐고 할지 모른다. 물론 다리를 지을 때는 가장 유능한 엔지니어를, 맹장수술을 할 때는 가장 숙련된 의사를 원하기 마련이다. 그러면 최고의 대학을 나온 국회의원을 원하면 안 될 까닭이 뭘까? 빵빵한 학력을 갖춘 고학력 리더들이 더 좋은 정책을 개발하고 더 합리적인 정치 담론을 이루지 않겠는가?

아니다. 꼭 그렇지는 않다. 미국 연방의회와 유럽 국회들에서 오가고 있는 정치 담론을 슬쩍만 들어 봐도 그런 말은 나오지 않을 것이다. 좋은 통치는 실천적 지혜와 시민적 덕성을 필요로 한다. 공동선에 대해 숙고하고 그것을 효과적으로 추구할 수 있는 능력이다. 그러나 둘 중 어느 것도 오늘날 대부분의 대학에서는 함양될 수 없다. 최고의 명문대라 할지라도 말이다. 그리고 최근의 역사적 경험은 도덕적 인성과 통찰력을 필요로 하는 정치 판단 능력과 표준화된 시험에서 점수를 잘 따고 명문대에 들어가는 능력 사이에 별 연관성이 없음을 보여준다. '최고의 인재들'이 저학력자 동료 시민들보다 통치를 잘한다는 생각은 능력주의적 오만에서 비롯된 신화일 뿐이다.

러시모어 산의 큰 바위 얼굴로 기념되고 있는 네 사람의 미국 대통령들 중 둘(조지 워싱턴과 에이브러햄 링컨)은 비대졸자다. 또한 마지막 비대졸자 미국 대통령인 해리 트루먼은 미국 최고의 대통령 중 하나로 꼽힌다.[53]

하버드 졸업생인 프랭클린 루스벨트는 여러 배경을 가진 자문단과 뉴딜 정책을 고안하고 실행했다. 그 자문위원들은 최근 민주당 대통령들의 자문위원들보다 더 유능했으나, 학력은 훨씬 떨어졌다. 1930년대에는 경제 관련 전문성이 최근 수십 년처럼 워싱턴의 정책에서 중시되지 않았기 때문이다.[54] 토머스 프랭크는 뉴딜 정책을 만든 사람들이 얼마나 다양한 배경을 가졌는지에 대해 이렇게 설명한다.

루스벨트가 가장 신임하던 해리 홉킨스는 아이오와 주의 사회복지사였다. 법무장관을 거쳐 대법원 판사에 임명된 로버트 잭슨은 법학 학위가 없는 변호사였다. 루스벨트의 구제금융 정책을 추진한 제시 존스는 텍사스 주의 사업가였는데 유수 금융기관들의 관리자가 되는 데 아무 주저가 없었다. 루스벨트가 연방준비제도이사회 이사장에 선임한 매리너 에클스는 유타 주 작은 마을의 은행원이었고 비대졸자였다. 아마 미국 역사상 가장 위대한 농무장관일 헨리 월리스는 아이오와 주립대에서 학업을 마쳤다.[55]

최근 수십 년 동안의 학력주의 열풍은 영국에서도 좋은 통치를 이뤄내지 못했다. 오늘날 영국인의 겨우 7퍼센트만이 사립학교에 다니며, 1퍼센트 이하가 옥스퍼드나 케임브리지에 입학한다.

그러나 통치 엘리트는 엄청난 비중으로 그런 소수 중에서 충원되고 있다. 보리스 존슨의 2019년도 내각 거의 삼분의 이가 사립학교 출신이며, 거의 절반이 옥스퍼드나 케임브리지를 나왔다. 제2차 세계대전 이후를 볼 때 대부분의 보수당 내각 장관들과 노동당 내각 장관의 삼분의 일 정도가 사립학교를 나왔다.[56] 그러나 그 시기 가장 성공적인 영국 정권 중 하나는 학력이 가장 낮고 출신계층 분포가 가장 넓은 정권이었다.

1945년 클레멘트 애틀리의 노동당은 윈스턴 처칠의 보수당을 눌렀다. 애틀리는 옥스퍼드를 졸업했다. 그러나 그의 내각 구성원은 네 명 중 한 명만이 사립학교 출신이었고, 그것은 그 이후의 어느 영국 내각보다 낮은 수치였다. 그의 장관 가운데 일곱 명은 탄광 갱부 출신이었다.[57]

매우 유능하다고 평가받은 애틀리의 외무장관 어니스트 베빈은 전후 세계질서의 설계자 중 하나였다. 그는 11세 때 학교를 중퇴하고 노동조합 지도자로 성장했다. 하원 의장과 부수상을 지낸 허버트 모리슨은 14세에 중퇴하고 지방정부에서 일하며 명망을 쌓았는데, 런던의 대중교통 시스템을 개발한 공로가 컸다. 보건부 장관 어나이린 베번은 13세에 중퇴한 뒤 웨일스에서 광부로 일했고, 장관이 되어서는 영국 국민의료보험 제도를 수립했다. '20세기 영국에서 가장 개혁적인 정권'으로 평가되는 애틀리 정권은 노동계급에 힘을 실어주었으며 애틀리의 전기 작가는 "영국의 새로운 사회계약에 쓰일 윤리 언어를 마련

했다"고 평했다.[58]

의회를 고학력자 계층의 전유물로 만들면 정부가 더 효과적인 방향으로 가기 힘들다. 대표성만 더 낮아질 뿐이다. 이로써 노동계급은 주류 정당에서 배제되며 특히 중도좌파 정당에서 그렇게 된다. 그에 따라 정치판은 학력에 따라 양극화된다. 오늘날 정치판을 가르는 가장 깊은 균열 중 하나가 바로 대졸자와 비대졸자 사이의 균열이다.

학력 간 균열

2016년 미국의 비대졸자 백인의 삼분의 이가 도널드 트럼프에게 투표했다. 힐러리 클린턴은 고학력자 표의 70퍼센트를 쓸었다. 선거학자들은 소득보다 학력이 트럼프 지지 여부에 더 확실한 변수가 되었다고 본다. 비슷한 소득을 가진 사람 가운데 학력이 높은 사람은 힐러리 클린턴에게, 낮은 사람은 트럼프에게 투표했다.[59]

학력 간 균열은 지난 대통령 선거에서 가장 분명하게 나타났다. 대졸자 비중이 높은 50개 카운티 가운데 48개에서 힐러리 클린턴은 4년 전 버락 오바마가 얻은 표보다 많은 표를 얻었다. 대졸자 비중이 가장 낮은 50개 카운티 가운데 47개에서는 클린턴의 득표가 오바마 때보다 훨씬 나빴다. 프라이머리 초기에 거둔 그의 승리를 자축하며 트럼프가 이렇게 외친 것도 무리가 아니다. "난 덜 배운 사람들을 사랑한다!"[60]

20세기 대부분의 기간 동안 좌파 정당들은 저학력자의 지지를 얻고 우파 정당들은 고학력자의 지지를 얻어왔다. 능력주의 시대에 이 패턴은 뒤집혔다. 오늘날 고학력자들은 중도좌파 정당에 투표하며, 저학력자들은 우파 정당에 투표한다. 프랑스의 경제학자 토마 피케티는 이런 패턴 역전이 미국, 영국, 프랑스에서 놀랄 만큼 비슷하게 나타나고 있음을 보여준다.[61]

1940~1970년대에 미국에서 대학 학위가 없는 사람들은 꾸준히 민주당에 투표했다. 영국에서는 노동당, 프랑스에서는 여러 중도좌파 정당들이 그들의 지지를 얻었다. 1980~1990년대에 학력 간 균열은 크게 좁혀졌다. 그리고 2000~2010년대에 좌파 정당들은 비대졸자의 지지를 잃어버렸다.[62]

이런 역전 현상은 보통 부유한 유권자들은 여전히 우파 정당을 지지하고 있다는 사실, 그렇지만 고학력 유권자 다수는 중도좌파를 지지한다는 사실과 맞물려 복잡해 보인다. 흑인, 라틴 계열, 아시아 계열 미국 유권자들은 학력 수준에 상관없이 계속 민주당을 지지해왔다. 그러나 2010년대가 되자 학력이 가장 결정적인 정치 균열 기준이 되었다. 그리고 한때 노동자를 대변했던 정당들은 갈수록 능력주의 엘리트의 정당이 되고 있다.[63]

민주당이 전문직업인의 정당으로 인식되어 가고 있는 미국에서 비대졸자 백인 유권자들은 민주당을 외면하고 있다. 이런 경향은 트럼프 당선 뒤에도 계속되고 있다. 2018년 총선에서, 비대졸자 백인 유권자의 61퍼센트가 공화당에 투표했으며 민주당에는 37퍼센트만이 표를 던졌다. 학력 간 균열의 심화는 대졸자 비중이 가장 높은 30개 선거구를 봐도 알 수 있다. 1992년 빌 클린턴이 대통령에 당선되었을 때, 함께 진행된 총선에서 이들 선거구들은 양분되었다. 절반은 민주당 후보를,

절반은 공화당 후보를 당선시켰다. 2018년 공화당은 그 중 3개 선거구에서만 이길 수 있었다.[64]

영국에서는 노동당의 지지기반이 비슷하게 이동 중이다. 1980년대 초 노동당 하원의원 삼분의 일 정도가 노동계급 출신이었다. 2010년 그 비중은 열 중 하나가 채 안 된다. 올리버 히스에 따르면 노동계 출신 노동당 하원의원의 감소는 "이 정당이 노동계급 유권자들에게서 얻는 인기에 결정적 영향을 미쳤다. 그들은 점점 더 노동당을 그들이 통제할 수 없는, '대도시 엘리트들의 손에 넘어갔다'고 보고 있다."[65]

그런 불만은 먼저 저학력 유권자들의 투표 감소로 나타났다. 그리고 2016년에는 유럽연합 탈퇴에 찬성표를 던지는 것으로 이어졌다. 저소득 유권자들은 고소득자들에 비해 브렉시트에 대체로 찬성하는 편이었다. 그러나 학력 격차에 따른 찬반은 더 뚜렷하게 갈렸다. 비대졸자 70퍼센트 이상이 브렉시트에 찬성했으며, 대학원 학위자의 70퍼센트 이상은 반대했다.[66]

이런 패턴은 지역 투표 양상에서도 나타난다. 대졸자 비중이 제일 낮은 20개 지자체 중 15개에서 브렉시트 찬성표가 많았다. 고학력자 비중이 제일 높은 20개 지자체에서는 모두 반대표가 많았다.[67]

프랑스에서는 정당 체제가 다름에도, 비슷한 학력 간 균열 현상이 지난 수십 년간 나타났다. 1980년대부터 비대졸자는 사회당과 그 밖의 좌파 정당에 등을 돌렸으며 대신 고학력 엘리트가 그런 정당의 주 지지자들이 되었다. 1950~1960년대 좌파 정당이란 노동계급의 정당이었다. 비대졸자가 좌파 정당에 투표하는 비율은 대졸자에 비해 20퍼센트 정도 높았다. 1980년대에는 격차가 좁아졌고, 2010년대에는 역전되었다. 이제 대졸자가 좌파 정당 지지표에서 차지하는 비중은 비대졸자보다 10퍼센트 높다. 30퍼센트의 수치가 역전된 것이다.[68]

피케티는 좌파 정당들이 노동자 정당에서 지식계급, 전문직업인 정당으로 탈바꿈한 것이 왜 그들이 지난 수십 년 동안의 불평등 증가에 대응하지 않았는지를 설명해 준다고 본다. 한편 높은 학력을 못 가진 사람들은 엘리트가 밀어붙이는 세계화에 반발하고 포퓰리스트, 국수주의자 후보들에게 표를 던졌다. 미국의 트럼프나 프랑스의 민족주의-반이민 정당을 이끄는 마린 르펜 같은 사람들에게 말이다.[69]

2017년 진보중도파인 에마뉘엘 마크롱은 프랑스 대선에서 르펜을 꺾었다. 마크롱의 당선은 일부 평론가들의 환영을 받았다. 시장친화적 세계화 프로그램을 이끄는 젊고 매력적인 정치인(클린턴이나 블레어, 오바마를 연상시키는)의 손으로 '포퓰리즘의 반격'이 진압될 것이라고 받아들였기 때문이다. 미국과 영국의 능력주의 정치인들처럼 그 역시 대졸자와 고학력자들의 전폭적 지지를 받았다.[70]

그러나 마크롱의 인기는 금방 시들었다. 그의 정권은 계속되는 가두시위에 직면했다. 시위대는 본래 운전자의 사고방지용 의복인 '노란 조끼'를 입고 거리에 나섰다. 대개 파리 외곽에 사는 중산층 노동계급 주민들로 이루어진 시위대는 유류세 인상, 마크롱의 교만해 보이는 태도, 세계화에 뒤처진 사람들을 아랑곳하지 않는 경제정책 등에 분노했다. 마크롱이 속한 당의 어느 원로 정치인은 "어떤 문제 때문에 정권이 이런 저항을 맞이했다고 보느냐"는 질문에 이렇게 대답했다. "아마 우리는 너무 지적이고, 너무 섬세했던 거죠."[71]

우리 시대의 거침없는 학력주의는 노동계급 유권자들이 포퓰리즘 및 민족주의 정당으로 발길을 돌리도록 하며, 대학 학위가 있고 없는 사람들 사이의 격차를 더욱 크게 벌리도록 하고 있다. 이는 또한 능력주의의 가장 큰 상징인 고등 교육 제도에 대한 당파적 견해로 이어졌다. 2015년에 공화당과 민주당은 입을 모아 "대학이 이 나라에 긍정적 효과를 준다"고 말했다.

그런데 이는 각자 다른 세상의 이야기다. 오늘날 59퍼센트의 공화당원들이 대학이 이 나라에 악영향을 미치고 있다고 보며, 33퍼센트만이 고학력을 좋게 보고 있다. 대조적으로 민주당원들은 대학이 긍정적 효과를 준다는 의견에 압도적으로 동의한다(67퍼센트가 동의, 반대 의견은 18퍼센트다).[72]

능력주의의 승리에 따른 피해 중 하나로 '고학력에 대한 대중적 지지가 줄어든 것'을 들 수 있을 것이다. 한때 기회의 문으로 널리 받아들여진 대학 학위는 이제 (적어도 일부에게는) 학력주의자의 특권과 능력주의 오만의 상징이 되어버렸다. 오로지 교육만이 불평등의 해답이라 하는 사회적 상승 담론은 부분적으로 비난받는다. 대학 학위가 품격 있는 직업과 사회적 명망의 조건이라는 생각을 근거로 정치를 하니 민주주의는 훼손될 수밖에 없다. 이런 생각은 비대졸자의 사회적 기여를 폄하하며 사회의 저학력 구성원들에 대한 편견을 부추긴다. 그리고 노동계급 전체를 대의정부에서 효과적으로 배제한다. 그 결과 정치적 반격을 겪는다.

기술관료적 담론

─────

이런 학력주의 병폐와 가깝게 이어진 것이 기술관료적인 공적 담론의 왜곡이다. 정책 결정이 '스마트하냐 우둔하냐'의 문제로 여겨질수록 '스마트한 사람(전문가나 엘리트)'이 결정하고, 일반 시민들이 토론과 결의를 하는 일은 배제하는 게 옳다고 여겨지기 마련이다. 능력주의 엘리트들에게 '스마트하다'와 '우둔하다'의 담론은 도덕 및 이념적 반대에 대해 비당파적인 대안을 제공한다. 그러나 그런 반대는 민주정치의 핵심에 속한 것이다. 정당정치의 갑론을박을 뿌리치고 정책을 관철하려는 의지가 너무 강하면 정의와 공동선에 대한 질문을 저버린 채 정치를 유명무실화하는 기술관료적 공적 담론으로 밀려갈 수밖에 없다.

버락 오바마가 좋은 사례다. 모든 미국인들에게 평등한 권리를 보장한다는 약속을 하면서 그는 당대의 어떤 정치인도 못 따라잡을 정도로 언어의 나래를 폈다. 사우스캐롤라이나 주 찰스턴에서 그는 〈어메이징 그레이스*Amazing Grace*〉를 불렀다. 교회 안에서 혐오에 복받친 총잡이들의 손에 살해된 교구민들을 애도하며 했던 그의 연설은 현대 미국 대통령의 연설 가운데 가장 격정적인 것이었다.

그러나 그의 민주적 통치에 대한 비전을 말해야 할 순간이 오자, 오바마는 뼛속까지 기술관료임을 보여주었다. 인기 있는 대통령에 대한 너무 직설적인 독설일지도 모르겠다. 하지만 설명할 기회가 허락되기를 바란다. 민주사회를 통치하려면 반대 의견에 대한 고려가 필요하다. 반대에 직면하며 통치하면 어떻게 그런 반대가 나오게 되었는지 알게 되고, 그것을 극복하려면 어떤 공적 목표를 달성해야 할지도 꿰뚫고 있어야 한다. 오바마는 민주적 반대란 보통 사람들이 충분한 정보가 없어서 생기는 거라고 여겼다. 정보 부족이 문제라면 해법은 정보를 충분히 아는 사람이 동료 시민을 위해 결정을 내리는 것, 아니면 그런 사람이 동료 시민을 계몽하여 뭐가 제대로 된 결정인지 깨우쳐주는 것이 될 터다. 대통령의 리더십이란 도덕적 권유보다 정보를 수집하고 보급하는 일이 될 것이다.

오바마는 2007년 그의 대선 유세 초기에 구글 사원들 앞에서 연설하며 이런 식의 통치관을 분명히 드러내 보였다. 그는 "미국을 돌면서 배운 것 하나가 미국 국민은 근본적으로 고상한 사람들이라는 것입니다. 그들은 관용의 정신을 품고 있습니다. 또한 상식을 갖고 있습니다. 다만 제대로 발휘되지 못할 뿐이죠"라고 말했다. 그 이유가 뭘까.

왜냐하면 국민들은 단지 잘못된 정보를 갖거나 너무 바쁘거나 하기 때문입니다. 아이들을 학교에 보내느라, 일하느라 바쁘기 때문에 충분한 정보를 갖지 못한 채로 있지요. 또는 그들은 전문가가 아니기 때문에 정보를 제대로 판단할 수도 없고, 그 때문에 우리의 정치 과정이 뒤틀리는 결과를 맞게 됩니다. 그러나 국민에게 좋은 정보를 준다면, 미국 국민의 본성은 훌륭하기 때문에 좋은 결정을 내릴 수 있을 것입니다. 그리고 대통령이야말로 국민에게 좋은 정보를 주는 사령탑Bully Pulpit이어야 하죠.[73]

시어도어 루스벨트가 'Bully Pulpit'이라는 말을 100년 전에 처음 쓴 뒤로 이 말은 대통령의 도덕적 모범, 국민 사기 진작자로서의 위치를 가리키는 말로 쓰여 왔다. 그런데 이제 그 말은 팩트와 데이터, 좋은 정보의 집합소라는 말로 의미가 변했다. 이야말로 기술관료적 정치관의 핵심이다. 그리고 이는 단지 능력주의적 오만의 표현에 불과하다. 이 나라를 이루는 보통 사람들이 아무리 고상하더라도 그들이 정보를 판단할 전문가가 아니라면, 진짜 전문가들이 그들 대신 정보를 판단하고 그들 입맛대로 팩트를 선별해 전달해야 한다는 뜻을 담고 있는 것이다.

오바마는 그렇게 해야 미국 정치과정의 '뒤틀림'을 바로잡을 수 있다고 보았다. 그가 염두에 둔 문제는 고도로 집중된 경제권력이 정치과정을 짓누르고 있는 상황을 타개하는 것도, 일반 대중에게 공동선의 의미를 되새기도록 촉구하는 것도 아니었다. 더 나은, 더 정확한 정보를 제공하는 것이었다. "저는 정말이지 그렇게 하려고 합니다. 왜냐하면 저는 이성과 사실을 믿으며 증거와 과학 그리고 피드백을 굳게 믿기 때문입니다." 그는 구글 사원들에게 이렇게 말했다. "저는 사실에 근거한 판단 능력을 백악관에서 재구축하고 싶습니다."[74]

이런 기술관료 신념에 찬 발언이 주로 기술산업 종사자들에게 어필하기 위한 거라고 생각할 수도 있다. 그러나 오바마는 대통령 재임 중내내, 그리고 지금까지도 이런 정치 비전에 충실했다. 이런 식의 사고방식 중 또 다른 사례는 기술관료 정치와 신자유주의 사이의 연관성을 보여준다.

오바마는 전임 대통령들과는 비교가 안 될 정도로 대학의 경제학자들이나 기업 임원들이 사용하는 용어를 많이 썼다. 가령 의료보험 개혁을 놓고 그는 전 국민 의료보험이 갖는 도덕적 정당성은 거의 말하지 않고, '비용 곡선을 꺾을' 필요성에 대해 주구장창 말했다. 말하자면 의료비 증가세를 줄여야 한다는 것이었다. 비록 '비용 곡선을 꺾을' 필요성이란 게 별로 호응을 못 받았음에도, 그는 이런 식의 말을 60회나 하며 의료보험 개혁안의 효용을 주장했다.[75]

　최근 경제학자들은 바람직한 행동을 이끌어내기 위해 시장적 인센티브를 주자는 주장을 해왔다. 이런 인센티브 이야기는 하도 널리 퍼져서 '인센티브제화하다incentivize'라는 새 동사까지 만들어졌다. 21세기 초의 많은 사회과학자들, 경영 컨설턴트, 기업 임원들처럼 오바마는 시장 메커니즘이 바람직한 결과를 내도록 하는 방법으로 '인센티브제화'를 받아들였다. 그는 기술 개발, 중소기업 고용, 클린 에너지 개발, 물 관리체계 개선, 사이버 보안책 보완, 건물 에너지효율화 프로그램, 국민 영양 상태 개선, 효과적인 보건 서비스, 학교 환경 개선, 기업 책임 강화 등등의 숱한 정책에 이 인센티브제화를 주문했다.

　인센티브제화는 당파주의나 이념적 논쟁을 피하려는 오바마의 본능에 잘 들어맞는 기술관료적 개념이었다. 이는 돈 욕심을 활용해 공공 문제를 해결하려는 것이며, 따라서 정부의 강압과 자유방임적 시장 선택 사이의 적절한 중용을 확보하는 것처럼 보인다. 이전 대통령들은 거의 이 말을 쓰지 않은 반면, 오바마는 이런 저런 일에 '인센티브제화'를 100번도 넘게 언급했다.[76]

　오바마는 그의 정치 언어 가운데 특히 '스마트'를 정책에 마구 붙여 씀으로써 기술관료정치와 능력주의 사이의 연결고리를 조명해 주었다. 오바마에게 스마트하다는 것은 궁극적인 찬사였다. 스마트 외교, 스마트 대외정책, 스마트 규제, 스마트 성장, 스마트한 세출 절감, 스마트한 교육 투자, 스마트 이민정책, 스마트한 인프라 계획, 스마트한 법집행, 스마트 무역 정책, 스마트 에너지 정책, 스마트 기후 정책, 스마트한 재정 지원 개혁, 스마트한 시장 개혁, 스마트 환경규제, 스마트 개발, 스마트한 시장중심적 혁신, 그리고 그 무엇보다 스마트 그리드^{smart grids} 등등이 그랬다. 임기 중 오바마는 스마트 그리드나 스마트 그리드 기술에 대해 찬양하는 말을 100번 이상 했다. 전체적으로 그는 '스마트하다'라는 형용사를 정책이나 프로그램에 900회 이상 붙여서 썼다.[77]

기술관료적 접근을 정책에 쓸 때의 문제점 중 하나는 정책결정권이 소수 엘리트에게 돌아가고 그만큼 일반 시민은 무력해진다는 것이다. 또 하나는 정치적 설득을 포기한다는 것이다. 인센티브제화는 사람들이 자발적으로 행동하도록 한다. 자의에 의해 에너지를 절약하거나 체중 조절을 하거나 윤리 경영을 하는 식이다. 그러나 이것은 '강제로 그렇게 하도록 하는 방법'의 대안일 뿐만이 아니다. '그렇게 하도록 설득하고 권유하는 방법'의 대안도 된다.

테크노크라시냐 데모크라시냐

———

이념 문제를 피하고 경제 쪽으로만 이야기하려는 능력주의 엘리트의 담론은 공적 담론이 갈수록 거칠고 난폭해지는 추세(정당 구성원들이 서로에 대해 고함을 지르고 트윗 악플을 날려댐에 따라)와 우연히 겹친다. 기술관료적 담론과 고성 경쟁은 민주 시민을 움직이는 도덕적 신념의 실종이라는 점에서 공통점이 있다. 두 쪽 모두 정의와 공동선에 대한 경쟁적 개념들을 갖고 합리적으로 토론하려는 태도를 외면한다.

2016년 포퓰리즘의 갑작스러운 상승(영국의 브렉시트 결정과 미국의 트럼프 승리)은 능력주의 엘리트와 신자유주의적, 기술관료적 정치 관행에 경종을 울린 것이었다. 유럽연합에서 탈퇴하면 영국 경제가 어려워질 거라는 경제학자들의 예측에, 어느 브렉시트 열혈 지지자는 이렇게 대답했다. "이 나라에 전문가는 차고 넘쳐요."[78]

오바마는 그의 입장에서 임기 말에 벌어진 정치적 혼란을 이해하려고 안간힘을 썼다. 트럼프가 그의 후임자로 선출되고 2년 후인 2018년, 오바마는 "세계화 지지자들이 뒤처지는 사람들의 존재 사실을 충분히 빠르게 인식하지 못했다"는 점을 인정했다. "워싱턴 컨센서스*는 지나치게 안이했다. 특히 냉전 이후 미국 사회 일부와 엘리트들은 자신들이 모든 걸 손에 쥐고 있다는 생각에 지나치게 뽐냈다고 볼 수 있다."[79]

> *
> **Washington Consensus**
> 냉전 붕괴 이후 미국식 자본주의를 기준으로 삼고 그 제도와 관행을 따르려는 움직임이 세계적으로 일었는데, 미국 경제학자 존 윌리엄슨이 이를 '워싱턴 컨센서스'라고 불렀다.

그러나 트럼프 시대에 양극화된 정치를 놓고 오바마는 대중이 기본 사실들에 대해 의견을 같이할 수 없음이 일차적 문제라고 분석했다. 그는 "왜 우리 정치에 그렇게 병목 현상과 독기, 양극화 현상이 많은가 하면, 부분적으로는 팩트와 정보의 공통적인 베이스가 없기 때문"이라고 했다. "〈폭스뉴스〉를 보는 사람과 〈뉴욕타임스〉를 읽는 사람은 전혀 다른 현실을 인식하게 된다. 그것은 단지 의견의 차이에 그치지 않고 사실에 있어서 벌어지는 격차다. 마치 뭐랄까, 인식론상의 차이와 같다."[80]

그는 그런 '현실의 충돌'에 대해 직접 본 일을 근거로 생생한 이야기를 들려주었다.

앞으로 10년, 15년, 20년 동안 우리가 마주칠 가장 큰 도전은 '건전한 시민 토론으로 돌아갈 수 있느냐'다. 그런 토론은 내가 만일 "이건 의자다"라고 하면, "그래, 의자다"라고 동의할 수 있는 토론이다. 지금 우리는 "이것은 좋은 의자인가?", "이 의자를 고쳐야 할까?", "이 의자를 여기서 옮길까?" 등에 대해서는 서로 다른 의견을 낼 수 있다. 그러나 "이건 의자가 아니라 코끼리야"라는 말은 꺼낼 수 없다.[81]

물론 정치적으로 '사실 관계 논란'이 의자인지 아닌지를 놓고 싸울 만큼 그렇게 단순하지는 않다. 여기서 '방 안에 있는 코끼리'는 사실 기후변화를 의미했다. 오바마는 기후변화의 존재 자체나 그것이 인간의 잘못 때문이라는 사실조차 부인하는 사람들과는 토론이 어렵다는 말을 한 것이다.

오바마는 분명 그의 후임자가 기후변화 부정 세력들에 넘어가 (오바마 자신이 가입 서명한) 파리 기후변화협약에서 탈퇴한다는 결정을 내렸을 거라고 생각한 듯하다. 그는 이를 이념적 차이만이 아니라 트럼프와 그 공화당 지지자들이 과학 자체를 저버린 데서 비롯되었다 여겼다.

사실 "나는 과학을 믿는다"는 민주당의 선거 구호가 되었던 바 있다. 힐러리 클린턴은 2016년 대선후보 수락연설에서 그 구호를 썼고, 오바마는 대통령으로서 썼다. 그리고 2020년 대통령 후보 지명을 놓고 무수한 민주당 후보자들이 앞 다투어 썼다. 그 구호는 은근히 인기를 잃은 종교의 반열에 과학을 올려놓는 것처럼 들렸다.[82]

오바마는 '무엇보다 팩트가 먼저'라는 그의 오랜 신념을 뒷받침하고자 대니얼 패트릭 모이니한 상원의원의 말을 즐겨 인용했다. 모이니한은 언젠가 고집불통의 논쟁 상대에게 이렇게 말했다. "당신은 당신 자신의 의견에 사로잡혀 있군요. 그러나 당신 자신의 사실과는 동떨어져 있습니다(오바마는 이 말을 인용하며 때때로 '모이니한이 아주 스마트했고 그 적수는 그만큼 스마트하지 않았다'고 덧붙였다)."[83]

그러나 정치적 이견을 단지 액면의 사실을 부정하거나 과학을 부정하는 일이라 여긴다면, 그것은 사실과 의견이 정치적 설득 과정에서 어떤 상호작용을 하는지 이해하지 못하는 것이다.

정치 이전에 '우리 모두는 어떤 기본 사실에 전원 동의해야 하며, 그 이후에 우리 각자의 의견과 신념을 가지고 토론하면 된다'는 생각은 기술관료적 기만이다. 정치 토론은 종종 의제와 연관된 사실을 어떻게 잡아내고 정의할지에 대해 벌어진다. 어느 쪽이든 사실을 프레임화하는 데 일단 성공하면, 그는 장기적으로 그 논쟁에서 이긴 셈이다. 모이니한의 말과는 정반대로 우리의 의견은 우리의 인식을 사로잡는다. 의견이란 것은 사실이 명확히 규명되고 정립된 뒤에 비로소 생겨나는 게 아니다.

기후변화 논란

기후변화 대응에 대한 반론의 주된 까닭이 정보 부족이나 과학의 거부에 있다면, 교육 수준이 낮거나 과학 지식이 덜한 사람들 사이에서 반대가 가장 심하리라 예상할 수 있을 것이다. 하지만 그렇지 않다. 여론 조사 결과를 보면 과학 지식이 많은 사람일수록 기후변화에 대한 입장이 양극화된다.

공화당원들은 민주당원보다 지구온난화에 대해 더 의심이 많으며, 그들 가운데 교육 수준이 높을수록 그런 경향도 커진다. 고졸 또는 그 이하 학력의 공화당원들 중 57퍼센트가 지구온난화는 대체로 과장되어 있다고 생각한다. 대졸자 공화당원들은 74퍼센트가 그렇게 믿는다. 민주당원의 경우 학력이 높을수록 기후변화를 더 우려한다. 고졸 또는 그 이하인 민주당원은 27퍼센트가 지구 온난화가 과장되었다고 본다. 대졸자 민주당원은 15퍼센트만 그렇게 생각한다.[84]

따라서 양당 지지자들 사이에 기후변화를 놓고 의견이 갈리는 정도는 대졸자(59퍼센트 차이) 간이 비대졸자(30퍼센트 차이) 간보다 두 배나 더 크다. 이와 같은 패턴은 '기후변화가 과연 인류의 책임인지'를 놓고도 나타난다. "지구온난화는 자연적인 환경 변화 때문이다"라는 말에 대부분의 공화당원은 "그렇다"라고, 대부분의 민주당원은 "아니다"라고 답했다. 그러나 두 당의 고학력자들 간 의견차는 53퍼센트였는데, 저학력자끼리는 단지 19퍼센트의 차이를 보였다.[85]

보다 상세한 조사에 따르면 기후변화 문제에 대한 정치적 양극화는 일반적 교육수준의 차이뿐 아니라 과학 지식의 차이에서도 나타난다. 과학 지식이 보다 많은 사람(이수한 과학 과목의 숫자와 과학 지식 관련 테스트로 측정)은 과학을 더 모르는 사람에 비해 각자가 속한 정당의 기후변화관에 더 집착하는 모습을 보인다.[86]

이런 발견은 기후변화를 늦추는 일에 미온적인 사람은 단지 과학을 잘 몰라 그런 거라는 생각에 제동을 건다. 기후변화를 놓고 정당 간 나뉜 입장은 사실과 정보 때문이 아니라 그들의 정치관이 달라서 생긴 것이다. 더 많은 사람이 과학을 알게 되면 기후변화에 대한 옥신각신이 사라질 거라는 가정은 오류다. 우리가 사실에 합의할 수만 있다면 정책에 대해 합리적 토론을 할 수 있으리라는 기술관료적 신념은 정치적 설득의 메커니즘을 잘못 이해한 결과다.

2018년 MIT 연설에서 오바마는 "미국이 기후변화에 대해 합리적인 토론을 하게 될 날을 상상한다"며 "그것은 오직 모든 사람이 기초적 사실들에 동의할 때 가능해진다"고 했다.

> 저와 당신이 기후변화에 대해 논쟁을 할 수 있지요. 그 때 당신은 이렇게 결론을 내립니다. "우리는 중국과 인도가 많은 석탄을 태우는 일을 막을 수가 없어요. 그러려면 너무 많은 시간이 걸리겠죠. 우리는 다만 상황을 받아들이도록 해야 해요. 그러면 언젠가 새로운 에너지원을 때마침 발견할 수 있을지 모르고요. 그래서 저는 파리 기후변화 협정에 반대합니다."
> 그러면 저는 이렇게 말할 거예요. "흠, 글쎄요. 우리가 지금 몇몇 스마트 기술에 투자하고 클린 에너지 투자에 인센티브제화를 갖추는 스마트한 규제 틀을 만들어낸다면, 정말로 이 문제를 해결할 수 있겠지요. 지금 그렇게 하지 않는다면 문제는 결국 걷잡을 수 없게 될 거예요."[87]

오바마는 우리 모두가 이런 허심탄회한 토론을 해야 한다고 하며, 기후변화 사실을 부정하는 사람들이 그것을 불가능하게 한다고 한탄했다.[88]

그러나 그런 토론이 가능해졌다고 해도 결국 정치 토론으로서는 속 빈강정일 것이다. 그것은 우리의 유일한 선택이 사실 '외면과 어리석은 행동이냐', 아니면 '가치중립적이고 기술관료적인 해결책이냐' 사이에만 있다고 가정한다. 그러나 이는 기후변화 논쟁의 저변 깊숙이 존재하는 도덕적, 정치적 고려를 간과한 것이다.

기술관료적 입장의 매력이면서 동시에 약점은, 그것이 겉보기로는 잡음의 여지가 없는 가치중립성을 띠고 있다는 점이다. '스마트 기술'과 '스마트한 규제 틀' 같은 이야기는 기후변화를 두렵고 어려운 문제로 만드는 도덕적, 정치적 질문들 사이를 요리조리 빠져나간다. 화석연료 산업의 외부효과를 억제하기 위해 민주정치는 무엇을 해야 하는가? 우리가 자연을 도구화하도록 부추긴 소비주의적 생활 태도, 프란치스코 교황이 "쓰고 버리는 문화"[89]라고 부른 그런 태도를 재고해야 할 것인가? 탄소 배출을 줄이려는 정부의 행동에 반대하며, '과학을 거부해서가 아니라 정부가 자신들의 이익에 따라 움직이고 있지 않은지, 특히 경제를 대규모로 뜯어고치며 특정인들(그런 재편성을 설계하고 실행하는 기술관료적 엘리트들)의 잇속을 채우려 하는 게 아닌지 해서 반대하는' 사람들은 어떻게 대해야 하는가?

이는 전문가들이 대답해야 할 과학적 질문들이 아니다. 권력, 도덕, 권위, 신뢰에 대한 질문들이다. 바로 민주시민을 위한, 민주시민이 할 수 있는 질문들인 것이다.

지난 40년을 군림해온, 좋은 학력을 자랑하는 능력주의 엘리트의 실수 중 하나는 그러한 질문들을 정치 논쟁의 핵심에 제대로 집어넣지 못한 것이다. 민주주의 규범이 과연 살아남을 수 있을지 걱정하고 있는 이 시점에, 능력주의 엘리트의 오만과 기술관료적 비전의 협소함에 대한 불만은 별 것 아닌 듯 보일 수 있다.

그러나 그런 불만이 지금 이 지경까지 정치를 끌고 온 것이다. 그런 불만을 포퓰리즘적 권위주의자들이 잘도 써먹은 것이다. 능력주의와 기술관료 정치의 실패를 바로 바라보는 일, 그것은 그런 불만을 제대로 접수하고 공동선의 정치를 다시 이미지화하기 위해 필수적인 단계다.

성공의
윤리

5

두 나라가 있다고 해보자. 둘 다 재산과 소득에서 똑같은 수준으로 불평등하다. 국민 소득 100달러당 부유층 20퍼센트는 62달러를 가져가고, 빈곤층 20퍼센트는 1.7달러밖에 못 가져간다. 소득이 하위 50퍼센트라면 12.5달러만 벌고, 이는 가장 부유한 1퍼센트의 소득(20.2달러)보다 못하다. 재산의 불평등 정도는 이보다 더하다.[1]

이렇듯 극명한 재산과 소득의 불평등이 불편하다면, '이 두 사회는 부정의한 사회구나'라고 여기게 될 것이다. 그러나 판단에 앞서 정보를 더 찾아보자. 가령 '어떻게 이런 불평등한 분배가 빚어졌는가'라던가.

기술관료의 지배냐 귀족의 지배냐

한 사회는 귀족정이며 소득과 재산은 어떤 집에서 태어나느냐에 달려 있고 고스란히 대물림된다고 가정하자. 귀족 집안에서 태어난 사람은 부유하며 농민의 자식으로 태어나면 가난을 면치 못한다. 그들의 자녀도, 자녀의 자녀도 똑같은 운명이다. 그리고 다른 한 사회는 능력주의 사회다. 재산과 소득의 불평등은 세습 특권에 따른 것이 아니고, 각자가 노력과 재능에 따라 얻은 결과물이다.

이 정보를 알면 아마도 두 번째 사회가 첫 번째보다 낫다고 여기게 될 것이다. 출생에 따라 계급을 매기는 귀족정은 부정의하다고 여기기 때문이리라. 반면 능력주의 체제에서는 각자 재능과 창의력으로 스스로의 조건을 낫게 만들 수 있다. 이는 매우 유력한 옹호론이다. 물론 능력주의 아래서도 불평등은 있다. 정확히 말해서 사람마다 재능과 야심이 다르기 때문이다. 누군가는 다른 누군가보다 높은 위치까지 올라간다. 그러나 적어도 그런 불평등은 출생 조건보다 각자의 능력을 반영하는 것이다.

그러나 불평등 상황을 못마땅해 하는 사람들은 더 많은 정보를 바랄 수 있다. 능력주의 사회에서조차 적어도 일부 최상위층은 '남다른 출발점에서의 유리함(사랑과 지지를 아끼지 않으며 아마도 부유한 가족, 헌신적인 교사와 훌륭한 학교 등등)' 덕을 보지 않았을까 하고 의심하는 것이다. 능력주의 사회가 정의롭다고 판단하기 전에, 이 회의주의자들은 '모든 아이들에게 그 출신 가정과 무관한 교육, 문화적 기회를 최대한 보장하는 정책'이 존재하는지 알고 싶어 한다.

과연 무엇이 그 사회를 정의롭게 하는가를 생각해 보는 하나의 방법이 있다. 자신이 부잣집에서 자라날지 가난한 집에서 자라날지 모른다는 전제 하에 어떤 사회를 선택하고 싶은가 따져보는 것이다. 이 기준으로는 대부분의 사람이 능력주의 사회야말로 귀족제 사회보다 참된 평등사회라고 동의할 것이다. 그러나 '정의란 무엇인가'라는 질문은 제쳐 두고, 두 불평등 사회의 또 다른 실태부터 살펴보자. 처음부터 내가 최상위층이 될지 최하위층이 될지 알고 있다고 하자. 자신이 부자라면, 또는 가난한 사람이라면 둘 중 어느 사회에서 살고 싶겠는가?

잊지 말자. 두 나라의 불평등 정도는 똑같이 매우 높다. 두 나라 모두 최상위 1퍼센트에 속한다면 연간 평균 소득은 130만 달러에 이른다. 최하위 20퍼센트에 속한다면 연소득이 겨우 5,400달러일 뿐이다.[2] 자, 이제 이런 결론에 이를지 모르겠다. 부자와 빈자의 차이가 두 사회 모두에서 극심하므로, 어느 계층에 속할지를 미리 안다고 해서 어느 사회를 택할지 고르는 데 별 도움이 되진 않을 거라고.

그러나 소득과 재산만이 우리가 고려할 전부는 아니다. 내가 부자라고 할 때, 나는 나의 부와 특권을 내 자손에게 물려줄 수 있는 사회를 선호할 수 있다. 그러면 귀족제 사회가 정답일 것이다. 내가 가난하다면 나 자신 또는 내 자손들이 사회적 상승의 기회를 갖는 사회를 선호할 것이다. 따라서 능력주의 사회를 선택하게 될 것이다.

그러나 좀 더 살펴보면 두 경우 모두 정반대로 생각할 점이 있음을 알게 된다. 부 또는 가난은 각각의 사회적 지위와 자부심을 상징한다는 점 말이다. 귀족정 체제에서 상류계급 집안에 태어났다면 자신의 특권이 큰 행운임을(스스로의 성취가 아니라) 인식할 것이다. 한편 능력주의가 허용하는 최정상까지 스스로의 노력과 재능으로 치고 올라갔다면, 자신의 성공은 물려받은 게 아니라 쟁취한 것임을 자랑스러워할 것이다. 귀족적 특권과 달리 능력주의적 성공은 스스로의 자리를 스스로 얻었다는 인식을 심어준다. 이런 관점에서, 부자가 된다면 귀족제에서보다 능력주의 체제에서가 더 낫다.

비슷한 이유로 능력주의 체제에서 가난하다면 맥이 빠지는 일이다. 만일 봉건사회에서 농노로 태어났다면 힘들게 살아야 하겠지만, 그런 낮은 지위가 스스로의 책임이라는 부담은 지지 않을 것이다. 마찬가지로 죽도록 일해서 받들어야 할 지주가 자신보다 더 유능하고 탁월해서 그 지위를 얻었다고 생각하지도 않을 것이다. 그가 자신보다 뛰어나서가 아니라, 그저 운이 좋았을 뿐이라고 볼 것이다.

이와 달리 능력주의 사회의 밑바닥에 놓인 상황을 생각해보자. 자신이 겪고 있는 불우함은 최소한 부분적으로라도 스스로의 탓이라고, 위로 올라가기 위한 재능과 야심이 부족했던 탓이라고 생각하지 않을 수가 없다. 사회적 상승을 허용하는 사회, 하물며 그런 상승을 찬양하는 사회에 산다는 것은 올라가지 못한 사람들에 대해 혹독한 판결을 내리기 마련이다.

능력주의의 어두운 면

———

'능력주의'라는 용어는 그로 인한 부정적 상황을 염려하는 가운데 만들어졌다. 마이클 영은 노동당과 뜻이 통하던 영국 사회학자였다. 1958년에 그는 《능력주의의 등장》이라는 책을 썼다.[3] 마이클 영에게 능력주의란 결코 이상이 아닌 디스토피아였다. 그는 영국 계급체계가 무너지고 있던 때 그 책을 썼는데, 바야흐로 출생 신분보다는 능력에 바탕을 둔 교육과 직업 선택이 제도화되던 시점이었다. 이는 좋은 일이었다. 노동계급 출신 아동이 자기 재능을 계발하여 숙명과도 같은 육체노동에서 벗어날 수 있게 되었으니 말이다.

그러나 영은 능력주의의 어두운 면 또한 엿보았다. 마치 자신이 2033년에 사는 역사가로서 과거를 돌이켜보듯 쓴 저술에서, 그는 능력주의 사회의 도덕 논리를 적나라하게 드러냈다. 그것은 바로 그가 살던 전후 영국에서 점점 뚜렷해지기 시작한 논리였다. 영은 사라져 가고 있던 계급 중심 질서를 옹호하지는 않으며, 그 도덕적 자의성과 명백한 불공정성은 그것이 사라지는 게 바람직함을 보여준다고 말했다. 그리고 그것은 상류계급의 자만심을 부추기는 한편 노동계급이 스스로의 종속적 상태를 개인적 실패로 보지 않도록 해준다고 했다.

"그 부모의 부와 영향력으로 저절로 상류층까지 올라가는 사람은 스스로 확신에 차서 '나는 이 일에 최적격인 사람이야'라고 말하지 못할 것이다. 그는 자신이 그 자리를 공개경쟁으로 따낸 게 아님을 알고 있고, 만약 그가 정직하다면 자신의 하급자 가운데 그와 동등하거나 그보다 나은 사람이 여럿임을 알 수밖에 없을 테니까 말이다."[4]

상류계급 사람은 아주 무감각해지지 않는 이상, 적어도 살면서 가끔씩은 자기 부대의 사병, 저택의 집사나 파출부, 택시나 버스 운전사, 객차나 지방 술집에서 볼 수 있는 주름살 많은 얼굴에 눈빛이 매서운 일꾼 등 그런 보잘 것없는 지위의 사람들이 적어도 자신 못지않은 지성, 위트, 지혜를 갖추고 있음을 깨달을 수밖에 없다.[5]

비록 일부 '상류계급 사람'이 자신은 그런 위치에 걸맞은 사람이라고 스스로를 속이더라도 그의 아랫사람들은 그런 환상을 품지 않을 것이다. 그들은 '수많은 상위계층 사람들은 많이 알아서가 아니라 누구를 아는지, 누가 부모인지에 따라 그 자리에 있다'는 사실을 안다. 시스템에 부정이 있다는 걸 알면 노동계급은 그것에 정치적으로 도전할 힘이 생긴다(그것이 노동당 수립의 밑천이었다). 이와 마찬가지로 중요한 건 계급 체제의 자의성이 노동자들에게 주어진 낮은 사회적 지위를 본인들 스스로의 탓으로 돌리지 않게 해준다는 것이다.[6]

노동자는 스스로에게 묻는다. "자, 나는 막노동자야. 그런데 내가 왜 막노동자지? 다른 일에는 맞지 않은가? 물론 아니야. 다른 일을 할 수 있다는 걸 세상에 보여줄 적당한 기회가 없었다고. 의사? 양조업자? 목사? 나는 뭐든지 될 수 있었어. 그런데 기회가 전혀 없었지. 그래서 지금 나는 막노동자야. 하지만 내가 밑바닥 인생에 어울리는 사람이라고는 절대 생각 안 해."[7]

마이클 영은 누군가의 사회적 지위가 우연한 이유로 정해짐을 성찰하는 것이 꽤 득이 된다고 보았다. 덕분에 승자와 패자 모두 자기 인생은 자업자득이라는 인식을 하지 않는다. 덕분에 현행 계급질서를 마냥 옹호하지 않게 된다. 그러나 이는 능력주의 체제에서는 역설적인 효과를 준다. 직업과 기회가 능력에 따라 배분되더라도 불평등은 줄어들지 않는다. 불평등 구조를 능력에 따라 재구축할 뿐이다. 그러나 이런 재구축은 각자가 자기에게 맞는 자리를 가졌다는 생각을 굳힌다. 그리고 이런 생각은 부자와 빈자 사이의 격차를 더 벌려놓는다.

이제 능력에 따라 계급이 분류된 사람들에게 계급 간 격차는 필연적으로 더 넓어진다. 상류계급은 더 이상 자기 의심이나 자기 비판에 시달리지 않는다. 오늘날 잘나가는 사람들은 그 성공이 단지 자신의 능력에 대한 보상이요, 노력에 따른 대가라고만 여긴다. 그리고 누구도 그 성공에 대해 가타부타할 수 없다고 본다. 그들은 상류계급에 속할 만하니까 속해 있다. 또한 그들은 자신들이 시작할 때부터 유리한 위치에 있었을 뿐 아니라, 타고난 재능을 일류 교육으로 갈고 닦을 수 있었음도 알고 있다.[8]

마이클 영이 엘리트의 능력주의적 오만함만을 예견한 건 아니다. 그는 그런 엘리트가 기술관료적 전문가와 친화적임을, 그들이 그럴듯한 학위가 없는 사람을 내려다볼 것임을, 그리고 이런 태도가 공적 담론에 미칠 악영향까지 내다보았다. "새로 등장하는 엘리트는 그 누구보다도 우리 기술문명의 완전함과 계속 복잡해지는 성향을 이해하고 있다. 그들은 과학에 숙련되어 있다. 이 땅을 물려받은 자들은 과학자들이다." 그들의 우월한 지성과 교육 수준 때문에 비대졸자와는 토론을 벌일 이유도 없고 그럴 일도 없다.

그들이 어찌 하층계급과 쌍방 대화를 벌일 수 있겠는가. 그들 엘리트는 다른, 더 풍부한, 더 정확한 언어를 쓰는 종족인데? 오늘날 엘리트는 그들보다 사회적으로 낮은 지위의 사람들이 다른 두 가지 중요한 가치에 있어서도 열등함을 알고 있다. 바로 '지성'과 '교육'이다. 이는 21세기에 더욱 확고부동한 가치체계로서, 가진 자들에겐 자부심의 원천이 된다.[9]

영은 이렇게 관찰한다(잊지 말아야 할 것이 그는 2033년에 살면서 '관찰'하듯 하고 있다는 사실이다). "현대를 사는 우리 특유의 문제 중 하나는, 일부 능력주의 구성원들이 스스로의 중요성에 취한 나머지 그들이 다스리는 사람들에 대한 동정심을 잊은 것이다." 또 그는 신랄한 투로 덧붙였다. "일부 능력주의자들의 경우 얼마나 안하무인인지, 낮은 지위의 사람들을 불필요하게 조롱하곤 한다."[10] (힐러리 클린턴이 2016년 유세 때 도널드 트럼프의 지지자들을 두고 "한심한 족속들"이라고 말했던 걸 떠올려보자)[11]

엘리트에 대한 분노는, 능력주의가 성공하지 못한 사람들에게 유발하는 자격지심과 합쳐진다.

오늘날 모든 이들은 아무리 보잘 것 없어도 자신에게 모든 기회가 주어져 있음을 안다. 기회가 없었던 과거와 달리 자신이 낮은 지위에 매여 있지도 않은데, 그럼에도 자신은 실제로 낮은 지위라는 걸 생각하면 어떨까? 인류 역사상 처음으로, 하층민이 스스로에 대한 자긍심을 가질 근거가 사라져 버린 것이다.[12]

마이클 영은 이러한 오만과 분노의 독소가 정치적 반동의 연료로 작용할 것이라고 내다보았다. 그는 2034년에는 저학력 계급이 능력주의 엘리트에 맞서 포퓰리즘 폭동을 일으킬 거라고 예측하며 자신의 디스토피아 이야기를 끝맺는다. 2016년 영국에서 브렉시트가 가결되고 미국에서 트럼프가 뽑혔을 때, 영이 말한 폭동은 예상보다 18년 앞서 일어난 셈이 되었다.

능력주의를 다시 생각한다

———

내가 앞서 사례로 든 두 개의 사회는 순전히 가설에 따른 것만은 아니다. 거기 묘사한 소득 불평등은 오늘날 미국의 만연한 현실을 그대로 갖다 쓴 것이다.[13] 대부분 이런 불평등에 대한 옹호(옹호라는 게 있기는 하다면)는 능력주의에 근거하고 있다. 아무도 "부자는 부잣집에서 태어나니까 부자"라고 말하지 않는다. 불평등 비판론자는 "상속세를 없앤 자들은 은연중 세습 특권을 공인한 것"이라고 불평할 수 있을 것이다. 그러나 아무도 공공연하게 세습 특권을 옹호하지 않으며, 재능에 따른 경력 쌓기라는 원칙에 논박하지 않는다.

대부분의 논쟁은 기회 평등이라는 원칙에서 출발하여 일자리, 교육, 공직 등에 대한 접근 기회가 어떤가를 놓고 벌어진다. 우리가 의견 일치를 보지 못하는 건 대부분 그 원칙 자체에 대한 것보다 원칙의 실현을 위한 방법 쪽이다. 예를 들어 고용이나 대학 입학에 있어서 소수집단 우대정책의 비판자들은 그런 정책이 기회의 평등과 어긋난다고 주장한다. 능력 이외의 것으로 지원자들을 판단하기 때문이다. 소수집단 우대정책의 옹호자들은 그런 정책이야말로 차별이나 불이익을 겪고 있는 집단 구성원에 실질적인 기회 평등을 보장하는 것이라고 반박한다.

적어도 원칙 수준에서, 그리고 정치 언어 차원에서 능력주의는 오늘날 패권을 쥐고 있다. 세계 전역의 민주국가에서 중도좌파와 중도우파 정치인들은 자신들의 정책에 대해, '모든 시민이 그 인종, 성별, 계층 등에 상관없이 공평하게 경쟁할 수 있도록 하며 그 노력과 재능이 허용하는 한 상승할 수 있도록 한다'고 주장한다. 사람들이 능력주의에 대해 불평하는 건 보통 그 이상에 대한 게 아니다. 그것이 현실적으로 실현되지 않고 있다는 불평이다. 부유하고 유력한 사람들은 이 시스템을 이용해 자신들의 특권을 영구화하고, 전문직업인 계급은 자신들의 유리함을 자녀에게 물려줄 방법을 찾아낸다. 그리하여 능력주의를 세습 귀족제로 탈바꿈시킨다. 대학들은 능력에 따라 학생을 선발한다고 하면서 부자와 인맥 좋은 사람들의 자녀를 유리하게 만들어준다. 이런 불평들에 따르면, 능력주의는 신화이며 아직 실현되지 못한 공허한 약속이다.[14]

이 불평은 분명 옳다. 하지만 문제는 좀 더 깊은 곳에 있지 않을까? 만약 능력주의의 현실적 문제들이 그 이상을 이루지 못한 결과가 아니라, 이상 자체에 문제가 있어서라면? 사회적 상승 담론이 더 이상 고무적이지 않다고 할 때, 단지 사회적 이동성의 정체 때문이라기보다 좀 더 근본적인 문제가 있기 때문은 아닐까? 사람들이 성공의 사다리 위로 발을 딛을 수 있도록 도와주는 일이, 경쟁적 능력주의 아래서는 시민권과 자유가 빠진 공허한 정치 프로젝트에 불과하기 때문일까?

이처럼 문제를 더 깊이 살펴보려면 도덕, 그리고 정치 프로젝트로서 능력주의에 대한 두 가지 반론을 검토해야 한다. 하나는 정의에 대한 것이다. 다른 하나는 성공과 실패를 대하는 태도에 관한 것이다. 첫 번째 반론은 설령 능력주의가 완전히 실현되었다고 해도, 그리하여 각자의 직업과 보수가 노력과 재능에 완전히 비례한다고 해도 그게 과연 정의로운 사회인지에 대해 의문을 제기한다. 두 번째 반론은 만약 능력주의가 공정하다 해도 과연 그것이 좋은 사회일지 의문을 제기하는데, 능력주의는 승자에게 오만과 불안을 자아낼 것이며 패자에게는 분노를 자아낼 것이기 때문이다. 어느 태도든 정신적 번영에는 해로우며 공동 선 개념에는 치명적일 것이다.

능력주의에 대한 철학적 반론은 주로 첫 번째에 집중된다. 오늘날의 철학자들 대부분은 사회가 각자의 몫에 걸맞도록 직업과 보수를 배분한다는 생각에 반대한다. 이러한 관점은 "철학자들의 생각은 일반인들의 생각과 잘 안 맞는다"는 말이 나오게끔 하는 이유가 된다. 따라서 '철학자가 옳은가? 일반인이 옳은가?'를 따져볼 만하다.

비록 정의에 관한 첫 번째 반론이 철학자 집단에서는 더 친숙하다 해도, 오만과 굴욕에 대한 두 번째 반론이 우리의 현재 정치 상황을 이해하기에는 더 도움이 된다. 능력주의 엘리트에 대한 포퓰리스트의 저항은 공정성 때문만이 아니라 사회적 명망 때문이기도 하다. 이 저항을 이해하려면 그것을 활성화한 슬픔과 분노를 제대로 보고 따질 수 있어야 한다. 이는 정당한가, 잘못되었는가? 슬픔과 분노가 정당하다고 한다면, 이를 해소하기 위해 어찌해야 하는가?

완벽한 능력주의는 정의로운가?

———

어느 순간, 성공에 대한 모든 불공정한 장애물을 제거했다고 상상해보자. 그래서 별 볼일 없는 배경을 가진 사람까지 포함해 모두가 특권층 자녀와 공평하게 겨룰 수 있게 되었다고 해보자. "우리는 원칙적으로 모든 시민이 자신의 재능과 노력이 허용하는 한 성공할 수 있도록 기회의 평등을 이룩했노라"라고 말할 수 있다고 해보자.

물론 그런 사회는 이룩하기 어렵다. 차별 극복만으로는 충분치 않다. 가족 제도는 모든 개인에게 평등한 기회를 준다는 계획을 이루기 어렵게 만든다. 부유한 부모가 자녀에게 주는 유리함을 차단하기란 쉽지 않다. 부의 대물림만이 아니다. 그 경우라면 강력한 세금이 해답이 될 수 있겠지만, 내가 우려하는 것은 성실하고 양심적인 부모가 일상적으로 자녀에게 주는 도움이다. 최선을 다하더라도, 가장 포괄적인 교육체제 하에서라도 가난한 집 아이가 풍부한 관심, 자원, 인맥을 갖춘 집안의 자녀와 평등하게 경쟁할 수 있도록 하기란 어렵다.

하지만 그런 일이 가능해졌다고 치자. 모든 아이에게 학교에서, 작업 장에서, 그리고 인생에서 경쟁하는 데 공평한 기회가 주어졌다고 치자. 그러면 정의로운 사회가 이루어진 셈일까?

이렇게 말하고 싶을 것이다. "그래요, 물론이죠. 그거야말로 아메리 칸 드림 아닌가요? 농장 일꾼의 아이든 무일푼의 이민자의 아이든 자라서 CEO가 될 수 있는 열린 사회, 이동성이 넘치는 사회를 만드는 게 요!" 그리고 이러한 꿈이라면 미국인에게는 특별히 유혹적일 뿐만 아니라, 전 세계 모든 민주사회에서도 환영받을 꿈임에 틀림없다.

사회적 이동성이 완벽한 사회는 두 가지 점에서 이상적이다. 첫째, '자유'의 아이디어가 일정하게 충족된다. 우리 운명은 태어난 환경에 속박되지 않으며 우리 손에 달려 있다. 둘째, 우리가 성취한 것은 우리가 얻을 만한 것이라는 점에서 희망을 준다. 우리가 우리 스스로의 선택과 재능에 따라 뻗어갈 수 있다면, 성공한 사람은 성공할 만하니까 성공했다고 말하는 게 공정하리라.

그러나 그 강력한 매력에도 불구하고 비록 완벽하게 실현된 능력주의라 해도 정의로운 사회일 수 없는 이유가 있다. 먼저, 능력주의의 이상은 이동성에 있지 평등에 있지 않음을 주의해야 한다. 능력주의는 부자와 빈자의 차이가 벌어진다고 해서 문제가 있다고 여기지 않는다. 단지 부자의 자식과 빈자의 자식이 장기적으로, 능력에 근거하여 서로 자리를 바꿀 수 있어야 한다고 볼 뿐이다. 오르거나 떨어지거나 모두 그들의 노력과 재능의 소관이다. 그 누구도 편견이나 특권에 따라 억지로 아래로 떨어지거나 위로 올려질 수 없어야 한다. 능력주의에서 중요한 건 '모두가 성공의 사다리를 오를 평등한 기회를 가져야 한다'는 것이다. 그 사다리의 단과 단이 얼마나 떨어져 있는지는 문제가 안 된다. 능력주의의 이상은 불평등을 치유하려 하지 않는다. 불평등을 정당화하려 한다.

이는 그 자체로는 능력주의의 반론이 되지 않는다. 그러나 문제를 제기할 수는 있다. '능력주의적 경쟁에서 비롯된 불평등은 정당화될 수 있는가?' 능력주의 옹호론자들은 그렇다고 말한다. 모두가 공평한 조건에서 경쟁한다면 그 결과는 정당하다는 것이다. 공정한 경쟁에서도 승자와 패자는 나온다. 문제는 모두가 같은 지점에서 경주를 시작하느냐 그리고 훈련, 교육, 영양 등등에 똑같이 접할 수 있느냐다. 그렇다면 경쟁의 승자는 보상받을 만하다. 누군가가 다른 이보다 빨리 달렸다고 부정의하다고 볼 수는 없다.

재능은 자신만의 것인가?

———

이 주장의 타당성은 '재능의 도덕적 지위'에 달려 있다. 요즘 공론장에서 유독 눈에 띄는 사회적 상승 담론을 돌이켜 보자. 정치인들은 아무리 보잘것없는 배경의 사람이라도 자기 재능과 노력이 허용하는 한 상승할 수 있게 해 주어야 한다고 말한다. 그러나 대체 왜 그렇게 해야 할까? 우리의 재능이 우리 운명을 결정해야 하며, 따라서 그에 따른 보상은 당연히 누릴 자격이 있다고 믿어야만 하는 것일까?

이 가정에 의문을 제기할 두 가지 이유가 있다. 첫째, 내가 이런 저런 재능을 갖게 된 것은 내 노력이 아니라 행운의 결과다. 그리고 행운에 따른 혜택(또는 부담)은 내게 당연히 보장된다고 할 수 없다. 능력주의는 내가 부잣집에 태어났다고 해서 혜택을 누릴 당연한 자격은 없다고 한다. 그러면 다른 종류의 행운, 가령 특별한 재능을 갖고 태어났다거나 하는 것은 다르게 보아야 하는가? 내가 만약 복권을 사서 100만 달러에 당첨되었다면, 나는 그 행운에 기뻐할 것이다. 그러나 그렇게 노다지를 얻었다고 해서 그것이 내 능력의 성과라고 주장한다면 어리석게 들릴 것이다. 마찬가지로 내가 복권을 샀는데 꽝이었다면, 나는 실망하겠지만 내가 당연히 가져야 할 것을 놓쳤다며 불평하지는 않을 것이다.

두 번째로, 내가 재능을 후하게 보상하는 사회에 산다면 그것 역시 우연이며, 내 능력에 따른 당연한 결과라고 주장할 수 없다는 것이다. 이 또한 행운의 결과이기 때문이다. 르브론 제임스는 매우 인기 있는 스포츠인 농구를 하며 수백만 달러를 벌었다. 탁월한 운동 재능을 가진 것 말고도, 르브론은 그 재능을 가치 있게 여기고 보상해 주는 사회에서 산다는 행운을 누린다. 그가 잘할 수 있는 스포츠를 좋아하는 사람이 많은 사회에 살고 있음은 그가 노력한 결과가 아니다. 가령 르네상스 시대 피렌체처럼, 농구선수가 아닌 프레스코 화가가 각광을 받던 사회에 태어났다면 어땠을까.

우리 사회가 그리 높이 평가하지 않는 분야에서 탁월한 사람이라면 어떤가. 팔씨름 세계 챔피언은 르브론의 농구 능력만큼 귀한 재능을 팔씨름이란 분야에서 보이고 있는 셈이다. 하지만 그가 상대의 팔을 테이블에 내리꽂는 걸 보고자 돈을 내려는 사람이 많지 않음은 그의 잘못이 아니다.[15]

능력주의 신념의 매력 대부분은 '우리 성공은 우리 몫'이라는 생각(적어도 적절한 조건에서는)으로 이뤄져 있다. 경제판이 평평한 운동장이며 특권이나 편견에 영향 받지 않는 한, 우리는 우리 운명에 전적으로 책임져야 한다. 우리는 우리 능력에 따라 성공하거나 실패한다. 우리는 우리가 받아 마땅한 것을 받는다.

이것은 해방을 약속하는 것과 같다. 우리가 자수성가하는 인간, 운명의 설계자, 삶의 주인일 수 있다는 메시지를 주기 때문이다. 또한 도덕적으로도 만족스러울 듯하다. '각자에게 그 몫을 준다'는 고전적인 정의에 경제가 응답한다고 여겨지기 때문이다.

그러나 우리의 재능이 노력의 결과가 아님을 인식하면 이러한 자수성가의 그림이 복잡해진다. 그것은 편견과 특권을 극복하는 것만으로 정의로운 사회를 만들기에 충분하다는 능력주의 신념에 회의를 가져온다. 우리 재능과 천분이 누군가에게 빚진 것이라면(유전이든, 우연의 결과든, 신의 선물이든), 우리가 거기서 비롯된 혜택을 온전히 누릴 자격이 있다 하는 것은 실수이자 자만일 것이다.

노력이 가치를 창출하는가?

———

능력주의의 옹호자들은 노력과 수고에서 정당성을 찾을 수 있다고 답할 것이다. 그들은 고된 일을 해서 성공한 사람은 그 성공의 대가를 누릴 자격이 있고, 그 성실함에 대한 찬사를 누려 마땅하다고 주장한다. 그것은 진실이다. 어느 정도까지는 말이다. 노력은 중요하다. 그리고 아무리 재능이 뛰어난 사람일지라도 자신의 재능을 갈고 닦지 않고 성공할 수는 없다. 최고의 재능을 가진 음악가라도 오랜 시간 연습을 해야 카네기 홀에서 연주할 만큼 훌륭해질 수 있다. 가장 천부적인 운동선수라도 몇 달 동안 고된 훈련을 해야 올림픽 팀에 낄 수 있다.

그렇지만 비록 노력이 그만큼 중요하더라도, 노력만 가지고 성공하기란 드문 일이다. 다른 선수들을 제치고 올림픽 메달리스트가 되거나 NBA 농구 스타가 되려면 고된 훈련만으로는 불충분하다. 르브론만큼 열심히 연습하는 농구선수는 많다. 그러나 코트에서 그와 같은 기량을 보이는 선수는 많지 않다. 내가 밤낮으로 수영 연습을 한들 마이클 펠프스보다 빨리 헤엄칠 수는 없을 것이다. 세계에서 가장 빠른 주자로 여겨지는 육상 금메달리스트 우사인 볼트는 훈련 파트너인 요한 블레이크(역시 천부적인 육상선수)가 자신보다 훨씬 열심히 훈련한다고 밝혔다. 노력은 다가 아니다.[16]

능력주의 옹호자들도 물론 이를 알고 있다. 그들은 열심히 훈련하는 운동선수가 누구나 금메달을 딸 자격이 있다고 말하지는 않는다. 가장 성실한 과학자가 노벨상을 받아야 한다고도, 가장 많이 노력한 노동자가 가장 많은 임금을 받아야 한다고도 말하지 않는다. 성과가 중요하다.

그들은 성공이란 재능과 노력의 혼합물이며, 두 가지는 쉽게 분리될 수 없음을 알고 있다. 성공은 성공을 낳으며, 재능이 없는 사람에게 사회가 보상을 주기 위한 동기 부여는 매우 힘들 수밖에 없다. 그러나 능력주의의 주장은 노력의 효과성에 대한 사회학적 주장을 위주로 하지 않는다. 무엇보다 인간 능력과 자유에 대한 도덕론을 앞세운다.

능력주의가 노력과 수고에 대해 강조하는 건 '적절한 조건에서는 우리 스스로 성공에 책임이 있다. 따라서 우리는 자유롭다'는 생각을 뒷받침한다. 또한 '경쟁이 정말 공정하다면 성공은 미덕과 연결된다'는 생각도 마찬가지다. 열심히 일하고 규칙을 지켜 경쟁하는 사람은 받을 자격이 있는 보상을 받게 될 것이다.

우리는 성공이 (스포츠에서든 인생에서든) 스스로의 힘으로 얻은 것이라 믿고 싶으며, 물려받은 것이라고는 생각하고 싶지 않다. 천부적 재능과 유리한 배경의 문제는 능력주의 신념의 소유자를 당황스럽게 만든다. 그것은 노력만으로 칭찬과 보상을 받아야 한다는 신념에 의혹을 제기한다. 이렇듯 당황스러운 상황에서 우리는 노력과 수고의 도덕적 중요성을 한껏 강조한다. 이러한 왜곡은 종종 올림픽 TV 보도에서 접할 수 있다. 그런 보도를 보면 해당 운동선수가 이룬 스포츠상의 위업은 별로 다루지 않는다. 대신 그 선수가 극복해야 했던 어려움에 대한 눈물 빼는 이야기, 그가 뛰어넘은 장애물, 부상이나 어려운 유년기, 고

국의 정치적 혼란 등의 악조건을 극복한 성공담 등등을 한껏 늘어놓는다.[17]

이는 압도적 다수(77퍼센트)의 미국인이 현실에 펼쳐진 사회적 상승의 어려움에도 불구하고 '열심히 노력하면 성공할 수 있다'고 믿는다는 조사 결과[18]에서도 나타난다. 나 스스로도 나의 하버드 대학생들에게서 그런 과장된 인식을 본다. 그들은 자신들의 뛰어난 재능과 (대개의 경우) 유복한 환경에도 불구하고, 하나같이 자신은 노력과 수고 덕분에 하버드에 입학했다고 입을 모은다.

능력주의의 이상이 재능의 우연성을 외면함으로써, 또한 노력의 중요성을 과장함으로써 도덕적 흠을 갖는다면 과연 다른 어떤 정의 개념이 대안일 수 있는지를 따져볼 때다. 그리고 그런 개념에서는 어떤 식으로 자유와 자격 문제에 접근하는가도 생각해보아야 한다.

능력주의의 두 가지 대안

지난 반세기 동안 대부분의 민주사회에서는 정의사회에 대한 두 가지 상호경쟁적 사상이 정치담론의 중심을 차지했다. 하나는 이른바 자유시장 자유주의이며, 다른 하나는 복지국가 자유주의(또는 '평등주의적 자유주의')다. 이 두 가지 공공철학은 능력주의와 복잡한 관계를 맺고 있다. 둘 다 정의로운 사회는 소득과 재산을 각자의 자격에 맞게 분배해야 한다는 능력주의적 아이디어에 대해 강력한 반론을 제기한다.

그러나 실제로는 두 사상 모두 성공관에 있어 능력주의와 구별하기 어렵다. 어느 쪽도 능력주의자들이 초래하기 쉬운 오만과 굴욕에 충분히 맞설 만한 공동선 이론을 제시하지 않는다. 경쟁적 시장사회에서 '승자는 승리의 대가를 누릴 자격이 있다'는 관념을 반박하기는 하되, 이 두 공공철학은 능력의 폭정을 극복할 어떤 수단도 내놓지 않는다. 그럼에도 왜 서로 충돌하고 있는 이 두 사상이 능력을 정의의 기반으로 삼는 일에 반대하는지 살펴볼 가치는 있을 것이다.

자유시장 자유주의

20세기에 자유시장 자유주의가 가장 큰 영향력을 끼친 사례는, 아마도 오스트리아 태생의 경제철학자인 프리드리히 하이에크에 의해 마련되었을 것이다. 그의 생각은 마거릿 대처를 비롯한 여러 자유방임적 자본주의론자들에게 영감을 주었다. 하이에크는 경제 불평등을 줄이려는 정부 노력에 반대하며 누진세가 부당하다고 했고 복지국가는 자유의 안티테제라고 보았다.

1960년에 출간한 그의 책 《자유헌정론 *The Constitution of Liberty*》에서 하이에크는, 자유와 공존할 수 있는 유일한 평등은 '모든 시민이 법 앞에 평등하다'는 순수하고 형식적인 평등이라고 주장했다. 모든 직업은 모든 이에게 열려 있어야 한다. 그러나 국가는 평등하거나 우대적인 교육 기회를 제공함으로써 평평한 운동장을 만들려고 애써서는 안 된다. 그것은 비현실적이며 결국 강압적인 계획이기 때문이다. 가족제도가 철폐되지 않는 한, 아동들은 서로 다른 처지에 있는 가정에서 자라날 수밖에 없다. 따라서 모든 아동에게 똑같은 성공 전망을 부여하려는 시도는 참을 수 없는 국가의 압제를 불러올 것이다. 하이에크는 "모두가 똑같은 출발점에서 시작해야 하며 똑같은 성공 전망을 가져야 한다"는 생각에 반대했다. 그런 원칙은 "국가가 특정 개인의 전망이 타인의 전망과 똑같아지도록 만들기 위해 모든 조건을 통제하지 않을 수 없게" 한다. 그것은 하이에크가 보기에 어이없는, "자유와 정반대되는 계획" 이다.[19]

그가 소득 재분배에 대해 반대했음을 놓고 '하이에크는 자유시장이 각자에게 걸맞은 보상을 해준다고 보았으리라' 여길지 모른다. 그러나 아니다. 오히려 그는 시장적 결과가 능력에 대한 보상과 전혀 무관하다는 입장이었다. 그것은 단지 공급자가 제공하는 재화와 용역에 대한 가치를 소비자가 어떻게 평가하느냐에 달린 문제다. 하이에크는 능력과 가치 사이에 분명한 선을 그었다. 능력은 각자가 무엇을 얻을 자격이 있는지에 대한 도덕적 판단과 관련된다. 그러나 가치는 단지 소비자가 이런 저런 상품에 얼마만큼의 대가를 지불할 의사가 있느냐에 대한 척도일 뿐이다.[20]

하이에크는 '받는 사람의 능력과 보상은 비례한다'고 여기며 경제적 보상에 지나친 도덕적 의미를 부여하는 일은 잘못이라고 본다. 하이에크가 이런 도덕적 과장의 김을 빼려는 이유 중 하나는, 고삐 풀린 시장이 초래하게 될 소득과 부의 불평등에 대한 전형적 비판을 무력화하려는 것이다. 그는 불평등에 대한 가장 그럴듯한 비판은 '보상의 차이가 각자의 능력 차이와 별 상관이 없다'는 생각에서 나온다고 말한다.[21]

이런 비판에 대한 하이에크의 대답은 그의 사상을 잘 알 수 있게 해준다. '시장의 보상을 듬뿍 받은 사람에겐 그럴 만한 도덕적 이유가 있다'고 주장하기보다, 애당초 경제적 보상과 개인의 능력, 도덕적 자격은 전혀 무관하다고 봐야 한다. 이는 그가 능력과 가치를 구분하는 것과 같은 맥락이다. 자유사회에서 나의 소득과 부는 내가 제공할 수 있는 재화와 용역의 가치를 반영한다. 그러나 이 가치는 수요와 공급의 우연한 일치점에 따라 좌우된다. 나의 능력이나 미덕, 또는 내가 기여하는 것의 도덕적 중요성과는 아무 상관이 없는 것이다.

하이에크의 핵심을 제대로 이해하기 위해 예를 하나 들어 보자. 어떤 사람은 헤지펀드 매니저가 학교 선생보다 훨씬 많은 돈을 받을 자격이 없다고 한다. 돈을 관리하는 일은 청소년을 교육하고 영감을 주는 일에 비해 더 찬양받을 만하거나 중요한 일이 아니기 때문이다. 반면 자유시장 옹호론자는 교사나 소방대원의 소중한 연금 또는 대학 기금 등을 헤지펀드 매니저가 제대로 투자할 책임을 지고 있지 않느냐고, 그러므로 그들의 일이 갖는 도덕적 중요성은 그들이 얻는 많은 보수를 정당화한다고 말할 수도 있다. 그러나 하이에크는 그런 식의 대답을 하지 않는다. 그의 주장은 더 날카롭다. 사람들이 버는 돈이 각자의 자격과 비례한다는 생각 자체가 틀려먹었다고 한다.

하이에크는 그런 주장을 뒷받침하기 위해 "내가 가진 재능이 우연히 사회에서 높은 가치를 쳐주는 재능인 것은 나의 노력의 결과가 아니며 도덕적 문제도 아니다. 단지 행운의 결과일 뿐이다"라고 말한다.

태어날 때부터 있었거나 우연히 갖게 된 재능은 분명 다른 이들에게 어떤 가치가 될 수 있다. 하지만 그것이 그 자신의 노력의 결과는 아니다. 자신의 특별한 재능이 아주 흔한지 아주 희귀한지에 대해 그 자신이 어떻게 할 수 있는 건 없다. 좋은 성품이나 멋진 목소리, 아름다운 용모나 훌륭한 손재주,

뛰어난 위트, 매력적인 성격 등은 대체로 그 소유자의 노력과 무관하다. 그가 가진 기회나 경험이 그가 자초한 것이 아닌 것과 같다. 이 모든 경우에 개인이 가진 능력이나 서비스의 가치는, 그리고 그에 대한 보상의 정도는 도덕적 능력이나 자격과는 하등의 상관이 없다.[22]

하이에크는 경제적 보상이 능력의 문제임을 부정함으로써 재분배에 대한 옹호론을 차단했다. 헤지펀드 매니저가 왜 교사보다 많은 돈을 버느냐며 분개하는 사람들을 침묵시킴으로써 말이다. 하이에크는 우리가 비록 교사의 직분이 돈 관리하는 일보다 더 찬양할 만하다 여길지라도, 봉급과 임금은 좋은 인격이나 칭찬할 만한 업적의 보상이 아니며, 시장 참여자들이 내놓는 재화와 용역의 경제적 가치에 따른 보수일 뿐이라고 답변한다.

하이에크와 달리 복지국가 자유주의의 옹호자들은 부자에게 세금을 거둬 빈자를 돕는 일을 선호한다. 그러나 놀랍게도 그들은 소득과 부의 배분이 각자의 능력이나 자격과는 무관해야 한다는 하이에크의 생각을 공유하고 있다.

복지국가 자유주의

복지국가 자유주의는 가장 완전한 철학적 기반을 존 롤스의 저작에서 찾는다. 그는 유명한 20세기 미국 정치철학자였다. 1971년 출간된 그의 고전적 저작 《정의론 *A Theory of Justice*》에서 롤스는 "비록 공정한 기회를 보장하며 계층 차이에 따른 불이익을 완전히 보상해 주는 체제라 해도 정의로운 사회로 부르기에는 불충분하다"고 주장했다. 그 이유는 뭘까? "만약 정말로 평평한 운동장에서 경쟁이 벌어진다면, 승자는 가장 큰 재능의 소유자일 것이다. 그러나 재능의 차이는 계층의 차이만큼이나 도덕적으로 정당화될 수 없는 우연적 요소다."[23]

롤스는 말한다. "비록 사회적 우연성을 제거하려는 노력이 완벽하게 이뤄지더라도, 공정한 능력주의는 여전히 능력과 재능의 자연적 배분에 따라 부와 소득이 분배되는 것을 허용한다."[24] 자연적 재능에 따른 소득 불평등은 계층 차이에 따른 불평등보다 전혀 더 정의롭지 않다. "도덕적 차원에서 두 가지는 똑같이 자의적이다."[25] 따라서 참된 기회 평등을 달성한 사회라 해도 반드시 정의로운 사회는 아니다. 그에 더하여 각자의 타고난 능력차에 따라 빚어진 불평등까지 살펴야만 한다.

이런 주장과 어떻게 논쟁해야 할까? 일부 능력주의자는 기회 평등에 대한 유일한 대안이 '결과 평등'이며, 그것은 유능한 사람이 유리하지 못하게끔 핸디캡을 지움으로써 억지로 평등을 만드는 것이라고 우려한다. 커트 보네것이 지은 단편소설 《해리슨 버저론Harrison Bergeron》에서 제시되는 미래 디스토피아는 남들보다 뛰어난 지능, 체력, 용모 등을 갖춘 사람들은 정교한 구속구와 가면을 착용하여 그들의 타고난 유리함을 감추도록 강요받는 세상이다.[26]

그러나 롤스는 그런 식으로만 불평등한 재능을 보완하는 게 아님을 보여준다. "아무도 자신의 타고난 능력이 뛰어나다고 어떤 자격을 얻을 수 없으며, 사회에서 더 나은 출발점을 차지할 능력을 내세울 수도 없다. 그러나 그것이 그런 능력을 없애버려야 한다는 뜻은 아니다. 이를 다룰 다른 방법이 있다."[27] 롤스는 재능 있는 사람에게 핸디캡을 주는 대안이 아닌, 승자가 남들보다 불운한 사람들과 승리의 과실을 나누는 방법을 제시했다. 가장 잘 달리는 주자에게 납이 들어간 신발을 신길 필요는 없다. 마음껏 전속력으로 달리게 하라. 다만 그의 승리가 전적으로 그에게 속한 것이 아님은 분명히 해야 한다. 재능 있는 이들이 그 재능을 한껏 갈고 닦도록 하라. 그러나 그들이 받는 보상이 시장에서 부풀려지면, 그것은 공동체 전체와 나눠가져야 한다.

롤스는 독특한 재능을 이런 식으로 다루는 것을 '차등의 원칙'이라 부른다. 그것은 재능 있는 사람들이 재능을 펼치지 못하게 하는 것이 아니라, 그들의 재능이 시장 사회에서 거둔 성과를 능력이나 자격을 내세워 독점하지 못하게 하는 것으로써 능력주의와 구별된다.

롤스는 "차등의 원칙은 '자연적 재능의 분배 상태가 공동 자산이며, 그 분배에서 비롯되는 편익은 무엇이든 공동체적으로 향유되어야 한다'는 합의를 나타낸다. 태어날 때부터 남보다 유리한 능력을 가진 사람은 그가 누구든 가장 불우한 상황에 처한 이들의 조건을 개선하는 한에서 그 행운의 몫을 향유할 수 있다"고 말한다. 사회는 반드시 "우연한 배분이 가장 불운한 사람들에게 이롭도록"[28] 시스템을 구축해야 한다는 것이다.

여기에 능력주의자는 이렇게 답할지 모른다. "우리의 자연적 재능이 행운의 산물이라 해도, 우리의 노력은 순전히 우리에게 달린 것이다. 따라서 우리는 노력과 수고를 통해 얻은 것을 온전히 가질 자격이 있다." 그러면 롤스는 이렇게 반박할 것이다. "노력을 하려는 의지 자체도, 그러한 시도도, 그리고 흔히 말하는 자격이라는 것도 행복한 가정과 사회적 환경에 근거한 것이다." 노력조차도 '시장의 보상이 도덕적 자격을 반영한다'는 생각의 근거가 되지 못한다는 이야기다.

'개인이 자신의 우월한 특성을 누릴 자격이 있다'는 말과 '그런 특성을 계발해나가는 노력이 자격을 확보한다'는 말은 둘 다 문제가 있다. 그런 특성은 대체로 운이 좋아 좋은 가정과 사회적 환경을 만났기 때문에 의미가 있게 된 것이며, 그런 운에 대해 개인은 어떤 권리도 주장할 수 없기 때문이다. 자격 운운하는 주장은 이런 경우에 적용되어서는 안 된다.[29]

하이에크처럼 롤스도 재능의 도덕적 자의성을 강조하며, '시장에서의 결과가 능력이나 자격을 반영해야 한다'는 주장을 배격한다. 그러나 롤스의 입장은 세금에 의한 소득 재분배를 찬성하는 쪽이지, 반대하는 쪽으로 이어지지 않는다. 피땀 흘려 얻은 개인 소득을 국가가 세금으로 거둬갈 권리는 없다는 사람들에게, 그리고 개인은 자신의 소득을 온전히 향유할 자격이 있다는 사람들에게 롤스는 "우리가 얼마나 많은 돈을 버느냐는 도덕적 관점에서 볼 때 자의적이며 우연의 산물일 뿐"이라고 대답한다. 시장이 내가 가진 재능을 높이 평가하거나 애초에 내가 그런 재능을 가지게 된 것에 내 노력이 들어간 부분은 하나도 없다. 따라서 나는 세법이 나의 소득 일부를 가져가 가난한 이들을 위한 학비로 쓰거나 길을 닦는 데 쓰더라도 불평할 권리가 없다는 것이다.

이렇게 말할 수도 있다. 나의 재능에 시장이 부여한 혜택을 내가 온전히 누릴 자격이 없다 할지라도, 그런 혜택을 어떻게 배분할 것인지는 또 다른 문제라고 말이다. 과연 사회가 그런 혜택을 공동체 전체에 배분해야 하는지, 아니면 사회의 가장 불우한 구성원에게 배분해야 하는지, 또는 (하이에크의 생각처럼) 단지 그것을 잡은 사람에게 온전히 넘겨야 하는지 등을 생각해봐야 한다는 것이다. 롤스에 따르면 도덕적 관점에서 자의적인 시장 소득은 매우 중대하면서도 부정적인 의미를 갖는다. 이는 부자가 그들이 번 돈을 향유할 자격이 있다는 능력주의적 주장과 충돌한다. 그러나 그렇다 해서 공동체가 그러한 소득에 대해 정당한 도덕적 주장을 (심지어 그 일부에 대해서라도) 할 근거는 자동적으로 도출되지 않는다. 이를 위해선 '우리가 성공하는 과정에서 여러 가지 방식으로 공동체에 빚을 지고 있으며, 따라서 우리는 그 공동선에 일정한 기여를 해야 한다'는 점을 증명할 수 있어야 한다.[30]

복지국가 자유주의자는 철학적 관점에서뿐만 아니라 정치적으로도 '성공한 개인이 어느 정도는 공동체에 빚지고 있다'는 식의 긍정적인 주장을 표현하기보다, 개인이 그 성공의 대가를 통째로 향유하는 데 대한 부정적 주장을 더 잘 표현하는 경향이 있다. 2012년 재선 유세에서 시민의 상호의존성과 상호책임에 대해 버락 오바마가 한 주장을 돌이켜 보자.

여러분이 성공을 거뒀다면, 여러분은 "혼자 힘으로 성공했다"고 할 수 없습니다. 네, 그렇습니다. 혼자 힘으로만 성공했다고 하면 안 됩니다. 나는 "내가 잘나서 성공한 것"이라고 말하는 분들을 만날 때마다 깜짝 놀랍니다. 스마트한 분들이 참 많습니다. 그 분들은 "내가 남보다 열심히 해서 이렇게 된 것"이라고들 하죠. 그런데 실제로 열심히 하는 분들은 널리고 널렸거든요. 여러분이 성공했다면, 여러분과 함께한 누군가가 어떤 도움을 주었을 겁니다. 여러분 인생에 큰 가르침을 준 분도 있을 것이고, 또 누군가는 이 믿을 수 없는 미국적 시스템을 구축해 여러분이 마음껏 자기계발을 할 수 있게 도왔을 겁니다. 또 어떤 분은 여러분이 사용할 도로와 다리를 만들었을 거고요. 만약 여러분이 사업을 한다면, 혼자서 그 사업을 창조하지는 않았을 겁니다. 누군가가 그런 사업이 가능하도록 환경을 만들었겠죠.[31]

공화당에서는 마지막 두 문장을 인용해 "오바마는 큰 정부의 사도이며 경영자의 적"이라고 몰아붙였다. 물론 그는 이런 저런 사람의 사업을 '다른 누군가'가 만들어준 거라고 이야기한 것은 아니었다. 그는 성공이란 그 개인의 전적인 작품이 아니며 그것을 가능케 한 공동체에 일정한 빚이 있을 수밖에 없다고(도로나 다리뿐 아니라 재능을 키워주고 기여를 평가해주는 등) 한 것이었다. "당신은 당신만이 아닙니다. 우리는 함께입니다." 그는 나중에 이렇게 덧붙여 말했다.[32]

오바마가 "성공한 사람은 동료 시민에게 빚이 있다"고 어색하게 말한 것은 단지 말실수 차원이 아니며, 복지국가 자유주의 철학의 약점을 나타내준다. 그것이 반드시 필요로 하는 '연대에 적합한 공동체'를 제대로 인식시키는 데 실패한 것이다. 이는 아마도 최근 수십 년 동안 복지국가의 정당성이 미국뿐 아니라 유럽(공공서비스와 사회안전망이 전통적으로 보다 잘 갖춰져 있는)에서도 흔들린 까닭을 말해준다. 또한 최근 수십 년 동안 불평등이 엄청나게 늘어나고 정치판과 대중 사이에서 능력주의가 판을 치는 일을 자유민주주의가 막지 못한 데 대한 설명도 될 것이다.

능력주의에 대한 거부

———

하이에크와 롤스 모두 정의의 기반으로서 능력이나 자격을 거부한다. 하이에크가 능력 차원에서 경제적 보상을 해주는 일을 부정한 것은 '재분배 요구를 차단'하기 위해서였다. 반면 롤스가 능력이나 자격 차원에서 경제적 보상을 해주는 일을 부정한 것은 정반대의 정치적 입장, 즉 '재분배 요구를 옹호'하기 위해서였다. 가령 부자가 "내 스스로 번 돈은 그만한 자격이 있어서 번 것이며, 따라서 재분배를 위해 세금을 떼어가는 일은 부당하다"고 주장할 수 있다. 이에 대해 롤스는 "많은 돈을 번다고 해서 그것에 그 사람의 능력이나 미덕이 반영된 것은 아니다"라고 답변한다. 그것은 다만 개인의 능력으로 제공할 수 있는 것과 시장의 수요가 우연히 맞아떨어진 덕분이다. 정당한 세법이 시행되면 사람들은 법이 구체적으로 보장하는 소득을 취할 수 있을 것이다. 그러나 그들은 세법이 애초에 그들의 능력과 성취를 보상하기 위해 만들어진 것이라고 말할 수는 없을 것이다.[33]

비록 롤스와 하이에크가 정치적으로 결이 다르더라도, 그들이 정의의 기반으로서 능력을 거부한 것은 두 가지 철학적인 고려에서 그들이 함께함을 잘 보여준다. 하나는 다원적 사회에서 과연 어떤 미덕이나 인성의 성질이 보상받을 만한가에 대해 합의가 이뤄지기 어렵다는 점이다. 다른 하나는 자유의 문제다. 하이에크는 "능력에 따라 보상한다는 건, 실제로는 따질 수 있는 능력에 따라 보상한다는 것이다"라고 했다. "다른 이가 인식하고 동의하는 능력이, 보다 높은 권력의 시각에서는 능력이 아닐 수 있다." 능력을 인식할 때의 어려움은 더 심층적인 문제를 일으킨다. 어떤 행동이 능력주의적이고 칭찬받을 만한 가치가 있는 지에 대해선 의견 차이가 있을 수밖에 없다. 따라서 경제적 가치 외의 어떤 배분적 정의 기반이나 도덕적 능력 기준도 끝내 강압이 될 수밖에 없다는 것이다. "개인의 위치가 도덕적 능력에 대한 관념에 기준하여 정해지는 사회는, 자유 사회의 정반대 사회다."[34]

롤스 역시 능력과 자격에 대한 의견 불일치가 널리 존재함을 지적한 다. 그리고 자격을 정의의 기반으로 삼는 일은 자유와 불일치하게 된다 고 우려한다. 하지만 하이에크와 달리 롤스는 자유를 시장 차원에서 생 각하지 않는다. 롤스에게 자유란 좋은 삶에 대한 각자의 개념을 추구하 되 다른 이들의 추구할 권리 또한 존중하는 것이다. 이는 우리의 특수 한 이해관계와 유불리를 초월해 모든 동료 시민이 동의하는 정의의 원 칙을 마련하여 그것을 준수해야 한다는 것을 의미한다. 이런 관점으로 정의를 보면 (우리가 부유한지 가난한지, 강한지 약한지, 건강한지 건강하지 않은지 등을 모두 모른 채) 어떤 식으로든 시장에 근거해 소득을 분배하 는 일을 용인할 수 없다. 반대로 우리는 사회의 가장 불우한 사람들에 득이 되는 불평등만을 받아들일 수 있을 것이다.

비록 롤스가 자유시장에 근거한 소득 분배를 거부하긴 했지만, 그는 여기서도 하이에크와 공통점을 갖고 있다. 롤스의 정의 원칙은 능력이 나 미덕에 보상하는 것과 거리가 멀다. 다원적 사회에서 사람들은 뭐가 능력이고 뭐가 미덕인지 의견이 엇갈리기 마련이며, 결국 어떻게 사는 게 최선의 길인지 논란의 여지가 있는 개념에 기댈 수밖에 없다. 롤스 의 관점에서, 정의의 기반을 그런 개념에 둔다면 자유가 위험해진다. 다른 이들에게 그들이 동의하지 않는 가치를 강요해야 하며, 각자의 선택에 따라 자기가 좋다고 생각하는 인생을 살아갈 권리가 박탈되기 때문이다.

따라서 서로의 차이에도 불구하고 하이에크와 롤스 모두 '경제적 보상이 개인의 자격에 근거하면 안 된다'고 본 것이다. 그들은 자신들이 통상적 지혜에 도전하고 있음을 알고 있었다. '각자에게 걸맞은 것을 주는 게 정의'라는 관념은 일반적인 상식으로 뿌리가 깊다. 롤스는 소득과 부가 도덕적 자격에 따라 배분되어야 한다는 '상식적인 가정'에 대해 언급했고, 하이에크는 자신의 능력 거부론이 '처음에는 이상하게, 심지어 충격적이게 들릴 수 있음'을 인정했다. 그래서 그는 자신이 차근차근 설명할 때까지 "독자들이 판단을 미뤄주기를" 호소해야 했다.[35]

그러나 자유시장 자유주의와 복지국가 자유주의가 지난 50년 동안 공적 담론을 지배했다 해도, '각자가 자신에게 맞는 것을 가져야 한다'는 일반적 신념을 뒤집지는 못했다.[36] 반면 지난 몇 십 년 동안, 성공에 대한 능력주의적 태도는 더욱 세력을 굳혔다. 심지어 사회적 이동성이 정체되고 불평등이 악화되는 현실에서도 말이다.

시장과 능력

여기서 오늘날 정치의 혼란스러운 측면이 드러난다. 지금까지 보았듯 능력주의적 가정은 오늘날 가장 유력한 공공 철학자들에게 부정되었다. 그런데 왜 정치 언어와 대중의 태도는 '경제적 보상은 능력과 자격에 비례하고 있거나, 비례해야 한다'는 생각을 고집하는 것일까? 단지 철학은 현실과 너무 동떨어진 것이다 보니 일반 시민들의 생각과 행동에 영향을 주지 못하는 것일까? 아니면 자유시장 자유주의와 복지국가 자유주의의 어떤 측면들이 능력주의적 성공관을 처음에는 부정했어도 나중에는 되살아나게끔 하고 있는 걸까?

나는 두 번째가 맞다고 생각한다. 이 두 가지 유형의 자유주의를 가만히 살펴보면 능력과 자격을 부정한 것이 처음에 그랬듯 명확하게 이어지지는 않았다. 두 자유주의 모두 공정한 경쟁 체제에서는 부자가 빈자보다 더 많은 자격을 가진 사람이라는 능력주의적 관념을 부정했다. 그러나 그럼에도 불구하고 그들이 대신 내놓은 대안은 능력주의적 사회에 친화적이었다. 즉 승자는 오만을, 불우한 자는 분노를 느끼도록 만드는 것이었다.

이는 하이에크가 능력과 가치를 구분하는 데서 가장 명확하게 나타난다. 하이에크는 소득 불평등을 불평등한 능력의 반영으로 보는 것이, 상처에 모욕까지 더하는 것임을 제대로 짚었다. "고소득은 능력의 증표이며 저소득은 무능력의 증표라 여기는 사회에서 개인의 지위와 보수가 능력에 비례한다고 모두 믿게 된다면 어떨까. 솔직히 더 이상 능력과 성공 사이의 관련성을 주장할 필요가 없는 사람들에 비해, 성공하지 못한 사람들이 짊어질 부담은 견딜 수 없을 정도로 클 것이다."[37] 하이에크는 영국 노동당의 앤서니 크로스랜드를 인용한다. 그는 1956년 《사회주의의 미래 *The Future of Socialism*》라는 영향력 있는 책을 썼으며, 역시 능력주의가 성공하지 못한 사람들에게 줄 사기 저하 효과를 강조했다.

기회가 불평등하다고 알려지면, 그리고 중요한 자리에 대한 선임이 부와 연줄에 따라 이뤄진다고 하면 사람들은 오히려 안심할 수 있다. 자신이 중요한 자리에 못 간 건 적절한 기회가 주어지지 않았기 때문이라 여길 수 있기 때문이다. 시스템이 공정하지 않고, 특정인들에게 저울추가 너무 기울어져 있기 때문이라 믿을 수 있기 때문이다. 그러나 중요한 자리에 대한 선임이 명확히 능력에 따라 이뤄지면 그런 안심의 근거는 사라진다. 실패는 개인의 열등함으로밖에 설명되지 않으며, 어떤 위로조차 불가능해진다. 그리고 이는 인간 본성의 성향에 따라 다른 이의 성공에 대한 질투와 분노가 증폭되는 결과를 낳는다.[38]

하이에크는 능력과 가치의 차이를 마음에 새기면 소득 불평등을 보다 덜 혐오하게 된다고 주장한다. 만일 모두가 불평등이 각자의 능력과 전혀 무관함을 알게 되면 부자는 보다 덜 거들먹거리고 빈자는 보다 덜 애끓어 하리라. 그러나 하이에크의 주장처럼 경제적 가치가 불평등의 정당화 근거라면, 성공한 사람에 대한 애끓음이 줄어들지는 의문이다.

생각해 보자. 성공한 사람들이 자신의 성공은 그들의 가진 미덕이나 능력 때문이라고 하는 것이나, 그들이 기여한 것의 가치가 높았기 때문이라고 하는 것이나 무엇이 다른가? 그리고 불우한 사람들이 스스로를 돌아볼 때, 그들의 처지가 스스로 못나서 그러는 것이라고 보든, 그들이 내놓을 수 있는 게 보잘것없기 때문이라 보든 어떤 차이가 있을까?

도덕적 그리고 심리적으로 능력과 가치의 구별은 좀처럼 쉽지 않다. 돈이 거의 모든 것의 척도가 되는 시장 사회에서는 더욱 그렇다. 그런 사회에서 부자에게 "당신의 부는 당신이 사회에 기여한 탁월한 가치 덕분이다"라고 말해준다면? 그의 오만과 자축을 불러오지 않을 수가 있을까? 가난한 사람에게 "당신의 가난은 당신이 기여한 것의 가치가 거의 없기 때문이다"라고 하면? 그가 자신감과 긍지를 가질 수 있을까?

가치 판단이 쉽다면 그것은 능력 판단으로 흐를 가능성이 크다. '어떤 사람의 시장 가치는 그의 사회 기여도를 따지는 좋은 척도'라는, 친숙하지만 의문의 여지가 있는 명제를 받아들이면 그것은 곧 가치와 능력을 등치시키는 쪽으로 흐른다. 하이에크는 이 가정을 무비판적으로 받아들였다. 그는 다만 우리의 시장 가치는 우리가 통제할 수 없는 변수에 좌우되며, 따라서 우리 능력의 척도일 수 없다고 지적했다. 그러나 그는 어떤 사람의 사회 기여 가치가 그 자신의 시장 가치 이외의 것이 될 가능성은 고려하지 않았다.

일단 시장 가치가 사회적 기여도를 나타내는 지표로 여겨지면, 정의의 차원에서 각 개인은 그 시장 가치 또는 경제 용어로 '한계생산물'에 따라 소득을 얻을 자격이 있다고 생각하게 된다. 표준 경제 분석에 따르면 완전 경쟁 시장은 노동자 개인에게 그의 한계생산물, 즉 그 노동자가 창출한 가치에 해당하는 보수를 지급한다.

만약 경제의 복잡성에도 불구하고 각 개인의 시장 가치를 이런 식으로 측정할 수 있으며 시장 가치가 사회적 기여도의 참된 지표라면, 한 걸음만 더 떼면 사람마다 그 한계생산물 또는 시장 가치에 따라 보수를 받는 게 도덕적으로 마땅하다는 생각에 이른다.

이러한 주장의 최근판은 하버드대의 경제학자 맨큐가 내놓았다. 그는 조지 W. 부시 대통령의 경제고문을 지낸 사람이다. 그는 잘 알려져 있으면서도 직관적으로 매력 있는 도덕 원칙을 언급하는 것으로 시작한다. "사람은 자신의 정당한 몫을 받아야 한다. 사회에 더 많이 기여하는 사람은 그 큰 기여에 비례하는 더 많은 소득을 얻을 자격이 있다." 그는 가령 애플 창업자인 스티브 잡스, 초베스트셀러 《해리 포터*Harry Potter*》 시리즈의 작가인 조앤 롤링 등을 예로 든다. 그들이 수백만 달러를 벌어들이는 걸 반대하는 사람은 거의 없을 거라고 맨큐는 말한다. 왜냐하면 그들의 고소득은 그들이 아이폰이나 매혹적인 모험 이야기를 제공함으로써 사회에 큰 기여를 한 점을 반영하고 있기 때문이다.[39]

맨큐는 이런 논리를 경쟁적 시장경제의 모든 소득에 적용한다. 도덕성은 경쟁적 시장이 산출하는 성과물을 돌봄노동자에게나 헤지펀드 매니저에게나 똑같이 적용토록 해야 한다. 왜냐하면 "각 개인의 소득은 그가 이 사회에 내놓은 재화와 용역의 가치를 반영하기 때문"이다. 맨큐는 계속 주장한다. "이렇게 결론 내릴 수 있다. 이러한 이상적 조건에서 모든 개인은 자신의 정당한 몫을 받는다."[40]

경쟁적 자유시장이 어떤 소득을 주든 도덕적으로 받아들여야 한다는 생각은 신고전주의 경제학의 초기로 돌아가는 모양새다. 이 생각에 대한 비판자들(일반적으로 자유시장을 옹호하는 경제학자들을 포함하는)은 오래 전부터 그 논리적 결함을 지적해왔다.

앞서 본 대로, 하이에크는 사람들이 스스로의 힘으로 얻은 게 아닌 생득적 능력에 따라 소득을 얻는다는 관념에 반대했다. 또한 그것은 수요와 공급의 우연성에 의존한다고도 했다. 내가 가진 재능이 희귀한지 흔해빠졌는지는 내가 어떻게 할 수 있는 영역이 아니다. 그러나 그것이 시장에서 갖는 위치에 따라 나의 소득은 결정된다. 맨큐의 '정당한 자격' 이론은 그러한 우연성을 간과하고 있다.

시장 가치냐 도덕적 가치냐

———

시장 성과에 따라 도덕적 자격이 갖춰진다는 생각에 대한 아마도 가장 파괴적인 비판은 1920년대 신고전파 경제학의 대부 중 하나인 프랭크 나이트가 내놓았다. 뉴딜정책의 비판자였으며 시카고대 교수였던 나이트(그의 학생들 중에는 밀턴 프리드먼을 비롯한 선도적 자유지상주의 경제학자들이 여럿 있었다)는 시장이 능력을 보상한다는 관념에 맹비난을 퍼부었다. "생산적인 기여가 보상 자격의 윤리적 기준이 된다는, 널리 통용되는 가설이 있다. 그렇지만 이를 따져 보면 생산적인 기여는 윤리적 중요성과 상관이 거의 없거나 아예 없음을 알게 된다."[41]

나이트는 도덕적 자격과 시장 성과를 연결 짓는 데 두 가지 반론을 제기한다. 하나는 하이에크와 롤스처럼 재능과 관련된 반론인데, 사실 그 두 사람은 나이트를 인용하며 각자의 반론을 폈다.[42] 내가 시장 수요에 부응할 수 있게 해주는 재능을 갖는 일은 가치 있는 재산을 물려받는 것이나 마찬가지로 내가 어찌해볼 수 있는 일이 아니다. "수요가 있는 서비스를 수행할 능력을 갖는 일이 사회적 배분 과정에서 더 큰 몫을 차지할 윤리적 근거가 된다고는 보기 어렵다. 그런 능력이 양심적인 노력의 결과 획득한 경우가 아니라면 말이다." 더욱이 나의 재능으로 얼마만큼의 소득을 얻을 수 있느냐는 얼마나 많은 타인들이 그런 재능을 가졌느냐에 좌우된다. 어쩌다 보니 희귀한 재능이지만 높이 평가되는 재능의 소유자가 되었다면 내 소득은 높아질 것이다. 그러나 그렇다고 내가 그 사실에 어떤 기여를 했다고는 할 수 없다. "다른 사람들과 좀 다르다고 해서 그것이 능력이며, 가치 있다고 볼 수는 없다."[43]

나이트의 두 번째 반론은 더 의미심장하다. 하이에크가 당연시했던 가정을 문제 삼고 있다. '시장 가치와 사회적 기여도를 등치시킬 수 있는가'이다. 나이트의 지적대로 시장 수요에 부응하는 일이 반드시 사회에 가치 있는 기여를 하는 걸 의미한다고 볼 수 없다.

시장 수요에 부응한다는 건 단지 사람들이 우연히 갖게 된 욕구와 욕망을 충족시켜준다는 뜻이다. 그러나 그런 욕구 충족이 윤리적 중요성을 갖느냐는 확실히 논란의 여지가 많다. 이러한 문제의 해답은 경제 분석으로 마련될 수 있는 것이 아니다. 따라서 재능 문제를 제쳐두고도, 사람들이 소비자의 선호에 부응해서 벌어들인 돈이 능력이나 도덕적 자격을 반영한다고 보면 잘못이다. 그 윤리적 중요성은 경제 모델로는 설명 불가능한 도덕적 고려에 좌우되는 것이다.

> 우리는 욕구 충족을 가치의 최종 결정인자로 받아들일 수 없다. 우리는 실제로 우리의 욕구를 최종적인 것으로 여기지 않기 때문이다. 취향에 대해 갑론을박하는 것은 무의미하다는 말이 있지만, 오히려 취향에 대해서야말로 그 어느 것보다 갑론을박해야 할 것이다. 가치를 평가할 때 가장 어려운 문제는 우리의 욕구 자체를 평가하기 힘들다는 점이다. 그리고 가장 골치 아픈 욕구는 '올바른' 유형의 욕구만 가져야 한다는 욕망이다.[44]

나이트의 통찰은 하이에크가 억지로 배합해버린 두 개념을 구분할 수 있게 해준다. 바로 시장에 의해 계량되는 경제적 기여의 가치와, 그 실제 가치라는 개념들이다. 미국 TV 시리즈 〈브레이킹 배드Breaking Bad〉에 나온 고등학교 화학교사를 생각해보자. 그는 자기 전문지식을 살려 인기가 아주 많은(그러나 불법인) 메스암페타민 약물을 만들었다. 그가 만든 약물은 순도가 아주 높아서 마약 시장에 내놓으면 수백만 달러를 벌 수 있다. 그리고 그런 소득은 그가 교사로서 벌 수 있는 소득을 훨씬 뛰어넘는다. 하지만 그가 교사로서 기여하는 것의 가치가 마약 딜러로 기여하는 가치보다 훨씬 크다는 점에는 대부분이 동의할 것이다.

이것은 '시장의 불완전성 또는 마약 보급에 대한 법적 규제 때문에 공급이 항상 모자라기에 수익이 높을 수밖에 없다'는 사실 등과는 전혀 관련이 없다. 비록 메스암페타민이 합법이라 해도, 유능한 화학자가 학생을 가르치는 일보다 그걸 제조하는 일로 더 많은 돈을 벌 수 있다 해도 그것은 마약업자의 기여를 교사의 기여보다 높게 쳐줄 이유는 못 된다.

카지노 업계의 대부인 억만장자 셸던 에이들슨의 경우를 보자. 그는 세계 최고의 부자 중 한 사람이다. 그는 간호사나 의사보다 수천 배의 소득을 올리고 있다. 그러나 카지노 시장과 보건 시장이 모두 완전경쟁 시장이라고 할지라도, 그 시장 가치가 그들의 사회 기여도를 나타내는 진실한 척도라고 볼 까닭은 없다. 그들이 소비자 수요에 얼마나 부응하느냐가 아니라, 그들이 추구하는 목표의 도덕적 가치에 기여도가 좌우되기 때문이다. 사람들의 건강을 돌보는 일은 슬롯머신을 즐기고 싶어 하는 욕구를 충족시켜주는 일보다 더 큰 도덕적 중요성을 갖는다.

더 나아가 나이트는 이렇게 주장한다. "경제 시스템이 보상하는 욕구는 대체로 그 시스템 자체적으로 만들어진 것이다." 경제 질서는 그 이전에 존재하는 수요를 단순히 충족시키지 않는다. "그 활동은 욕구 자체의 구성, 극적인 변형, 또는 순전한 창조에까지 미친다." 절대로 '특

정 시간에 존재하는 욕구'를 충족시키는 수준의 효율성에 그치지 않는 다는 것이다.[45]

이러한 고려는 나이트가 '완전경쟁 시장에서는 각자가 자기 노동의 한계생산물에 따라 도덕적 자격을 얻는다'는 맨큐의 주장을 거부하도록 만든다. 나이트는 그런 주장을 "경제학이 변명할 때 쓰는, 익숙한 윤리적 주장"[46]이라고 비하한다.

비록 나이트가 야심찬 사회개혁 계획에 회의적이며 자유방임주의 경제학의 대부로 기억되긴 하지만, 그는 시장 가격이 도덕적 자격이나 윤리적 가치의 기준이 된다는 생각에는 비판을 아끼지 않았다.

> 생산물이나 기여는 항상 그 가격으로 가치가 측정된다. 윤리적 가치나 인간 생활에서의 중요성 등과는 별 관계가 없다. 어떤 생산물의 금전적 가치는 '수요'에 따르며, 이는 다시 소비자 대중의 취향과 구매력, 그리고 대체재의 유무 등에 따른다. 이 모든 요인들은 대체로 경제 시스템 자체가 작동되면서 창출·조절된다. 따라서 그 결과는 자체적으로 그 시스템을 평가하는 기준이 될 만한 윤리적 의미를 갖지 않는다.[47]

비록 나이트가 여러 욕구와 욕망의 중요성에 대한 윤리학 이론을 내놓지는 않지만, 그는 경제학자들 사이에서는 흔한 관점 즉 '기준이 되는 취향이란 없으며 어떤 욕구가 다른 것보다 우월하다고 볼 수는 없다'는 관점을 부정한다. 경제 시스템은 소비자 수요를 만족시키는 효율성보다는 "그것이 창출하는 욕구로, (그리고) 대중에게서 그 욕구가 갖게 되는 성격 유형으로 판단되어야 한다. 윤리적으로 올바른 욕구를 창

출하는 일이 욕구를 충족하는 일보다 더 중요하다."⁴⁸

생산적 기여의 시장 가치가 윤리적 중요성을 갖는다는 생각에 도전함으로써, 나이트는 능력주의를 하이에크보다 더욱 통렬하게 비판했다. 그리고 능력주의에서 비롯되는 자기만족에 더 냉담한 태도를 보였다. 하이에크는 부자들에게 비록 그들의 부가 곧 능력의 징표는 아니지만, 사회에 그만큼 크게 기여했음을 보여주는 징표라고 했다. 그러나 나이트에게 이는 과한 아부일 뿐이다. 돈을 잘 버는 일은 그 사람의 능력과도 무관하고 그가 한 기여의 가치와도 무관하다. 성공한 사람이 솔직하게 할 수 있는 말은 그가 뒤죽박죽된 욕구와 욕망(중대하든 하잘것없든 어느 시점에 소비자의 수요를 구성하는 요소들) 속에서 관리(천재성과 교활함, 시의성과 재능, 행운과 오기, 고집 등의 종잡을 수 없는 혼합)를 잘 해냈다는 것밖에 없다. 소비자 수요의 충족은 그 자체로 가치 있는 게 아니다. 그 가치란 케이스 바이 케이스로 그것이 지향하는 목표의 도덕적 지위에 따라 정해진다.

쟁취한 자격인가, 권리가 인정된 자격인가?

————

사람들은 시장이 부여하는 경제적 보상을 각각 받을 도덕적 자격이 있다는 생각을 부정하는데, 왜 평등주의적 자유주의 역시 능력주의적 오만을 부추기는 걸까. 먼저 롤스가 정의의 기반으로서 자격을 부정한 의미부터 명확히 해보자. 그것은 누구나 자신이 획득한 소득이나 지위를 정당화할 수가 없다는 의미는 아니었다. 정의로운 사회에서는 열심히 일하고 규칙에 따라 경쟁한 사람은 자신이 얻은 것을 향유할 권리가 인정된다.

여기서 롤스는 도덕적 자격과 그가 "정당한 기대에 대한 권리 인정"이라 부르는 것 사이에 미묘하지만 중요한 차이를 둔다. 차이는 이렇다. 자격^{desert}은 주체가 무언가를 주장하는 것이지만, 권리 인정^{entitlement}은 일정한 경쟁 규칙을 준수했을 때 부여되는 것이다. 어떻게 규칙을 정하는지에 대해서 우리는 일단 알 수 없다. 롤스의 요점은 우리가 먼저 정의의 원칙(경쟁 규칙의 상위 원칙이 되며, 보다 넓게는 사회의 기본 구조를 규정하는 원칙)을 정립하기 전에, 누가 권리를 인정받을지 알 수 없다는 것이다.[49]

여기서 이런 구별이 능력주의와 어떻게 다른지에 대한 논란이 있을 수 있다. 도덕적 자격 위에 정의를 세운다면 '미덕과 능력을 갖춘 사람에게 보상한다'는 규칙을 세우는 셈이다. 롤스는 이를 부정했다. 그는 경제 시스템을(또는 그런 점에서 사회적 기여를) 미덕에 대한 표창이나 좋은 인성을 배양하는 데 쓴다면 잘못이라 여겼다. 정의에 대한 고려는 능력과 미덕에 대한 고려보다 앞서야만 한다.

이것이 롤스가 주장한 반능력주의론의 핵심이다. 정의로운 사회에서 부유해지거나 명예로운 지위에 오른 사람은 그런 성공의 혜택을 향유할 권리를 인정받는다. 그것이 그들의 탁월한 능력을 증명하기 때문이 아니라, 오직 그런 혜택이 모든 이(그 사회의 가장 불우한 사람을 포함하는)에게 공정한 시스템의 일환이기 때문이다.

"따라서 정의로운 구조는 각자 인정받은 권리에 부응한다. 그것은 그들의 정당한 기대를 사회 제도에 근거한 것으로 충족해준다. 그러나 그렇게 인정받은 권리는 그들의 근본적 가치에 비례하거나 근거하는 것이 아니다. 각자의 의무와 권리를 정해주는 정의의 원칙은 도덕적 자격을 언급하지 않는다. 그것에 부응하는 배분도 있을 수 없다."[50]

롤스가 능력을 배제함으로써 두 가지 쟁점이 떠오르게 된다. 하나는 정치적, 또 하나는 철학적 쟁점이다. 정치적으로 롤스는 부자들이 '이 부는 내가 쌓은 것이다. 도덕적 자격에 따라 내 것이다'라며 재분배 목적의 징세에 항의하는 일을 차단하고 싶었다. 이는 재능과 그 밖의 여러 우연성이 성공에 기여하는 것을 부정하는, 도덕적 해이라는 것이다. 시장경제에서의 성공이 운에 크게 좌우된다면, 자신이 번 돈이 자신의 탁월한 능력 또는 자격 덕분이라고 주장하기 어렵게 된다.

정의의 어떠한 계율도 미덕에 대한 보상을 목적으로 하지 않는다. 가령 희소한 자연적 재능으로 얻은 프리미엄은 훈련비용을 줄이고 학습을 더 효율적으로 할 수 있도록 도와준다. 그러면 그만큼 그 재능을 써서 공동의 이익을 증진시키게 해야 맞다. 배분은 개인의 도덕적 가치와 무관하다. 날 때부터 자연적 재능이 주어지고, 그 계발에 개입된 생애 초기의 우연성은 도덕적 관점에서 보면 자의적이기 때문이다.[51]

철학적으로 정의의 원칙이 능력, 미덕, 도덕적 자격 등을 고려하지 않고 정립되어야 한다는 주장은 롤스 자유주의의 보다 일반적인 주장의 일환이다. 바로 "옳음right(사회 전체를 다스리는 의무와 권리의 틀)이 좋음good(그 틀 안에서 사람들이 각자 따르는 미덕과 좋은 삶의 다양한 개념들)에 앞서야 한다"는 주장이다. 특정한 능력, 미덕, 도덕적 자격 등을 인정하는 정의의 원칙은 (다원주의 사회에서 반드시 있기 마련인) 그와는 다른 '좋은 삶'의 개념 주장들에 대해 중립적일 수가 없다. 그런 원칙은 일부 구성원들에게 다른 구성원들의 가치를 강요하게 될 것이며, 따라서 모든 사람이 각자의 생활방식을 선택하고 추구할 수 있어야 한다는 이념을 존중하지 못하게 될 것이다.

롤스는 정의가 능력에 앞서야 할 까닭을 한 가지 비유를 들어 설명한다. 우리는 도둑은 나쁜 인성의 소유자이며 따라서 도둑을 처벌하는 제도를 원하기 때문에 재산권 제도를 수립하는 것은 아니다. 만일 그렇게 한다면 그것은 '능력주의적' 징벌 이론이 될 것이다. 그것은 좋음을 옳음의 앞에 두기 때문이다. 그러나 이는 도덕 논리를 후퇴시킨다. 그 대신 우리는 효율성과 정의에 근거하여 재산 관련 제도를 수립한다. 이렇게 되면 누군가 도둑질을 할 경우 우리는 법에 따라 그를 처벌한다. 타인의 권리를 침해했으므로 도둑은 처벌받아 마땅하다. 여기서 징벌의 요점은 부정의를 행한 도둑에게 그만한 징계를 내리는 것이며, 도둑의 나쁜 인성을 비난하려는 것이 아니다(비록 그런 부수 효과가 있을 수 있겠지만).[52]

롤스는 경제적 보상에 능력주의적으로 접근하면 역시 옳음과 좋음의 전도가 일어나게 된다고 주장한다. "도덕적 자격에 보상하는 것을 첫 번째 원칙으로 사회를 조직한다면, 도둑을 벌주기 위해 재산권 제도를 만드는 것과 마찬가지다."[53]

성공에 대한 태도

겉보기에, 경제적 성공에 대한 롤스의 반능력주의적 사고방식은 성공한 사람을 낮추고 불우한 사람을 위로하는 듯하다. 엘리트가 갖는 능력주의적 오만에 일침을 하고, 부와 권력이 없는 사람들의 자신감 회복에 도움이 될 것 같다. 나의 성공은 내가 잘해서가 아니라 운이 좋았기 때문이라고 진정으로 믿으면, 그런 행운을 남들과 나누어야 한다는 마음도 들지 않겠는가.

요즘은 이러한 마음이 드물다. 성공한 사람들의 겸손은 오늘날 사회경제적 삶에서 통 드러나지 않는다. 포퓰리즘의 반격에 있어 하나의 불씨가 된 것은 노동계급 사이에 널리 퍼진 '엘리트가 우리를 깔본다'는 인식이었다. 그것 하나만 보자면 오늘날 복지국가는 롤스의 정의사회와 크게 동떨어져 있는 셈이다. 또는 평등주의적 자유주의가 애초에 엘리트의 자기만족에 위협적이지 않았다고도 볼 수 있다.

오늘날의 복지국가(특히 미국)가 롤스식의 정의사회와 맞지 않다는 건 확실하다. 우리가 지금 보고 있는 소득과 권력의 불평등은 기회를 공정하게 평준화한 사회, 또는 가장 불우한 사람의 이익을 위해 작동하는 사회 시스템에서는 대체로 있을 수 없는 일이다. 이는 자유주의자들이 노동계급의 엘리트에 갖는 적대감을 부정의에 대한 불만으로 해석하도록 했다. 만약 그것만이 분노의 원천이라면, 해법은 기회 확산의 노력을 배가하며 불우한 사람들의 경제적 전망이 개선되도록 애쓰는 것이리라.

그러나 이는 엘리트에 대한 포퓰리즘의 반격을 해석하는 유일한 방법이 아니다. 성공에 대해 오만한 태도를 통해 이런 반격을 불러들이기로는 롤스 철학에서 긍정하는 '권리의 인정'으로도 가능하다. 도덕적 자격을 배제한다고 전부는 아닌 것이다. 살펴보자면, 완벽하게 정의로운 사회(롤스의 정의론에 따라)라도 불평등이 없지는 않다. 기회의 공정한 평준화와 가장 불우한 사람들에 대한 이익 고려가 완벽하다 해도 말이다. 그렇다면 롤스의 원칙을 지키면서 어떻게 부유한 CEO가 공장 저임금 노동자 앞에서 그보다 나은 자신의 처지를 정당화할 수 있는지 한 번 상상해 보자.

저는 제 지위에 맞는 어떤 도덕적 자격을 갖고 있어서 당신보다 부유한 게 아닙니다. 제가 받는 후한 보상 패키지는 단지 제게 근로 의욕을 주는 데 필요한 인센티브일 따름이죠. 다른 사람들도 그래요. 우리의 재능을 모두의 혜택을 위해 계발하게끔 인센티브를 받는 거죠. 당신이 사회에서 필요로 하는 재능을 못 가진 건 당신 잘못이 아닙니다. 제가 그런 재능을 넘치도록 갖고 태어난 것도 제 공로가 아닙니다. 그 때문에 제 소득의 일부는 세금으로 바뀌어 당신 같은 사람들을 돕고 있는 것이죠. 저는 매우 높은 봉급과 지위를 가졌지만 그럴 만한 도덕적 자격 같은 건 없습니다. 그러나 사회적 협력의 공정한 규칙에 근거해 그런 것들을 가질 권리를 인정받은 것이죠. 그리고 잊지 마세요. 당신과 저는 우리 중 누가 위에 서고 누가 아래에 설지 모르는 상태에서 이런 규칙에 동의한 겁니다. 따라서 제게 악감정을 가지시는 건 삼가주셨으면 좋겠군요. 나의 특권은 당신을 힘들게 하는 게 아니라 더 나아지게 하고 있어요. 당신은 불평등을 보고 속상해합니다만, 그 불평등은 당신에게 이로울 따름입니다.[54]

물론 이런 정당화는 오늘날 존재하는 모든 소득, 부, 권력, 기회 불평 등을 정당화하지 않는다. 그러나 따지고 보면 성공에 대한 능력주의적 태도는 분배의 정의에 대한 자유주의적 이론으로 반드시 약화되거나 대체되지 않는다. 능력이나 미덕, 자격 등에 근거하지 않더라도 정당한 기대에 대해 권리를 인정해 주는 일은 충분히 능력주의적 오만과 함께 노동계급의 분노도 불러올 수 있다.

롤스가 꺼낸 징벌의 비유를 다시 생각해 보자. 도둑을 처벌하는 까닭 이 재산권 제도를 지키기 위해서라고 해도, 그런 처벌에는 도둑을 비난 하는 전형적인 부수 효과가 따르기 마련이다. 마찬가지로 외과의사에 게 잡역부보다 많은 보수를 주는 까닭이 가장 불우한 사람들을 이롭게 하는 정의로운 기본 구조가 작동하게 하려는 데 있다고 해도, 그런 보 수 격차가 외과의사의 특출한 재능과 기여를 기리게 되는 부수 효과를 불러오게 되는 것이다. 시간이 지나면서 이런 규범적인 부수 효과는 성 공(그리고 실패)에 대한 태도에 일정한 틀을 만들며, 그것은 능력주의적 인 태도와 구별하기 어려워져 버린다.

사회적 명망이란 경제적, 교육적 우위에 있는 사람에게 거의 필연적 으로 따라붙기 마련이다. 더구나 공정한 사회적 협력 체제에서 그런 우 위를 차지했다면 더더욱 그렇게 된다. 자유주의자들은 이에 대해 모든 사회구성원이 시민으로서 평등한 존중을 받는 게 중요하며 사회적 명 망은 정치적으로 다룰 문제가 아니라고 대답할지 모른다. 어떤 능력과 업적이 찬양받을 만한가를 정하는 건 사회적 규범과 개인의 가치관이 며, 그것은 '좋음'의 영역이지 '옳음'의 영역은 아니라는 것이다.[55]

그러나 이런 대답은 명예와 인정의 배분이 매우 중요한 정치적 문제이며, 오랫동안 그렇게 여겨져 왔음을 간과한다. 아리스토텔레스는 정의를 주로 공직과 명예의 배분 문제로 다루었지, 소득과 부의 배분 문제로 여기지 않았다. 오늘날 집권 엘리트에 대한 포퓰리즘의 반격은 대체로 자신들이 전문직업인들에게서 비대졸자라며 업신여겨졌다고 믿은 노동자들의 분노에 힘입은 것이다. 좋음보다 옳음이 먼저라는 주장은 사회적 명망을 개인 도덕의 문제로 돌렸으며, 따라서 자유주의자들이 오만과 굴욕의 정치에 깜깜하게끔 했다.

그러나 오늘날 학력에 대해 널리 퍼진 의식, 전문직업인들이 블루컬러 노동자들에게 보이는 태도 등을 사회규범과 정치의 문제가 아니라고 본다면 잘못이다. 명예와 인정의 문제는 분배적 정의와 결코 깔끔하게 분리될 수 없다. 이는 특히 불우한 사람들에 대해 보상할 때 '내가 너희를 후원해 준다' 식의 자세가 은연중 깔려 있을 경우 더욱 그렇다. 때때로 그런 태도는 직접 불거져 나오기도 한다. 평등주의적 자유주의 철학자인 토머스 네이글의 글에서처럼 말이다. "인종과 성적 부정의가 감소한 지금, 우리는 아직도 스마트한 사람과 우둔한 사람 사이의 큰 부정의를 남겨두고 있다. 그들은 노력에 비해 다르게 보상받고 있다."[56]

"스마트한 사람과 우둔한 사람"이라는 문구는 많은 의미를 담고 있다. 그것이야말로 자유주의 엘리트에 대한 포퓰리스트의 최악의 의심을 확인해준다. 우리가 "서로의 운명을 함께 나눠야 한다"[57]고 본 롤스의 민주적 감각과는 한참 동떨어진 채, 네이글이 쓴 그 문구는 일부 복지국가 자유주의가 빠지기 쉬운 능력주의적 오만의 민낯을 드러낸다.

운수와 선택

복지국가 자유주의의 태도가 오만과 굴욕의 정치에 기름을 붓는 모습은 1980년대와 1990년대 평등주의적 자유주의 철학자들의 글에서 더 잘 나타난다. 재능의 배분이 도덕적 관점에서 자의적이라는 롤스의 주장에 근거한 이들 철학자들은 '정의로운 사회는 모든 종류의 개인적 불운에 보상해야 한다(가난한 집에서 태어났거나, 장애인이거나, 재능이 부족하거나, 살다가 사고 또는 재난을 겪었거나 등등)'고 한다. 그런 철학자 가운데 한 사람은 다음과 같이 말했다. "분배 정의는 행운의 주인공이 행운의 결과로 얻은 것의 일부 또는 전부를 불운한 사람에게 넘겨야 함을 명백히 한다."[58]

언뜻 보기에 '행운 평등주의Luck Egalitarian 철학'은 불운한 사고로 얻은 손해에 대해 후하게 대응하는 듯하다. 운명의 장난으로 빚어진 부당한 혜택과 부담을 보정하기 위해 경쟁적 능력주의 사회에 인도적인 대안을 제시하는 것처럼 보인다.

그러나 자세히 들여다보면 행운 평등주의 철학자들은 능력과 자격의 정확한 판단을 요구한다. 개인에게 주어져야 할 보상은 자신이 통제할 수 없는 불운에만 한정된다고 보기 때문에, 그들은 공적 부조(복지나 의료보험 등등)를 하기 전에 대상자인 불우한 사람들이 불운 때문에 그렇게 되었는지, 아니면 잘못된 선택으로 그렇게 되었는지 구분해야 한다고 주장한다. 이는 정책결정자들이 가난한 사람들 가운데 누가 피치 못할 희생자인지, 따라서 구제받을 자격이 있는 사람인지(아니면 스스로 빈곤의 책임자이며 따라서 그런 자격이 없는 사람인지) 가려낼 필요성을 요

구한다.[59]

행운 평등주의에 대한 신랄한 비판자인 엘리자베스 앤더슨은 이렇게 유자격 빈자와 무자격 빈자를 구분하는 것을 가리켜 "구빈법*적 사고가 부활했다"고 꼬집었다.[60] 이는 어려운 시민들을 심문하고 그들이 더 나은 선택을 했다면 빈곤을 피할 수 있었는지 가려낼 권한을 국가에 부여한다. 이런 '책임의 분해 관찰'은 민주 시민이 서로에게 져야 할 책임을 받아들이기에 도덕적으로 바람직하지 못한 방법이다. 이유는 두 가지다.

첫째, 이는 우리의 시민적 상호책임 근거를 동정이나 연대성이 아니라 '대체 그들은 어쩌다 저 꼴이 되었대?' 하고 먼저 따지는 것에 둔다. 어떤 경우에는 그것이 도덕적으로 의미 있기도 하다. 대부분 사람들은 능력이 있으면서 단지 게으름 때문에 일하지 않는 사람(심지어 품격 있는 일자리가 주어졌는데도)에게 공적 부조를 제공하기란 아깝다는 데 동의할 것이다. 일하지 않기로 선택했다면 그는 그 결과에 대해 책임을 져야 한다. 그러나 일부 행운 평등주의자들은 이보다 훨씬 책임 관념을 확장한다. 그들은 여러 가능한 위험에 대비해서 보험에 가입하지 않은 선택조차도 '그에게 벌어진 불운이 온전히 그의 책임이게끔 한다'고 주장한다. 가령 어떤 보험에 들지 않은 사람이 자동차 사고로 치명상을 입었다고 해도, 행운 평등주의자는 그가 보험에 들 수 있었는지 여부부터 따진다. 그가 보험에 들 기회나 여력이 없었을 경우에만 사회는 그의 병원비를 보태주어야 한다는 것이다.[61]

둘째, 현명치 못함에 대한 그런 엄격함만이 문제가 아니다. 행운 평등주의자는 공적 부조의 적격 대상자에게도 굴욕을 안긴다. 그런 사람을 '대책 없는 희생자'로 못 박음으로써 말이다. 이것은 역설이다. 행운 평등주의자는 개인의 선택 능력에 큰 도덕적 무게를 싣는다. 그들은 운수에 따른 결과를 보정하고자 하며 따라서 각 개인의 소득과 생애의 전망은 전적으로 그 자신의 선택에 달리게끔 하려 한다. 그러나 이러한 까다로운 책임과 선택의 윤리는 가혹한 현실로 이어질 수 있다. 도움이 필요한 사람은 자신의 어려운 처지가 스스로의 탓이 아님을 입증해야만 한다. 공적 부조의 자격 요건을 갖추려면 자신이 어쩔 수 없는 외부적 힘의 희생자란 걸 제시해야 하며, 스스로도 그렇게 믿어야 한다.[62]

이 이상야릇한 인센티브는 청원자의 자아상을 망쳐 놓을 뿐 아니라, 공적 담론까지 비틀어버린다. 행운 평등주의에 근거해 복지국가를 옹호하는 자유주의자들은 거의 필연적으로 복지 수혜자들을 무능력자로, 스스로는 아무 것도 할 수 없는 사람들로 묘사하게 된다.[63]

그러나 어쩔 수 없는 상황의 희생자라는 이유로 불우한 사람들을 돕는 일은 큰 도덕적, 시민적 대가를 치르게끔 한다. '복지 수혜자들은 사회적 기여는 없으면서 스스로 책임 있는 행동도 못하는 존재'라는 경멸적 견해를 뒷받침한다. 그리고 앤더슨이 제대로 짚었듯 '공적 지원이 필요한 사람들은 스스로 의미 있는 선택을 못한다'는 생각은 그들을 동등한 시민이나 자치에 참여할 능력이 있는 존재로 대우하기 힘들게 한다.[64]

간단히 말해서 행운 평등주의가 "무책임하다는 낙인을 찍힌 사람들에게는 아무런 도움도 주지 않으며, 근본적으로 열등하다는 낙인을 찍힌 사람들에게는 굴욕감을 준다"고 앤더슨은 주장한다. "구빈법 체제처럼, 이는 불우한 사람들을 자업자득이라며 내버리고 그나마 자격이 된다는 불우한 사람들은 눈 씻고 봐도 재능, 지능, 능력, 사회적 매력이 없는 사람들로 낙인찍는다."[65]

다른 형태의 자유주의들과 마찬가지로, 행운 평등주의 철학도 정의의 기반으로서 능력과 자격을 거부하면서 시작했다. 그러나 다시금 능력주의적 태도와 규범을 받아들이면서 끝났다. 롤스에게, 이런 규범은 정당한 기대에 대한 권리 인정이라는 가면을 쓰고 되돌아왔다. 행운 평등주의자들에게는, 개인의 선택과 책임을 강조하다 보니 어느새 되돌아와 있었다.

우리가 운에 따른 혜택이나 부담(사회가 후하게 보상하는 재능을 가지고 태어난 행운 또는 그런 재능이 결여된 불운을 포함해서)을 가질 자격이 없다는 생각은, 공정 경쟁 하에서 우리 스스로 얻은 것을 가질 자격이 있다는 능력주의적 생각을 약화시키는 듯 보인다. 선택이 아닌 운에 따른 유리함은 향유할 자격이 없다. 그러나 운수와 선택 사이의 연결선은 '사람은 때때로 운에 맡기는 선택을 한다'는 사실 때문에 꼬여버린다. 스카이다이빙을 하는 사람들은 스릴을 즐기기 위해 목숨을 건다. 스스로 불사신인양 여기는 젊은이들은 보험 권유에 코웃음을 친다. 도박사들은 카지노에 몰려든다.

행운 평등주의자는 모험을 선택하는 사람은 운이 나빴을 때의 결과에 책임을 져야 한다고 말한다. 사회는 스스로 초래하지 않은 불운의 희생자(가령 유성에 맞은 사람)만 돕는다. 아무도 강요하지 않은 내기에서 진 사람은 승자의 자비를 바랄 수 없다. 로널드 드워킨은 이 점을 '눈먼 운Brute Luck(가령 유성에 맞은 것 같은)'과 '선택 운Option Luck(가령 도

박사가 판돈을 잃는 것 같은)'의 구별로써 적시한다.[66]

운수와 선택을 비교하자면 능력과 자격의 판단이 불가피해진다. 도박에서 져야 마땅한 사람은 없다. 그러나 질 수도 있다는 리스크를 짊어진 도박사는 졌을 때 사회에 그의 판돈을 요구할 자격이 없다. 그의 불운은 자업자득이다.

물론 어떤 경우는 과연 무엇을 '선택'으로 볼 것인지 모호해진다. 어떤 도박사들은 도박 중독에 빠져 있다. 슬롯머신은 도박사들이 노름을 끊지 못할 만큼씩만 이기도록 승률이 조작되어 있다. 이런 경우 도박은 선택이라기보다 약자를 이용해 먹는 강압의 결과로 읽을 수 있다. 그러나 사람들이 자유롭게 그런 리스크를 걸머지는 한, 행운 평등주의자들은 그들이 결과에 책임을 져야 한다고 본다. 그들은 자기 운명을 책임져야 마땅하다. 적어도 그런 일에 아무도 그에게 도움을 줘야 할 의무가 없다는 점에서 말이다.

무엇이 진정 자발적인 선택인가에 대한 친숙한 논쟁을 넘어서, 운수와 선택의 구분은 또 다른 고려 때문에 모호해진다. 보험의 가능성이다. 만약 내 집이 불타 버렸다면 분명 그것은 운이 나쁜 것이다. 그러나 내가 화재보험을 들 수도 있었는데 들지 않았다면 '설마 불이 나겠어'라는 생각을 하며 매년 쓸 데 없이 보험금 내기를 아까워했다면? 화재 자체는 '눈먼 운'이라도, 보험을 들지 않은 나의 선택은 나의 불운을 '선택 운'으로 바꿔놓는다. 보험에 들지 않기로 선택함으로써 나는 결과에 책임을 져야 하며 납세자들에게 내 집의 손실을 보상해 달라고 요구할 권리가 없어진다.

물론 보험은 모든 사고와 우연에 맞게 갖춰져 있지는 않다. 어떤 사람은 사회가 중시하는 재능을 갖고 태어나는 한편 어떤 사람은 생계를 스스로 책임질 수 없을 정도의 장애를 갖고 태어난다. 드워킨은 보험의 개념을 확장하면 이런 우연들도 다룰 수 있게 되리라 보았다. 태어나기 도 전에 보험에 들기란 불가능하므로, 드워킨은 재능 없이 태어날 경우 필요할 비용의 평균치를 추산하여 그만큼의 금액을 재능 보유자에게 서 재능 결여자로의 소득 재분배 액수로 정하자고 제안했다. 이 아이디 어는 태생적 능력의 불평등한 분배를 유전자 복권에 당첨된 사람들에 게서 세금을 거둬 보정하자는 의미였다.[67]

천부적 재능이 없는 사람을 위해 납입금과 지불금을 계산해 내는 보 험 제도가 과연 현실적으로 가능한지 의문의 여지가 분명 있다. 그러나 그런 제도가 이뤄진다면 그리고 재능 보유자가 세금을 내고 재능 결여 자가 그에 따른 원조를 받는다면, 나아가서 모든 사람이 일자리와 교육 기회에 공정하게 접근할 수 있다면 행운 평등주의자가 꿈꾸는 정의로 운 사회는 실현될 것이다. 자격 없는 생득적 유리함과 불리함에 따른 모든 소득 격차는 보정될 것이다. 그밖에 남은 모든 불평등은 우리가 스스로 책임져야 할 요소들, 가령 노력과 선택 등의 결과에 지나지 않 을 것이다. 그리고 어쨌든 사고와 불운의 효과를 없애려는 행운 평등주 의자의 시도는 능력주의적 이상으로 수렴되기에, 소득 분배는 도덕적 으로 자의적인 우연적 요소들과는 무관하면서 각 개인의 자격에 맞추 어 이루어질 것이다.[68]

행운 평등주의는 노력과 선택에 따른 불평등을 옹호한다. 이는 자유 시장 자유주의와의 겹치는 점을 부각시켜 준다. 둘 다 개인 책임을 강 조하며 불우한 사람을 도울 사회의 의무는 해당자가 스스로의 실수가 없는지 따져야 하는 조건부라고 여긴다. 행운 평등주의자는 그 나름대로 복지국가를 자유시장주의에서 지키려 했다. "반평등주의의 무기고에서 가장 강력한 무기, 즉 선택과 책임이라는 아이디어"[69]를 받아들임으로써 말이다. 이는 자유시장 자유주의와 평등주의적 자유주의 사이의 차이를 좁혔으며, 개인의 선택이 상황의 산물인가 그 자신의 의지인가 하는 양자 논쟁에서 견해 차이를 줄였다.

재능 계산하기

———

비록 자유시장 자유주의와 평등주의적 자유주의 모두 능력을 정의의 제일조건으로 배제하고 있지만, 둘 다 결국에는 능력주의로 기운다. 둘 다 성공에 대해 도덕적으로 바람직하지 않은 태도를 거르지 않으며, 능력주의가 빠지기 쉬운 함정 즉 승자의 오만과 패자의 굴욕이라는 함정을 피하지 못한다. 이는 부분적으로 그들이 개인 책임을 분해 관찰해야 한다고 주장하기 때문이다. 또한 재능을 높이 평가하기 때문이기도 하다. 그들이 개인의 천부적 재능은 행운의 산물이며 따라서 도덕적 관점에서 자의적이라고 주장하기는 해도, 재능 특히 천부적이거나 내재적인 재능을 놀랍도록 중시한다는 점은 분명하다.

소득 불평등을 대체로 '유전자 복권 당첨 결과'로 여기는 행운 평등주의적 자유주의자들도 마찬가지다. 그들은 가령 드워킨의 가설적 보험체계 같은 정교한 수단을 고안하여 '자연적인', '내재적인', '천부적인' 재능 차이를 계산하고 보정하고자 한다. 그런 재능이란 사회문화적으로 유리한 변수들과는 다르게 평등한 교육 기회로 보정할 수 없기 때문이다. 그들은 재능을 생물학적 개념으로 보고 재분배를 논한다. 말하자면 사회적 영향을 받기 전에 유전적으로 정해진 팩트라는 것이다. 그러나 이런 식으로, 즉 천부적 탁월성으로 재능을 이해하면 오만으로 이어지게 된다. 평등주의적 자유주의자로서도 '스마트한 사람과 우둔한 사람 사이의 큰 부정의'를 보정하려고 한다.[70] 그들은 '스마트한 사람'을 칭송하고 '우둔한 사람'을 매도하는 셈이다.

지능의 유전적 기반에 대해 '오늘날 우리가 보는 소득과 부의 불평등은 내적인 지능 차이와 전혀 무관하다'고 주장하고자 굳이 논쟁을 벌일 필요는 없다. 금융과 기업 쪽에서 일하는 사람들이 지나치게 높은 소득을 올린다는 생각에 대해, 엘리트 전문직업인들은 '유전적 탁월성 때문에 그런 것'이라고 말하면 공허하게 들릴 것이다. 아인슈타인 같은 천재나 모차르트 같은 거장들이 세운 위업은 내적 재능의 결과일 수 있겠다. 그러나 그런 불세출의 천재성의 유무가 헤지펀드 매니저와 학교 교사의 차이를 가져온다고는 도저히 말할 수 없다.

엘리자베스 앤더슨의 말처럼 "천부적 재능이 떨어지는 사람들 때문에 자본주의 경제에서 소득 불평등이 초래된다는 것은 의심스럽다"고 할 수 있다. "소득 격차 대부분은 사회가 일부 사람들의 재능 계발에 다른 사람들보다 훨씬 많이 투자하며, 그들의 성과물에도 큰 차등을 둔 보상을 하는 데서 비롯된다. 생산성은 주로 직무 역할에 따르지, 개인을 문제로 보지 않는다."[71]

천부적 재능은 비록 도덕적 자격이 되지 못한다지만, 능력주의 사회에서 찬양을 불러들인다. 부분적으로는 그 자체로 찬양받을 만해서다.

그러나 또한 성공자의 막대한 보상이 그것을 원인으로 한다고 여겨지기 때문이기도 하다.

능력주의가 각자 개인이 '신이 부여한 재능이 허락하는 한 성공할 수 있게 해준다'면, 가장 성공한 사람은 가장 뛰어난 재능을 가지고 있을 것이라 추정하기 쉽다. 그러나 그것은 사실과 다르다. 돈을 많이 버는 데 성공하려면 생득적 지능은 큰 관건이 아니다. 어느 정도 관건이 되기는 한다고 하더라도 말이다.[72] 천부적 재능 차이를 소득 불평등의 주원인으로 놓음으로써, 평등주의적 자유주의자들은 그 역할을 과장하며 부지불식간 그 명예까지 과장하고 있다.

능력주의의 등장

'능력주의'라는 말은 본래 비하의 의미를 갖고 만들어졌다. 그러나 찬양과 갈망의 용어가 되어버렸다. "새로운 노동당은 능력주의를 신봉합니다." 토니 블레어가 영국 수상이 되기 1년 전인 1996년에 한 말이다. "우리는 개인이 각자의 출생이나 특권이 아닌 자신의 재능으로 성공해야 한다고 믿습니다."[73] 2001년 제2기 집권을 위해 유세하면서, 그는 자신의 임무에 대해 이렇게 말했다. "사람들을 막는 장벽을 무너뜨리고, 진정으로 사회적 상승을 추구할 수 있도록 하는 것입니다. 능력에만 기반을 둔 열린 사회, 모두의 가치가 공평히 취급되는 사회를 만드는 것입니다. 경제와 사회를 능력과 재능에 활짝 열어젖힐, 철저히 능력주의적인 개혁 프로그램을 수립하겠습니다."[74]

당시 85세였던 마이클 영은 낙심했다. 〈더 가디언〉에 기고한 글에서, 영은 블레어가 자신(영)이 수십 년 전 풍자적 저작에서 비판했던 이상을 떠받들고 있다고 불평했다. 영은 자신의 음산한 예언이 들어맞게 된 것을 두려워했다. "나는 가난한 사람과 불우한 사람의 지위가 격하되리라 예측했다. 그리고 실제로 그렇게 되었다. 사회에서 이처럼 많은 재능을 무가치하게 평가하기란 어려운 일이다. 하층계급이 이처럼 도덕적으로 취약해진 적은 없다."[75]

"그러는 사이에 부자와 권력자들은 참을 수 없을 만큼 거만해졌으며, 능력주의자들이 그들의 성공은 그들 자신의 능력 덕분이라고 믿는다면(점점 더 그렇게들 믿고 있다), 그들은 뭐든 자신들이 얻은 것은 얻을 자격이 있어서 그런 것이라고 믿을 것이다. 그 결과 불평등은 해가 갈수록 심각해지고, 한때 평등을 목 놓아 외쳤던 이 당의 수뇌부에서는 불평 한 마디 나오지 않게 될 것이다."[76]

그는 "이렇게 더욱 극단화된 능력주의 사회"를 어찌해야 할지는 알수가 없다면서, 다만 이렇게 희망했다. "블레어 씨가 그 말을 자신의 공적 발언에서 빼기를, 아니면 적어도 그 악영향을 인정하기를."[77]

지난 수십 년 동안, 능력주의의 언어는 공적 담론을 지배했지만 그 악영향에 대해서는 거의 인식되지 않았다. 심지어 불평등의 심화를 눈앞에 보면서도 말이다. 사회적 상승의 담론은 중도좌파와 중도우파 정당이 도덕적 진보와 정치 개혁을 말할 때 즐겨 써먹는 이야기가 되었다. "규칙을 지키며 열심히 일하는 자는 누구나 자기 재능이 허용하는 한도까지 성공할 수 있으리라." 능력주의 엘리트는 이 주문을 외우는 데 바빠서 그것이 효력 없는 주문임을 알아차리지 못했다. 세계화의 전리품을 나눠 갖지 못한 사람들의 높아져 가는 분노에 귀를 막은 채, 그들은 불만이 꽉 찬 공기 속을 아무렇지도 않게 다녔다. 포퓰리즘의 반격은 그들에게 너무도 뜻밖의 상황이었다. 그들은 그들이 내놓은 능력주의 사회 시스템에 내재된 대중을 향한 모욕을 도무지 모르고 있었다.

'인재 선별기'
로서의 대학

6

능력주의가 문제라면 해답은 뭘까? 직무 능력보다는 연줄이나 갖가지 편견을 가지고 사람을 채용해야 하는 걸까? 아이비리그 대학들이 유력한 백인의 아들들, 개신교도이자 상류 계층 출신들만 받아들이고 개별적인 학습 능력은 따지지 않던 때로 돌아가야 할까? 아니다. 능력주의의 폭정을 극복한다는 게, 능력이 직업과 사회적 역할의 배분에 아무 역할도 못하는 세상을 만들어야 한다는 뜻은 아니다.

대신 그것은 성공에 대한 우리의 시각을 바꾸고, '정상에 오르는 사람은 스스로 잘나서 그런 것'이라는 능력주의적 오만에 의문을 제기함을 뜻한다. 그리고 능력이라는 말로 옹호되어 온, 그러나 분노를 퍼뜨리고 정치에 해를 끼치며 사회를 갈라놓는 부와 명망의 불평등에 이의를 제기하는 것도 포함된다. 이러한 생각 바꾸기는 능력주의적 성공 개념의 핵심인 두 가지 인생 영역, 즉 교육과 일에 대한 집중을 필요로 한다.

능력주의의 폭정이 어떻게 일의 존엄성을 해치는가, 그리고 어떻게 그 존엄성을 다시 세울 것인가는 다음 장에서 살펴보기로 하자. 이 장에서는 '인재 선별기'가 된 고등교육이 어떻게 능력에 따른 사회적 상승을 약속하면서도 사실은 특권을 강화하고 민주주의가 요구하는 공통 도덕성에 유해한 성공관을 심어주는지 알아볼 것이다.

대학들은 현대사회의 기회 배분 시스템을 주도하고 있다. 고소득 직업과 명예로운 지위로의 여정에 있어 관문 역할을 하는 '학위'를 발급하기 때문이다. 고등교육에서 이런 역할은 양날의 검이다.

대학은 능력주의적 열망에 피를 돌게 하는 심장이 되었고, 이로써 대학의 문화적 권위와 영예는 엄청나게 높아졌다. 명문대 입시는 과열되었고 다수의 미국 대학들은 수십억 달러의 기부금을 거둬들이게 되었다. 그러나 대학을 능력주의 질서의 방벽으로 삼음으로써 민주주의에 악영향이 미칠 수 있다. 대학입시 경쟁을 치르는 학생들도, 그리고 심지어 대학 스스로도 큰 피해를 입을 수 있다.

능력주의 쿠데타

경쟁적 대학 입시가 기회의 관문이라는 생각은 이제 하도 익숙해서, 그것이 나타난 지 얼마 안 되었다는 사실을 잊기 쉽다. 미국 고등교육의 능력주의화는 상대적으로 뒤늦은 1950~1960년대에 시작되었다. 20세기가 시작되고 처음 몇 십 년 동안은 하버드, 예일, 프린스턴 등 이른바 아이비리그 '빅3'로 불리는 대학에 들어가기 위해, 개신교를 믿는 상류층 출신들이 다니는 사립 기숙학교를 졸업해야 했다. 학습 능력은 '어느 고등학교를 나왔느냐'와 '학비를 낼 재력이 되느냐'보다 덜 중요했다. 대학마다 각기 다른 입학시험을 쳤다. 그러나 그런 중에도 유연함이 있었다. 과락임에도 어찌어찌 입학하는 학생이 많았다. 여성은 배제되었으며, 흑인의 경우 프린스턴에서는 아예 입학 불가, 하버드와 예일에서는 거의 보이지 않았다. 유대인 학생 역시 공식적 또는 비공식적인 쿼터에 따라 제한된 숫자만 입학이 가능했다.[1]

명문대를 능력주의적 기관으로 보고, 그 목표는 '가장 재능 있는 학생을 배경 불문 모집하고 훈련시켜 사회 지도자가 되도록 하는 것'이라는 시각을 담은 가장 영향력 있는 글은 1940년대 제임스 브라이언트 코넌트에게서 나왔다. 하버드대 총장이자 제2차 세계대전 중 화학자로서 맨해튼 프로젝트*에 과학고문으로 참여하기도 했던 코넌트는 하버드와 미국 사회 전체적으로 세습 상류층이 득세하는 현상을 못마땅해 했다. 그런 엘리트층은 미국의 민주주의적 이상에 반한다고 믿었으며, 이 나라가 그 어느 때보다 지성과 과학에서 앞서갈 필요가 있던 당시 상황과도 맞지 않는다고 보았다. 미국 고등교육에서 입학 적성을 어떻게 가려

> *** 맨해튼 프로젝트**
> 제2차 세계대전 중 미국의 원자폭탄 개발 프로젝트. 그 내용을 혼동하게 하려고 그런 이름을 붙였다.

왔는지에 대한 훌륭한 역사책을 쓴 니콜라스 르만은 코넌트의 시각으로 이 문제를 바라본다. 하버드와 다른 명문대에서 "부유하고 경박한 젊은이들이 하인을 데리고 교정을 누빈다. 그들의 생활은 파티와 스포츠 위주지, 공부가 아니다. 그런 분위기가 대학 생활을 형성하고 있다." 그런 학생들이 나중에 주요 로펌, 월스트리트 은행, 외교부, 연구병원,

대학교수진 등을 장악한다.[2]

모든 좋은 자리는 특정 집단 구성원들에게 예약되어 있다. 모두가 남성이고 동부 출신이며 고교회파 개신교도에 사립학교를 나왔다. 가톨릭교도나 유대인은 받아들여질 수 없다. 다만 발음과 악센트를 비롯해 자신의 태생을 완벽하게 숨기는 데 성공한 극소수만이 그들 가운데 몰래 끼어 있다. 백인이 아니라면 이들 엘리트 집단의 근처에도 올 수 없다. 심지어 당시의 가장 열렬한 사회개혁론자마저도 '여성에게 국가를 운영할 기회를 줘야 한다'고는 상상조차 하지 않았다.[3]

코넌트는 이런 세습적 엘리트 체제를 뒤집어엎고 능력주의적 체제로 대체하려고 했다. 그의 최종 목표는 르만이 했던 말로 정리된다.

기존의 비민주적인 미국 엘리트들을 쫓아내고 좋은 머리, 정교한 훈련, 공적인 정신으로 찬 새로운 엘리트가 배경을 불문하고 충원되어 그들을 대신하도록 하는 것이었다. 이 사람들(사실 보자면, 남성들)은 이 나라를 이끌어갈 것이다. 그들은 20세기 말 미국이 창출해낸 대규모의 기술적 조직을 관리할 것이며, 그런 조직을 통해 처음으로 모든 미국인들에게 기회를 제공할 것이다.[4]

말하자면 이는 르만의 표현을 빌면 "이 나라의 리더십 집단과 사회구조에 대담한 변혁을 가져오려는 공학적 시도였다. 다른 말로 하면, 조용한 쿠데타 계획"이었다.[5]

이런 능력주의 쿠데타를 이루기 위해 코넌트는 가장 전도유망한 고교생들을 찾아낼 필요가 있었다. 그 집안이 어떤지는 문제가 되지 않았다. 그리고 그들을 선발해 엘리트 대학 과정을 이수토록 했다. 이를 위해 그는 중서부 공립학교를 대상으로 하버드 장학금을 마련했다. 그것은 오직 지적 능력만을 근거로 주어지는 장학제도였다. 코넌트는 이 제도를 도입하며 천부적 지능만 테스트할 것이고 교과 성적은 보지 않겠다고 분명히 했다. 유수의 중고등학교를 다닌 학생에게 유리하지 않도록 하려는 의도였다. 그가 장학생을 뽑기 위해 마련한 테스트는 제1차 세계대전 때 미 육군이 시행한 IQ 테스트와 비슷했는데, 수학능력 평가시험SAT이라는 명칭을 얻었다.

얼마 지나지 않아 코넌트의 장학 프로그램은 미국 전역을 포괄하게 되었다. 그들을 뽑는 시험인 SAT는 마침내 전국 대학의 입학을 좌우하는 시험이 되었다. 르만은 SAT를 이렇게 표현했다. "하버드에 몇 명의 장학생을 보내는 방법 차원이 아니게 되었다. 미국 국민을 유능자와 무능자로 판별하는 인재 선별기가 되었다."[6]

하버드를 능력주의적 기관으로 탈바꿈시키려는 코넌트의 시도는 미국 사회 전체를 능력주의 원칙으로 규율하려는 더 큰 야심의 일환이었다. 그는 자신의 비전을 '계급 없는 사회를 위한 교육'이라고 제시했다. 그가 캘리포니아대에서 한 연설은 1940년 〈디 애틀랜틱〉에 실렸다. 코넌트는 미국 사회에 기회의 평등 원칙을 되새기고 싶었다. 바야흐로 그 원칙은 '부의 세습 귀족체제 심화 현상'에 의해 위협받는 중이었다. 그는 하버드 역사학자이며 "변경지대가 사라지면서 미국인의 전통적인 기회(서부로 갈 능력, 즉 황무지를 개척하고 노력과 재능으로 계층의 벽을 뛰어넘을 수 있는 기개)도 계층체제에 짓눌려 사라지고 있다"고 주장한 프레드릭 잭슨 터너의 말을 인용했다. 미국 초기 민주주의의 "가장 뚜렷한 사실"은, 터너에 따르면 "사회적 이동성이 보장된 상태에서 개인이 얼마든지 위로 올라갈 수 있었던 자유"였다.[7]

19세기가 끝날 무렵 글을 썼던 터너는 아마도 "사회적 이동성 social mobility"[8]이라는 표현을 사용한 첫 번째 사람일 것이다. 코넌트는 이 개념을 "내 주장의 핵심"이라 했으며, 이를 무계급 사회의 이상을 정의내리는 데 사용했다.

> 높은 수준의 사회적 이동성은 '무계급 사회'라는 미국의 이상의 핵심입니다. 만약 다수의 젊은이들이 그 부모의 경제 여건에 무관하게 자기 능력을 계발할 수 있다면, 그들의 사회적 이동성은 높아질 것입니다. 반대로 만약 젊은이들의 미래가 물려받은 특권이 있느냐 없느냐로 좌우된다면 사회적 이동성이라는 건 찾아볼 수 없을 것입니다.[9]

만약 사회적 이동성이 높다면? 코넌트는 이렇게 말한다. "우리 자녀들은 각자의 위치를 찾을 수 있고, 찾아가야만 하겠지요. 그리고 각자 경제적 보상을 받고 그들의 부모가 뭘 어쨌든지에 상관없이 자신에게 맞는 직업을 찾을 수 있을 겁니다."[10]

그렇지만 '열린 변경지대'도 없는 가운데, 무엇이 유연하고 계급 없는 사회가 요구하는 이동성의 도구가 되어줄 것인가? 코넌트의 대답은 '교육'이었다. 더 많은 미국인이 고등학교에 진학함에 따라 중등학교 시스템은 '거대한 엔진'으로 바뀌고 있었다. 그 엔진이란 "잘 돌리기만

하면 기회를 다시 잡을 수 있도록, 한때 변방 지대에서 약속된 무한한 기회를 잡을 수 있도록" 돕는 역할을 해낼 것이었다.

그러나 코넌트의 비전에 따르면 고등학교 진학률의 전반적인 증가는 교육 기회 자체를 충분히 보장하지 않았다. 더 높은 수준의 교육을 받을 기회를 갖도록 학생들을 선별하고 등급 매기는 일에 비해서 말이다. "고도 산업 사회에서 역량은 계측되어야 한다. 재능은 계발되어야 한다. 그것은 우리 공립학교에 주어진 과제다."[11]

코넌트는 모든 장래의 시민을 민주사회 구성원으로서 교육시키는 게 중요하다 보기는 했지만, 공립학교의 그러한 공적인 목표는 '인재 선별기'로서의 기능에 비하면 뒷전이었다. 젊은이들을 시민으로 육성하는 일보다 중요한 일은 "그들에게 가장 적당하다고 여겨지는 기회의 사다리, 그 첫 단에 발을 디딜 수 있도록 도와주는 일"이었다. 코넌트는 이러한 인재 선별 역할이 "교육 시스템에 과도한 부담으로 여겨질 수도 있다"는 점을 인지했다. 그러나 그는 공립학교가 "이 특정 목적에 종사하도록 재구성될"[12] 필요를 제기했다. 공립학교는 새로운 능력주의적 엘리트를 널리 모집할 통로가 될 것이었다.

모든 세대에서 고등교육과 공적 리더십에 가장 적합한 인재를 거둬들인다는 그의 이상을 뒷받침하고자 코넌트는 막강한 동맹자들을 소환했다. 그 중에는 토머스 제퍼슨이 있다. 코넌트와 마찬가지로 제퍼슨도 부와 태생에 따른 귀족제를 반대했으며, 대신 미덕과 재능에 근거한 귀족제를 희망했다. 제퍼슨은 또한 잘 설계된 교육 시스템이 "가난한 계층 사이에서 천재적인 젊은이들을 골라낼 수 있는" 기제가 되리라 보았다. 자연은 귀한 재능을 부잣집에만 내려주지 않았다. "모든 사회

계층에 공평한 손으로 살뜰히 뿌려주었다." 문제는 그런 재능을 찾아내고 계발하여 가장 유능하고 유덕한 사람들이 통치를 위한 교육과 훈련을 받도록 하는 방법이었다.[13]

제퍼슨은 버지니아 주에서 이런 목표를 염두에 두고 공교육 시스템을 제안했다. 무료 초등학교에서 최고 성적을 낸 학생은 따로 선발되어 지역 학교에서 고등교육을 받을 수 있도록 공공 장학금을 받으며 다니게 된다. 그리고 거기서 두각을 나타낸 학생은 윌리엄앤메리 대학에 장학생으로 진학하며 그 사회의 지도자가 된다. "인재와 천재는 이에 따라 모든 여건의 집안에서 발굴될 것이며, 부와 태생을 무기로 삼는 자들을 쓰러트리고 공직에 올라설 것이다."[14]

제퍼슨의 계획은 실현되지 않았다. 그러나 코넌트에게 그것은 그가 선호하는 평등 지향적, 사회적 이동 지향적 고등교육 시스템의 의미심장한 전례였다. 제퍼슨은 그 두 가지 용어 중 어느 것도 쓰지 않았지만, 대신 재능과 미덕을 갖춘 "자연 귀족정"을 이야기했고, 그런 체제가 "부와 출생에 근거한 인위적 귀족정"을 압도하기를 바랐다.[15] 그리고 그는 경쟁적 장학 제도 계획에 대해서도 썼는데, 그것은 보다 민주적인 시대인 코넌트 때에는 부적절한 표현을 담았다. "최고의 천재 스무 명은 비천한 출신들 중에서 매년 골라내어 국비로 교육을 받도록 한다."[16]

능력주의의 폭정, 그 모습을 서서히 드러내다

———

돌이켜보면, 제퍼슨의 부적절한 표현은 우리 표현으로는 사회적 이동성과 기회의 평등이라고 하면서 모호하게 가리는, 능력주의 시스템의 부정적 측면 두 가지를 조명해준다. 첫째, 능력에 기준한 유동적 사회는 비록 세습적 위계질서와는 상반되지만 불평등과 상반되지는 않는다. 반대로 그것은 출생 대신 능력에 근거한 불평등을 정당화한다. 둘째, '최고의 천재'를 예찬하고 보상하는 시스템은 그 나머지를 격하시키며, 의식적으로든 아니든 '비천한 자들'이라고 멸시하기 쉽다. 비록 후한 장학금 제도를 제안하면서도 제퍼슨은 '스마트한 사람'을 높이고 '우둔한 사람'을 깎아내리는 능력주의 성향을 아주 일찌감치 나타낸 셈이다.

코넌트는 능력주의적 질서에서 발생할 수 있는 이 두 가지 부정적 측면을 인지했다. 첫 번째가 두 번째보다 더 직접적이었다. 불평등에 대해 그는 자신의 무계급 사회 이상이 소득과 부의 보다 평등한 분배를 지향하지는 않는다고 솔직히 썼다. 그는 더 유동적인 사회를 원하지, 보다 평평한 사회를 원하지는 않았다. 문제는 부자와 빈자 사이의 격차를 줄이는 게 아니라 한 세대에서 다음 세대로 넘어가며 경제 위계질서에서 각자의 위치가 바뀔 수 있다고, 자기 부모보다 높은 수준으로 올라설 수 있다고 확신을 심어주는 것이었다. "적어도 한 세대, 아니면 두 세대 만에 새로운 계급을 형성하는 일 없이 극적인 고용 분화와 현저한 경제 지위 변화가 일어날 것이다. 권력과 특권은 불균등할 수 있는데, 매 세대가 끝날 때마다 자동적으로 재분배될 것이다."[17]

'천재들'을 '비천한 출신들' 속에서 찾아낸다는 불편한 이미지에 대해 코넌트는 자신이 추구하는 인재 선별에서 뽑힌 자에게 칭송을, 못 뽑힌 자에게 굴욕을 안기리라고 생각하지 않았다. "우리는 교육적 특권 따위는 없다는 전제에서 출발해야 한다. 가장 높은 교육 수준에서라도." 그리고 그는 다음과 같이 썼다. "하나의 경로가 다른 경로보다 사회적 우위에 있어서는 안 된다."[18]

실제 추이를 보면 코넌트는 두 가지 모두에서 너무 낙관했던 것 같다. 고학력 능력주의의 계발은 무계급 사회를 가져오지도 않았고, 재능 없다고 배제된 사람들에 대한 혐오를 방지하지도 못했다. 일부에서는 이런 전개가 단지 능력주의 이상을 실현하는 데 실패했기 때문이라고 한다. 그러나 코넌트가 말했듯 재능을 선별하는 일과 평등을 찾는 일은 두 개의 서로 다른 프로젝트다.

코넌트의 능력주의 비전은 그가 하버드와 다른 명문대들을 이 나라에서 가장 재능 있는 학생들에게 열고 싶어 했다는 점에서 평등주의적이었다. 능력만 있으면 아무리 그 사회경제적 배경이 형편없어도 상관하지 않았으니까. 아이비리그 대학들이 기득권 가문들에 장악되어 있을 때 이는 놀라운 야망이었다. 그러나 코넌트는 고등교육의 기회를 넓힐 생각은 없었다. 그는 대학 입학생 수를 늘리고 싶어 하지는 않았다. 다만 입학생들이 정말로 유능한 인재이기를 바랐을 따름이다. "국가는 상위 대학에 등록된 학생의 적어도 사분의 일, 아니면 절반을 몰아냄으로써 이익을 볼 것이다." 그가 1938년에 쓴 글이다. "그리고 그 자리에 더 유능한 인재를 채우는 것이다." 이런 입장에 따라 그는 1944년에 프랭클린 루스벨트가 서명한 군인 재조정법(GI Bill)으로 퇴역한 장병들에게 무료 대학 진학을 보장하는 일에 반대했다. 코넌트 생각에 미국은 더 많은 대학생을 필요로 하지 않았다. 다만 더 나은 대학생이 필요할 뿐이었다.[19]

코넌트가 총장을 맡은 20년간 하버드대의 입학 정책은 그가 추구한 능력주의 이상에는 못 미쳤다. 그가 임기를 마칠 때인 1950년대 초 하버드는 아직도 동문의 자녀를 입시에서 떨어트리는 일이 거의 없었으며 그들 중 87퍼센트를 입학시켰다.[20] 엘리트 뉴잉글랜드 기숙학교 졸업생들도 계속 우대받고 있었다. 그들은 원서만 내면 거의 합격이었으나 공립학교 지원자들은 매우 높은 수학능력을 입증해 보여야 했다. 이는 부분적으로 사립학교 출신 학생들은 장학금이 필요 없는 '돈 내고 묵는 손님'이기 때문이었지만, 그들의 '상류층' 혈통이 아직도 아이비리그 대학가에서 먹히고 있기 때문이기도 했다.[21] 유대계 학생의 입학 제한은 조금씩 느슨해지고 있었지만 완전히 없어지지는 않은 채였다. 그것은 유대계가 너무 많아지면 "상류층 개신교 자제들이 하버드 등록을 기피할 수 있다"[22]는 두려움을 반영하고 있었다. 여성을 입학시키며 인종과 민족을 가리지 않고 학생을 뽑는 일은 아직 미래의 일이었다.

코넌트의 능력주의 유산

그의 시대에는 하버드가 코넌트의 능력주의 이상을 완전히 받아들이지 않았지만, 이후 그가 주장한 비전은 미국 고등교육의 정신으로 정립되어갔다. 민주사회에서 대학이 가져야 할 역할에 대해 그가 1940년대에 내놓은 주장은 오늘날 상식적 지혜가 되어 있다. 더 이상 논란의 대상이 되지 않으며 대학 총장들이 졸업 축사를 할 때나 공식 연설을 할 때 늘상 써먹는 언사에 녹아들어 있다. "고등교육은 모든 사회경제적 배경의 유능한 학생들에게 열려 있어야 하며, 그들이 학비를 댈 능력은 따지지 말아야 한다." 비록 가장 부유한 대학들만 등록금 낼 여건을 따지지 않는 블라인드 입학제와 장학 혜택을 줄 수 있지만, 부가 아니라 능력이 입학의 근거가 되어야 한다는 생각은 널리 수긍되고 있다. 대부분의 대학이 수학능력, 인성, 체육 특기, 특별 활동 등등 다양한 기준을 가지고 지원자들을 평가하고 있지만, 학업 능력은 주로 고등학교 성적과 SAT 점수로 측정된다. 바로 코넌트가 고안한 지적 적성검사 테스트가 입시의 핵심이 된 것이다.

물론 능력의 의미가 과연 무엇인지는 맹렬한 검증을 받고 있다. 예를 들어 소수자 우대정책에 대한 논쟁에서 일부는 인종과 민족을 입학 요소로 따지는 것이 능력주의 원칙에 어긋난다고 본다. 다른 쪽에서는 특별한 인생 경험과 시각을 교실로, 그리고 더 넓게는 사회로 끌어들일 수 있다는 점이 대학의 사명에 걸맞은 능력을 뜻한다고 말한다. 그러나 대학입시 관련 논쟁은 대개 능력의 의미에 대해 벌어진다는 점이 능력주의적 이상의 여전한 지배를 입증해준다.

'고등교육을 기회로 가는 주 관문으로 삼아야 한다. 사회적 상승의 진원지로 만들어서 사회가 유동성을 유지하도록 해야 한다. 그러려면 사회경제적 배경과 상관없이 모든 학생들에게 자기 재능이 허용하는 한 성공할 수 있도록 기회를 줘야 한다' 등의 아이디어는 아직 강력하게 작용하고 있는 코넌트 고등교육론의 유산일 것이다. 이 아이디어에 근거해, 대학 총장들은 "탁월성과 기회는 서로 하나로 이어져 있다"고 매번 우리에게 상기시켜 준다. 대학 입학에 대한 사회경제적 장벽이 낮으면 낮을수록 대학들이 가장 뛰어난 학생들을 뽑아 그들에게 성공의 날개를 달아줄 역량은 커진다. 매년 새내기들이 오리엔테이션에 올 때마다 총장들은 그들의 탁월성과 다양성, 그리고 재능과 노력이 이 대학에 오게끔 했노라고 열심히 찬사를 늘어놓는다.[23]

말에서나 철학에서나, 코넌트의 능력주의 이데올로기는 오늘날 패권을 쥐고 있다. 그러나 그가 예상했던 식대로는 아니다.

돈 따라 가는 SAT 점수

SAT는 수학능력이나 사회경제적 배경과 무관하게 타고난 지능을 측정하는 시험이 아닌 것으로 밝혀지고 있다. 반대로 SAT 점수는 응시자 집안의 부와 매우 연관도가 높다. 소득 사다리의 단이 하나씩 높아질수록, SAT 평균점수는 올라간다.[24] 가장 경쟁이 치열한 대학을 노리는 학생들의 점수를 보면 이 격차가 특히 크다. 부잣집(연소득 20만 달러 이상) 출신으로 1,600점 만점에 1,400점 이상 기록할 가능성은 다섯에 하나다. 가난한 집(연소득 2만 달러 이하) 출신은 그 가능성이 오십에 하나다.[25] 또한 고득점자들은 그 부모가 대학 학위 소지자인 경우가 압도적으로 많다.[26]

부자 부모가 자식에게 줄 수 있는 일반적인 교육상의 유리함을 넘어, 특권층 자녀의 SAT 점수는 사설 모의시험 코스나 가정교사 등에 의해

쑥쑥 올라간다. 일부 맨해튼 같은 곳에서는 일대일 과외비가 시간당 1,000달러나 든다. 대학 입시의 능력주의적 경쟁이 최근 수십 년 동안 격화되면서 가정교사와 모의고사 학원 등의 사교육은 매우 고소득의 사업이 되었다.[27]

여러 해 동안 SAT를 주관하는 대학입학시험위원회는 이 시험이 적성을 평가하는 시험이며 과외로 점수를 올릴 수는 없다고 주장해 왔다. 그러나 최근 그 주장을 버리고 모든 수험자에게 무료 온라인 SAT 연습 시험 기회를 제공하는 칸 아카데미와 제휴했다. 비록 이는 좋은 일이지만, 위원회가 희망하고 주장해온 모의시험의 무효과성을 증명하지는 못했다. 그렇게 놀랄 일은 아닌 게, 고소득과 고학력 가정에서 자란 학생들은 배경이 불우한 가정 출신 학생들보다 온라인 모의시험에서 더 많은 점수를 얻었다. 그 결과 특권층 자녀와 그렇지 않은 학생들 사이의 점수 격차는 더 벌어져 버렸다.[28]

코넌트에게 적성 시험이나 IQ 테스트는 수학능력을 평가하는 민주적 수단이었다. 그런 시험 성적은 그 이전에 받은 교육 수준이 나쁘거나 고등학교 성적이 좋지 않거나 하는 변수의 영향을 받지 않으리라 본 것이다. 그래서 그는 SAT를 이용해 장학생을 선발하려 했다. 아마도 그가 '저소득 계층 학생들이 대학 입시에 성공하기 위한 방법으로 SAT 점수보다 고등학교 내신 성적이 더 요긴하다'는 사실을 알았다면 놀랐으리라.

시험 성적과 내신 성적 가운데 어느 쪽이 더 수학능력의 확실한 지표인지는 복잡한 문제다. 삼분의 이에 이르는 학생들은 두 가지가 함께 높거나 낮다. 그러나 SAT 점수와 고등학교 내신이 서로 어긋나는 학생

들의 경우, SAT 점수를 중시한다면 특권층 자녀에게 유리하고 불우한 가정 자녀들에겐 불리해진다.[29]

고등학교 내신 성적도 어느 정도는 집안 소득 수준과 연관되어 있다. 그러나 SAT 점수는 그 연관성이 더욱 크다. 그것은 부분적으로 오랫동안 위원회에서 주장해온 것과는 달리, SAT는 과외를 통해 점수를 올릴 수 있기 때문이다. 사설 과외를 받으면 분명 성적이 오른다. 그리고 그 점수를 높일 편법과 꼼수를 고등학생들에게 가르쳐 주는 사업은 큰 호황을 누리고 있다.[30]

불평등의 토대를 더욱 다지는 능력주의

———

둘째, 코넌트가 밀었던 능력주의적 입시제도는 그의 희망처럼 무계급 사회를 만들어내지 못했다. 소득과 부의 불평등은 1940~1950년대 이후 커져왔고, 코넌트가 계층화된 사회를 치유할 수 있다고 여긴 사회적 이동성은 도출되지 않았다. 한 세대에서 다음 세대로 바뀔 때 가진 자와 못 가진 자가 입장을 바꾸는 일은 일어나지 않았다. 앞서 확인한 대로, 소수의 가난한 집 자식들만 부를 얻는 데 성공했다. 그리고 상대적으로 소수의 부잣집 자식들만 상위 중산층 이하로 떨어졌다. 누구나 밑바닥에서 꼭대기까지 오를 수 있다는 아메리칸 드림이 무색하게, 미국에서 사회적 상승이란 수많은 유럽 국가들의 경우에 비해서도 드문 일이다. 그런 상황은 지난 수십 년간 개선되는 기미가 없다.

더 중요한 점이 뭔가 하면, 능력주의 시대의 고등교육은 사회적 이동성의 엔진이 되지 못하고 있다는 사실이다. 그 반대로 특권층 부모가 자녀에게 특권을 물려줄 좋은 기회만 제공한다. 물론 명문대생의 인구학적, 학문적 배경은 1940년대보다 나아졌다고 할 수 있다. 코넌트가 교체하고 싶었던 앵글로색슨-개신교-백인 부자 출신 학생은 더 이상 주류가 아니다. 여성은 남성과 똑같은 조건으로 입학하며 인종과 민족의 다양성은 대학 쪽에서 적극적으로 추구한다. 그리고 오늘날 아이비리그 재학생의 절반 정도가 스스로 소수 집단에 소속되어 있다고 생각한다.[31] 입학 쿼터와 비공식적인 행정 처리로 20세기 전반기 동안 유대인 학생의 입학을 제한했던 건 옛날 일일 따름이다.

오랫동안 상류층 기숙학교 졸업생들을 우대해온 하버드, 예일, 프린스턴의 관행은 1960~1970년대에 소멸했다. 졸업생의 자녀라면 학업 능력이 떨어져도 붙여 주던 아이비리그 대학들의 관행 역시 사라졌다. 수학능력 기준은 상승했으며 SAT 중위 점수도 상승했다. 최고 명문대학들은 블라인드 입학제와 후한 장학금 정책을 도입했으며, 이로써 가난하지만 장래가 촉망되는 학생들이 넘지 못하던 재정적 장벽이 허물어졌다.

이는 부정할 수 없는 업적이다. 그렇지만 고등교육에서의 능력주의 혁명은 그 초기 지지자들이 기대했던, 그리고 교육계 지도자들과 정치인들이 지금도 계속 약속하고 있는 사회적 이동성과 기회의 확대를 가져오지는 않았다. 과거 미국의 유수 대학들은 코넌트가 나쁘게 본 '거들먹거리는 기득권 세습 엘리트'를 구축했다. 그러나 이러한 세습 특권 귀족제는 능력주의 엘리트층에게 자리를 내주었으며, 그들은 지금 그들이 내몬 사람들과 마찬가지로 특권을 갖고, 이를 확고부동하게 하려

못질을 해댄다.

성별, 인종, 민족적 차이에 대해 훨씬 관용적인 태도를 보임에도 불구하고 이런 능력주의 엘리트는 유동적이며 계층 이동이 활발한 사회를 못 만들어냈다. 대신 오늘날의 학력주의적, 전문직업인 위주 계층은 그들의 특권을 어떻게 자녀에게 물려줄 수 있을지 감을 잡고 있다. 그 것은 자녀들에게 막대한 재산을 상속해 주는 방법이 아닌, 능력주의적 사회에서 성공을 결정하는 입지를 마련해 주는 것이다.

'기회의 조정자'와 '사회적 상승 엔진'이라는 새로 얻은 역할에 아랑곳없이, 고등교육은 최근 확대된 불평등에 대해 어떠한 제동 기능도 하지 못했다. 오늘날 고등교육 구성원들이 어떤 계층 분포를 보이고 있는지 보자. 특히 가장 경쟁이 심한 영역을 살펴보도록 하자.

- 경쟁이 심한 대학 학생들 대부분은 부유한 가정 출신이다. 아주 소수만이 저소득층 출신이며, 가장 경쟁률이 높은 미국 100개 대학 재학생 가운데 70퍼센트 이상이 소득분위 상위 사분의 일 가정 출신이다. 겨우 3퍼센트만이 하위 사분의 일 출신이다.[32]
- 대학 재학생들의 빈부격차는 최상위 대학에서 더 뚜렷하다. 아이비리그 대학들 가운데 스탠포드, 듀크, 그리고 그 외 명문대들의 경우 가장 부유한 1퍼센트 가정 출신자가 하위 50퍼센트 출신자 전체보다 많다. 예일과 프린스턴에서는 50명 중 한 명 정도가 가난한 가정(소득 하위 20퍼센트 미만) 출신이다.[33]
- 부유한 가정(상위 1퍼센트) 출신이라면 아이비리그 대학에 진학할 가능성이 가난한 가정(하위 20퍼센트) 출신보다 77배나 크다. 하위 50퍼센트

이하 가정 출신자는 절반 정도가 2년제 대학에 진학하거나 아예 대학을 가지 않는다.[34]

지난 20년 동안 엘리트 사립대학들은 전보다 후한 장학금을 제시했으며, 연방정부는 불우 가정 출신 대학생들에게 장학 혜택을 늘렸다. 예를 들어 하버드와 스탠포드는 지금 매년 6만 5,000달러 이하 수입 가정 출신 학생에게 등록금 면제, 무료 기숙사 등의 혜택을 주고 있다. 그러나 이런 조치에도 불구하고 명문대에서 저소득층 출신자의 비율은 2000년 이후 그대로이며 일부 경우에는 오히려 떨어졌다. 오늘날 하버드에서 '1세대(가족 중에 처음으로 대학에 진학한 세대)' 대학생들의 비율은 1960년보다 더 높지 않다. 하버드, 예일, 프린스턴의 입시 정책에 대해 연구해 책을 쓴 제롬 캐러벨은 이렇게 결론 짓는다. "노동계급과 빈민층 자녀들은 1954년에 비해 오늘날 빅3(하버드, 예일, 프린스턴)에 진학할 가능성이 나아지지 않았다. 그때나 지금이나 진학 자체가 거의 없다."[35]

명문대가 사회적 이동성의 엔진이 되지 못하는 이유

미국 유수 대학들이 갖춘 학문적 평판, 학문적 기여, 교육 관련 서비스 등의 탁월함은 세계적으로 정평이 나 있다. 그러나 그런 기관들이 사회적 이동성의 효과적 엔진은 되지 못하고 있다. 최근 경제학자 라지 체티와 그의 동료들은 대학이 세대 간 사회적 이동성에 기여하는 정도에 대해 포괄적인 연구를 수행했다. 그들은 1999년부터 2013년까지 대학생 3,000만 명의 생애 추이를 조사했다. 미국의 각 대학 학생들 가운데 소득 수준의 밑바닥에서 상층부까지(다시 말하면, 최하위 5분위에서 최상위 5분위까지) 올라온 비율을 따져보았다. 말하자면 가난한 집에서 태어났으나 상위 20퍼센트에 들 만한 소득자로 성공한 학생들의 비율을 각 대학별로 조사한 것이다. 그 결과는? 오늘날 고등교육은 사회적 상승에 놀랄 만큼 거의 영향을 못 미치고 있다.[36]

특히 명문 사립대에서 더하다. 하버드나 프린스턴에서 불우한 배경을 가진 학생들에게 사회적 상승 기회를 더 많이 주는 편이기는 하나, 그런 대학들은 애초에 불우한 배경의 학생들을 적게 뽑으므로 사회적 이동 기여도가 낮을 수밖에 없다. 하버드 출신들 가운데 1.8퍼센트만이 (프린스턴은 1.3퍼센트다) 소득 기준 최하위에서 최상위로 올라갔다.[37]

주요 공립대에서는 사정이 다르지 않을까 하고 생각할 수도 있다. 그러나 이 역시 이미 부유한 집안 자녀들이 더 많이 입학하고 있으며, 사회적 상승에는 별 도움이 안 되고 있다. 앤아버 소재 미시간주립대의 사회적 상승률은 1.5퍼센트였다. 계층 차원에서 매우 치우친 재학생 프로필은 하버드와 별 차이가 없었다. 재학생 가운데 삼분의 이가 유복한 가정(소득 상위 5분위) 출신이었다. 미시간의 빈곤층 출신 재학생은 심지어 하버드에서보다 적었다(4퍼센트 이하). 버지니아주립대에서도 비슷했는데, 사회적 상승률은 1.5퍼센트에 그쳤다. 그것은 대체로 재학생의 겨우 3퍼센트만이 빈곤층 출신인 이유가 컸다.[38]

체티와 그 동료들은 일부 덜 유명한 대학과 주립대학들에서는 더 높은 사회적 이동성을 찾아냈다. 이 학교들은 저소득층 자녀들의 입학이나 그들을 성공으로 나아가게 돕는 일에 모두 성공적이었다. 가령 UCLA, 스토니브룩 뉴욕주립대는 거의 10퍼센트 정도의 학생을 최하위 소득층에서 뽑아 최상위까지 올려 보내고 있었다. 이는 아이비리그 대학의 다섯 배나 되며, 대부분의 명문대들보다 훨씬 높은 수치다.[39]

그러나 이는 예외적 경우다. 통틀어 보면 체티가 조사한 총 1,800개 대학들(공립·사립, 명문·비명문)이 소득 하위 5분위 출신 학생을 받는 비율은 상위 5분위 학생에 비해 2퍼센트 미만이었다.[40] 어떤 사람은 최하위 5분위(연 2만 달러 이하)에서 최상위 5분위(연 11만 달러 이상)로의 이동을 한 세대만에 따지기는 너무 어렵다고 지적한다. 그러나 기준을 한참 낮춰도 결과는 별로 달라지지 않는다. 명문 사립대에서 열 명 중 한 명만이 소득 사다리에서 겨우 두 계단(5분위로 따져 보았을 때)을 올라갈 수 있다.[41]

미국 대학은 놀랄 만큼 소수의 학생들에게만 사회적 상승 기회를 마련하고 있다. 그들이 그 대학에 다녔다는 사실 자체가 그의 경제적 전망을 높여줌에도 그렇다. 대졸자 특히 명문대 졸업자는 고소득 직업을 갖는 데 유리하다. 그러나 이들 대학은 사회적 상승에 별 영향을 미치지 못하는데, 그 대부분의 학생들이 이미 입학 때부터 상류층 소속이기 때문이다. 미국의 고등교육은 대부분의 사람이 최상층에서 올라타는 엘리베이터와 같다.

실제로 대부분의 대학들은 기회를 늘리기보다 특권을 공고히 하는 데 많은 기여를 하고 있다. 고등교육을 기본적인 기회의 엔진으로 여기는 사람에게 이는 슬픈 소식일 것이다. 이는 오늘날 정치에서 금과옥조처럼 받들어지는 주장에 의문을 제기한다. 바로 불평등 증가의 해법이 사회적 이동성 증가이며, 사회적 이동성을 늘리는 방법은 더 많은 사람을 대학에 보내는 것이라는 주장 말이다.

비록 이런 기회의 비전이 이념적 차이를 초월해서 거의 모든 정치인들의 구호가 되고 있지만, 오늘날 대다수 사람들의 실제 경험과는 도통 맞아떨어지지 않는다. 특히 대학 학위가 없으면서 명예로운 직업과 고상한 삶을 바라는 사람들의 경험에 말이다. 이는 합리적인 열망이면서, 능력주의적 사회가 겁내며 무시하고 있는 열망이다. 학력주의적 계층 사회에서 우리 동료 시민 다수는 대학 학위가 없음을 잊어버리기 쉽다. 그들에게 더 나은 생활을 바란다면 대학에 들어가라고 끊임없이 닦달하는 일은("당신이 얻는 것은 당신이 배운 것에 달렸다") 고무적이라기보다 모욕적이다.

그렇다면 고등교육을 어떻게 할 것인가? 기회의 조정자로서 지금의 역할을 그대로 맡길 것인가? 그리고 기회란 '오늘날 대학입시로 대표되는 능력주의적 경주에 참여할 권리의 평준화'를 의미한다고 계속 가정해야 할 것인가? 어떤 이들은 "예스"라고 할 것이다. 우리가 경주의 공정성을 개선할 수 있으리라는 전망 아래에서 말이다. 그들은 고등교육 분야에 저소득층 학생이 드문 것은 능력주의적 입시제도의 결함 때문이 아니며, 그 원칙을 제대로 실현하지 못했기 때문이라 주장한다. 이 견해에 따르면 능력주의의 병폐를 치료하는 방법은 더 확실한 능력주의뿐이다. 그리하여 유능한 학생들이 그 사회경제적 배경이 어찌되었든 대학에 들어갈 기회를 공평하게 갖는 것이다.

능력주의를 더 공평하게 만들기

표면적으로 이는 적절해 보인다. 가난하지만 재능 있는 학생들에게 교육 기회를 넓히는 일은 확실히 좋다. 최근 수십 년간 대학들은 흑인과 라틴계 학생들 모집에 큰 진전을 보였다. 그러나 저소득층 학생 비율은 별로 늘지 않았다. 사실 소수 인종이나 민족을 포함하는 소수집단 우대정책에 대해 열띤 논쟁이 벌어지는 가운데, 대학들은 그 우대정책을 은근히 부유층을 위해 사용하고 있다.

예를 들어 여러 유수 대학들은 동문 자녀에게 입학 우대('기여 입학'이라고 부른다)를 하고 있다. 그들을 입학시킴으로써 공동체 의식이 높아지고 기부금을 유도할 수 있다는 근거에서다. 명문대의 경우 동문 자녀는 다른 수험생보다 여섯 배나 입학 가능성이 높다. 전체적으로 하버드는 비동문 자녀를 20명 중 한 명만 받는 데 비해, 동문 자녀는 3명 중 한 명 꼴로 받고 있다.[42]

일부 대학들은 동문이 아니더라도 거액의 기부금을 낸 사람의 자녀에게 우대 조치를 한다. '학업 능력이 약간 떨어지는' 학생을 받는 대신 새 도서관이나 장학기금을 마련한다는 취지다. 1990년대 말과 2000년대 초에 기금 마련 활동을 펼친 듀크대는 연간 100명씩의 신입생을 거액 기부금 납부자 가정에서 받았다. 성적만으로는 입학이 불가능했던 학생들이었다. 일부 교수들이 학력 기준을 훼손한다는 점에서 우려의 목소리를 냈지만, 그 정책 덕분에 듀크대의 기금은 급성장했으며 대학 경쟁력도 높아졌다.[43] 최근 하버드 입시 관련 고발 사건으로 밝혀진 바로는 거의 10퍼센트의 학생들이 기부금 덕에 입학하고 있다.[44]

체육 특기생 선발도 부유한 집 자녀들의 또 다른 돌파구다. 미식축구와 농구를 비롯한 인기 종목의 경우, 체육 특기생의 학력 기준을 낮춰주는 게 과소대표되고 있는 소수집단과 저소득층 출신에게 유리하다는 말이 가끔 나온다. 그러나 전체적으로 그런 우대를 받는 특기생은 부유한 백인 출신이 압도적으로 많다. 명문대들이 특기생 제도를 두는 종목들 대부분은 부유한 집 자녀들이 선호하는 종목이기 때문이다. 스쿼시, 라크로스, 조정, 요트, 골프, 수상폴로, 펜싱, 심지어 승마 등등.[45]

체육 특기생 입시제도는 미시건주립대나 오하이오주립대처럼 출신 선수들로 대형 스타디움을 메우는 명문 미식축구 학교에만 한정되지 않는다. 규모는 작지만 리버럴 아츠 칼리지로 유명한 뉴잉글랜드의 윌리엄스 칼리지는 신입생의 30퍼센트를 체육 특기생으로 받고 있다.[46] 그런 학생들 가운데 불우한 배경을 지닌 학생은 거의 없다. 전임 프린스턴대 총장이 공저한 책에서 저자들은 19개 유수 대학들의 체육 특기생들을 분석한 결과 그들이 과소대표되는 소수집단이나 동문 자녀보다 더 많은 입시 혜택을 누리고 있음을 발견했다. 그리고 그들 특기생 중 겨우 5퍼센트만이 소득 하위 4분위 가정 출신이었다.[47]

대학들은 이런 불공평함을 여러 가지 방법으로 시정할 수 있다. 계층을 기반으로 한 소수집단 우대정책을 취해 빈곤 가정 출신 학생에게 현재 대학들이 동문 자녀, 기부금 입학자, 체육 특기생들에게 주고 있는 혜택을 주면 된다. 아니면 그런 우대 정책 전체를 없애서 현재 부유한 집 자녀들이 받는 특혜를 줄일 수도 있다. 또한 사교육의 힘으로 SAT 점수에서 유리한 입장인 부유한 집 자녀들에 대응해, 더 이상 그런 시험을 입시 요강에 넣지 않음으로써 더 공정하게 할 수도 있다. 실제로 시카고대와 그 밖의 대학들이 최근 그런 결정을 내렸다. 연구 결과들을 보면 SAT 점수는 고교 내신성적보다 사회경제적 배경이 개인의 학업 능력 전망에 끼치는 영향을 배제하지 못하는 정도가 심하다. 그런 시험에 덜 의존함으로써 대학들은 불우한 배경의 학생들을 더 많이 받아들일 수 있을 것이며, 그로 인한 재학생의 학업 능력 저하는 아예 없거나 아주 약간 있을 것이다.[48]

이런 것들은 대학들이 스스로 취할 수 있는 정책이다. 정부도 대학입시에 개입하여 특권층에게 편향되어 있는 현실을 바로잡을 수 있다. 그 자신이 동문 자녀 혜택으로 하버드에 입학했던 에드워드 케네디 상원의원은 사립대학들이 동문 자녀를 얼마나 입학시키고 있으며 그들의 사회경제적 배경은 어떤지 공개하라고 요구한 적이 있다. 예일대 법학 교수이며 능력주의적 불평등의 비판자인 대니얼 마코비츠는 한 걸음 더 나간다. 사립대학들이 적어도 절반 이상의 신입생을 소득 하위 삼분의 이 출신자로 받지 않으면(이상적으로는 입학 정원을 늘리면서) 면세 혜택을 없애버리자는 것이다.[49]

대학 스스로 취하든 정부의 간섭으로 실시하든, 이런 정책들은 지금 고등교육이 사회적 이동성의 엔진으로 작동하지 못하고 있는 상황을 뒤집고 불평등 완화에 큰 도움을 줄 것이다. 비기득권 자녀가 더 많이 대학에 진학할 수 있도록 해, 이 체제의 불공정성이 감소될 것이다. 그것이 이런 조치들을 고려해야 할 분명한 이유다.

그러나 오직 현행 시스템의 공정성에만 집중한다면 코넌트의 능력주의 혁명의 핵심에 놓인 더 큰 질문을 놓치게 된다. '대학은 누가 인생의 승자가 될지에 대해 재능을 근거로 사람들을 선별하는 역할을 맡아야

하는가?'

그래야 한다는 주장에는 적어도 두 가지 의문점이 있다. 첫 번째 의문은 그런 선별 결과 걸러진 사람들에 대해 암울한 낙인을 찍게 되고, 그것은 곧 공동체적 시민 생활에 유해하지 않은가라는 의문이다. 두 번째는 능력주의적 경쟁이 인재 선별에 합격한 사람들에게 미치는 피해, 그리고 인재 선별 임무가 너무 과부하됨으로써 대학의 교육 임무마저 경시될 위험성이다. 간단히 말해 고등교육을 초고도 경쟁을 거친 선별 도구로 삼는 것은 민주주의와 교육 모두에 건전하지 않다는 이야기다. 이런 위험들을 하나씩 살펴보기로 하자.

인재 선별 작업과 사회적 명망 배분

코넌트는 대학을 인재 선별기로 만들 때 사회적 불협화음이 날 위험이 있음을 인식했다. 그러나 그는 그런 위험을 피해갈 수 있다고 보았다. 그의 최종 목표는 시험과 등급 구분을 통해 각 개인에게 가장 잘 맞는 사회적 역할을, 자기 재능(그는 여전히 오직 재능만이 시험과 추적을 거칠 필요가 있다고 여겼다)을 가장 잘 발휘할 수 있는 역할을 부여해주는 것이었다. 여기엔 '최고의 재능을 가진 사람이 그렇지 않은 사람보다 가치 있다'는 의미를 내포하고 있지 않았다. 그는 교육적 선별이 사회적 우위나 명성을 창출하면서 구체제에서 특권을 대물림하듯 되리라는 생각을 전혀 하지 못했다.[50]

'개인을 선별하되, 심판하지 않는 게 가능하다'는 코넌트의 믿음은 그가 수립하려 애쓴 능력주의 체제가 갖는 도덕 논리와 심리적 매력을 도외시하고 있다. 세습 귀족제에 맞선 대표적인 능력주의 옹호론 중 하나는 '자수성가로 성공한 사람은 자기 능력만으로 성취했으니 그 능력에 따른 보상을 받을 자격이 있다'는 것이다. 능력주의적 선별은 성취와 자격에 대한 심판과 결부되어 있다. 이는 필연적으로 재능 있고 성공한 사람은 명예와 인정을 받아 마땅하다는 공적 심판으로 귀결될 수밖에 없다.

코넌트의 확신처럼 '세습 상류층에게서 권력을 빼앗는 역할'과 '유능한 과학자와 지식인을 양성하는 역할'이 고등교육이 갖춰야 할 사회적 역할의 전부는 아니다. 그것은 또한 기술적으로 발전된 현대 사회가 어느 수준의 지성과 인성의 소유자에게 가치를 부여하고 보상할 것인가의 문제와도 관련된다. 따라서 새로운 인재 선별 체계가 곧 사회적 지위와 명망을 배분하는 체계도 된다는 점을 부인하기 어렵다. 이것이 코넌트가 하버드 총장직을 그만 두기 불과 몇 년 전에 나온 마이클 영의 《능력주의의 등장》에서 짚은 포인트였다. 영은 새로운 능력주의가 유자격자와 무자격자를 가르는 가혹한 새 기준을 가져오리라는 점을 코넌트가 알지도 못했고 알기를 거부하기까지 했다고 보았다.

코넌트의 뒤를 이어 고등교육의 능력주의 체제화에 힘쓴 사람들은 선별과 심판 사이의 관계에 대해 잘 인지하고 있었다. 1961년 출간된 《탁월함 *Excellence*》이라는 제목의 책에서, 재단 이사장이며 훗날 린든 존슨 행정부 보건교육복지부 장관을 맡게 되는 존 가드너는 새로운 능력주의 시대의 정신에 대해 이렇게 표현했다. "우리는 높은 역량과 앞선 훈련을 갖춘 사람들에 대한 사회적 태도의 혁명을 목격하고 있다. 사상

처음으로 그런 사람들은 아주 열렬하게, 아주 광범위하게 환영받고 있다." 소수가 다스리고 따라서 재능의 낭비가 가능했던 이전 시대와 달리, 현대 기술문명 사회는 복잡한 조직에 의해 다스려지므로 재능 소유자가 끝없이 필요하다. 따라서 그런 사람을 어디에서든 찾아내려고 한다. 이러한 "위대한 재능 사냥"의 긴급성은 이제 교육이 해결해야 할 과제다. "엄격한 선별 처리"[51]를 해줄 필요가 있는 것이다.

코넌트와 달리 가드너는 능력주의적 선별의 가혹한 면을 잘 알고 있었다. "갈수록 교육이 가장 명민한 젊은이를 꼭대기까지 올려 보내는 효과적 수단이 됨에 따라, 관련된 모든 이들에게 엄격한 인재 선별기 역할을 할 것이다. 학교는 유능한 젊은이들에게 기회의 오아시스가 된다. 그러나 같은 의미에서, 보다 능력이 떨어지는 젊은이들에게는 자신의 한계를 깨닫는 곳이 되기도 한다." 이는 기회의 평등이 가져오는 악영향이다. "이는 모든 젊은이가 돈이나 사회적 지위, 종교나 인종 등의 장애물을 초월해 자신의 능력과 야심이 허용하는 한 성공할 수 있도록 해준다." 그러나 한편으로 "필요한 능력이 없는 사람들에게는 고통"을 준다.[52]

가드너는 그런 고통은 불가피하며, 재능을 발견하고 개발해야 할 시급성에 비추어 보면 수지가 맞는 비용이라고 생각했다. 그는 대학에서 일부 학생은 붙고 일부 학생은 떨어질 때 고통이 가장 심하리라 보았다. "사회가 각자의 재능에 따라 사람들을 효율적이고 공정하게 선별하면, 루저들은 자신의 낮은 지위가 다른 무엇 때문이 아니라 자신이 남보다 못하기 때문임을 절감할 것이다. 이것은 누구에게나 입에 쓴 약이다."[53]

마이클 영에게 이런 통찰은 능력주의를 반대하는 핵심적 사유였다. 그러나 가드너에게는 불운한 부수적 효과일 뿐이었다. "대학이 특별한 명예를 누리고 있기 때문에" 성공을 좌우하게 되었다고 그는 인정한다. "오늘날 대학에 들어가는 것은 세상의 시각으로 높은 위치에 오르기 위한 필수 코스처럼 되었다. 따라서 우리가 만든 잘못된 가치 틀에 따라, 대학에 들어가지 않으면 의미 있는 인생을 살 수 없게 되었다." 가드너는 다음과 같이 대담한 주장을 펼쳤다. "성취와 그 사람의 가치가 혼동되어서는 안 된다." 그리고 개인은 그 성취와 무관하게 존중받을 가치가 있다. 그러나 그는 그가 추구하던 능력주의 사회가 교육적 성취와 사회적 명망 사이에 구별의 여지를 별로 안 둔다는 사실을 알고 있었던 듯하다.[54]

> 대학 교육이 대중에 개인적 성취, 사회적 상승, 시장 가치와 자부심의 향상으로 확고히 인식되고 있음은 단순한 사실이다. '존경과 신뢰를 얻기 위해서는 대학에 가야 한다'는 생각에 대다수의 미국 국민이 동의하게 되면, 그러한 국민 의견의 일치가 사실의 일반화를 가져오게 될 것이다.[55]

몇 년 뒤, 예일대 총장 킹먼 브루스터도 학생을 능력에 따라 선별하는 일과 대학 입시가 사회적 인정과 명망의 간판 따기가 되는 현상 사이의 긴밀한 관계를 인지했다. 예일 대학을 능력주의화한 총장인 브루스터는 입시제도에서 동문 우대 제도를 줄이고 학력 위주로 개편하려 했으나 대학 이사회의 영향력 있는 구성원들의 반발에 부딪쳤다. 1966년, 예일은 블라인드 입학제를 채택, 그 재정적 상황을 보지 않고 학생을 뽑으며 뽑은 뒤에는 등록하기에 충분한 재정 지원을 해주기로 했다. 브루스터는 교묘하게, 하지만 통찰력 있게 "이 새로운 정책은 예일대가 불우한 배경의 뛰어난 학생들뿐 아니라 부유한 집안 학생들을 끌어들이는 데도 큰 도움이 되리라"고 주장했다. 부유한 학생들은 '돈이 아닌 실력으로 뽑는 대학'의 간판을 달았다는 점을 뽐내고 싶을 테니까 말이다. 그는 "이제 지갑은 입학 사정에 필요 없다"고 주장했다. "특권층은 그들이 '배경'이라고 모호하게 이야기하는 뭔가가 아니라 '능력'으로 명문대에 입학했음을 자랑스러워하게 될 것이다."[56]

한때 사람들은 그 자녀들이 상류층과 어깨를 나란히 할 수 있는 대학에 들어가면 자랑스러워했다. 이제는 그 자녀의 능력이 뛰어나다는 걸 증명할 수 있는 대학에 들어가면 자랑스러워한다.

능력주의 입시제도로의 전환은 뛰어난 학생들 대부분을 끌어들일 수 있는 대학의 명예를 최고로 높여주었다. 명예는 대개 그 대학에 합격한 학생의 평균 SAT 점수로 측정되며, 또한 심술궂게도 그 대학이 떨어뜨린 입학 희망자 숫자로 측정된다. 갈수록 대학들은 얼마나 경쟁률이 높으냐에 따라 서열이 나눠지며, 경쟁률은 대체로 학생들의 선택에 좌우된다.

1960년대까지, 대학에 등록한 재학생들은 대체로 집에서 가까운 대학을 선호했다. 그 결과 학업 능력은 전국 대학에 비교적 고르게 분포되었다. 그러나 고등교육이 능력주의적으로 탈바꿈하면서 대학 선택은 보다 전략적인 선택이 되었다. 고소득 가정의 학생들을 비롯한 많은 학생들은 가장 경쟁률이 높은 대학을 찾기 시작했다.[57]

고등교육 분야를 연구한 경제학자 캐롤라인 혹스비는 이런 추세를

"고등교육의 재선별 re-sorting"이라고 부른다. 경쟁률이 높은 대학과 그렇지 않은 대학의 차이는 점점 벌어진다. SAT 고득점 학생들은 몇 안 되는 대학에 들어가기 위해 아등바등하고, 대학 입시는 '승자독식 게임'이 된다. 비록 '지금의 대학 입학이 과거보다 더 어렵다'고 많이들 이야기하지만, 그것은 일반적인 진술이라 할 수 없다. 지금 미국의 대다수 대학들은 지원하는 학생 대부분을 받아준다.[58]

오직 극소수의 엘리트 대학들만 최근 수십 년간 합격률이 떨어졌다. 그런 대학들의 사례는 신문 머릿기사를 장식하며 10대 내내 오직 입시 준비에 매진하는 부잣집 자녀들 사이에서 입시 광풍이 몰아치도록 만든다. 1972년 '재선별'이 이미 한참 진행되었을 때 스탠포드는 지원자의 삼분의 일을 합격시켰다. 오늘날 그 수치는 5퍼센트로 떨어졌다. 1988년에 지원자의 절반 이상(54퍼센트)을 받아주던 존스홉킨스는 이제 9퍼센트만 받아준다. 대표적으로 합격률이 수직 낙하한 시카고대의 경우 1993년 77퍼센트였던 것이 2019년에는 6퍼센트가 되었다.[59]

통틀어 46개 대학이 지금 입학 지원자의 20퍼센트 이하를 합격시키고 있다. 이 중 일부 학교는 학생들에게 염원의 대상이며, 그들의 부모가 2019년 입시 부정 스캔들과 같은 일을 저지르게끔 하는 꿈의 목표다. 그러나 미국 대학 학부생 중 겨우 4퍼센트만 그런 경쟁률이 심한 대학에 소속되어 있다. 80퍼센트 이상은 입학 지원자의 50퍼센트 이상을 받아 주는 대학들에 다닌다.[60]

지난 50년간 그러한 재선별 결과 고득점 학생들을 상대적으로 소수의 대학들에 집결시키게 된 이유는 무엇일까? 혹스비는 경제학자다운 설명을 한다. 교통비가 저렴해지면서 집에서 먼 곳의 대학까지 가는 일도 쉬워졌으며, 정보 수집 비용이 낮아지면서 자신의 SAT 점수를 다른 학생들 것과 비교해 보기도 쉬워졌다. 뿐만 아니라 가장 명망 있는 대학들은 학생 대비 교육 투자를 더 많이 한다. 따라서 그런 대학에 들어갈 수 있다면 자신의 '인적 자본'을 현명하게 투자하는 셈이다. 심지어 나중에 그 대학 발전기금 기부를 예상하는 것까지도 포함해서 말이다.[61]

그러나 이 재선별이 고등교육의 능력주의적 전환과 동시에 일어났다는 사실은 다른 설명을 필요로 한다. 경쟁률 높은 인기 대학들은 떠오르는 능력 위계질서의 정점에 있으므로 저항할 수 없는 매력을 갖게 되었다. 부모의 등쌀에 따라 야심적이고 유복한 학생들은 소수 명문대로 물밀 듯 몰려갔다. 학업 능력이 뛰어난 학생들과 함께 공부하고 싶었기 때문만이 아니라, 그런 대학 간판이 최고의 능력주의적 영예를 주기 때문이었다. 아무나 들어가기 힘든 대학에 들어갔다는 사실은 단지 뽐낼 수 있는 근거가 될 뿐이 아니며, 졸업 후 좋은 직업을 얻을 근거도 되었다. 이는 고용주들이 명문대 졸업생을 비명문대 졸업생들보다 더 많이 배운 인재로 판단해서라기보다는, 대학들의 인재 선별 역할을 믿고 그들이 부여하는 능력주의적 영예를 높이 치기 때문이다.[62]

상처 입은 승리자들

고등교육의 승자독식형 재선별은 두 가지 점에서 바람직하지 않다. 첫째, 불평등을 심화시킨다. 높은 경쟁률을 자랑하는 대학들은 일반적으로 부유한 집안 출신 자녀를 압도적으로 많이 뽑기 때문이다. 둘째, 그것은 승자들에게도 피해를 남긴다. 별 문제나 말썽 없이 높은 자리에 오를 수 있었던 과거의 세습적 엘리트와 달리, 새로운 능력주의 엘리트는 힘겨운 투쟁을 거듭해야 높이 올라설 수 있기 때문이다.

이제는 비록 새로운 엘리트가 세습적 위치까지 차지하긴 했지만, 능력주의적 특권의 되물림은 확정될 수 없다. 그것은 '들어가기'에 성공하느냐에 달려 있다. 이는 능력주의적 성공에 모순적인 도덕 심리학을 부여한다. 집단적 그리고 회고적으로, 그 결과는 거의 이미 정해져 있었다. 명문대에 물밀 듯 몰린 부잣집 자제들을 생각해보면 말이다. 그러나 입시 초고도 경쟁에 뛰어든 사람들에게 성공을 개인의 노력과 성취 이외의 것으로 생각하기란 불가능했다. 이런 경쟁의 승자들은 '스스로의 힘과 노력으로 이를 쟁취했'고 생각할 수밖에 없었다. 이 믿음은 능력주의적 오만의 일환으로 비판 받을 수 있다. 그것은 개인의 분투 이상의 것을 요구하며, 대가로 주어져야 할 성공 이상을 강요한다는 문제를 안고 있다.

그러나 그러한 믿음의 강점도 있다. 그것이 고통 속에 담금질되었고 혼을 파괴할 정도의 압박 속에서 젊은이들에게 부과된 능력주의적 고난을 뚫고 왔다는 데서 비롯되는 강점이다. 부유한 부모들은 자제들에게 명문대 입학을 위한 강력한 뒷받침을 해준다. 그들 대부분은 고등학교 생활 내내 엄청난 스트레스, 고민, 불면과 싸우며 모의고사는 물론 공부, 체육, 예체능 실기 과외, 그 밖의 온갖 잡다한 특별활동을 견뎌야 하는 고난의 시간을 겪는다. 종종 과외 선생들에게 지불하는 비용이 예일대 4년 과정보다 더 많이 들기도 한다. 선생들 가운데는 지체장애자 특별 선발을 노려보라고 권하는 경우도 있다. 그 결과 표준화된 시험을 통과하기 위한 더 많은 노력이 요구된다(어느 소득수준이 높은 코네티컷 근교에서는 18퍼센트의 학생이 지체장애 진단을 받아냈다. 그것은 미국 전체 기준보다 6배나 높은 수치였다). 어떤 컨설턴트는 여름방학을 이용한 특별 해외 참가 프로그램에 등록해 대학 지원 자소서를 쓸 때 적당히 써 먹을 수 있는 근거를 마련하자고 권하기도 한다.[63]

이런 능력주의적 군비 경쟁은 부유한 집안 쪽으로 전세를 기울인다. 그리고 부자 부모들이 스스로의 특권을 대물림하기 쉽게 해준다. 이런 식의 특권 대물림은 논란의 여지가 있다. 이런 판에서 유리한 고지를 찾을 수 없는 사람에게는 매우 불공평하며, 이 판에 자식들이 뛰어들어 있는 상황에서는 지나친 압박이 된다. 능력주의적 경쟁은 침략적이고 성취만 쫓으며 과도한 부모의 압박을 불러온다. 10대 청소년에게 과중한 부담을 준다는 말이다. 극성 학부모의 등장은 능력주의적 경쟁이 과열된 시기와 일치한다. 사실 '부모 노릇하다parent'라는 단어는 1970년대에 와서야 동사로서 널리 쓰이게 되었다. 자녀가 공부에서 성공할 수 있도록 돕는 일이 부모의 책임 중 가장 중요한 것이라고 여겨지게 되던 때다.[64]

1976년에서 2012년까지 숙제를 해주는 등 자녀의 학업을 돕는 데 전념하는 부모의 숫자는 다섯 배로 늘었다.[65] 대학 입시가 갖는 의미가 커짐에 따라 조바심 내고 나서기 좋아하는 부모들의 태도도 늘상 있는 일이 되었다. 2009년 11월 〈타임〉 표지 기사는 이렇게 경고하고 있었다. "과잉 부모 노릇의 폐해: 엄마 아빠는 왜 이제 잡고 있던 줄을 끊어야 하나." 기사는 다음과 같이 표현한다. "우리는 아이들의 성공에 너무 집착하게 되어버렸다. 그래서 부모 노릇이라는 게 마치 어떤 생산물의 생산 과정처럼 되고 말았다." 이제 아동기에 개입해 일정하게 관리를 하려는 움직임은 전보다 훨씬 빨라졌다. "6~8세의 경우 1981년에 비해 1997년에는 노는 시간이 25퍼센트 감소했다. 그리고 숙제는 두 배로 늘었다."[66]

어느 흥미로운 연구에서 경제학자인 마티아스 되브케와 파브리치오 질리보티는 과보호 학부모의 등장을 경제학적으로 설명했다. 그들이 정의한 표현으로는 "과도하게 개입하고, 막대한 시간을 투입하며, 통제적인 육아 방식을 통해 지난 30년 동안 널리 퍼진 방식"에 대한 설명이었다. 그런 부모 노릇은 불평등이 증가하고 교육으로 인한 보상이 커진 데 따른 합리적 대응이었다. 비록 여러 사회에서 지난 수십 년 동안 한결 같이 부모의 개입이 심해지긴 했으나, 가장 심했던 곳은 불평등이 가장 크게 두드러진 곳이었다. 가령 미국이나 한국 같은 나라였다. 그리고 스웨덴이나 일본처럼 불평등이 비교적 덜 불거진 나라에서는 그러한 극성 부모들도 덜 나타났다.[67]

이해할 만하기는 하지만, 자녀의 인생을 능력주의적 성공으로 몰고 가려는 부모들의 집착은 심리학적으로 따져봐야 할 문제다. 특히 대입을 앞두고 있는 10대들에게 그렇게 가혹한 강요를 하는 것은 더더욱 그렇다. 2000년대 초 캘리포니아 주의 마린 카운티(샌프란시스코 인근의 풍요로운 교외 지역)에서 젊은이들의 심리 상담을 해온 심리학자 매들린 레빈은 겉으로는 성공적인 여러 유복한 가정의 10대들이 극심한 불행감, 고립감, 무력감에 시달리고 있음을 깨달았다. "사소한 문제에 흥분하며, 그들 다수는 우울하고, 불안하고, 분노에 차 있었다. 그들은 부모, 교사, 코치, 동료의 말에 지나치게 복종적이었으며 어려운 일만이 아니라 일상적인 문제까지도 남들의 말에 무조건 따르는 모습을 보였다." 이들의 문제가 삶의 어려움에서 소외되었기 때문인 건 아니었다. 매들린은 이들이 '풍요로움과 지나칠 정도의 부모 간섭 때문에 불행하고 깨져 버리기 쉬운 인간이 되었음'을 차차 알게 되었다.[68]

《물질적 풍요로부터 내 아이를 지키는 법 *The Price of Privilege*》이라는 책에서 레빈은 그녀가 "특권층 젊은이들에게서 나타나는 정신질환 증후군"이라 부르는 문제에 대해 설명하고 있다. 전통적으로 심리학자들은 '일촉즉발'의 젊은이는 도시 빈민굴의 불우한 청소년들이라고 생각했다. 어렵고 용서할 수 없는 환경에서 자라나야만 했던 아이들 말이다.[69] 물론 그런 사람들도 괴롭다. 그걸 부정하는 건 아니지만 레빈은 "미국에서 나타난 새로운 일촉즉발의 젊은이 집단은 부유하고 잘 교육받은 집안의 아이들"이라고 지적했다.

> 그들의 사회적, 경제적 우위에도 불구하고 그들이 겪은 경험은 이 나라 동 연령대에서 최고 수준의 절망, 약물 의존, 불안 장애, 신체적 호소, 불행감 등이었다. 연구자들이 사회경제적 스펙트럼을 통틀어 동 연령대 아동들을 살펴본 결과, 가장 심각한 정신적 문제를 가진 아동들이 부유한 가정 출신임을 알 수 있었다.[70]

레빈은 '상류 및 중류 청년들에 대한 뜻밖의 사실, 가장 유명한 대학을 나오고 미국 최고의 경력을 쌓아온 사람들의 어두운 면'이라는 이름의 연구를 한 수니아 루타의 글을 인용한다. 그들은 동년배 10대보다 높은 감정적 스트레스를 겪으며, 그것은 그들이 대학에 합격한 뒤에도 계속된다. "보통 사람들과 비교할 때 풀타임 등록 대학생들은 2.5배나 높은 약물 의존증을 나타낸다(23퍼센트, 보통 사람은 9퍼센트)." 그리고 풀타임 대학생의 절반은 과도한 음주를 하며 불법적이거나 처방 약물을 사용하고 있다.[71]

부유한 출신 젊은이들이 과도하게 감정적 스트레스를 겪고 있는 까닭은 무엇일까? 해답은 능력주의적 사명에서 찾을 수 있다. '뭘 해내라', '뭘 이뤄라', '뭘 성공해라' 하며 끊임없이 떨어지는 사명. 투라는 이렇게 썼다. "부모와 자식 모두 언제 어디서나 들려오는 메시지에서 벗어날 수 없다. 그것은 그들의 생애 초기부터 들려오던 것이며 행복으로 가는 길은 오직 하나밖에 없다고 가르치는 목소리다. 돈을 많이 벌어라. 그러기 위해 명문대에 들어가라."[72]

능력의 전장에서 살아남은 사람들은 승리자다. 그러나 상처 입은 승리자다. 나는 그 사실을 내 학생들을 보고 알았다. 그들은 오랫동안 불타는 고리를 뛰어 통과하는 일을 거듭해왔고, 그 습관을 쉽게 버리지 못한다. 많은 아이들이 아직도 분투하고 있다. 생각하고, 탐구하고, 나는 누구이며 나는 무엇을 해야 가치 있게 살아갈 것인가 숙고하면서 대학 생활을 보내지 못하고, 싸우고 또 싸운다. 놀랄 만큼 많은 아이들이 정신 건강에 이상을 겪고 있다. 능력주의의 호된 시험을 통과하는 데 따르는 심리적 피해는 아이비리그에만 국한되지 않는다. 최근 100개 이상 미국 대학의 학부생 6만 7,000명을 대상으로 이루어진 조사에서는 대학생들이 전례 없는 정신적 고통에 시달리고 있다는 사실이 드러났다. 우울증과 불안증이 치솟고 있다. 대학생 다섯 명 가운데 한 명이

설문 이전 1년 이내에 자살을 고려했다. 그리고 그 가운데 넷은 정신질환자로 진단을 받거나 치료를 받고 있다.[73] 젊은이(20~24세)의 자살률은 2000~2017년 사이 36퍼센트 늘었다. 지금 그들은 살인보다 자살로 더 많이 죽어간다.[74]

이런 병리학적 상황을 넘어 심리학자들은 이 세대 대학생들의 보다 미묘한 정신적 문제점을 찾아냈다. '완벽주의라는 숨은 전염병'이다. 몇 년 동안이나 불안 속에 분투해온 결과 젊은이의 마음은 약하디 약한 자부심, 그리고 부모, 교사, 입학사정관, 궁극적으로 자기 자신의 냉혹한 한 마디에도 산산조각 날 자의식으로 채워져 버렸다. "실적과 지위와 이미지만이 한 사람의 쓸모와 가치를 정할 수 있는 세계에서, '완벽한 자신'이라는 비이성적 생각이 의미 있는 게 되고 말았다." 4만 명 이상의 미국, 캐나다, 영국 대학생들을 대상으로 연구한 결과물의 공저자 토머스 쿠란과 앤드류 힐의 말이다. 이들은 1989년부터 2016년까지 완벽주의가 가파르게 증가하는 것을 보았다. 사회적인, 그리고 부모의 기대에 매인 완벽주의의 증가세는 32퍼센트에 달했다.[75]

완벽주의는 능력주의의 대표적인 병폐다. "젊은이들이 끝도 없이 학교, 대학, 직장에 의해 선별되고, 구분되고, 등급이 매겨지는 과정 속에서 신자유주의적 능력주의는 현대 생활의 한복판에서 싸우고, 실적을 내고, 업적을 이루도록 강요한다."[76] 성취 요구에 따라, 성공하느냐 실패하느냐는 개인의 능력과 스스로에게 부여하는 가치를 결정한다.

능력주의 기계의 레버와 활차 역할을 해온 사람들은 그 때문에 얼마나 많은 인간적 희생이 있었는지 모른다. 번아웃 증후군에 대한 솔직하고 통찰력 있는 글에서 하버드 입학사정관실은 "고등학교와 대학 재학

시절을 불타는 고리를 뛰어넘는 일로만 채워온 사람들이 결국에는 평생 신병훈련소와 같은 틀 안에서 살아가게 되지 않을까"염려했다. 2000년에 나온 그 글은 아직도 하버드 입학 홈페이지에 일종의 경고용으로 게시돼 있다.[77]

또 하나의 불타는 고리를 넘어라

자신들의 입시 정책으로 성공병 환자들을 양산하고 보상해온 명문대학들은 일단 학생들이 교정에 들어오면 그 문제를 해결할 생각이 거의 없다. 선별하고 경쟁하는 본능은 대학 생활에도 뿌리 깊게 침투했다. 대학생들은 받아들이거나 내쫓는 의식을 자기들끼리 만들어낸다. 여기하나의 예가 있다. 하버드에는 400개 이상의 비교과 동아리와 조직이 있다. 그 가운데 일부, 가령 관현악단과 미식축구팀 등은 일정한 능력이 있어야 입단하기 때문에 정당한 입단 시험을 치른다. 그러나 오늘날, 특별한 기술이 있든 없든 "캄핑comping"이라 불리는 경쟁 시험을 치르는 일은 학생 조직에서 일반적이다. 캄핑 문화는 매우 극단적이어서, 어떤 새내기 대학생은 입단 탈락에 따르는 실망감을 추스르는 과정("불합격 입문과정"이라 불리는)에 등록하기도 한다.[78]

대학들처럼 학생 조직들도 '우리는 아무나 들이지 않는다'며 으스댄다. '하버드대 컨설팅 그룹'은 자신들을 가리켜 "하버드 교정에서 가장 경쟁률 높은 직업 연구 학생단체"라며 "입단률이 12퍼센트밖에 되지 않는다"고 한다. 대학 신입생 오리엔테이션과 캠퍼스 투어를 주최하는

'크림슨 키 소사이어티'는 지원자의 11.5퍼센트밖에 받지 않는다고 한다. "우리는 캠퍼스 투어를 하는 사람들 앞에 아무나 세우고 싶지 않습니다." 이 단체 캠핑 부장의 설명이다. 그러나 재능이 필요하다는 말보다는 그들이 과거 능력주의 경쟁을 벌이며 겪은 트라우마와 승리감을 다시 느껴 보고 싶어서 그런다는 게 더 설득력 있어 보인다. "우리는 불타는 고리를 뛰어넘어 하버드에 들어왔죠." 한 1학년생이 〈하버드 크림슨〉 인터뷰에서 한 말이다. "그리고 다시 한 번 뛰어넘어 보는 거예요. 아드레날린이 다시 넘쳐 나오도록요."[79]

캠핑 문화의 등장은 대학이 경쟁적 능력주의의 기초훈련장과 같아지기 시작했음을 의미한다. 교육의 목표와 수단이 하나가 되어가는 것이다. 이는 다시 대학 역할이 더 넓은 범위에서 바뀌고 있음을 시사한다. 학력을 부여하는 역할은 이제 너무 커져서 교육을 수행하는 역할을 덮어버렸다. 선별하고 분투하는 일이 가르치고 배우는 일을 넘어버렸다. 대학 총장과 학장들은 마치 자랑스럽다는 듯 이런 경향을 부추기고 있다. "우리 학생들은 우리 캠퍼스에서보다 밖에서 더 많이 배웁니다." 이는 학생이 비공식적이고 지속적인 친구들과의 토론을 통해 배운다는 뜻일 수도 있지만, 점점 '네트워크에서 배운다'는 뜻이 되고 있다.

캠핑과 네트워킹 현상에서 아주 밀접한 것이 학점에 목을 매는 현상이다. 학생들이 학점을 신경 쓰는 일이 최근 수십 년 동안 증가했음을 객관적으로 증명할 수는 없다. 하지만 내가 느끼기로는 확실히 그렇다. 2012년 아이비리그 대학들 사상 최대의 커닝 사건이 벌어졌다. 대략 70명의 학생이 재택 시험에서 부정을 저지르고 하버드에서 퇴학당했다.[80] 2017년에는 하버드 윤리위원회에 부정 사례가 쏟아져 들어왔는

데, 컴퓨터과학 입문 과정을 듣던 60명 이상의 학생들이 부정행위를 적발 당했다.[81] 그러나 학점에 목매는 현상에 커닝만 있는 건 아니다. 어느 저명한 로스쿨에서 교수들에게 '학생들에게 지난 학기 학점에 대해 말하지 말 것'이라는 지침이 내려왔다. 그동안의 경험으로 볼 때 학점을 미리 알게 된 학생들의 불안증이 심각하게 불거졌기 때문이다. 이제 학점 공개는 조심스럽게 이루어져, 실망한 학생들이 심리상담을 받을 수 있도록 배려하고 있다.

오만과 굴욕

코넌트가 하버드와 고등교육을 개혁하려 했을 때, 즉 미국 국민을 테스트를 통해 선별하는 기능을 맡기려 했을 때 나는 그가 그런 개혁의 결과 능력주의적 무한경쟁이 펼쳐질 것을 예상하고 있었는지 의심이 든다. 오늘날 기회의 관리자로서 대학의 역할은 아주 확고하기 때문에 도무지 대안을 찾기 어려운 상태다. 고등교육의 역할을 다시 생각해 볼 때가 왔다. 특권을 얻은 사람들의 고장 난 정신 상태를 고치기 위해서만이 아니라, 능력주의적 인재 선별이 낳은 시민생활의 양극화를 고치기 위해서라도 말이다.

인재 선별기를 뜯어 고치기 위한 방법을 찾으려면, 능력주의 체제가 그 폭력적 지배를 동시에 두 방향으로 뻗치고 있음에 주목해야 한다. 정상에 올라서는 사람들에게 그것은 불안증, 강박적 완벽주의, 취약한 자부심을 감추기 위한 몸부림으로서 능력주의적 오만 등을 심는다. 한

편 바닥에 떨어진 사람들에게는 극심한 사기 저하와 함께, '나는 실패자야'라는 굴욕감마저 심는다.

이 쌍방향 폭력은 하나의 도덕적 원인을 공유한다. 능력주의의 금과옥조인 '우리는 개인으로서 우리 운명의 책임자다'라는 도덕률이다. 우리가 성공하면 우리가 잘한 덕이며, 실패하면 우리가 잘못한 탓이다. 사기를 올려주는 말 같지만, 개인 책임에 대한 집요한 강조는 우리 시대의 불평등 상승 추세에 대응할 연대 의식이나 연대 책임을 떠올리기 어렵게 한다.

오늘날 우리가 목격하고 있는 소득과 사회적 명망의 불평등의 책임이 고등교육 하나에만 있다고 보면 잘못이다. 시장 중심적 세계화 프로젝트, 현대 정치의 기술관료화, 민주 제도들의 과두제화 등에 모두 이런 상황을 초래한 책임이 있다. 그러나 글로벌 경제에서 직업의 문제를 다루는 다음 장으로 넘어가기 전, 과연 능력주의적 선별의 악영향을 줄이기 위해 뭘 하면 좋을지, 그리고 어떻게 쌍방향의 해독을 감소시켜 승자의 상처와 패자의 굴욕을 치유할 것인지를 살펴보는 게 좋을 것이다.

먼저 대학 입시제도 개선안을 간단히 살펴보자. 선별과 분투의 악순환을 어떻게 깨트릴 것인지에 대한 스케치 정도겠지만 말이다.

유능력자 제비뽑기

개혁에 대한 한 가지 접근법은 SAT 의존도를 줄이고 동문 자녀, 체육 특기생, 기부금 입학자에 대한 혜택을 없앰으로써 명문대에 더 많은 사람들이 들어갈 수 있도록 하는 것이다.[82] 비록 그런 개혁이 시스템을 좀더 불공평하게는 만들겠지만, 고등교육을 인재 선별기로 보는, 즉 재능을 찾아내고 그 보유자에게 기회와 보상을 배분하는 역할을 맡는다는 개념을 뒤집지는 못한다. 하지만 문제는 인재 선별에 있다. 그것을 더 능력주의적으로 완벽하게 만든다는 것은 그 입지를 더욱 굳힌다는 뜻이다.

따라서 이런 대안을 생각해보자. 매년 4만 명 이상의 학생들이 하버드와 스탠포드가 제시하는 신입생 정원 약 2,000명 안에 들기 위해 몰려든다. 입학사정관은 지원자들 대다수가 하버드나 스탠포드에서 충분히 수학할 만한 역량의 소유자라고 말한다. 아마 경쟁률이 심한 다른 수십 개 대학들도 마찬가지일 것이다. 충분히 능력은 되는데, 들어갈 문이 좁다 보니 탈락자가 많은 것이다(2017년 87개 대학이 지원자의 30퍼센트 이하를 입학시켰다).[83] 이미 1960년대에, 당시만 해도 지원자 수가 그렇게까지 많지는 않았지만, 예일대에서 오래 근무해온 입학사정관은 이런 말을 남겼다. "때때로 수천 명의 지원자들을 모두 합격시켜 주고 싶다는 충동이 든다. 나는 그들의 지원서를 계단 아래로 집어 던져 버리고, 아무나 골라 1,000명을 뽑을 수도 있다. 그래도 여전히 훌륭한 학생들을 보유할 수 있을 것이다."[84]

나의 제안은 그런 이야기를 진지하게 검토해 보자는 것이다. 4만 명의 지원자들 가운데 하버드나 스탠포드에 다니기 힘들어 보이는 일부와, 동료 학생들과 잘 해나갈 수 없을 것 같은 일부만 솎아낸다. 그러면 아마 3만 명, 또는 2만 5,000명이나 2만 명의 지원자가 남으며 이들은 누가 합격하더라도 충분히 잘 해나갈 수 있을 것이다. 그러면 그들을 두고 극도로 어렵고 불확실한 선별 작업을 다시 할 것이 아니라 제비뽑기 식으로 최종 합격자를 뽑는다. 달리 말해 그들의 지원 서류를 집어 던져 버리고 아무나 2,000명을 골라잡는 것이다.[85]

이 대안은 능력주의를 완전히 부정하지는 않는다. 능력이 있는 사람만 합격 가능하다. 그러나 능력을 극대화되어야 할 이상으로 보기보다 일정 관문을 넘을 수 있는 조건으로만 본다.[86] 이 대안이 의미 있는 까닭은 무엇보다도 현실적 타당성이 있다는 데 있다. 가장 현명한 입학사정관이라 해도, 아무리 심혈을 기울여 따져본다고 해도 18세 청소년 가운데 어느 쪽이 더 훌륭한 경력을 쌓았는지(공부 쪽으로든, 그 밖으로든) 판별하기 어렵다. 우리가 재능을 높이 평가한다고 해도 대학입시의 맥락에서 재능이란 모호하고 둔한 개념이 된다. 아마 수학 신동을 가려내기란 쉬울 것이다. 그러나 재능의 일반적 평가는 더 복잡하고 더 예측하기 어려운 과제다.

보다 좁은 범위에서 정의된 재능과 기술을 평가하는 것도 얼마나 어려운가 보자. 야구 역사상 가장 위대한 투수 중 하나인 놀란 라이언은 역대 최다 탈삼진 타이틀을 갖고 있으며 명예의 전당에 첫 번째로 오른 대선수다. 그가 열여덟 살 때 그는 드래프트가 12바퀴 돌 때까지 지명을 받지 못했다. 프로야구 팀들은 그 대신 294명을 먼저 지명했다. 당시 그들은 모두 놀란 라이언보다 더 유망한 선수라고 판단된 셈이다.[87] 미식축구 사상 최고의 쿼터백 중 하나인 톰 브래디는 199번째로 드래프트 지명되었다.[88] 재능을 야구나 미식축구에서 누가 더 유망한지 따져보는 것에 한정해도 이렇게 예측력이 떨어진다. 그런데 어떤 능력을 두고 그것이 사회에 얼마나 넓고 깊은 영향을 줄 것인지 따지거나 아직 확실하지 않은 미래의 영역에서 얼마나 빛을 발할지를 따지기란, 그리고 그런 능력을 성적이 좋은 고등학교 고학년생 가운데 발견하기란 거의 말도 안 되는 일일 것이다.

그러나 유능자를 제비뽑기로 뽑자는 대안의 가장 유력한 근거는 그렇게 함으로써 능력의 폭정과 맞설 수 있다는 점이다. 일정 관문을 넘는 조건으로만 능력을 보고, 나머지는 운이 결정토록 하는 일은 고등학교 시절의 건강함을 어느 정도 되찾아줄 것이다. 적어도 어느 정도는 영혼까지 끌어 모아 스펙을 채우고 강박적으로 완벽을 추구하는 경험에서 해방시켜줄 것이다. 또한 능력주의적 오만에서 바람을 뺄 것이다. 결국 어찌되었든 정상에 오른 사람은 오직 자신의 힘만으로가 아니라 운이 좋았던 것이며, 탈락한 사람이나 자신이나 엇비슷한 가정환경과 천부적 재능, 그리고 도덕적 자격을 갖추고 있음이 분명해지기 때문이다.

나는 이 대안에 적어도 네 가지 반론이 있으리라 예상한다.

첫 번째, 학업능력의 저하는 어떻게 할 것인가?

그것은 얼마나 적절히 1차 관문을 세우느냐에 달려 있다. 나는 모르긴 몰라도 최상위 60~80개 대학들은 수업 중 토론이나 학업 능력 수준이 서로 큰 차이가 나지 않으리라 본다. 내 짐작이 틀렸을 수도 있다. 하지만 그 점을 알아보기란 쉽다. 실험을 하나 해보자. 기존 시스템대로 클래스 절반을 충원하고, 나머지 절반은 추첨식으로 충원한다. 그리고 졸업할 때 이들의 성적 차이를 비교해 본다(그리고 이후에 사회 경력 차이도). 스탠포드에서는 실제로 이런 실험을 1960년대 말에 실시하려고 했다. 그러나 입학처장의 반대로 무산되었다.[89]

두 번째, 다양성은 어떻게 확보할 것인가?

원칙적으로 추첨은 다양성 확보를 위해 조정 가능하다. 학교가 정하는 어떤 기준에 따라 우호적으로 대해줄 학생에게는 추첨권을 둘 또는 세 개씩 주는 것이다. 이러면 운에 맡기는 입시를 통해서도 바람직한 다양성 확보가 가능하다. 한 가지 다른 방식도 고려해볼 만하다. 지금처럼 능력주의적 입시 결과 명문대 학력의 대물림이 일어나고 있는 상황에서, 대학들이 먼저 비대졸자 부모가 있는 유자격 지원자 다수에게 선추첨권을 주는 것이다.

세 번째, 동문 자녀 우대 입학과 기부금 입학은?

이상적으로는 대학에서 동문 자녀 우대 혜택을 없애야 한다. 그러나 이를 고집하는 대학이라면 동문 자녀에게 추첨권을 하나가 아닌 두 개 이상 주도록 하면 된다(위에서 다양성 확보를 위해 쓴 방법대로). 그 대학이 그것을 꼭 필요하다고 여긴다면 그럴 수 있다. 다만 요즘과 같은 비율로 동문 자녀를 우대 입학시키려면 일부 대학들은 5장 내지 6장의 추첨권을 줘야 할 것이다. 그것은 특권을 너무 공공연히 부여하는 것으로 비쳐질 것이고, 과연 그런 특권이 계속되어도 좋은지에 대한 논쟁을 불러일으킬 것이다.

동문은 아니지만 거액 기부자인 부모의 자녀를 우대하는 제도 역시 없어져야 마땅하다. 그러나 일부 입학정원을 판매해 얻는 수익을 차마 포기할 수 없는 대학이라면, 아예 경매에 정원 얼마간을 내놓거나 대놓고 판매하라. 그 편이 일부 대학들이 지금 능력주의의 물밑에서 벌이는 거래보다 솔직하지 않겠는가. 현행 체제에서와 같이 돈으로 간판을 산 학생들은 그 사실이 드러나지 않아야 할 것이다. 그러나 적어도 그들은 자신이 엄청 잘났다고 으스대긴 차마 힘들 것이다.*

네 번째, 입시가 경쟁이 아니라 추첨이 되면 그 가치는 보다 떨어질 테고, 그러면 지금의 명문대가 누리는 명예는 추락하지 않겠는가?

아마도 그럴 것이다. 하지만 그게 정말 의미 있는 반론인가? 이것이 의미를 가지기 위해선, 고등교육에서 최근 수십 년 동안 이뤄진, 대학 간

* 현재로서는 기부금으로 입학했다는 사실을 자녀 본인에게 숨기는 부모가 많다. 하지만 이렇게 되면 숨길 수가 없기 때문에, 그만큼 자만심에 빠지진 않으리라는 뜻이다.

명예를 건 '재선별'이 가르치고 배우는 능력을 향상시켰다고 정말로 믿어야만 할 것이다. 하지만 결코 그렇지 않은 것으로 보인다. 성적 좋은 학생들을 전국에 널리 분포시키지 않고 얼마 안 되는 경쟁률 높은 대학들로 몰아넣은 결과, 불평등은 심화된 반면 교육 수준은 별로 개선되지 않았다. 능력주의적 선별 작업이 초래한 조바심 나는 입시경쟁과 불타는 고리를 뛰어넘는 일은 학생들에게 인문학 교육이 요구하는 모험적 성향을 제대로 키우지 못하게 했다. 인재 선별과 명예 추구 관행을 없애는 일, 그것은 추첨제의 미덕이지 결함이 아니다.

충분한 숫자의 명문대들이 유자격 지원자들을 추첨으로 뽑게 된다면, 고등학생들이 겪고 있는 스트레스를 적어도 얼마간은 줄여줄 수 있을 것이다. 대학입시에 목 맨 10대들과 그 부모들은 대학에 가서 잘함으로써 능력을 보여주는 것 말고는, 이제 10대 시절을 대학 입학팀에 잘 보이느라고 온갖 스펙 쌓기 경쟁을 벌일 필요가 없음을 알게 될 것

이다. 극성 학부모들은 사라질 것이며, 부모도 자식도 마음의 안정을 찾을 수 있을 것이다. 능력주의의 전쟁터에서 생기는 상처 없이 대학에 입학한 젊은이들은 불타는 고리를 뛰어넘는 일에는 큰 흥미가 없을 것이고, 개인적 또는 지적 모험에 더 기꺼이 나설 것이다.

이런 변화는 능력주의의 폭정이 승자에게 미친 악영향을 줄여줄 것이다. 그러나 나머지 사람들은 어떨까? 명문대 입시 전쟁에 뛰어드는 고등학교 고학년생은 20퍼센트 남짓일 뿐이다. 보다 경쟁이 덜한 대학 또는 2년제 대학에 들어가는, 아니면 아예 대학 진학을 하지 않는 80퍼센트는 어떻게 될까? 그들에게 능력주의의 폭정은 대학 간판을 따기 위해 영혼까지 끌어대는 경쟁이라기보다, 능력주의적 학력이 없는 사람들에게 다가올 '경제적 보상도 적고 사회적 명망도 없는 직업 세계'라는 현실이다.

인재 선별기 부숴버리기

이에 적절한 대답은 야심적인 프로젝트를 필요로 한다. '우리는 최고 명문대들의 경쟁적 입시를 완화시킴으로써 능력주의적 인재 선별기의 전원을 뽑아버려야 한다.' 보다 넓게는 4년제 대학 학위가 없어도 인생에서 성공할 수 있는 길을 찾아내야 한다.

일에 영예를 부여하려면 그런 일을 맡을 사람들에게 필요한 여러 가지 학습과 훈련 프로그램에 대해 진지하게 검토하는 것부터 시작해야 한다. 그것은 공립 고등교육의 퇴조 현상을 역전시키고, 기술 및 직업

교육에 대한 무시 경향을 극복하며, 4년제 대학과 그 밖의 중등 이후 교육기관Post-Secondary Educational Settings 간 심한 격차(기부금이나 명성 등등에서의)를 없애는 것 등을 포함한다.

고등교육에서 능력주의적 선별 역할을 줄이려는 시도에 대한 한 가지 장애물은 적어도 미국에서는 그 역할의 대부분을 사립대에서 수행 중이라는 점이다. 그렇지만 이들 기관은 비록 사립이기는 해도 상당 수준의 연방 지원금을 받고 있다. 특히 학생 장학금과 연방정부가 위탁하는 연구 프로젝트에서 그렇다. 일부 경우에 그들은 보통 면세 혜택을 받는 거액의 기부금을 받기도 한다(2017년 공화당이 만든 세법에 따라 소수의 부유한 대학들은 기부금에서도 세금을 내게 되었다).[90] 원칙적으로 연방정부는 이런 수단들을 써서 사립대학들이 정원을 확대하고 더 많은 학생을 불우 가정 출신에서 뽑으며 심지어 일부 형태의 추첨 입학제까지 도입하게 만들 수 있다.[91]

그러나 그런 수단만으로 적어도 한 명문대가 쥐고 있는 입시 기득권을 놓게 하기는 역부족일 듯하다. 더 중요한 수단은 4년제 공립대의 정원을 늘리고 지역사회 대학들, 기술 및 직업교육기관, 직업훈련소 등등에 더 많은 지원을 하는 것이다. 이들은 어쨌거나 미국민 대다수가 좋은 삶을 살기 위해 필요한 기술 교육을 제공할 수 있다.

주립대학들에 대한 정부의 자금지원은 최근 수십 년 동안 줄었고 등록금은 올랐다. 그런 기관들의 '공립' 성격이 의문시될 정도까지 말이다.[92] 1987년 공립대학들은 주정부나 기타 지역정부들로부터 학생 1인당 등록금의 세 배에 이르는 지원금을 받고 있었다. 그러나 정부 지원액이 줄어들면서 등록금은 오를 수밖에 없었다. 2013년 공립 고등교육

기관들은 주정부 및 기타 지역정부의 지원금과 거의 비슷한 액수를 등록금으로 벌어들인다.[93]

여러 주요 공립대학들은 이제 이름만 공립대학이다.[94] 가령 매디슨 위스콘신주립대의 경우 예산의 14퍼센트만 주정부에서 얻는다.[95] 버지니아주립대는 예산의 겨우 10퍼센트만이 주정부 지원금으로 충당된다.[96] 오스틴 텍사스주립대는 1980년대 중반 당시 예산의 47퍼센트를 주정부 지원금으로 채웠다. 오늘날에는 고작 11퍼센트만 그렇다. 한편 그 대학의 예산에서 등록금이 차지하는 비중은 4배나 올랐다.[97]

공적 지원금이 퇴조하고 등록금이 오르면서 학생들이 지는 부채 액수도 치솟아 올랐다. 오늘날 대학생 세대는 산더미 같은 빚을 짊어진 채 사회에 나가야 한다. 지난 15년 동안 학자금 대출 총액은 다섯 배 이상 증가했다. 2020년 이는 1조 5,000억 달러를 돌파했다.[98]

대학 재정이 능력주의적으로 기울었음을 보여주는 가장 확실한 지표는 연방정부의 고등교육 지원금 액수와 기술 및 직업 훈련 지원액수의 격차다. 브루킹스 연구소 소속 경제학자인 이사벨 소힐은 그 격차가 얼마나 심각한지 보여준다.

> 고용 및 직업훈련 쪽에 들어가는 지원금 액수가 얼마나 적은지, 그리고 고등교육에 연구지원금, 대출금, 세액 공제 등의 형태로 들어가는 지원금이 얼마나 어마어마한지를 비교해 보자. 2014~2015학년에 대학 쪽으로는 총 1,620억 달러가 들어갔다. 이와는 대조적으로 교육부가 경력 및 직업 교육을 위해 쓴 지원액은 11억 달러 정도였다.[99]

여기에 덧붙여 소힐은 심지어 경력 및 기술 교육 지원금과 실업 노동자의 구직 훈련 지원금을 합쳐 보더라도 "연방 차원에서 이러한 직업 관련 프로그램 관련 지출은 연간 200억 달러에 그친다"[100]고 지적한다.

미국 정부가 노동자 훈련과 재훈련을 위해 쓰는 돈의 액수는 고등교육 관련 지출액수와 비교할 때만 약소한 게 아니다. 다른 나라가 쓰는 비용과 비교해도 그렇다. 경제학자들이 '능동적인 노동시장 정책'으로 표현하는 정책은 노동자들이 직업 시장이 필요로 하는 기술을 갖추도록 돕는 정부 프로그램을 말한다. 그런 정책은 노동시장이 그 자체로는 부드럽게 돌아가고 있지 못하는 현실에 대응하려는 것이다. 직업 훈련과 알선 프로그램은 종종 노동자들이 자기 기술에 맞는 일자리를 찾는 데 필요하다. 소힐은 경제 선진국들이 평균 GDP의 0.5퍼센트를 능동적 노동시장 프로그램에 투자하고 있음을 보여준다. 프랑스, 핀란드, 스웨덴, 덴마크는 그런 프로그램에 GDP 1퍼센트 이상을 쓰고 있다. 반면 미국은 겨우 0.1퍼센트만 쓴다. 그것은 교도소 유지에 쓰는 비용보다 적다.[101]

능동적 노동시장 정책에 미국이 무관심한 것은 수요(이 경우에는 노동수요)와 공급이란 자동적으로 맞춰지기 마련이라는 시장 신앙에서 비롯되었는지도 모른다. 그러나 이는 또한 고등교육이 기회의 주 원천이라는 능력주의적 신념도 반영하고 있다. 소힐은 이렇게 썼다. "미국이 고용과 훈련을 모른 체하는 이유 하나는 고등교육 지원에 온통 관심이 쏠려 있기 때문일 수 있다. 모든 사람이 대학에 갈 필요가 있다는 따위의 생각 등에서 말이다."[102]

그러나 우리가 보았다시피 미국인 중 겨우 삼분의 일만이 학사학위를 갖고 있다. 나머지 모두는 우리가 무서울 정도로 경시하고 있는 유형의 교육 훈련을 통해 수입이 좋은 일자리에 접근해야 한다. 아무리 야심찬 주장이라고 해도 4년제 대학 학위가 성공으로 가는 관문이라는 능력주의자들의 주장은 우리가 다수 사람들이 정말로 필요로 하는 교육이 무엇인지 헷갈리도록 한다. 그러한 헷갈림은 우리 경제만 멍들게 하는 것이 아니다. 노동계급이 하는 유형의 일에 대한 존중이 사라지도록 한다.

명망의 위계질서

인재 선별기가 끼친 폐해를 바로잡으려면 직업 훈련에 예산을 더 많이 투입하는 것 이상이 필요하다. 우리가 여러 다른 일들 사이에서 무엇을 더 높이 평가하는지에 대한 재고가 있어야 한다. 이를 시작하는 한 가지 방법은 명품 브랜드 대학에 등록한 학생들의 명예를 드높이고 지역사회 대학이나 기술 및 직업훈련학교 등록자들의 명예는 별로 쳐주지 않는 명망의 위계질서를 뒤엎어 버리는 것이다. 배관공이나 전기기술자, 치과위생사 등이 되는 법을 배우는 일은 공동선에 기여하는 훌륭한 과정으로 존중받아 마땅하다. SAT 점수가 낮은 사람이나 아이비리그 대학에 갈 만한 재력이 없는 사람이 울며 겨자 먹기로 선택하는 과정으로 여길 게 아니라 말이다.

고등교육은 그 영예의 대부분을 그것이 공언한 고등 목표에서 찾아야 한다. 그것은 학생들이 직업 세계에서 필요한 역량을 갖추게만 하는 것으로 끝나지 않는다. 그들이 도덕적인 인간이자 민주적인 시민으로서 공동선에 대해 숙고할 수 있는 사람이게끔 준비시키는 것도 필요하다. 도덕철학과 정치철학을 가르쳐온 나는 도덕교육 및 시민교육의 중요성을 확신하고 있다. 그러나 왜 4년제 대학들이 그런 임무를 도맡아야 하는가? 시민의 민주주의 교육에 대한 보다 포용력 있는 생각은 대학의 시민교육에만 한정하는 입장에 반대할 것이다.

무엇보다 먼저 명문대들은 이 과제를 잘 해내지 못하고 있음부터 알아야겠다.[103] 대체로 그들은 도덕 및 시민교육 관련 과목을 많이 개설하지 않는다. 또한 학생들이 공공 문제에 대해 좀 더 현실적으로 판단할 수 있게 도와줄 역사 과목 등도 중시하지 않는다. 대신 '가치중립적'인 사회과학 과목들이 앞서나가는 한편, 좁은 범위에다 고도로 전문적인 내용을 다루는 강좌들이 늘고 있다. 덕분에 도덕 및 정치철학에 관련된 큰 문제들을 따져볼 기회, 그리고 도덕 및 정치적 고정관념들에 대해 비판적 시각을 갖게 해줄 기회는 줄어들고 있다.

물론 예외는 있다. 그리고 많은 대학들이 학생들에게 이런 저런 윤리학이나 시민교육 과정을 이수하도록 요구하고 있다. 그러나 대부분의 경우 오늘날 우리의 잘나간다는 대학들은 근본적인 도덕 및 시민적 문제들에 대해 논리적 추론과 숙고를 할 역량을 키우기보다는 기술관료적 스킬과 기술관료적 세계관에 대해 주입시키는 일에 주력하고 있다. 이는 지난 두 세대 동안 이어진 집권 엘리트의 잘못에 기여했을 수 있고, 공적 담론에서 도덕 논의가 실종된 데도 한몫했을 수 있다.

그러나 명문대들이 도덕 및 시민교육을 어떻게 운영하는지에 대한 나의 평가가 지나치게 박한 것일지는 몰라도, 4년제 대학들이 도덕교육과 시민교육에서 유일한 중심이 되어야 할 까닭은 없다. 사실 상아탑 밖에서의 시민교육은 오랜 전통이다.

고무적인 사례 하나는 미국의 최초 노동조합 중 하나인 '나이츠 오브 레이버Knights of Labor'다. 이들은 공장에 독서실을 만들고 노동자들이 공공문제에 대해 스스로 알아볼 수 있도록 했다. 이러한 쪽의 수요는 시민 교육을 직업 세계에 녹아든 것으로 보았던 공화주의 전통에서 비롯되었다.[104]

문화역사학자 크리스토퍼 래시가 본 대로, 19세기에 미국을 찾은 외국인 방문자들은 삶의 구석구석에 배어 있던 평등에 놀랐다. 그 평등이란 부의 평등한 분배도, 심지어 출세의 기회가 평등하다는 것도 아니었다. 모든 시민이 거의 똑같은 기반에서 독립적으로 생각하고 판단할 수 있다는 것이었다.

시민권이 있다면, 사회의 가장 보잘 것 없는 구성원일지라도 다른 곳에서는 특권층에게만 한정되는 지식과 교양을 접할 기회가 자유롭다. 모두의 복지를 위해 기여하는 노동은 육체뿐 아니라 정신적인 형태도 띤다. 이런 말이 있다. "미국의 기술자들은 무식한 일꾼이 아니다. 개명되고, 사려 깊은 사람들로, 자기 손을 어떻게 쓸지 알 뿐 아니라 원리원칙을 어떻게 쓸지도 알고 있는 사람들이다." 기술자들을 위한 잡지는 이런 성찰적 주제를 계속해서 다룬다.[105]

래시는 더 넓은 관점에서 바라볼 때, 19세기 미국 사회의 평등주의적 성격은 사회적 이동성이 아니라 지성과 교육이 모든 계층과 직업에 널리 퍼져 있던 데서 나온다고 보았다.[106] 이는 능력주의적 선별이 망쳐 버린 평등의 유형이다. 능력주의는 지성과 교육을 고등교육의 상아탑에 온통 몰아넣어 두고서, 누구에게나 그 상아탑에 들어올 공평한 경쟁이 보장되리라고만 약속한다. 그러나 이런 방식의 접근권 배분은 노동의 존엄을 떨어뜨리며 공동선을 오염시킨다. 시민교육은 담쟁이가 넝쿨진 캠퍼스 못지않게 지역사회 대학, 직업훈련소, 노조에서 잘될 수 있다. 향상심 있는 간호사와 배관공들이 야심적인 경영 컨설턴트보다 민주적 논쟁에서 뒤떨어질 까닭은 없다.

능력에 따른 오만 혼내주기

능력의 가장 유력한 라이벌, '우리는 우리 운명의 주인이며 뭐든 우리가 얻은 것을 가질 자격이 있다'는 생각의 라이벌은 '우리 운명은 우리가 전부 통제할 수 없고 우리의 성공과 실패는 다른 누군가에게, 가령 신이거나, 운명의 장난이거나, 순간의 선택에 따른 예상 밖의 결과 등에 좌우된다'는 생각이다. 2장에서 보았듯 청교도들은 일관적인 은총의 윤리학이란 유지하기가 거의 불가능하다는 점을 깨달았다. 우리가 내세에서 구원받을지 현세에서 성공할지 우리 힘으로는 어쩔 수 없다는 믿음에 따라 사는 삶은 자유의 관념, 그리고 우리는 우리가 얻은 것을 가질 자격이 있다는 신념과 좀처럼 양립할 수 없다. 이는 어째서 능력주의가 우리의 호감을 사고 성공자들이 자기 성공은 자기 자신의

덕이라고 믿으며 마찬가지로 실패자들은 스스로를 비하하게 되기 쉬운가를 설명해 준다.

그러나 가장 기세등등하던 때조차 능력주의 신념은 그것이 약속한 것처럼 스스로를 완전히 통제할 수 있는 길을 열지 못했다. 연대의 근거 역시 제시하지 못했다. 패자에게 관대하지 않고 승자에게 압제적임으로써 능력주의는 폭군이 되었다. 그리고 그 폭군에게 우리는 그 고대의 라이벌을 대립시킨다. 이는 '삶의 작은 영역에서는 운수가 좌우할 수도 있다'는 것이다. 운을 소환하여 능력의 오만을 혼내주려 하는 것이다.

풍요로우면서도 경쟁이 치열한 아이들에게 가해지는 능력주의의 폭정을 보면, 내 십대 시절의 두 가지 경험이 떠오른다.

선별과 등급 구분이 과열되면서 내가 1960년대 말 캘리포니아 주의 퍼시픽 팰리세이드에서 다녔던 중학교와 고등학교까지 내려왔다. 당시 우열반 편성 열기가 얼마나 심했던지, 우리 고등학교에는 2,300명 정도의 학생이 있었지만 나는 언제나 우등반의 30~40명의 친구들하고만 지내야 했다. 8학년 때 수학 선생님은 그런 우열반 편성을 극단적으로 밀고 갔다. 아마 대수학인지 기하학인지 하는 과목 시간이었는데 정확하게는 기억나지 않는다. 아무튼 성적에 따라 앉는 줄이 달라야 했던 사실은 기억한다. 6개 줄 가운데 3번째 줄까지가 이른바 우등 분반이었고, 그 가운데서도 학생 개인별 성적대로 정확히 차례차례 앉아야만 했다. 그것은 시험이나 쪽지시험을 볼 때마다 앉는 자리가 매번 바뀐다는 뜻이었다. 이 희비극을 최고조로 끌어올리고자 선생님은 개인 시험 점수를 나눠주기 전에 자리 재배치부터 시켰다. 나는 수학을 잘했지만 최고는 아니었다. 보통은 두 번째 자리와 네 번째 또는 다섯 번째 자리 사이에 앉고는 했다. 케이라는 이름의 여자아이는 거의 언제나 첫 번째 자리를 차지했다.

열네 살 먹은 소년으로서 '나는 학교란 게 원래 이런 건가보다' 여길 수밖에 없었다. 잘하면 잘할수록 좋은 자리에 앉게 되는 것. 모두가 누가 가장 수학을 잘하는지 알고 있었고, 이번 또는 저번 시험에서는 누가 최고였고 누가 폭탄을 맞았는지 알 수 있었다. 그 때는 알아차리지 못했지만, 이것은 내가 생애 처음으로 능력주의와 마주한 순간이었다.

우리가 10학년이 되었을 때는 등급 정하고 나누기가 최악에 이르렀다. 첫째 줄에 앉는 학생들은 대부분 성적에 목을 맸으며, 그것은 모두가 마찬가지였다. 우리는 무섭게 경쟁했다. 너무 석차에 열을 올린 나머지 지적 호기심 자체가 증발하는 상황이었다.

우리 10학년 때 생물 선생님의 이름은 판헴이었다. 늘 인상을 쓰고 나비넥타이를 매고 다녔는데, 수업 시간마다 교실을 뱀, 도마뱀, 물고기, 생쥐 등등의 신기한 야생동물들로 채워서 놈들의 말썽으로 정신없게 만들곤 했다. 하루는 그가 우리에게 돌발 퀴즈를 냈다. 종이를 한 장씩 꺼내서 1번부터 15번까지 적고, 답이 맞는지 틀리는지 적으라고 했다. 당황한 학생들이 문제도 없이 어떻게 답을 적으라는 거냐고 묻자, 그는 각자 문제를 생각해서 맞나 틀리나 답을 쓰면 된다 했다. 학생들은 "이 말 같지 않은 시험도 성적에 들어가느냐"고 걱정스레 질문했고, 선생님은 "물론, 당연하지"라고 대답했다.

그 때 나는 이것이 엽기적인 농담 아니면 놀이일 뿐이라고 생각했다.

그러나 돌이켜보면 판햄 선생님은 그 나름대로 능력주의의 폭정에 저항했던 것 같다. 그는 우리가 선별과 분투의 도가니에서 한 발 물러나 그냥 지긋이 도마뱀을 바라보기를, 그 동물이 얼마나 신비한 존재인지를 충분히 보고 즐기기를 원했을 것이다.

CHAPTER 7

일의
존엄성

RECOGNIZING WORK

7

RECOGNIZING WORK

제2차 세계대전 종전 후 1970년대까지, 대학 학위가 없어도 좋은 일 자리를 구하고 가족을 부양하고 편안한 중산층의 삶을 사는 일이 가능 했다. 이는 이제는 훨씬 어려운 일이 되어버렸다. 지난 40년 동안 대졸 자와 고졸자의 수입 격차(경제학자들이 "대졸자 프리미엄"이라 부르는)는 두 배로 늘어났다. 1979년, 대졸자는 고졸자보다 40퍼센트 정도 많은 수입을 올렸다. 2000년대에는 80퍼센트까지 높아졌다.[1]

세계화 시대가 고학력자에게는 많은 보상을 해주었지만, 일반 노동 자들에게는 아무 것도 주지 않았다. 1979년에서 2016년까지 미국 제 조업 일자리의 수는 1,950만에서 1,200만까지 줄었다.[2] 생산성은 올 랐다. 그러나 노동자들은 자신의 생산품 가격에서 갈수록 더 적은 몫 을 차지하게 되었다. 반면 경영자와 주주의 몫은 점점 더 많아졌다.[3] 1970년대 말 주요 미국 기업 CEO는 일반 노동자보다 30배 정도 많 은 보수를 받았다. 2014년 그것은 300배로 늘어났다.[4]

미국 남성의 중위소득은 물가 연동 실질 가격으로 볼 때 반세기 동안 담보 상태다. 1979년 이후 일인당 국민소득은 85퍼센트 늘어났지만, 비대졸자 백인 남성의 소득은 1979년 당시보다 실질적으로 낮다.[5]

일의 존엄성 하락

————

그러니 그들이 불행감에 시달리는 건 이상할 게 없다. 그러나 그들을 불행하게 만드는 것은 경제적 곤경만이 아니다. 능력주의 시대는 노동자들에게 더 악랄한 상처를 입히고 있다. 그들이 하는 일의 존엄성을 깎아내리고 있는 것이다. 시험 점수를 잘 따고 대입 시험에서 성공한 사람들의 '브레인'을 칭송하면서, 인재 선별기는 능력주의적 학력이 없는 사람들은 시궁창에 빠트렸다. 그것은 학력이 낮은 사람들에게 이렇게 말했다. "당신이 하는 일은 돈 잘 버는 전문직업인들의 일에 비해 시장에서 별 가치가 없어요. 공동선에도 별 기여를 하지 않죠. 당연히 사회적 인정이나 명망도 별로 따라붙지 않아요." 그것은 시장이 승자에게 퍼붓는 과도한 보상을 정당화함과 동시에 비대졸자 노동자에게 던져 주는 쥐꼬리 만한 보상도 당연시했다.

누가 뭘 가지는 게 정당한가에 대한 이런 식의 사고는 도덕적으로 용납할 수 없다. 앞서(5장) 따져본 이유에 따라 이런 저런 직업의 시장 가치가 그것이 공동선에 기여하는 정도와 비례한다고 보면 오류다(부유한 마약 딜러와 박봉의 고등학교 교사 이야기를 떠올려보라). 그러나 지난 수십 년 동안 우리 사회에는 '우리가 버는 돈이 우리의 사회적 기여도를 반영한다'는 생각이 뿌리 깊게 내려버렸다. 그런 주장은 공적 문화 곳곳에서 메아리친다.

능력주의적 선별은 이런 아이디어를 더욱 굳힌다. 1980년 이래 중도 우파 또는 중도 좌파 주류 정당들의 힘을 빌린 신자유주의적 또는 시장 중심적 세계화 역시 그렇다. 세계화가 극심한 불평등을 초래했어도, 이두 가지 세계관(능력주의와 신자유주의)은 그에 대한 저항력의 핵심을 분쇄했다. 이들은 또한 노동의 존엄성도 깎아내려, 엘리트에 대한 분노와 정치적 반격에 불을 지폈다.

2016년 이후 시사평론가와 학자들은 포퓰리즘의 불만에 대해 논쟁해왔다. 그것은 일자리 감소와 임금 정체 때문인가 아니면 문화적 변동 때문인가. 그러나 그것들로만 설명하기에는 부족하다. 일은 경제인 동시에 문화인 것이다. 그것은 생계를 꾸려나가기 위한 방법이자 사회적 인정과 명망을 얻는 원천이다.

그래서 세계화가 일으킨 불평등이 왜 그토록 강력한 분노로 이어졌는지 설명된다. 세계화에 뒤처진 사람들은 다른 이들은 번영하는 동안 경제적 곤경에 처했을 뿐만이 아니다. 그들은 그들이 종사하는 일이 더 이상 사회적으로 존중받지 못함을 깨달았다. 사회의 눈에, 그리고 아마 스스로의 눈으로도 그들의 일은 더 이상 공동선에 대한 가치 있는 기여라고 비쳐지지 않는다.

비대졸 노동계급원들은 도널드 트럼프에게 몰표를 안겼다. 불만과 증오를 앞세우는 그의 정치에 그토록 많은 사람들이 이끌렸다는 사실은 사람들이 단지 경제적 곤란 때문에만 어려워한 게 아님을 보여준다. 트럼프 당선 전까지 무직률이 줄곧 높아진 것도 같은 맥락이다. 능력주의적 학력이 없는 사람들의 직무 환경이 열악해지면서, 노동 연령의 사람들이 아예 일을 손에서 놓아 버리는 일이 많아진 것이다.

1971년에는 백인 노동계급의 93퍼센트가 고용되어 있었다. 2016년 그 수치는 80퍼센트로 떨어졌다. 일자리가 없는 20퍼센트 가운데 아주 소수만이 구직 활동을 하고 있었다. 그들의 기술에 무관심한 노동 시장의 모욕에 절망이라도 한 듯, 대부분은 아예 주저앉은 상태였던 것이다. 구직 포기는 비대졸자 가운데서 특히 심했다. 2017년에는 최고 학력이 고졸인 미국인 가운데 겨우 68퍼센트만이 취업 상태였다.[6]

절망 끝의 죽음

———

그러나 미국 노동계급의 마음의 상처로 빚어진 현상은 구직 포기뿐만이 아니다. 다수가 삶 그 자체를 포기한다. 최악의 비극적 지표는 '절망 끝의 죽음Deaths of Despair'이 늘고 있다는 점이다. 이 표현은 최근 놀라운 발견을 해낸 프린스턴대의 경제학자 앤 케이스와 앵거스 디튼이 만들었다. 20세기 들어 현대 의학이 질병을 몰아붙이면서 기대 수명은 계속적으로 늘어났다. 그러나 2014년에서 2017년 사이 그것은 증가세를 멈추더니 오히려 줄어들었다. 100년 만에 처음으로 미국인의 기대수명은 3년 연속 내림세를 보였다.[7]

그것은 의학이 새로운 치료법이나 질병 대처법을 찾지 않고 있기 때문이 아니다. 케이스와 디튼은 사망률의 증가가 자살, 약물 과용, 알코올성 간질환의 만연에 따른 것임을 알아냈다. 그들은 이 만연 현상을

'절망 끝의 죽음'이라 불렀는데, 그 대다수가 여러 방법을 통해 스스로 불러들인 죽음이기 때문이었다.[8]

지난 10년간 계속 늘어난 이런 죽음은 특히 중년 백인 남성 사이에서 많았다. 45세에서 54세 사이의 백인 남성과 여성에게 절망 끝의 죽음은 1990년에서 2017년 사이 세 배로 늘었다.[9] 2014년 처음으로 이 집단에 속하는 사람들이 심장마비보다 약물, 알코올, 자살로 숨지는 경우가 많게 나타났다.[10]

노동계급 사회와 좀 떨어져 사는 사람들의 경우 이 위기는 잘 드러나지 않는다. 얼마나 많이 죽어가고 있는지는 일반의 무관심 때문에 가려진다. 그러나 2016년에는 미국인 가운데 약물 과잉으로 한 해에 죽는 숫자가 베트남 전쟁 전체 사망자보다 많아지는 지경까지 이르렀다.[11] 〈뉴욕타임스〉 칼럼니스트인 니콜라스 크리스토프는 더욱 놀랄 만한 비교를 들었다. 이제 절망 끝의 죽음으로 2주 동안 희생되는 미국인은 아프가니스탄과 이라크에서 18년 동안 희생된 숫자보다 많다.[12]

이런 음울한 전염병은 왜 생겨났을까? 학력 문제에 가장 취약한 사람들에게서 그럴듯한 근거를 찾을 수 있다. 케이스와 디튼은 다음과 같은 사실을 발견했다. "절망 끝의 죽음 사례의 증가는 학사학위가 없는 사람들 사이에서 거의 예외 없이 발생하고 있다. 4년제 대학 학위가 있는 사람들은 대부분 이런 사례에서 제외된다. 대학 졸업장이 없는 사람들이 가장 위험한 상황에 처해 있다."[13]

중년(45세~54세) 백인 남성과 여성의 전반적인 사망률은 지난 20년 동안 별 변화가 없었다. 그러나 교육을 기준으로 해보면 사망률에 큰 차이가 난다. 1990년대 이후 대학 졸업자의 사망률은 40퍼센트 감소했다. 비대졸자의 경우에는 25퍼센트 늘었다. 여기서 학력의 가치가 또 하나 드러나는 셈이다. 만약 학사학위가 있는 중년이라면 그렇지 않은 동년배에 비해 사망 확률이 사분의 일밖에 되지 않는다.[14]

절망 끝의 죽음은 이런 차이의 대부분을 뒷받침한다. 저학력자는 오랫동안 대졸자에 비해 알코올, 약물, 자살로 죽을 위험이 높았다. 그러나 죽음에 있어서의 학력 간 균열은 최근에 급격히 커지기 시작했다. 2017년 비대졸자는 대졸자보다 절망 끝의 죽음에 희생되는 경우가 세 배나 많았다.[15]

이는 빈곤에 따른 불행이며, 학력 간 균열에 따른 사망률의 차이는 단지 저학력자가 가난할 경우가 많기 때문으로 볼 수도 있겠다. 케이스와 디튼도 그런 가능성을 고려했다. 그러나 그것은 충분한 설명이 되지 못함을 발견했다. 1999년에서 2017년 사이 절망 끝의 죽음의 급격한 증가는 그에 비례하는 빈곤의 급격한 증가 같은 현상을 동반하지 않았다. 또한 주州별로 조사했을 때 자살, 약물 과용, 알코올에 의한 죽음과 빈곤률 상승 사이에는 이렇다 할 상관관계가 나타나지 않았다.

물질적 빈곤보다 더한 뭔가가 죽음에 이르는 절망을 이끌어낸다. 학력이 모자란 사람이 능력주의 사회에서 특별히 겪는 고통이 있다면 명예와 보상의 문제다. 케이스와 디튼은 이렇게 결론을 내린다. "절망 끝의 죽음이란 저학력 백인 노동자에게 장기적이고 완만한 삶의 방향 상실을 나타낸다."[16]

학위가 있는 사람과 없는 사람 사이에 벌어지는 격차는 죽음에서뿐만 아니라 삶의 질에서도 드러난다. 비대졸자는 삶의 고통이 늘어가는 것을 겪는다. 건강은 나빠지고 정신적 스트레스는 심각해지며 일과 사회생활을 감당할 능력은 떨어진다. 그들 사이의 격차는 수입, 가정의 안정성, 지역사회에서의 위치 등에서도 벌어진다. 4년제 대학 학위는 사회적 지위의 핵심 지표가 되었다. 마치 비대졸자의 경우 옷에 '학사학위BA' 글자 위 빨간 줄을 그은 '주홍색' 배지를 달도록 요구하는 것처럼 말이다.[17]

이런 삶의 조건은 슬프게도 마이클 영의 예견을 뒷받침한다. "능력을 지나치게 따지는 사회에서는 많은 재능을 무가치하게 평가하기가 쉽다. 하층계급이 이처럼 도덕적으로 취약해진 적은 없다."[18]

이는 또한 존 가드너가 1960년대 초에 했던 '탁월함'에 대한 언급과 교육의 인재 선별 기능에 대한 으스스한 기억을 소환한다. 능력주의의 악영향을 인정하면서 그는 스스로 생각하고 있는 것보다 더 많은 사실을 은연중에 드러냈다. "모든 젊은이가 자신의 능력과 야심이 허용하는 한 성공할 수 있도록 해주는 시스템의 아름다움에 빠진 사람은, 필요한 능력이 없는 사람이 겪는 고통을 간과하기 쉽다. 그러나 언제나 고통은 존재하며, 존재해야만 한다."[19]

두 세대 뒤 고통을 억누르는 약물인 옥시코돈이 등장했음에도 불구하고 증가한 사망률은, 능력주의적 인재 선별의 어두운 결과를 드러냈다. 선별에서 버려진 사람들의 일이 거의 대접을 못 받는 세상의 어두움을 말이다.

분노의 원인

2016년 공화당 예비선거에서 기성 체제에 대항하는 후보자로 나선 도널드 트럼프는 절망 끝의 죽음 비율이 가장 높은 지역에서 최고의 성과를 거두었다. 카운티별로 선거 분석을 해본 결과 소득 변수를 통제한 상태에서도 중년 백인의 사망률이 높은 지역일수록 트럼프에 대한 지지율이 높은 것으로 나타났다. 비대졸자 비율이 높은 지역 역시 마찬가지였다.[20]

트럼프의 당선에 주류 평론가들과 정치인들이 깜짝 놀랐던 까닭 중 하나는, 상당 기간 진행된 '엘리트층의 거들먹거리는 문화'의 문제점을 알아차리지 못했거나 심지어 동참했기 때문이었다. 이 문화는 대체로 능력주의 선별 프로젝트와 시장 주도적 세계화가 키운 불평등에서 비롯되었다. 그러나 미국인의 삶에는 그런 표현이 곳곳에 녹아 있다. TV 시트콤 〈올 인 더 패밀리〉에 나오는 노동계급 아버지, 아치 벙커라거나 애니메이션 〈심슨 가족〉의 아버지 역할 호머 심슨은 대체로 어릿광대 같은 캐릭터. 미디어학자들은 TV 속 블루컬러 아버지들은 무능하고 우둔하며 놀림감이 되기 일쑤고, 대개 더 유능하고 센스 있는 아내에게 휘둘리는 모습으로 나타난다고 분석한다. 상류 및 중류 그리고 전문직업인은 보다 호의적으로 묘사된다.[21]

노동계급에 대한 엘리트의 경멸은 일상 언어에서도 느낄 수 있다. 샌프란시스코 헤이스팅스 법과대학에서 교수를 맡고 있는 존 윌리엄스는 진보파들이 "계층 인지 감수성이 없다"[22]며 비판했다.

다른 곳에서는 점잖게 행동하는 엘리트들(대체로 진보 성향)은 자신도 모르게 노동계급 백인을 낮춰 보는 태도를 취한다. 우리는 "배관공의 헛짓거리"에 짜증나서 "촌동네 출신Flyover States"*인 "판잣집 쓰레기들Trailer Trash"*을 욕하는 말을 종종 듣는다. 농담이라는 명목 아래 대놓고 특정 계층을 비하하는 표현들이다. 이런 거들먹거림은 정치 캠페인에도 영향을 준다. 가령 힐러리 클린턴이 "딱한 사람들"이라고 언급한 것이나 버락 오바마가 "총과 종교에 목숨 거는 사람들"이라고 한 것 등을 들 수 있다.[23]

> *
> **Flyover States**
> 미국 동부와 서부 사이의 지역을 지칭하는 말로, 경제적으로 낙후하고 문화적 수준도 낮은 지역이라고 비하하는 표현이다.
>
> *
> **Trailer Trash**
> 원문대로라면 "트레일러 집에서 사는 쓰레기들". 제대로 된 단독주택을 얻을 여유가 없어 트레일러를 집으로 개조해 근근히 살아가는 사람들을 비하하는 표현이다.

윌리엄스는 이렇게 지적한다. "경제 관련 분노는 인종 관련 불만에 기름을 부었으며, 이는 일부 트럼프 지지자들(그리고 트럼프 본인)의 경우 공공연한 인종주의적 폭언으로 불거졌다. 그러나 백인 노동계급의 분노를 단지 인종주의에 불과하다고 본다면 그건 지식계급의 안일한 분석이다. 이러한 분석은 위험하다."[24]

노동과 계급에 대한 책을 쓴 언론인인 바버라 에렌라이크도 비슷하게 보았다. 그녀는 1935년에 뒤보아가 쓴 글을 인용했다. "백인 노동자 집단은 낮은 급여를 받지만 그것을 공적, 심리적 급여로 보충한다는 점에 대해 기억해야 한다. 흑인과 달리 백인 노동자 시민들은, 모든 계급의 백인은 공적 역할을 하고 공원과 최상의 공립학교를 다닐 권리가 있다고 본다."[25] 이런 "공적, 심리적 급여"는 오늘날 "백인의 특권"이라는 이름으로 불린다.

민권운동 이후 이런 괴이한 심리적 급여를 뒷받침했던 흑백인종분리는 소멸했다. 에렌라이크는 이에 대해 "가난한 백인에게 '누군가는 나보다 더 사정이 나쁘고 더 멸시받는다'는 위안이 없어지는 꼴이 되었다"고 본다. 하층계급 백인의 인종주의를 혐오하는 자신이 옳다고 여기는 자유주의 엘리트는, 인종주의를 단죄한다는 점에서는 분명 옳다.[26] 그러나 그들은 '백인의 특권'을 백인 노동계급에게 들먹이며 비난하는 게 어떻게 그들에게 무력감과 울분을 심어주는지 이해하지 못한다. 이는 노동계급이 가진 기술을 비웃는 능력주의 질서 아래서 어떻게든 명예와 인정을 얻으려고 발버둥 치는 그들을 무시하는 태도다.

매디슨 위스콘신주립대의 정치학 교수인 캐서린 크레이머는 5년간 위스콘신 전역의 교외 지역 주민들을 인터뷰해 연구를 마쳤다. 그리고 '분노의 정치'가 고개를 들고 있음을 파악했다.[27] 교외 지역 거주민들은 자격 없는 사람들에게 너무 많은 세금과 정부의 관심이 돌아가고 있다고 여겼다. "자격 없는 사람들이란 복지 혜택을 받는 소수 인종을 포함한다. 또한 나처럼 책상 앞에 앉아 게으름을 피우며 아이디어 말고는 아무 것도 생산하지 않는 도시의 전문직업인도 포함한다." 인종주의는 그들이 가진 분노의 일부일 뿐이라고 그녀는 설명한다. 하지만 그것은 "그들과 같은 사람, 그들과 같은 지역에 있는 사람들이 과소평가되고 존중받지 못하고 있다"는,[28] 보다 근본적인 생각과 맞물려 있다.

노동계급의 불만에 대해 가장 설득력 있는 연대기를 집필한 버클리 캘리포니아 주립대 사회학 교수, 앨리 러셀 혹실드는 그녀 스스로가 루이지애나 바유 카운티 출신이다. 보수적인 남부의 노동자들과의 '주방 테이블 수다'에서, 그녀는 어째서 정부 지원이 절실한 사람들이 그럼에도 불구하고 연방정부를 혐오하고 불신하는지(그들 지역에 환경 재앙을 가져온 석유 화학 기업들보다도 더) 이해해 보려고 했다. 그녀는 하나의 이야기를 엮어냈다. 그녀가 깨달은 내용을 재해석하고 재구성한 그것은 "(그녀가) 이야기를 나눈 사람들의 희망, 공포, 자부심, 수치심, 분노, 불안"[29] 등을 두루두루 묘사하고 있다.

그녀의 이야기는 경제적 박탈과 문화적 소외의 복합물이다. "경제적 진보는 그들의 살림을 더 어렵게 했으며 소수 엘리트에게만 혜택을 주었다." 하위 90퍼센트의 사람들에게 아메리칸 드림 머신은 "자동화, 해외 아웃소싱, 다문화 정착민들의 위력 등등으로 작동이 멈춰버렸다. 동시에 그들 90퍼센트는 백인 대 유색인종 사이의 증폭된 경쟁(일자리, 인정, 정부 지원금 등등)에 휘말려야 했다."[30] 엎친 데 덮친 격으로, 아메리칸 드림의 차례를 참을성 있게 기다렸다고 여긴 사람들이 (흑인, 여성, 이민자, 난민 등등에게) '새치기를 당했다'고 여기게 되었다. 그들은 이런 상황에 분개했으며, 이것을 가능하게 만든 정치지도자들에게도 분노했다.[31]

자기 차례를 기다리고 있던 사람들은 이 새치기쟁이들뿐 아니라, 본인들을 "인종주의자", "보수 꼴통 Rednecks"*, "백인 쓰레기"라고 비하하는 엘리트들에게 불만이었다. 혹실드는 자신이 인터뷰했던 노동계급 구성원들의 그런 불만에 동정적인 태도를 보인다.

* **Rednecks**
주로 미국 남부의, 가난하고 학력이 낮은 노동자의 보수적 성향을 조롱하는 비하적 표현. 햇빛에 노출되어 일하다 보니 목 부분이 시뻘겋게 달아올라 있다 하여 '붉은 목'이라 부른다.

그들은 자신들의 땅에서 이방인이 되었다. 그들은 남들이 바라보는 대로 자기 자신을 정의할 수가 없어졌다. 남들의 시선과 개인적 명예가 뒤죽박죽이 되었다. 스스로 자부심을 느끼려면 뭔가 앞서가고 있다는 느낌(그리고 그렇게 보이고 있다는 느낌)이 필요하다. 그러나 자신들의 잘못은 없는데도 뭔가 모를 이유로, 그들은 퇴보를 거듭하고 있다.[32]

노동계급의 불만에 대한 진지한 대응은, 오늘날 공적 문화에 만연한 엘리트의 거들먹거리는 태도와 학력주의 편견과 맞서 싸우는 일을 포함해야 할 것이다. 또한 일의 존엄성 문제를 정치 어젠다의 중심에 놓는 일도 필요하리라. 그 일은 보기만큼 쉽지 않다. 다양한 이념적 배경에서 과연 무엇이 일의 존엄성이냐에 대해 (특히 세계화와 기술 혁신의 시대에) 다양한 주장이 있을 것이기 때문이다. 그 중에는 분명 그런 관념 자체를 위협하는 주장도 있을 것이다. 그러나 일을 명예롭게 하고 보상하는 방식은 사회가 공동선을 정의하는 방식의 중심부에 자리 잡고 있다. 일의 의미에 대해 생각함으로써 우리는 '안 그랬더라면 외면했을(또는 아예 인식도 못했을) 도덕 및 정치적 문제(오늘날 불만의 배경)'와 스스로 맞닥뜨리게 한다. 무엇이 공동선에 대한 의미 있는 기여인가, 그리고 우리는 시민으로서 서로에게 어떻게 배려해야 하는가?

일의 존엄성 되살리기

최근 불평등이 증가하면서, 그리고 노동계급의 분노가 힘을 모으면서 일부 정치인들은 일의 존엄성을 언급하기 시작했다. 빌 클린턴은 그 표현을 이전의 어떤 대통령보다도 많이 썼다. 도널드 트럼프도 툭하면 그 표현을 썼다.[33] 이는 정치적 스펙트럼을 통틀어서 정치인들의 관용 구가 되었다. 비록 각자에게 익숙한 정치적 입장을 변호하려는 취지이 기는 해도 말이다.[34]

어떤 보수파 정치인들은 복지 수혜를 삭감하는 이유로 일의 존엄성 을 내세웠다. 어떤 종류의 일은 게으름을 허용하지 않으며, 복지 혜택 은 자칫하면 그들이 정부에 의존하도록 몰아갈 수 있다는 이유였다. 트 럼프의 농무부 장관은 영양 보충 지원 프로그램(푸드스탬프) 대상을 축 소해야 한다며, "우리 국민 상당수를 차지하는 분들의 일의 존엄성을 복구하기 위해"서라고 했다. 주로 부자들에게 혜택이 돌아가는 2017 년의 법인세 삭감 법안을 옹호하며 트럼프는 그의 목표가 "모든 미국 인들이 일의 존엄성을, 봉급을 받을 때의 자부심을 알 수 있게 하는 것"이라 했다.[35]

자신들의 입장에서 자유주의자들은 때때로 사회안전망을 모색하거 나 강화하는 일에, 그리고 노동계급의 구매력을 높이는 일(최저임금 인 상, 의료보험 강화, 육아휴직, 주간아동보호, 저소득층에 대한 세액 공제 등등) 에 '일의 존엄성'을 들먹인다. 그러나 이러저러한 표피적 정책을 뒷받 침하려는 이런 언변은 2016년 트럼프의 승리로 이어진 노동계급의 분 개와 분노에 제대로 부응하지 못한다. 많은 자유주의자들은 그 사실에 당황했다. 어떻게 그렇게 많은 사람들이 그런 조치 덕에 경제적 혜택을 보고 있으면서도 그에 반대 입장인 후보자에게 표를 던질 수 있단 말 인가?

한 가지 친숙한 해답은 문화적 변동에 두려움을 느낀 백인 노동계급이 그들의 경제적 손익을 미처 따지지 못한 채 "가운뎃손가락으로 투표했다(일부 평론가들의 표현을 빌면)"는 것이다. 그러나 그런 설명은 너무 섣부르다. 그것은 경제적 이해관계와 문화적 지위 사이에 너무 극명한 구분을 짓고 있다. 경제 문제에 대한 고려는 각자의 주머니에 얼마나 들어오느냐의 문제만이 아니며, 각자가 경제 활동에서 갖는 역할이 사회적으로 어떤 평가를 받느냐도 포함한다. 40년 동안의 세계화 과정에서 뒤처지고 불평등까지 심화된 가운데, 고통은 단지 봉급 수준의 정체에서만 나오지 않는다. 그들은 오랜 두려움, 즉 '내가 고물이 되어버린다'는 두려움의 현실화에 직면하고 있다. 그들은 자신들의 기술이 더 이상 별 쓸모가 없어진 세상에 살고 있다.

1968년에 민주당 대선후보 지명을 바라던 로버트 케네디는 이 점을 이해하고 있음을 보여주었다. 실직자들의 고통은 다만 소득이 없다는 데서 나오지 않으며, 그들이 공동선에 기여할 길이 막혔다는 데서도 비롯된다. "실직은 아무 것도 할 일이 없다는 뜻입니다. 다른 사람들을 위해 아무 것도 할 일이 없다는 뜻이지요." 그는 설명했다. "일이 없는 사람은 동료 시민에게 불필요한 존재가 됩니다. 그것은 랠프 엘리슨이 쓴 《투명인간 the Invisible Man》이 현실화되는 것이죠."[36]

당시 사람들의 불만에 대해 케네디가 통찰한 내용은 오늘날 자유주의자들이 놓치고 있는 것이다. 그들은 노동계급과 중산층 유권자들에게 분배적 정의를 더 강화하겠다는 약속을 한다. 경제성장의 과실에 대해 더 공정하고 더 적극적인 접근을 보장하겠다는 것이다. 그러나 이 유권자들이 그보다 더 원하는 것은 그들이 정의에 더 기여할 수 있게 해달라는 것이다. 사회적 인정과 명망을 얻고, 다른 이들이 필요로 하고 가치를 두는 일을 할 기회를 달라는 것이다.

자유주의자들이 분배적 정의에 찍은 방점은 오직 GDP를 늘리는 게 최선이라는 입장에 적절한 균형추가 된다. 그것은 정의로운 사회는 전반적인 번영의 수준을 높이는 것으로 불충분하다는 생각을 반영한다. 그리고 소득과 부의 공정한 분배도 염두에 둔다. 이런 견해에 따르면 GDP 증대를 위한 정책들(가령 자유무역협정, 저임 국가로의 노동 아웃소싱 등등)은 승자가 패자에게 적절히 보상을 해줄 때만 정당하다. 예를 들어 세계화의 득을 본 기업과 개인의 증대된 이익은 세금을 통하여 사회안전망을 확충하고 실직 노동자들의 직업 훈련 지원비로 쓰여야 한다.

이런 접근은 미국과 유럽의 주류 중도좌파(그리고 일부 중도우파) 정당들이 1980년대 이래 취해 오던 접근이다. 세계화와 그것이 초래한 번영을 받아들이되 그 수익으로 국내 노동자들이 겪고 있는 고통을 위로하겠다는 것이다. 그러나 포퓰리즘적 반격은 그런 프로젝트를 부정했다. 폐허뿐인 과거를 통해 우리는 왜 그런 프로젝트가 실패했는지 돌아볼 수 있다.

무엇보다도 그러한 위로는 한 번도 이뤄진 적이 없다. 대신 신자유주의적 세계화는 불평등을 걷잡을 수 없이 늘리기만 했다. 경제 성장에 따른 거의 모든 수익은 최상층에게 돌아갔고, 대다수 노동계급의 사정은 거의 내지는 전혀 개선되지 못했다. 세금에 따른 조정 뒤에도 말이다. 이 프로젝트의 재분배 전망은 망가져 버렸는데, 부분적으로 금권정치 성향이 증대했기 때문이었다. 민주적 기구들이 '과두제적 장악'을 당한 것이다.

그러나 그보다 더한 문제가 있었다. GDP 증대에 중점을 두는 정책은 비록 뒤처진 사람들에 대한 배려가 동반되더라도, 생산보다 소비를 강조하게끔 했다. 따라서 우리는 생산자보다 소비자로서 자기 정체성을 재정립했다. 물론 실제는 우리 정체성은 양쪽 모두다. 소비자로서 우리는 우리가 버는 돈 거의 전부로 가능한 한 싸게, 원하는 재화와 용역을 구입하길 바란다. 그런 것들이 해외의 저임노동자의 손으로 만들어졌든, 고임금 미국 노동자의 손으로 만들어졌든 말이다. 그리고 생산자로서 우리는 만족스럽고 수입이 좋은 일자리를 바란다.

우리의 소비자 정체성과 생산자 정체성 사이를 조화시키는 일은 정치의 몫이다. 그러나 경제성장에 올인하는 세계화 프로젝트는, 그리고 소비자 복지 우선주의는 아웃소싱, 이민, 생산자 복지를 금전적 의미로만 풀이하는 방식이 가져오는 악영향에 눈을 감는다. 세계화를 주도하는 엘리트는 그것이 초래한 불평등을 제대로 인식하지 못했을 뿐 아니라, 그것이 일의 존엄성에 끼치는 악영향을 직시하지 못했다.

사회적 인정으로서의 일

노동계급과 중산층 가정의 구매력을 높여주는 것으로 그들의 곤경을 보상하려는 정책 대안, 또는 사회적 안전망 강화를 도모하는 정책 대안 등은 지금 한창 불붙고 있는 분개와 분노를 제대로 다루지 못한다. 이는 그 분노가 사회적 인정과 명망을 잃은 것과 관련되어 있어서다. 구매력의 저하도 분명 문제지만, 노동계급의 분노를 직접 촉발한 상처는 그들이 생산자로서의 지위를 상실했다는 사실이다. 이 상처는 능력주의적 인재 선별과 시장주도적 세계화가 주는 효과와 맞물린다.

이 상처를 인식하고 일의 존엄성을 복구해 줄 유일한 정치 어젠다는 정치를 통해 그들의 불만을 제대로 다루는 것이다. 그러한 어젠다는 분배적 정의만이 아니라 노동계급의 기여도에 대한 배려를 포함해야만 한다.[37] 이 분노가 적어도 부분적으로는 사회적 인정에 관련되어 있기 때문이다. 또한 소비자가 아닌 생산자로서의 역할에서 공동선에 기여하고 그에 따라 인정을 받는 의미를 되새길 수 있는 것이다.

소비자와 생산자 정체성의 대조는 공동선에 대한 두 가지의 서로 다른 이해 방법에 주목하게 한다. 첫 번째로, 경제정책 결정자들에게 익숙한 접근법은 '공동선이란 모든 사람의 선호와 이해관계의 집합'이라는 것이다. 이런 관점에서 보면 우리는 소비자 복지를 극대화함으로써 공동선을 달성할 수 있다. 그 첩경은 경제성장의 극대화다. 만약 공동선이 단지 소비자 선호에 부응하는 것이라면, 시장의 급여는 누가 얼마나 기여를 하고 있느냐에 대한 좋은 척도가 될 것이다. 가장 많은 돈을 버는 사람이 공동선에 가장 많이 기여하는 사람이리라. 그는 소비자가 가장 원하는 재화와 용역을 제공함으로써 그런 돈을 벌었기 때문이다.

두 번째 접근법은 이러한 소비자 중심적 공동선론을 기각하고, '시민적 개념'이라 불릴 만한 대안을 선호하는 것이다. 시민적 이상에 따르면 공동선은 단지 여러 선호를 합산하거나 소비자 복지를 극대화하는 것이 아니다. 그것은 우리의 선호들에 대해 비판적으로 접근하는 것, 다시 말해 이상적으로는 그것을 한 단계 위로 올리고 개선하는 것을 필요로 한다. 이를 통해 우리가 보람 있고 번영하는 삶을 살 수 있게 된다. 이는 경제 활동 자체만으로는 수립될 수 없다. 우리 동료 시민들과 어떻게 정의롭고 좋은 사회를 구현할지 논의해야 한다. 각자 시민덕을 배양하고, 정치 공동체에서 가치 있는 목표가 무엇인지 합리적으로 도출할 수 있어야 한다.[38]

따라서 공동선의 시민적 개념은 일정한 유형의 정치를 요구하며, 그것은 공적 숙의의 영역과 사안을 제시한다. 그러나 이는 또한 일에 대한 생각을 어느 정도 달리할 것도 요구한다. 시민적 개념의 관점에서 우리가 경제적으로 수행하는 가장 중요한 역할은 소비자보다는 생산자로서의 역할이다. 생산자로서 우리는 우리 동료 시민들이 필요로 하는 재화와 용역을 만들면서, 사회적 명망을 얻을 수 있는 역량을 계발하고 실행해야 한다. 우리가 기여하는 것의 진짜 가치는 우리가 받는 급여액으로 판단할 수 없다. 급여액은 경제학자이자 철학자 프랭크 나이트의 지적처럼(5장 참조) 수요과 공급의 우연적 상황에 좌우되기 때문이다. 기여분의 참된 가치는 우리 노력이 향하는 목표의 도덕적, 시민적 중요성에 달려 있다. 이는 아무리 효율적일지언정 노동 시장이 제공할 수는 없는 독자적인 도덕 평가와 연관된다.

경제 정책이 궁극적으로 소비를 위해 존재한다는 생각은 오늘날 하도 익숙해져서 그런 생각을 넘어서기가 어려울 정도다. "소비는 모든 생산의 유일한 목표이자 의미다." 애덤 스미스가 《국부론 *The Wealth of Nations*》에서 한 말이다. "그리고 생산자의 이익 추구는 오로지 소비자의 이익을 증진시키는 데 있어야 한다."[39] 존 케인스도 "소비란 모든 경제 활동의 유일한 목표이자 대상이다"[40]라고 함으로써 스미스의 주장에 동조했다. 그리고 이는 지금의 경제학자들 대부분도 동의하는 내용이다. 그러나 더 오래된 전통적 도덕사상과 정치사상은 생각이 다르다. 아리스토텔레스는 인간의 번영이 '우리의 본질을 우리 역량의 배양과 실행을 통해 실현하는 데 있다'고 보았다. 미국 공화주의 전통은 일정한 직업(먼저 농업, 그 다음은 수공업, 그리고 널리 자유노동이라고 이해되는 것)은 시민들의 자기 통치가 가능하도록 미덕을 계발해 주는 것이라고 여겼다.[41]

20세기에 공화주의 전통의 생산자 윤리는 소비자 중심적 자유 윤리와 경제성장 위주의 정치경제학에 밀려났다.[42] 그러나 복잡한 사회에서도 '일은 시민들을 기여와 상호 인정의 틀 안에 묶어 주는 역할을 한다'는 생각이 완전히 사라지진 않았다. 때때로 이는 고무적인 표현으로 재인식된다. 테네시 주 멤피스에서 암살 직전 행한 연설에서, 마틴 루터 킹 목사는 청소 노동자들의 존엄을 그들이 공동선에 기여하는 점에 결부시켜 이야기했다.

언젠가 우리 사회는 청소 노동자들을 존경하게 될 것입니다. 이 사회가 살아남을 수 있다면 말이죠. 따져 보면 우리가 버린 쓰레기를 줍는 사람은 의사만큼이나 소중한 존재입니다. 그가 그 일을 하지 않는다면 질병이 창궐할 테니까요. 모든 노동은 존엄합니다.[43]

1981년의 회칙 "인간의 일에 대하여"에서, 교황 요한 바오로 2세는 "일을 통해 사람은 인간으로서 충족되고, 그리하여 '더 인간다운 인간'이 된다"고 밝혔다. 그는 또한 일을 공동체와 결부된 것으로 보았다. "일은 인간의 가장 심층적인 정체성이 국가 전체와 이어지도록 해준다.

그리고 그의 일은 그의 동포와 함께 공동선을 계발하도록 해준다."[44]

몇 년 뒤 가톨릭 추기경 전국협의회는 경제 관련 사회교육에 대해 가톨릭 교회의 자세한 입장을 담은 〈목회 서한〉을 내놓았다. 그것은 '기여'에 대한 명백한 정의를 담고 있었다. "모든 사람은 사회생활에서 적극적이고 생산적인 참여자가 될 책임이 있다. 그리고 정부는 경제 및 사회 제도를 정비하여 사람들이 자신들의 자유를 존중받고 노동의 존엄을 인정받을 수 있도록 할 의무가 있다."[45]

일부 세속 철학자들도 같은 목소리를 냈다. 독일 사회이론가 악셀 호네트는 오늘날 소득과 부의 분배에 대한 논쟁은 인정과 명망에 대한 갈등으로 이해하는 게 가장 적합하다고 보았다.[46] 그는 이러한 생각이 헤겔(난해하기로 악명 높은 사상가)에게서 연유했다고 밝히긴 했지만, 고액 연봉을 받는 운동선수를 놓고 벌어지는 연봉 논쟁에 참여해 본 스포츠 팬이라면 아마 직관적으로 이해할 것이다. 팬들이 한 선수에게 "이미 수백만 달러를 받고 있으면서 더 달라고 하느냐"고 불평하면 그 선수는 거의 이렇게 대답할 것이다. "돈이 문제가 아닙니다. 존중받느냐가 문제죠."

이것이 '인정 투쟁'이라는 용어를 통해 헤겔이 말하려던 것이었다. 수요를 효율적으로 충족시키는 시스템을 넘어, 노동 시장은 인정을 부여하는 시스템이라는 게 헤겔의 생각이다. 그것은 단지 소득만으로 노동에 보상하는 게 아니며, 각 개인의 일을 공동선에 대한 기여로 공적 인정을 해준다. 시장 자체는 노동자들에게 기술이나 인정을 부여하지 않으며, 그래서 헤겔은 노동조합이나 길드 같은 기구를 제안한다. 그런 기구는 각 노동자의 기술이 공적 명망을 얻을 만한 기여를 하기에 충분함을 보장해준다. 간단히 말해 헤겔은 그의 시대에 등장한 자본주의적 노동 기구는 오직 두 가지 조건에서 윤리적으로 정당하다 보았다. "첫째, 최저 임금을 보장해야 한다. 둘째, 모든 근로 활동에 있어 공동선에 기여할 수 있도록 구조를 마련해 주어야 한다."[47]

80년 뒤 프랑스 사회이론가 에밀 뒤르켐은 헤겔의 노동론을 토대로 "노동분업은 사회적 연대의 원천이 되어야 하며, 모든 이들은 공동체에 기여한 실제 가치에 근거해 보상받아야 한다"고 주장했다.[48] 스미스, 케인스, 그리고 여러 현대 경제학자들과 다르게 헤겔과 뒤르켐은 일이 소비만을 위한 수단이라고 여기지 않았다. 대신 그들은 '일은 그 최선에 있어 사회적 통합 활동이며 인정의 장이고, 공동선에 기여해야 한다는 우리의 책임을 명예롭게 수행하는 방식'이라고 보았다.

기여적 정의

양극화는 심화되고, 다수의 노동자들이 무시당하고 외면당한다고 여기고 있어 사회적 응집과 연대의 원천이 절망적으로 필요한 지금, 일의 존엄에 대한 보다 건실한 생각이 주류 정치 논의로 파고 들어야 하리라 본다. 그러나 아직까지 그런 조짐은 없다. 왜 그럴까? 왜 주된 정치 어젠다는 정의의 기여적 측면을 거부하며, 그 기반이 되는 생산자 중심 윤리를 외면하는 것일까?

해답은 단지 우리가 소비를 너무 사랑한다는 데 있을지 모른다. 또한 '경제성장이 최고'라는 믿음 역시 한몫하고 있을지도 모른다. 그러나 사실 더 깊은 곳에 무언가가 있다. 그것이 약속하는 물질적 혜택을 넘어 경제성장을 공공정책의 최우선 과제로 삼는 까닭은 우리 사회처럼 갈등이 많은 다원적 사회에 매력적이라서다. 이는 골치 아픈 도덕 논쟁을 우회할 빌미가 된다.

인생에서 뭐가 중요한지에 대한 견해는 제각각이다. 잘사는 삶이란 어떤 것인지에 대해서도 의견 일치가 안 된다. 소비자로서 각자의 기호와 욕망은 다르다. 이러한 차이 앞에서 소비자 복지를 극대화한다는 것은 경제 정책의 가치중립적인 목표로 여겨진다. 소비자 복지가 목표라면 각자 다양한 선호에도 불구하고 많은 편이 적은 편보다 나을 것이기 때문이다. 경제성장 과실을 어떻게 분배할 것인지에 대한 의견 충돌은 당연히 일어난다. 따라서 분배 정의에 대한 논쟁은 필요하다. 그러나 '경제 파이를 키우는 게 작아지는 것보다는 낫다'는 데는 모두가 동의할 것이라 여겨진다.

이와 달리 기여적 정의는 인간의 좋은 삶이나 최선의 인생 방식에 대해 중립적이지 않다. 아리스토텔레스에서 미국 공화주의자들에 이르기까지, 헤겔에서 가톨릭 사회교육에 이르기까지 기여적 정의의 이론은 '우리는 공동선에 기여할 때만 완전한 사람이 되며, 우리가 한 기여로부터 우리 동료 시민들의 존경을 얻는다'고 가르친다. 이 전통에 따르면 근본적인 인간 욕구는 우리가 공동생활을 하는 사람들에게 필요한 존재가 되는 것이다. 일의 존엄성은 그런 필요에 부응하는 우리 역량의 발휘로 이루어진다. 이것이 좋은 삶을 사는 것이라면 소비를 '모든 경제 활동의 유일한 목표이자 대상'이라 보는 것은 잘못이다.

GDP의 규모와 분배에만 관심이 있는 정치경제학은 일의 존엄성을 떨어트리며, 시민 생활을 황량하게 만든다. 로버트 케네디는 이 점을 알고 있었다. "우애, 공동체, 공동의 애국심 등 우리 문명의 이런 중대한 가치들은 단지 함께 물건을 사고 소비한다고 만들어지지 않습니다. 대신 그런 가치들은 수준 있는 급여를 받으며 존경 받는 직업 생활을 하는 데서 비롯됩니다. 그런 직업은 개인이 그의 지역사회에, 그의 가정에, 그의 나라에, 그리고 가장 중요하게는 그 자신에게 다음과 같이 자신 있게 말할 수 있도록 해주는 직업입니다. '나는 이 나라를 만드는 데 힘을 보태고 있어요. 나는 이 위대한 공적 모험의 참여자예요.'라고."⁴⁹

오늘날 그런 식으로 말하는 정치인은 거의 없다. 로버트 케네디 이후 수십 년이 지나자 진보파는 공동체, 애국심, 일의 존엄성 같은 것을 대체로 내버렸으며 대신 사회적 상승의 담론만 주구장창 늘어놓고 있다. 임금 정체, 아웃소싱, 불평등, 이민자와 로봇의 일자리 빼앗기 등을 걱정하는 이들에게, 통치 엘리트들은 엄청 기운이 나는 조언을 해준다. "대학에 가세요! 재무장을 하고 글로벌 경제전쟁에서 승리하세요! 당신이 얻을 수 있는 건 당신이 배운 것에 달려 있답니다. 하면 됩니다!"

이것은 글로벌, 능력주의적, 시장 주도적 시대의 관념론이다. 승자에게 아첨을, 패자에게는 모욕을 던지는 관념론. 2016년 그 환상은 끝장 났다. 브렉시트 가결과 트럼프 당선을 맞이하여, 그리고 유럽의 초극우 민족주의, 반이민 정당들을 보며 그 프로젝트는 완전히 너덜너덜해졌음을 고해야 한다. 이제 문제는 그 대안적인 정치 프로젝트가 어떤 것이냐다.

일의 존엄에 대해 논쟁하자

———

일의 존엄성 문제는 좋은 출발점이 된다. 겉으로 보면 이는 논쟁거리가 될 만한 이상이 아닌 듯하다. 어떤 정치인이 "일은 존엄하지 않다"고 주장하겠는가? 그러나 일의 존엄성 문제를 진지하게 다루는(인정의 장으로 여기는) 정치적 어젠다가 나온다면 주류 진보파와 보수파 모두 껄끄러워 할 질문이 더불어 나오게 될 것이다. 그것이 시장 중심적 세계화 주창자들이 널리 공유시킨 전제, 즉 '시장의 성과는 각자가 공동선에 기여한 것의 참된 사회적 가치를 반영한다'는 전제에 정면 도전하기 때문이다.

급여를 생각해 보면, 이런 저런 직업들이 각자의 일 성과에 대해 참된 사회적 가치를 어떤 때는 과대하게 어떤 때는 과소하게 평가한다는 점을 알 수 있다. 오직 열렬한 자유지상주의자만이 부유한 카지노 왕의 사회적 기여가 소아과 의사의 기여보다 정말로 1,000배나 가치 있다고 떳떳이 주장할 수 있으리라. 2020년 코로나19 바이러스 팬데믹은 잡화상 계산원들, 배달원들, 방문 의료서비스 담당자들, 그 밖의 매우 중요한 역할을 맡고 있으면서도 박봉에 시달리는 사람들의 일이 얼마나 중요한지 깨닫게 해주었다. 아주 잠깐이라도 말이다. 그러나 시장 사회에서는 우리가 버는 돈과 우리가 공동선에 기여한 내용의 가치를 혼동하기 쉽다.

그런 혼동은 단지 생각을 제대로 하지 않은 결과가 아니다. 그 논리적 결함을 지적하는 철학 논증만 하고 만족스러워 할 일도 아니다. 그것은 세상이 '우리는 우리가 받을 몫을 받는다'는 식으로 짜여 있다는 능력주의적 희망에서 비롯된 혼동이다. 그런 희망은 구약성서 시대서부터 오늘날까지 '역사의 옳은 쪽에 서야 한다'는 식의 주장을 하는 섭리론적 사고를 부추긴 희망이기도 하다.

시장 주도적 사회에서 물질적 성공을 도덕적 자격의 증표로 해석하는 일은 지속성 있는 유혹이다. 그 유혹은 계속해서 우리의 저항을 깨트리려 한다. 효과적으로 저항할 수 있는 한 가지 방법은 논쟁을 하는 것이다. 그리고 방법을 세우는 것이다. 공동선에 우리가 진정으로 가치 있게 기여할 수 있는 것이 무엇인지, 그리고 어디에서 시장의 낙인이 잘못되었는지를 반성하고, 숙고하고, 민주적으로 공동의 대책을 수립하는 것이다.

그런 논쟁이 어떤 합의를 반드시 낳으리라 본다면 비현실적이리라. 공동선은 불가피하게 논란의 여지를 포함한다. 그러나 일의 존엄에 대한 새로운 논쟁은 우리의 당파적 경향을 무너뜨릴 것이고, 우리의 정치 담론을 도덕적으로 활성화할 것이며, 우리가 40년 동안 시장의 신앙과 능력주의적 오만에 빠져든 탓에 양극화된 정치 현실을 넘어설 수 있게 해줄 것이다.

거칠게나마 두 가지 형태의 정치 어젠다를 고려해 보자. 이 어젠다들은 둘 다 일의 존엄성에 중점을 두며 그것을 시장적 결과가 승인하는 것에 의문을 던진다. 하나는 보수적 입장에서, 다른 하나는 진보적 입장에서 출발한다.

'열린 어젠다'의 오만

첫 번째는 공화당 대통령 후보 미트 롬니의 정책보좌관으로 일했던 한 젊은 보수적 사상가에게서 나왔다. 통찰력 있는 책인《한때, 그리고 미래의 노동자 *The Once and Future Worker*》에서 오렌 카스는 트럼프가 분노에 차서 짚어냈지만 해결하지는 못한 여러 가지 문제들의 해결 대안들을 제시했다. 카스는 미국에서 노동의 존엄을 일신하려면 공화당이 자유시장에 대한 전통적 선호를 포기해야 한다고 주장했다. 기업의 법인세를 줄이고 자유무역을 진흥하여 GDP를 끌어올릴 생각하지 말고, 노동자들이 가족을 부양하고 지역사회에 기여하기에 충분한 급여를 받는 일자리를 찾도록 돕는 데 공화당이 중점을 둬야 한다는 것이었다. 이는 경제성장보다 좋은 사회를 중시하는 방식이라고 카스는 주장했다.[50]

이 목적을 이루기 위해 그가 제안한 정책 중 하나는 저소득 노동자에게 임금 보전을 해주는 것이었다. 공화당이 주장해온 표준 임금 수준보다 훨씬 넘는 수준이 되겠지만 말이다. 이 아이디어는 정부가 시간당 임금으로 따질 때 저임금으로 분류되는 임금을 받는 노동자들에게 정부가 시간당 보조금을 지급하는 방식이었다. 이런 임금 보전은 한편으로 급여세의 정반대 개념이었다. 노동자 개인 수입에서 얼마씩 빼는 게 아니라 정부가 얼마씩 보태주는 것이다. 저소득 노동자들이 당장 상당한 시장 임금을 받을 기술이 없더라도 수준 있는 생활을 할 수 있기를 바라며.[51]

극적인 형태의 임금 보전 정책은 2020년 코로나19 바이러스 사태로 경제가 무너진 여러 유럽 국가들에서 실행에 옮겨졌다. 미국처럼 이 사태로 일자리를 잃은 사람들에게 실업 보험을 제안하는 것이 아니었다. 영국, 덴마크, 네덜란드는 노동자를 해고하지 않은 기업들에게 해당 노동자 급여의 75 내지 90퍼센트를 지급해 주었다. 이런 임금 보전의 장점은 위기 시에 고용주들이 노동자들을 해고하지 않도록 할 수 있는 것이다. 그렇지 않으면 그들은 해고되고 실업 보험에 의존해서 살게 된다. 반면 미국의 접근법은 노동자가 사라진 임금을 벌충할 수 있게는 하되, 그들이 일자리를 유지함으로써 자기 일의 존엄성을 확신하도록 할 수는 없다.[52]

카스의 다른 정책 제안들은 보수파에게 좀 더 어필할 만했다. 가령 제조업과 광업에서 일자리 감소를 가져온 환경 규제를 철폐하는 식이다.[53] 이민이나 자유무역처럼 골치 아픈 주제에 대해서 카스는 소비자가 아닌 노동자의 시각에서 바라보자고 권했다. 우리의 목적이 최대한 소비자 가격을 낮추는 데 있다면 자유무역, 아웃소싱, 그리고 상대적으로 개방된 이민 정책 등이 바람직하다. 그러나 우리의 주 관심사가 비숙련 내지 중급 숙련 미국 노동자들에게 수준 있는 삶을 살고 가족을 부양하며 지역사회에 공헌할 만한 수입을 제공할 노동 시장을 만드는 데 있다면, 무역과 아웃소싱, 이민 등에 어느 정도의 규제를 두는 편이 정당할 것이다.[54]

카스의 개별 제안들이 어느 정도 가치가 있는지 따지기에 앞서, 그의 프로젝트에서 흥미로운 점은 그것이 우리의 주 관심을 'GDP 극대화'에서 '일의 존엄과 사회적 응집에 친화적인 노동 시장 조성'으로 옮기도록 한다는 점이다. 그렇게 함으로써 그는 1990년대 이래 핵심적 정치 균열은 더 이상 좌우가 아닌 '개방 대 폐쇄'라고 역설해 온 세계화 주창자들에게 크게 한 방을 먹인다. 카스는 적절하게도 지적한다. 그런 식으로 세계화 논의에 프레임을 씌우는 것은 "기술 수준이 높고, 대졸자이며, '현대 경제의 승리자'인 사람들을 '개방' 편으로, 그 반대자들을 '폐쇄' 편으로 줄 세우는 것"이라고 말이다. 마치 상품, 자본, 사람이 국경을 자유롭게 넘나드는 일의 문제점을 지적하면 시대에 뒤떨어진 수구주의자라는 듯이! 신자유주의적 세계화를 그럴싸하게 변호하며 그에 뒤떨어진 사람들을 능멸하는 그 이상의 방법은 없을 것이었다.[55]

'열린 어젠다'의 지지자들은 경제적으로 어려워진 사람들을 위한 해결책은 더 나은 교육뿐이라고 주장한다. "이 비전은 고무적으로 들린다. 사람들이 사회적 상승을 하게끔 더 큰 기회를 준다는 것이니까. 그러나 그 실제 의미는 그렇게 고무적이지 않다. 경제가 더 이상 평균 노동자를 위해 돌아가지 않는다면, 더 낮게 여겨지게끔 탈바꿈을 하지 않을 수 없다는 것이다." 그는 이렇게 결론을 내린다. "다수가 뒤떨어졌다고 여겨질 때 '열린 어젠다'는 민주주의에서 지속가능하지 않다. 그 주장들은 힘을 잃고 있다." '무책임한 포퓰리즘'의 위험을 인용하며 카스는 "문제는 열린 어젠다가 실패할 것인지가 아니다. 그것의 대안이 무엇이냐는 것이다"[56]라고 주장한다.

금융, 투기 그리고 공동선

———

일의 존엄성을 회복하는 두 번째 접근법, 진보 진영에서 더 공감을 얻을 법한 이 접근법은 종종 주류 정치인들이 간과해온 세계화 어젠다의 한 측면에 조명을 비춘다. 바로 금융의 역할이 증대하고 있다는 사실이다. 금융업계는 2008년 금융위기 때 극적으로 대중의 관심을 끌었다. 이때 불거진 논쟁은 주로 '세금으로 구제금융을 제공해야 되느냐'와 '어떻게 월스트리트를 개혁해서 앞으로의 위기 가능성을 줄이느냐'를 둘러싸고 벌어졌다.

그보다 훨씬 덜 주목받은 문제는 '지난 수십 년 동안 금융이 경제를 재구성했으며 교묘하게 능력과 성공의 의미 또한 뜯어고쳤다'는 사실이었다. 이런 변화는 일의 존엄성에 큰 영향을 미쳤다. 무역과 이민은 금융에 비해 포퓰리즘의 반 세계화 공격에서 덜 주목 받았다. 그런 것들이 노동계급의 일자리와 지위에 미친 영향은 보다 분명하고 확실해 보였다. 그러나 경제의 금융화야말로 아마도 일의 존엄 감소에 더 큰 영향을 미쳤으며, 노동자들의 사기 저하에도 역시 더 큰 역할을 했으리라 여겨진다. 왜냐하면 그것이 현대 경제에서 시장의 보상과 실제 공동선에의 기여도 사이에 아마도 가장 큰 격차 사례를 제공했기 때문이다.

오늘날 금융업계는 선진경제체제에서 중심적 위치에 있으며, 지난 수십 년 동안 비약적인 성장을 했다. 미국의 경우 GDP에서 금융업이 차지하는 비중은 1950년대 이래 세 배로 늘었다. 그리고 2008년 기준 기업 이익의 30퍼센트 이상을 차지했다. 그 고용인들은 다른 업계 비슷한 수준의 노동자들에 비해 70퍼센트 이상 실적을 낸다.[57]

모든 금융 활동이 생산적이라면, 그리고 그것이 가치 있는 재화와 용역을 생산할 경제 능력을 증진시켜 준다면 문제가 되지 않을 것이다. 그러나 실제로는 그렇지가 않다. 최선을 다 한다고 해도 금융은 그 자체가 생산적일 수가 없다. 그 역할은 자본을 사회적으로 유용한 목적별로(신생 기업, 공장, 도로, 공항, 학교, 병원, 가정 등등) 배당함으로써 경제활동을 돕는 것이다. 그러나 금융이 미국 경제에서 차지하는 비중이 최근 몇 십 년 동안 폭발적으로 증가함으로써 그 투자는 점점 실물경제와 유리되었다. 점점 더 관계자들에게 큰 수익을 창출하는 복합 금융공학과 연계되고 있는데, 이 금융공학이란 경제를 보다 생산적이게 하는 일과는 전혀 무관한 것이다.[58]

영국 금융서비스국 국장 어데어 터너는 이렇게 설명한다. "지난 20~30년 동안 부유한 선진국들에서 금융 시스템의 규모와 복잡성이 증대했는데, 그것이 성장이나 경제 안정에 보탬이 되었다는 명확한 증거는 없습니다. 그리고 금융 활동이 경제적 가치를 높이기보다는 실물경제에서 지대(부당한 불로소득)를 끌어내고 있다고도 할 수 있습니다."[59]

이 절제된 판단은 1990년대에 클린턴 행정부와 영국 정부가 믿고 있던 지혜, 그에 따라 금융업 규제를 철폐하도록 했던 지혜에 사형선고를 내린다. 무슨 말인가 하면, 간단히 볼 때 월스트리트에서 최근 수십 년 동안 고안해 낸 파생상품들과 기타 금융상품들은 실제로는 경제를 돕기보다 해치기만 했다는 뜻이다.

분명한 예 하나를 보자. 마이클 루이스는 《플래시보이스Flashboys》에서 시카고의 선물업자들과 뉴욕 주식시장을 광케이블로 연결해 준 한 회사 이야기를 한다. 그 케이블은 수익성 좋은 선물과 그 밖의 투기성 물건의 거래가 몇 밀리초millisecond 만에 이뤄지게끔 가속시켜 주었다. 이런 미시적 기술 개선은 고속 거래를 하는 사람들에게는 수백만 달러의 가치를 지닌 것이었다.[60] 그러나 그렇게 거래 속도가 빨라짐으로 인해 경제에 실제 가치가 증가되었다고는 전혀 말할 수 없다.

고속 금융거래 말고도 그 경제적 가치가 의심스러운 금융 혁신 사례는 많다. 투기자들이 아무런 생산 활동 없이 선물 가격에 거래할 수 있게 해주는 신용파산스왑CDS, Credit Default Swaps은 카지노 도박과 구별하기가 매우 어렵다. 한쪽이 이기면 다른 쪽은 진다. 돈은 한 쪽에서 다른 쪽으로 넘어간다. 그러나 그 과정에서 투자는 전혀 발생하지 않는다. 기업이 이익금을 활용해 연구개발에 투자하거나 새로운 장비를 구입하는 대신 자사주를 매입하면 주주들은 돈을 벌 수 있다. 그러나 그 기업의 생산력은 전혀 발전하지 못한다.

1984년 경제의 금융화가 막 시작될 무렵, 저명한 예일대 경제학 교수인 제임스 토빈은 '금융시장의 카지노적인 성격'에 대해 직감에 따른 경고를 했다. 그는 "우리는 우리의 가장 뛰어난 젊은이들을 포함해 우리가 가진 자원을 점점 더 많이 금융계로, 재화와 용역 생산과는 동떨어진 분야로 집어넣고 있다. 그런 금융 활동은 사회적 생산성과는 전혀 비례하지 않는 높은 사적 수익을 창출하는 활동이다"[61]라며 우려했다.

금융 활동의 어느 정도가 실물경제의 생산성을 높이는지, 그리고 어느 정도가 금융계 자체에게 비생산적인 불로소득을 창출하는지 정확히 알기란 어렵다. 그러나 믿을 만한 권위자인 어데어 터너는 미국이나 영국 같은 선진경제에서 금융은 15퍼센트만이 생산성 있는 신생 기업으로 투자되고 나머지는 기존 자산이나 인기 있는 파생상품 등에 투기된다고 추산한다.[62] 이것이 금융의 생산적 역할을 설령 절반으로 낮춰본 것이라 쳐도, 역시 경악할 만한 수치가 아닐 수 없다. 그 영향은 경제적인 것뿐 아니라 도덕과 정치에도 악영향을 준다.

경제적으로 그것은 경제성장을 돕기보다 방해하는 데 금융 활동이 많이 이뤄지고 있다는 의미다. 도덕 및 정치적으로 그것은 '시장이 금융계에 주는 막대한 보상'과 '그것이 실제 공동선에 거의 기여하지 않은 것' 사이의 큰 불일치가 있다는 의미다. 이런 불일치에다 금융 종사자들이 투기 활동을 하면서도 분에 넘치는 명성을 누리는 현실은 실물경제에서 유용한 재화와 용역을 생산하며 생계를 이어가는 사람들의 존엄을 조롱하는 것이 아닐 수 없다.

현대 금융이 경제에 미치는 악영향을 우려하는 사람들은 여러 가지 방법으로 금융을 개혁하려 한다. 그러나 나의 관심사는 그 도덕적, 정치적 영향이다. 일의 존엄을 살리려는 정치 어젠다는 세금 제도를 써서 명망의 경제를 재구성해야 할 것이다. 즉 투기자본을 억누르고 생산적인 노동을 상찬해야 할 것이다.

일반적으로 말해 이는 세금 부담을 일에서 소비로, 그리고 투기로 옮긴다는 뜻이다. 이를 급진적으로 추진하려면 급여세를 대폭 인하하거나 아예 없애버리고 대신 소비세, 부유세, 금융거래세를 통해 세입 부족분을 메워야 할 것이다. 보다 온건하게 가려면 급여세(고용주나 고용자 모두에게 일 관련 비용을 늘리고 있는)를 줄이고 그만큼 줄어드는 세입은 단타 거래(실물경제에 아무 보탬이 안 되는)에 한해 금융거래세를 매겨 충당한다.

노동에서 소비와 투기로 조세 부담을 넘기려는 이런 저런 수단들은 오늘날의 세금 제도를 좀 더 효율적이면서 좀 덜 누감累減적이게끔 만드는 방법으로 달성될 수 있다. 그러나 이런 고려가 아무리 중요하다고 해도 충분할 수는 없다. 우리는 세금의 표현적인 중요성도 고려해야 한다. 우리는 우리의 공공생활에 어떻게 돈을 대느냐를 통해 성공과 실패, 명예와 인정에 대한 태도를 표출한다. 세금 징수는 세입을 올리는 방법만이 아니다. 한 사회가 과연 무엇을 공동선에 대한 가치 있는 기여로 여기는가에 대한 판단을 제시하는 것이다.

만드는 자와 가져가는 자

한 가지 차원에서 세금 정책의 도덕적 측면은 익숙하다. 우리는 보통 세금이 공정한지에 대해 논란을 벌인다. 이런 저런 세금이 부자에게 유리한가, 아니면 가난한 사람에게 유리한가 등을 놓고 갑론을박을 벌이는 것이다. 그러나 세금의 표현적인 차원은 공정성 논의를 넘어선다. 사회가 어떤 활동을 '명예와 인정을 부여할 가치 있는 활동'으로 보느냐, 또 어떤 활동을 '억제해야 마땅할 활동'으로 보느냐에 이른다. 때때로 이런 판단은 노골적이다. 담배, 주류, 카지노 등에 부과되는 세금은 '죄악세Sin Taxes'라고 불린다. 그런 세금을 통해 유해하거나 바람직하지 못하다 여겨지는 활동(흡연, 음주, 도박)을 억제하려는 의도가 있기 때문이다. 그런 세금은 사회가 관련 활동에 필요한 비용을 올림으로써 그런 활동을 백안시한다는 표현이다. 가당음료(비만 억제), 탄소배출(기후 변화 억제) 등에 대한 과세안도 마찬가지로 대중의 생활 규범을 바꾸고 행동을 변형시키려는 의도에서 비롯된다.

하지만 모든 세금이 그런 목적을 갖는 것은 아니다. 소득세가 봉급생활을 억제하려거나 사람들이 취업을 단념하도록 하는 효과를 염두에

두지는 않는다. 일반판매세 역시 물건 구입을 억제하려는 것이 아니다. 그런 세금들은 단지 세입을 올릴 목적이다.

그러나 종종 겉으로는 가치중립적인 듯한 정책 속에 도덕적 판단이 내포되어 있기도 하다. 이는 세금이 일과 연관될 때, 그리고 돈을 버는 다양한 방식과 연관될 때 특히 그렇다. 예를 들어 자본소득에 대한 과세는 왜 근로소득에 대한 과세보다 세율이 낮을까? 워런 버핏은 억만장자 투자가인 자신이 그의 비서보다 낮은 세율로 세금을 낸다는 사실을 알고 이런 의문을 제기했다.[63]

일부는 그 까닭이 국가는 근로 장려보다 투자 활동 장려에 더 무게를 두며, 그에 따라 경제성장이 진작되기를 의도하기 때문이라 보았다. 한 가지 차원에서 보면 이런 주장은 온전히 실용적, 또는 공리주의적이다. GDP를 올리는 게 목적이지, 거액을 벌어들이는 부유한 투자가의 명예를 드높이기 위함이 아니다. 그러나 정치적으로 볼 때 이 겉보기에는 실용적인 주장은 그 설득력 일부를 수면 아래에 있는 도덕적 가정, 즉 능력주의적 가정에서 넌지시 가져오고 있다. 그 가정이란 투자가는 '일자리를 만드는 자'이며 따라서 낮은 세율로 보상을 받아야 한다는 것이다.

이런 주장을 대놓고 펼친 사람은 공화당 하원의원 폴 라이언으로, 미 하원 의장을 지낸 사람이다. 또한 그는 자유지상주의 작가인 아인 랜드의 열성팬이기도 하다. 라이언은 복지국가를 비판하며 '만드는 자 maker(경제에 기여하는 바가 많은 사람)'와 '가져가는 자 taker(납세액보다 정부에서 받는 액수가 많은 사람)'를 구분했다. 그는 복지국가가 성장하면 소위 '가져가는 자'가 '만드는 자'를 훨씬 넘어서게 될 것을 우려했다.[64]

일부는 라이언이 경제적 기여에 대해 지나치게 도덕주의적인 주장을 한다고 비판했다. 다른 사람들은 만드는 자와 가져가는 자 사이의 구분을 받아들이면서도 라이언이 그들을 잘못 판정하고 있다고 여겼다. 〈파이낸셜타임스〉와 CNN의 비즈니스 칼럼니스트인 라나 포루하는 《메이커스 앤드 테이커스: 경제를 성장 시키는 자, 경제를 망가뜨리는 자Makers and Takers: The Rise of Finance and the Fall of American Business》라는 통찰력 있는 책에서 이 두 번째 입장을 인상적으로 밝혔다. 어데어 터너, 워런 버핏을 비롯한 비생산적 금융화 비판자들을 인용하며 포루하는 오늘날 경제의 가장 큰 '가져가는 자'란 거액의 불로소득을 노린 투기를 일삼으며 실물경제에는 기여가 전혀 없는 금융업계 종사자들이라고 주장했다.

> 이 모든 금융 활동은 우리를 더 번영시키지 않는다. 대신 불평등을 심화시키며 주기적으로 금융위기를 불러와 위기 때마다 막대한 경제 가치를 파괴한다. 금융은 우리 경제에 도움이 되기는커녕 방해가 되고 있다. 금융 분야가 비대해질수록 우리 경제가 성장하지는 않으며 오직 느려질 뿐이다.[65]

포루하는 앞서 제시된 '만드는 자'란 실제로는 '사회에서 가져가는 일만 하는 자들. 소득 대비하여 최소한의 세금만 내며, 경제의 파이를 말도 안 되게 많이 움켜쥐고, 종종 경제성장을 방해하는 비즈니스 모델을 돌리는 자들'이라고 풀이했다. 진짜 '만드는 자'는 누구인가? 그녀는 실물경제에서 노동을 통해 유용한 재화와 용역을 공급하는 사람들, 그리고 이런 생산적인 활동에 투자하는 사람들이라 보았다.[66]

오늘날 경제에서 누가 만드는 자이고 누가 가져가는 자인지에 대한 논쟁은 결국 기여적 정의론으로 귀착된다. 어떤 경제 역할이 명예와 인정을 받을 가치가 있느냐에 대한 생각이다. 이런 사고 과정은 무엇이 공동선에 대한 가치 있는 기여인가를 따지는 공적 토론을 필요로 한다. 나는 제안한다. 급여세의 전부 또는 일부를 없애는 대신 금융거래세를 일종의 '죄악세'로 신설하여 카지노나 다름없고 실물경제에는 전혀 도움이 안 되는 투기 행위를 억제하는 방안을 토론의 주제로 삼을 것을. 당연히 다른 입장들이 있을 것이다. 나는 넓게 보아 일의 존엄을 회복하려는 것이고, 그러려면 우리 경제질서에 대한 근본적인 도덕적 질문들을 던져야 한다. 최근 수십 년 동안 기술관료적 정치가 숨겨 왔던 질문들 말이다.

그런 질문 중 하나는 어떤 종류의 일이 인정과 존경을 받을 가치가 있느냐다. 또 다른 것은 우리는 시민으로서 서로에게 어떤 책임이 있느냐다. 이 질문들은 상호연관되어 있다. 무엇이 긍정적인 기여인지 따져보려면 우리 공동의 생활에서 목표와 수단이 무엇인지부터 가려내야 하기 때문이다. 또한 우리는 소속이라는 의식 없이 우리 스스로를 우리가 빚지고 있는 공동체의 구성원들이라는 인식 없이 공동의 목표와 수단에 대해 숙고할 수 없기 때문이다. 우리가 서로에게 의존하고 있기에, 그리고 그런 의존을 인식하기에 우리의 집합적 복지에 대한 기여도를 평가할 까닭이 있는 것이다. 이는 시민들이 "우리는 모두 함께입니다"라는 말을 위기 때에 건성으로 내뱉는 말로서가 아니라, 진심으로 믿고 할 만큼 건실한 공동체 의식을 필요로 한다. 그런 말은 우리의 일상생활에 대한 믿음이 가는 묘사여야 한다.

지난 40년 동안, 시장주도적 세계화와 능력주의적 성공관은 힘을 합쳐서 이런 도덕적 유대관계를 뜯어내 버렸다. 그들이 뿌려 놓은 글로벌 보급 체인, 자본의 흐름, 코스모폴리탄적인 정체성은 우리가 동료 시민들에게 덜 의존적이 되고, 서로의 일에 덜 감사하게 되고, 연대하자는 주장에 덜 호응하게 되도록 했다. 능력주의적 인재 선별은 우리 성공은 오로지 우리가 이룬 것이라고 가르쳤고, 그만큼 우리는 서로에게 빚지고 있다는 느낌을 잃게 되었다. 이제 우리는 그런 유대관계의 상실로 빚어진 분노의 회오리 속에 있다. 일의 존엄성을 회복함으로써 우리는 능력의 시대가 풀어버린 사회적 연대의 끈을 다시 매도록 해야 한다.

능력, 그리고 공동선

결론

역대 최고의 야구선수 중 하나인 행크 애런은 인종분리 체제가 횡행하던 남부에서 태어나 자랐다. 그의 전기작가 하워드 브라이언트는 그의 소년 시절을 이렇게 묘사한다. "헨리(행크)는 상점에서 백인이 들어오면 자기 아버지가 서 있던 자리를 넘겨줘야 하는 모습을 보아야 했다." 재키 로빈슨이 최초의 흑인 프로야구 선수가 되면서 당시 13세였던 헨리는 자신도 언젠가는 메이저리거가 될 거라는 꿈을 품었다. 하지만 배트도 공도 없었던 그는 그의 형이 던지는 병뚜껑을 막대기로 때리며 연습을 했다. 노력을 거듭한 끝에 그는 결국 베이브 루스의 최다홈런 기록을 갈아치웠다.[1]

브라이언트는 날카로운 관찰력을 발휘해 이렇게 썼다. "뭔가를 때리는 것, 그것은 헨리의 인생에서 최초의 능력주의를 나타낸다고 할 수 있다."[2]

능력주의를 애호하지 않고서 이 문장을 읽기는 어렵다. 그것은 부정의에 대한 최후의 해답, 편견, 인종주의, 불평등한 기회에 맞서 재능을 옹호하는 것으로 비쳐진다. 그리고 그런 생각에서 '정의로운 사회란 능력주의 사회'라는 결론, '모든 사람이 자신의 재능과 노력이 허용하는 한 성공할 평등한 기회를 갖는 세상'이라는 결론에 이르려면 한 발짝만 더 가면 된다.

그러나 그것은 잘못이다. 행크 애런 이야기의 모럴은 우리가 능력주의를 애호해야 한다는 게 아니며, 오직 홈런을 때려야만 벗어날 수 있는 인종주의의 부정의한 시스템을 혐오해야 한다는 것이다. 기회의 평등은 부정의를 교정하는 데 필요한 도덕이다. 그러나 그것은 교정적 원칙이며, 좋은 사회를 만드는 적절한 이상은 아니다.

기회의 평등을 넘어서

그런 구분을 유지하는 게 쉽지는 않다. 극소수 사람들의 영웅적인 성공 사례에 고무되어 다른 이들도 역경을 헤쳐나갈 수 있다고 여길 수 있다. 그들이 벗어나고픈 환경을 개선하려 하기보다, '불평등의 해답은 이동성'이라는 말만 늘어놓는 정치를 추구할 수 있다.

장벽을 허무는 일은 좋다. 누구도 가난이나 편견 때문에 출세할 기회를 빼앗겨서는 안 된다. 그러나 좋은 사회는 '탈출할 수 있다'는 약속만으로 이루어지지 않는다.

사회적 상승에만 집중하는 것은 민주주의가 요구하는 사회적 연대와 시민의식의 강화에 거의 기여하지 못한다. 심지어 우리보다 사회적 상승에 보다 성공적인 나라라도 상승에 실패한 사람들이 자신의 자리에서 만족할 수 있도록, 그리고 스스로를 공동체 구성원으로 여길 수 있도록 할 방법을 찾아야 한다. 우리가 그렇게 하는 데 실패함으로써 능력주의적 학력이 없는 사람의 삶은 더욱 힘들어졌다. 그리고 그들은 자신의 소속이 어디인지 정체성을 의심하게 되었다.

종종 기회의 평등의 유일 대안은 냉혹하고 억압적인 결과의 평등이라고 여겨진다. 그러나 또 다른 대안이 있다. 막대한 부를 쌓거나 빛나는 자리에 앉지 못한 사람들도 고상하고 존엄한 삶을 살도록 할 수 있는, '조건의 평등'이다. 그것은 사회적 존경을 받는 일에서 역량을 계발하고 발휘하며, 널리 보급된 학습 문화를 공유하고, 동료 시민들과 공적 문제에 대해 숙의하는 것 등으로 이루어진다.

조건의 평등의 두 가지 뛰어난 설명은 대공황 중에 나왔다. 1931년 출간된 《평등 *Equality*》이라는 제목의 책에서, 영국의 경제사학자이며 사회비평가인 토니는 기회의 평등이란 기껏해야 부분적인 이상이라고 주장했다. "성공할 기회는 거시적으로 본 실질적 평등을 대체할 수 없다. 소득과 사회적 조건의 극심한 불평등을 없는 것처럼 만들어버릴 수도 없다."[3]

사회적 복지는 응집과 연대에 달려 있다. 그것은 단지 사회적으로 상승할 수 있는 기회가 아니라 높은 수준의 일반 문화, 그리고 강력한 공동 이해관계 의식의 존재를 내포한다. 개인의 행복은 각자가 자유롭게 새로운 안락과 명성의 자리를 찾을 수 있어야 한다는 것뿐 아니라, 존엄과 문화가 있는 삶을 살아야 함도 요구한다. 후자는 반드시 출세할 것을 요하지 않는다.[4]

같은 해에 대서양 건너편에서 제임스 애덤스라는 사람이 〈미국의 서사시 *The Epic of America*〉라는 이름으로 자신의 조국에 바치는 송가를 썼다. 이 책을 기억하는 사람은 거의 없다. 그러나 그가 그 책의 결론부에서 처음으로 쓴 문구는 모두가 알고 있다. "아메리칸 드림." 우리 시대에서 돌아보면 그가 말한 아메리칸 드림이란 우리가 쓰는 사회적 상승 담론을 의미한다고 생각해버리기 쉽다. 그러나 애덤스가 미국은 "인류에게 내려진 독특하고 유일한 선물"이라고 쓴 까닭은 그 꿈이 "그 땅에서는 모든 사람에게 더 낫고, 더 부유하고, 더 온전한 삶을 살아갈 기회가 누구에게나 자신의 역량이나 성취에 따라 주어진다"는 것이기 때문이었다.[5]

그것은 단지 자동차나 높은 급여에 대한 꿈을 의미하지 않는다. 모든 사람이 자신의 잠재력을 발휘하여 뭔가를 최상까지 이뤄낼 수 있는, 그리고 태생이나 지위와 관계없이 자기 자신으로서 남들에게 인정받을 수 있는 사회 질서의 꿈이다.[6]

그러나 자세히 읽어 보면 애덤스가 말하는 꿈은 단지 사회적 상승만을 의미하지 않음을 알 수 있다. 그것은 더 폭넓고 민주주의적인 조건적 평등을 말하고 있다. 확실한 예로, 그는 미국 의회도서관을 가리켜 "민주주의가 그 스스로를 위해 무엇을 할 수 있는지에 관한 상징"이라고 말했다. 모든 삶의 영역의 미국인들이 자유롭게 와서 공공 학습을 할 수 있기 때문이다.

일반 열람실을 보면, 물어볼 필요조차 없이 자유롭게 읽을 수 있는 책이 1만 권이나 비치되어 있다. 자리마다 조용히 앉아서 책을 읽는 사람들을 보면 노인도 젊은이도, 부자도 가난뱅이도, 흑인도 백인도, 경영자도 노동자도, 장군도 사병도, 저명한 학자도 학생도 한 데 섞여 있다. 모두가 그들이 가진 민주주의가 마련한 그들 소유의 도서관에서 함께 책을 읽는다.[7]

애덤스는 "이 장면이야말로 아메리칸 드림이 완벽하게 작동한다는 확실한 사례다. 사람들 스스로가 쌓은 자원으로 마련된 수단, 그리고 그것을 활용할 수 있는 대중 지성. 이 예가 우리 국민 생활의 모든 부문에 그대로 실현된다면 아메리칸 드림은 살아 있는 현실이 되리라"[8]라고 썼다.

민주주의와 겸손

우리는 오늘날 조건의 평등을 별로 많이 갖고 있지 않다. 계층, 인종, 민족, 신앙에 관계없이 사람들을 한 데 모을 수 있는 공동의 공간은 얼마 없고 서로 멀리 떨어져 있다. 40년 동안 시장 주도적 세계화가 소득과 부의 불평등을 가져오면서 우리는 제각각의 생활 방식을 갖게 되었다. 부유한 사람과 가난한 사람은 하루 종일 서로 마주칠 일이 없다. 우리는 각기 다른 장소에서 살고 일하며 쇼핑하고 논다. 우리 아이들은 각기 다른 학교에 다닌다. 그리고 능력주의적 인재 선별기가 일을 마치면, 꼭대기에 오른 사람은 자신이 그 성공의 대가를 온전히 누릴 자격이 있다고 여기고, 밑바닥에 떨어진 사람도 다 자업자득이라고 여긴다. 이는 정치에 매우 유해하며 당파주의가 하도 팽배하여 이제 사람들은 신앙이 다른 사람끼리 결혼하는 것만큼이나 지지 정당이 다른 사람끼리의 결혼을 껄끄럽게 보게 되었다. 우리가 중요한 공적 문제에 대해 서로 합리적으로 토론하거나 심지어 서로의 의견을 경청할 힘조차 잃어버리고 만 것은 전혀 놀랄 일이 아니다.

능력주의는 처음에 매우 고무적인 주장으로 출발했다. 우리가 열심히 일하고 열심히 믿으면 신의 은총을 우리 편으로 끌어올 수 있다는 주장 말이다. 이런 생각의 세속판은 개인의 자유에 대한 유쾌한 약속으로 이루어져 있었다. '우리 운명은 우리 손에 있고, 하면 된다'라는 약속 말이다.

그러나 이런 자유의 비전은 공동의 민주적 프로젝트에 대한 우리의 책임에서 눈을 돌리도록 했다. 우리가 7장에서 본 공동선의 두 가지 개념을 되새겨 보자. 하나는 소비주의적인 공동선, 다른 하나는 시민적 공동선이다. 공동선이 단지 소비자 복지를 극대화하는 것이라면, 조건의 평등은 고려할 게 못된다. 민주주의가 단지 다른 수단에 의한 경제일 뿐이라면, 각 개인의 이해관계와 선호의 총합 차원의 문제라면, 그 운명은 시민의 도덕적 연대와는 무관할 것이다. 소비자주의적 민주주의 개념에 따르면 우리가 활기찬 공동의 삶을 영위하든, 우리와 같은 사람끼리만 모여 각자의 소굴에서 사적인 삶을 살든 별 차이가 없다.

그러나 공동선이 오직 우리 동료 시민들이 우리 정치공동체에는 어떤 목적과 수단이 필요한지 숙려하는 데서 비롯된다면, 민주주의는 공동의 삶의 성격에 무관심해질 수 없다. 그것은 완벽한 평등을 필요로

하지 않는다. 다만 서로 다른 삶의 영역에서 온 시민들이 서로 공동의 공간과 공공장소에서 만날 것을 요구한다. 이로써 우리는 우리의 다른 의견에 관해 타협하며 우리의 다름과 함께 더불어 살아가는 법을 배울 수 있다. 그리고 이것이 우리가 공동선을 기르는 방법이다.[9]

'사람들은 시장이 각자의 재능에 따라 뭐든 주는 대로 받을 자격이 있다'는 능력주의적 신념은, 연대를 거의 불가능한 프로젝트로 만든다. 대체 왜 성공한 사람들이 보다 덜 성공한 사회구성원들에게 뭔가를 해 줘야 하는가? 이 질문에 대한 해답은 우리가 설령 죽도록 노력한다고 해도 우리는 결코 자수성가적 존재나 자기충족적 존재가 아님을 깨닫느냐에 달려 있다. 사회 속의 우리 자신을, 그리고 사회가 우리 재능에 준 보상은 우리의 행운 덕이지 우리 업적 덕이 아님을 찾아내는 것이 필요하다. 우리 운명의 우연성을 제대로 인지하면 일정한 겸손이 비롯된다. "신의 은총인지, 어쩌다 이렇게 태어난 때문인지, 운명의 장난인지 몰라도 덕분에 나는 지금 여기 서 있다." 그런 겸손함은 우리를 갈라 놓고 있는 가혹한 성공 윤리에서 돌아설 수 있게 해준다. 그것은 능력주의의 폭정을 넘어, 보다 덜 악의적이고 보다 더 관대한 공적 삶으로 우리를 이끌어간다.

주

■ 들어가며

1. Margot Sanger-Katz, "On Coronavirus, Americans Still Trust the Experts," The *New York Times*, June 27, 2020, https://www.nytimes.com/2020/06/27/upshot/coronavirus-americans-trust-experts.html.

2. The COVID Tracking Project, https://covidtracking.com/race. 2021년 2월 21자 자료. 인종의 범주는 히스패닉계와 라틴계를 하나로 묶어 본 것일 수 있다.

3. James Clyburn, Interview with FiveThirtyEight, February 26, 2020, https://abcnews.go.com/fivethirtyeight/video/rep-james-clyburn-settled-endorsing-joe-biden-president-69231417. 클라이번의 말에 주의를 기울이게 된 것은 엘리자베스 앤더슨 덕분이었다.

■ 서론: 대학 입시와 능력주의

1. Jennifer Medina, Katie Benner and Kate Taylor, "Actresses, Business Leaders and Other Wealthy Parents Charged in U.S. College Entry Fraud," *The New York Times*, March 12, 2019, nytimes.com/2019/03/12/us/college-admis-

sions-cheating-scandal.html.

2. Ibid. 다음도 보라. "Here's How the F.B.I. Says Parents Cheated to Get Their Kids into Elite Colleges," *The New York Times*, March 12, 2019, nytimes. com/2019/03/12/us/admissions-scandal.html; Affidavit in Support of Criminal Complaint, March 11, 2019, U.S. Department of Justice: justice.gov/ file/1142876/download.

3. Lara Trump on Fox News at Night, March 12, 2019: facebook.com/ FoxNews/videos/lara-trump-weighs-in-on-college-admissions-scandal/2334404040124820.

4. Andrew Lelling, U.S. Attorney, District of Massachusetts, March 12, 2019, CNN transcript of statement: edition.cnn.com/TRANSCRIPTS/1903/12/ath.02.html.

5. Frank Bruni, "Bribes to Get into Yale and Stanford? What Else Is New?," *The New York Times*, March 12, 2019, nytimes.com/2019/03/12/opinion/ college-bribery-admissions.html; Eugene Scott, "Why Trump Jr. Mocked the Parents Caught Up in the College Admissions Scandal," *The Washington Post*, March 13, 2019, washingtonpost.com/politics/2019/03/13/why-trump-jr-mocked-parents-caught-up-college-admissions-scandal. 제리드 커시너 건과 돈이 건네진 입시 부정에 대한 보고서 전문은 다음을 보라. Daniel Golden, The Price of Admission (New York: Broadway Books, 2006), pp. 44-46. 트럼프의 와튼 스쿨 기부금에 관련해서는, Luis Ferre Sadurni, "Donald Trump May Have Donated over $1.4 Million to Penn," *Daily Pennsylvanian*, November 3, 2016, thedp.com/article/2016/11/trumps-history-of-donating-to-penn.

6. 싱어의 말은 다음에서 인용했다. Affidavit in Support of Criminal Complaint, March 11, 2019, U.S. Department of Justice: justice.gov/file/1142876/download, p. 13.

7. Andrew Lelling, U.S. Attorney, District of Massachusetts, March 12, 2019, CNN transcript of statement: edition.cnn.com/TRANSCRIPTS/1903/12/ath.02.html.

8. Andre Perry, "Students Need a Boost in Wealth More Than a Boost in SAT Scores," *Hechinger Report*, May 17, 2019, hechingerreport.org/students-need-a-boost-in-wealth-more-than-a-boost-in-sat-scores.

9. Ron Lieber, "One More College Edge," *The New York Times*, March 16, 2019; Paul Tough, *The Years That Matter Most: How College Makes or Breaks Us* (Boston: Houghton Mifflin Harcourt, 2019), pp. 153–67.

10. "Some Colleges Have More Students from the Top 1 Percent Than the Bottom 60," *The New York Times*, January 18, 2017: nytimes.com/interac-tive/2017/01/18/upshot/some-colleges-have-more-students-from-the-top-1-percent-than-the-bottom-60.html. 관련 자료는 여기서 나왔다. Raj Chetty, John Friedman, Emmanuel Saez, Nicholas Turner, and Danny Yagan, "Mobility Report Cards: The Role of Colleges in Intergenerational Mobility," NBER Work-ing Paper No. 23618, revised version, December 2017: opportunityinsights.org/paper/mobilityreportcards.

11. Caroline M. Hoxby, "The Changing Selectivity of American Colleges," *Journal of Economic Perspectives* 23, no. 4 (Fall 2009), pp. 95–118.

12. Ibid., pp. 95–100; Paul Tough, *The Years That Matter Most*, p. 39.

13. Matthias Doepke and Fabrizio Zilibotti, *Love, Money & Parenting: How Eco-nomics Explains the Way We Raise Our Kids* (Princeton: Princeton University Press, 2019), pp. 8–11, 51–84.

■ **CHAPTER 1. 승자와 패자**

1. 2016년도 7월에 나온 〈이코노미스트〉 지의 커버스토리가 바로 이런 시각을 나타내준다. "Drawbridges Up: The New Divide in Rich Countries Is Not Between Left and Right but Between Open and Closed," *The Economist*, July 30, 2016: economist.com/briefing/2016/07/30/drawbridges-up. 좀 더 짜임새 있는 시각으로는 Bagehot, "Some Thoughts on the Open v Closed Divide," *The Econo-mist*, March 16, 2018: economist.com/bagehots-notebook/2018/03/16/some-thoughts-on-the-open-v-closed-divide.

2. 이 부분, 그리고 이 절의 후속 내용은 다음을 토대로 한다. Michael Sandel, "Right-Wing Populism Is Rising as Progressive Politics Fails-Is It Too Late to Save

Democracy?," *New Statesman*, May 21, 2018: newstatesman.com/2018/05/right-wing-populism-rising-progressive-politics-fails-it-too-late-save-democracy; and Michael J. Sandel, "Populism, Trump, and the Future of Democracy," openDemocracy.net, May 9, 2018: opendemocracy.net/en/populism-trump-and-future-of-democracy.

3. 미국에서 1980년 이후 경제성장 성과의 대부분은 상위 10퍼센트에게 돌아갔으며, 그들의 소득은 덕분에 121퍼센트 성장했다. 소득 하위 절반의 인구에게는 거의 아무 것도 돌아가지 않았으며, 그들의 2014년 평균 소득은 실질 가치로 환산할 때 1980년과 거의 차이가 없었다. 노동가능 인구의 중위소득은 "1964년에서 2014년까지 변화가 없었다. 반세기가 지나도록 중위 남성 노동자는 아무런 향상을 이루지 못했다." Thomas Piketty, Emmauel Saez, and Gabriel Zucman, "Distributional National Accounts: Methods and Estimates for the United States, *Quarterly Journal of Economics* 133, issue 2(May 2018), pp. 557, 578, 592–93, 이는 다음에서 확인할 수 있다. eml.berkeley.edu/~saez/PSZ2018QJE.pdf; Facundo Alvaredo, Lucas Chancel, Thomas Piketty, Emmanuel Saez, and Gabriel Zucman, *World Inequality Report 2018* (Cambridge, MA: Harvard University Press, 2018), pp. 3, 83–84. 미국과 다른 나라들의 소득 분배 상황은 또한 the online World Inequality Database, wid.world에서 찾을 수 있다. 다음 역시 참고하라. Thomas Piketty, *Capital in the Twenty-First Century* (Cambridge, MA: Harvard University Press, 2014), p. 297. 여기서 피케티는 1977년에서 2007년 사이에 가장 부유한 10퍼센트가 미국 경제성장 전체의 사분의 삼을 독식했다고 언급한다. 미국에서 최고 소득자 1퍼센트는 국민소득의 20.2퍼센트를 차지하며, 하위 절반은 12.5퍼센트를 차지한다. 미국에서 최고 소득자 10퍼센트는 국민소득의 거의 절반(47퍼센트)을 차지하며, 같은 경우에 서유럽에서는 37퍼센트, 중국에서는 41퍼센트, 브라질과 인도에서는 55퍼센트를 차지한다. 이는 eml.berkeley.edu/~saez/PSZ2018QJE.pdf에서 볼 수 있는 Piketty, Saez, and Zucman, "Distributional National Accounts," p. 575, 그리고 Alvaredo, Chancel, Piketty, Saez, and Zucman, *World Inequality Report 2018*, pp. 3, 83–84를 참조하라.

4. 미국 대통령들의 연설과 공식 문서 자료는 American Presidency Project, U.C. Santa Barbara, presidency.ucsb.edu.에서 찾았다.

5. 퓨 자선기금의 조사에 따르면, 소득 하위 5분위 가정에서 태어난 미국인의 4퍼센트가 성인이 되어 상위 5분위에 진입하며, 30퍼센트가 중산층 이상이 된다. 그리고 43퍼센트는 하위 5분위에 머무른다. "Pursuing the American Dream: Economic Mobility Across Generations," Pew Charitable Trusts, July 2012, p. 6, Figure 3. 이는 다음에서 찾아볼 수 있다. pewtrusts.org/~/media/legacy/uploadedfiles/wwwpewtrustsorg/reports/economic_mobility/pursuingamericandreampdf.pdf. 하버드대의 경제학 교수 라지 체티와 그 동료들의 연구에 따르면, 소득 하위 5분위 가정에서 태어나는 미국인 7.5퍼센트가 상위 5분위로 올라가며, 38퍼센트가 중산층 이상이 된다. 그리고 34퍼센트가 그 자리에 남는다. Raj Chetty, Nathaniel Hendren, Patrick Kline, Emmanuel Saez, "Where Is the Land of Opportunity? The Geography of Intergenerational Mobility in the United States," *Quarterly Journal of Economics* 129, no. 4, 2014, pp. 1553-623; 이는 다음에서 찾아볼 수 있다. rajchetty.com/chettyfiles/mobility_geo.pdf (mobility figures at p. 16 and Table II). 또 아치브리지 연구소의 스콧 윈십의 연구로는, 하위 5분위에서 상위 5분위로 올라가는 사람은 3퍼센트뿐이다. 중산층 이상으로도 26퍼센트만 올라가며, 46퍼센트가 그 자리에 머무른다. Scott Winship, "Economic Mobility in America," Archbridge Institute, March 2017, p. 18, Figure 3, 다음에서 찾을 수 있다. archbridgeinst.wpengine.com/wp-content/uploads/2017/04/Contemporary-levels-of-mobility-digital-version_Winship.pdf.

6. Miles Corak, "Income Inequality, Equality of Opportunity, and Intergenerational Mobility," *Journal of Economic Perspectives* 27, no. 3 (Summer 2013), pp. 79-102 (see Figure 1, p.82), 온라인으로는 여기를 보라. pubs.aeaweb.org/doi/pdfplus/10.1257/jep.27.3.79; Miles Corak, "Do Poor Children Become Poor Adults? Lessons from a Cross Country Comparison of Generational Earnings Mobility," IZA Discussion Paper No. 1993, March 2006 (see Table 1, p. 42), 또한 ftp.iza.org/dp1993.pdf; *A Broken Social Elevator? How to Promote Social Mobility* (Paris: OECD Publishing, 2018), 온라인으로는 doi.org/10.1787/9789264301085-en. OECD에서 이뤄진 연구 결과도 코락의 연구 결과와 비슷한데, 다만 독일만 다른 모습을 나타냈다. OECD 연구 결과로는 독일의 사회적 이동성이 미국보다 낮다. 국가별 비교는 다음을 보라. Figure 4.8, p. 195.

7. Stefanie Stantcheva, "Prisoners of the American Dream," *Project Syndicate*, February 22, 2018: scholar.harvard.edu/files/stantcheva/files/prisoners_of_the_american_dream_by_stefanie_stantcheva_-_project_syndicate_0.pdf.

8. Raj Chetty, John Friedman, Emmanuel Saez, Nicholas Turner, and Danny Yagan, "Mobility Report Cards: The Role of Colleges in Intergenerational Mobility," NBER Working Paper No. 23618, Revised Version, July 2017: equality-of-opportunity.org/papers/coll_mrc_paper.pdf.

9. fivethirtyeight.com/features/even-among-the-wealthy-education-predicts-trump-support/;jrf.org.uk/report/brexit-vote-explained-poverty-low-skills-and-lack-opportunities.

10. Aaron Blake, "Hillary Clinton Takes Her 'Deplorables' Argument for Another Spin," *The Washington Post*, March 13, 2018, washingtonpost.com/news/the-fix/wp/2018/03/12/hillary-clinton-takes-her-deplorables-argument-for-another-spin. 트럼프는 고소득 유권자들 사이에서 클린턴에게 근소하게 앞섰다. 그러나 농촌 지역과 소도시 주민들에게서는 압도적인 지지를 받았다(62퍼센트 대 34퍼센트). 또한 비대졸자 백인(67퍼센트 대 28퍼센트), 해외무역이 일자리를 창출하기보다 없앤다고 여기는 사람들(65퍼센트 대 31퍼센트)에게서도 몰표를 얻었다. 다음을 보라. "Election 2016: Exit Polls," *The New York Times*, November 8, 2016: nytimes.com/interactive/2016/11/08/us/politics/election-exit-polls.html.

11. Donald J. Trump, "Remarks Announcing United States Withdrawal from the United Nations Framework Convention on Climate Change Paris Agreement," June 1, 2017, the American Presidency Project: presidency.ucsb.edu/node/328739.

12. 유교적 능력주의 정치에 대한 다양한 해석은 Daniel A. Bell and Chenyang Li, eds., *The East Asian Challenge for Democracy: Political Meritocracy in Comparative Perspective* (New York: Cambridge University Press, 2013); 플라톤에 대해서는 *The Republic of Plato*, translated by Allan Bloom (New York: Basic Books, 1968), Book VI; 아리스토텔레스에 대해서는 *The Politics of Aristotle*, translated by Ernest Barker (Oxford: Oxford University Press, 1946), Book III, and *The Nicomachean Ethics of Aristotle*, translated by Sir David Ross

(Oxford: Oxford University Press, 1925), Books I and VI.

13. Joseph F. Kett, Merit: *The History of a Founding Idea from the American Revolution to the 21st Century* (Ithaca NY: Cornell University Press, 2013), pp. 1-10, 33-44. Thomas Jefferson to John Adams, October 28, 1813, in Lester J. Cappon, ed., *The Adams-Jefferson Letters: The Complete Correspondence Between Thomas Jefferson and Abigail and John Adams* (Chapel Hill: University of North Carolina, 1959), vol. 2, pp. 387-92.

14. Michael Young, *The Rise of the Meritocracy* (Harmondsworth: Penguin Books, 1958).

15. Ibid., p. 106.

■ **CHAPTER 2. "선량하니까 위대하다" 능력주의 도덕의 짧은 역사**

1. "lot, n." OED Online, Oxford University Press, June 2019, oed.com/view/Entry/110425.(2019년 7월 16일 접속).

2. 예를 들어, 〈요나서〉 1:4-16.

3. 〈욥기〉 4:7. 다음의 논의에 근거하였다. Moshe Halbertal, "Job, the Mourner," in Leora Batnitzky and Ilana Pardes, eds., *The Book of Job: Aesthetics, Ethics, and Hermeneutics* (Berlin: de Gruyter, 2015), pp. 37-46.

4. Ibid., pp. 39, 44-45. 핼버털은 이러한 욥기 해석을 마이모니데스(Maimonides)에 게서 가져왔다. Maimonides. On rain falling where no one lives, 〈욥기〉 38:25-26 참조.

5. Ibid., pp. 39, 45.

6. 여기서는 다음의 탁월한 저작에서 많은 도움을 받았다. Anthony T. Kronman, *Confessions of a Born-Again Pagan* (New Haven: Yale University Press, 2016). 특히 pp. 88-98, 240-71, 363-93.

7. Halbertal, "Job, the Mourner," p. 37.

8. Kronman, *Confessions of a Born-Again Pagan*, pp. 240-59; J. B. Schneewind, *The Invention of Autonomy* (Cambridge: Cambridge University Press,

1998), pp. 29‒30.

9. Eric Nelson, *The Theology of Liberalism: Political Philosophy and the Justice of God* (Cambridge, MA: Harvard University Press, 2019); Michael Axworthy, "The Revenge of Pelagius," *New Statesman*, December 7, 2018, p. 18; Joshua Hawley, "The Age of Pelagius," *Christianity Today*, June 2019. 이는 다음에서 볼 수 있다. christianitytoday.com/ct/2019/june-web-only/age-of-pelagius-joshua-hawley.html.

10. Kronman, *Confessions of a Born-Again Pagan*, pp. 256‒71; Schneewind, *The Invention of Autonomy*, p. 272.

11. Kronman, *Confessions of a Born-Again Pagan*, pp. 363‒81.

12. Max Weber, *The Protestant Ethic and the Spirit of Capitalism* (originally published 1904‒1905), translated by Talcott Parsons (New York: Charles Scribner's Sons, 1958).

13. Ibid., p. 104.

14. Ibid., pp. 109‒10.

15. Ibid., pp. 110‒15.

16. Ibid., p. 115.

17. Ibid., p. 160.

18. Ibid., pp. 154, 121.

19. Ibid., pp. 121‒22.

20. Max Weber, "The Social Psychology of the World Religions," in H. H. Gerth and C. Wright Mills, eds., *From Max Weber: Essays in Sociology* (New York: Oxford University Press, 1946), p. 271.

21. Jackson Lears, Something for Nothing: Luck in America (New York: Viking, 2003), p. 34.

22. Ibid.

23. Ibid., pp. 57‒62. 〈전도서〉 9:11‒12가 p. 59에 인용되어 있다.

24. Lears, *Something for Nothing*, p. 60.

25. Ibid., p. 76.

26. Ibid.

27. Ibid., p. 22.

28. Ibid.

29. John Arlidge and Philip Beresford, "Inside the Goldmine," *The Sunday Times* (London), November 8, 2009.

30. Graham quoted in "Hurricane Katrina: Wrath of God?," Morning Joe on NBC News, October 5, 2005, at nbcnews.com/id/9600878/ns/msnbc-morning_joe/t/hurricane-katrina-wrath-god/#.XQZz8NNKjuQ.

31. 로버트슨의 주장은 다음 기사에서 인용되었다. Dan Fletcher, "Why Is Pat Robertson Blaming Haiti?" *Time*, January 14, 2010.

32. 팔웰은 다음 기사에서 인용되었다. Laurie Goodstein, "After the Attacks: Finding Fault," *The New York Times*, September 15, 2001.

33. Devin Dwyer, "Divine Retribution? Japan Quake, Tsunami Resurface God Debate," ABC News, March 18, 2011, at abcnews.go.com/Politics/japan-earthquake-tsunami-divine-retri bution-natural-disaster-religious/story?id=13167670; Harry Harootunian, "Why the Japanese Don't Trust Their Government," Le Monde Diplomatique, April 11, at mondediplo.com/2011/04/08japantrust.

34. 케니언은 다음 기사에서 인용되었다. Kate Bowler, "Death, the Prosperity Gospel and Me," *The New York Times*, February 13, 2016. 또한 Kate Bowler, *Blessed: A History of the American Prosperity Gospel* (New York: Oxford University Press, 2013).

35. Bowler, "Death, the Prosperity Gospel and Me."

36. 오스틴은 다음 기사에서 인용되었다. Bowler, ibid.

37. David Van Biema and Jeff Chu, "Does God Want You to Be Rich?" Time, September 10, 2006.

38. Bowler, "Death, the Prosperity Gospel and Me."

39. Bowler, *Blessed*, p. 181; Biema and Chu, "Does God Want You to Be Rich?"에서 자료를 참조했다.

40. Bowler, *Blessed*, p. 226.

41. Ibid.

42. Bowler, "Death, the Prosperity Gospel and Me."

43. 다음을 보라. Vann R. Newkirk II, "The American Health Care Act's Prosperity Gospel," *The Atlantic*, May 5, 2017.

44. 브룩스는 다음 기사에서 인용되었다. Newkirk, ibid., and in Jonathan Chait, "Republican Blurts Out That Sick People Don't Deserve Affordable Care," *New York*, May 1, 2017.

45. John Mackey, "The Whole Foods Alternative to ObamaCare," *The Wall Street Journal*, August 11, 2009. 또한 Chait, ibid.

46. Mackey, ibid.

47. Hillary Clinton, "Address Accepting the Presidential Nomination at the Democratic Convention in Philadelphia, Pennsylvania," July 28, 2016. 이는 다음에서 보라. presidency.ucsb.edu/documents/address-accepting-the-presidential-nomination-the-democratic-national-convention.

48. President Dwight D. Eisenhower, "Address at the New England 'Forward to '54' Dinner," Boston, Massachusetts, September 21, 1953. 다음에서 보라. presidency.ucsb.edu/documents/address-the-new-england-forward-54-dinner-boston-massachusetts.

49. 다음을 보라. John Pitney, "The Tocqueville Fraud," *The Weekly Standard*, November 12, 1995 이는 다음에서 찾을 수 있다. weeklystandard.com/john-j-pitney/the-tocqueville-fraud.

50. 각자 몇 차례 인용했는가를 보면, 포드는 대통령 재임시 6회, 로널드 레이건은 10회, 조지 H. W. 부시는 6회 인용했다. 각각 어떤 상황에서 인용했는지는 다음을 보라. presidency.ucsb.edu/advanced-search.

51. President Ronald Reagan, "Remarks at the Annual Convention of the National Association of Evangelicals in Columbus, Ohio," March 6, 1984, at presidency.ucsb.edu/documents/remarks-the-annual-convention-the-national-association-evangelicals-columbus-ohio.

52. 각각 어떤 상황에서 인용했는지는 다음을 보라. presidency.ucsb.edu/advanced-search. 이 아카이브는 모든 대통령들의 연설과 발언, 그리고 일부 대통령 후보자들(후보자에 그친)의 유세 연설을 갖추고 있다. 그에 따르면 존 케리가 이 문

구를 2004년 유세 때 적어도 한 번 썼으며, 힐러리 클린턴은 2016년 유세에서 최소 7회 썼음을 알 수 있다.

53. 다음을 보라. Yascha Mounk, *The Age of Responsibility: Luck, Choice, and the Welfare State* (Cambridge, MA: Harvard University Press, 2017).

54. 이 문구를 처음 쓴 대통령은 로널드 레이건으로, 1988년 캐나다와의 자유무역 협정에 대해 이야기할 때였다. presidency.ucsb.edu/documents/remarks-the-american-coalition-for-trade-expansion-with-canada. 그러나 몇 달 지나지 않아, 미국 기업연구소에서 한 연설에서, 그는 "역사의 옳은 편"이라는 말이 "불쾌한 마르크스주의적 문구"라고 밝혔다. 1970년대에 동유럽에서 소련이 갖는 패권을 정당화하기 위해 그쪽에서 쓰던 말이라는 것이었다. presidency.ucsb.edu/documents/remarks-the-american-enterprise-institute-for-public-policy-research. See generally Jay Nordlinger, "The Right Side of History," *National Review*, March 31, 2011, and David A. Graham, "The Wrong Side of 'the Right Side of History,'" *The Atlantic*, December 21, 2015.

55. President George W. Bush, "Remarks to Military Personnel at Fort Hood, Texas," April 12, 2005, presidency.ucsb.edu/documents/remarks-military-personnel-fort-hood-texas. Vice President Richard B. Cheney, "Vice President's Remarks at a Rally for Expeditionary Strike Group One," May 23, 2006, presidency.ucsb.edu/documents/vice-presidents-remarks-rally-for-expeditionary-strike-group-one.

56. 사용 횟수는 presidency.ucsb.edu/advanced-search의 내용에서 집계했다. Incidence of use was calculated using the searchable document archive of the American Presidency Project, University of California, Santa Barbara, at presidency.ucsb.edu/advanced-search.

57. President Barack Obama, "Commencement Address at the United States Military Academy in West Point, New York," May 22, 2010 presidency.ucsb.edu/documents/commencement-address-the-united-states-military-academy-west-point-new-york-2; Obama, "Commencement Address at the United States Air Force Academy in Colorado Springs, Colorado," June 2, 2016 presidency.ucsb.edu/documents/commencement-address-the-unit-

ed-states-air-force-academy-colorado-springs-colorado-1.

58. President William J. Clinton, "Interview with Larry King," January 20, 1994, presidency.ucsb.edu/documents/interview-with-larry-king-1; President Barack Obama, "Inaugural Address," January 20, 2009, presidency.ucsb.edu/documents/inaugural-address-5.

59. President Barack Obama, "The President's News Conference," June 23, 2009, presidency.ucsb.edu/documents/the-presidents-news-conference-1122; Obama, "The President's News Conference, March 11, 2011, presidency.ucsb.edu/documents/the-presidents-news-conference-1112; Obama, "The President's News Conference," February 15, 2011, presidency.ucsb.edu/documents/the-presidents-news-conference-1113.

60. 사용 횟수는 presidency.ucsb.edu/advanced-search의 내용에서 집계했다. 양탄자에 대해서는 Chris Hayes, "The Idea That the Moral Universe Inherently Bends Toward Justice Is Inspiring. It's Also Wrong." 이는 다음에서 볼 수 있다. nbcnews.com/think/opinion/idea-moral-universe-inherently-bends-towards-justice-inspiring-it-s-ncna859661, and David A. Graham, "The Wrong Side of 'the Right Side of History.'"

61. Theodore Parker, *Ten Sermons of Religion*, 2nd ed. (Boston: Little, Brown and Company, 1855), pp. 84–85.

62. Google books Ngram at 〈iframe name="ngram_chart" src="https://books.google.com/ngrams/interactive_chart ?content=right+side+of+history&year_start=1980&year_end=2010&corpus=15&smoothing=3&share=&direct_url=t1%3B%2Cright%20side%20of%20history%3B%2Cc0" width=900 height=500 marginwidth=0 marginheight=0 hspace=0vspace=0 frameborder=0 scrolling=no〉</iframe〉.

63. President William J. Clinton, "Media Roundtable Interview on NAFTA," November 12, 1993, presidency.ucsb.edu/documents/media-roundtable-interview-nafta; Clinton, "Remarks to the People of Germany in Berlin," May 13, 1998, presidency.ucsb.edu/documents/remarks-the-people-germany-berlin.

64. President William J. Clinton, "Remarks at a Campaign Concert for Senator John

F. Kerry in Boston," September 28, 1996, presidency.ucsb.edu/documents/re-marks-campaign-concert-for-senator-john-f-kerry-boston; President Barack Obama, "Remarks at a Democratic National Committee Reception in San Jose, California," May 8, 2014, presidency.ucsb.edu/documents/remarks-demo-cratic-national-committee-reception-san-jose-california; Obama, "Remarks on Signing an Executive Order on Lesbian, Gay, Bisexual, and Transgender Employment Discrimination," July 21, 2014, presidency.ucsb.edu/documents/remarks-signing-executive-order-lesbian-gay-bisexual-and-transgen-der-employment; Clinton, "Address at the Democratic National Convention in Denver, Colorado, August 27, 2008, presidency.ucsb.edu/documents/ad-dress-the-democratic-national-convention-denver-colorado.

65. President Barack Obama, "Remarks at a Reception Celebrating Lesbian, Gay, Bisexual, and Transgender Pride Month," June 13, 2013 presidency.ucsb.edu/documents/remarks-reception-celebrating-lesbian-gay-bisexual-and-trans-gender-pride-month.

66. President Barack Obama, "Remarks at an Obama Victory Fund 2012 Fundrais-er in Beverly Hills, California," June 6, 2012, presidency.ucsb.edu/documents/remarks-obama-victory-fund-2012-fundraiser-beverly-hills-california.

67. Eric Westervelt, "Greatness Is Not a Given: 'America The Beautiful' Asks How We Can Do Better," National Public Radio, April 4, 2019, npr.org/2019/04/04/709531017/america-the-beautiful-american-anthem.

68. Katharine Lee Bates, *America the Beautiful and Other Poems* (New York: Thomas Y. Crowell Co., 1911), pp. 3–4.

69. 다음을 보라. Mark Krikorian, "God Shed His Grace on Thee," *National Review*, July 6, 2011.

70. A video of Ray Charles's performance of "America the Beautiful" at the 2001 World Series is available at youtube.com/watch?v=HlHMQEegpFs.

1.   Evan Osnos, *Age of Ambition: Chasing Fortune, Truth, and Faith in the New China* (New York: Farrar, Straus and Giroux, 2014), pp. 308 – 10.

2.   대통령으로서, 빌 클린턴은 이 문구를 21회 사용했다. 예를 들어, "우리는 그 어떤 아니도 단지 가난한 집 출신이라고, 저소득층 거주지 출신이라고, 또는 소수인종이거나 그 밖의 우연한 결과로 그 기회를 잃고 뒤처지게 해서는 안 되도록 할 책임이 있습니다. 우리는 한 사람이라도 버려서는 안 되기 때문입니다. 이 세상은 고도 경쟁의 세상이며, 맨파워로 움직이는 세상입니다. 우리는 모든 인적 자원을 활용해야만 합니다." William J. Clinton, "Remarks in San Jose, California," August 7, 1996, the American Presidency Project, presidency.ucsb.edu/node/223422.

3.   다음을 보라. Yascha Mounk, *The Age of Responsibility: Luck, Choice, and the Welfare State* (Cambridge, MA: Harvard University Press, 2017), and Jacob S. Hacker, The Great Risk Shift(New York: Oxford University Press, 2006).

4.   Ronald Reagan, "Address Before a Joint Session of Congress on the State of the Union," January 27, 1987, the American Presidency Project, presidency.ucsb. edu/node/252758.

5.   쿨리지, 후버, 프랭클린 루스벨트의 문구 사용에 대해서는 the American Presidency Project, presidency.ucsb.edu/advanced-search.

6.   대통령으로서, 레이건은 이 문구를 "깜빡 잘못 쓰지 않은 것만" 26회 썼다. 클린턴은 72회, 오바마는 56회 썼다. 이런 계산은 the American Presidency Project, presidency.ucsb.edu/advanced-search 의 자료를 근거로 저자가 했다.

7.   William J. Clinton, "Inaugural Address," January 20, 1993, the American Presidency Project, presidency.ucsb.edu/node/219347.

8.   William J. Clinton, 'Address Before a Joint Session of the Congress on the State of the Union," January 24, 1995, the American Presidency Project presidency. ucsb.edu/node/221902.

9.   William J. Clinton, "Remarks on Arrival at McClellan Air Force Base, Sacramento, California," April 7, 1995, the American Presidency Project, presidency.ucsb. edu/node/220655.

10. William J. Clinton, "Statement on Signing the Personal Responsibility and Work Opportunity Reconciliation Act of 1996," August 22, 1996, at the American Presidency Project, presidency.ucsb.edu/node/222686.

11. Tony Blair, *New Britain: My Vision of a Young Country* (London: Fourth Estate, 1996), pp. 19, 173쪽. 273 및 292쪽도 보라.

12. Gerhard Schröder, December 31, 2002, quoted in Yascha Mounk, *The Age of Responsibility: Luck, Choice, and the Welfare State* (Cambridge, MA: Harvard University Press, 2017), pp. 220 – 21. 영어로의 번역은 뭉크가 했다. 또한 pp. 1 – 6.

13. Mounk, ibid., 30쪽에서 인용. 일반적으로 볼 때 pp. 28 – 37.

14. Ronald Reagan, "Remarks at a White House Briefing for Black Administration Appointees," June 25, 1984, the American Presidency Project, presidency.ucsb.edu/node/260916; Ronald Reagan, "Radio Address to the Nation on Tax Reform," May 25, 1985, the American Presidency Project, presidency.ucsb.edu/node/259932.

15. William J. Clinton, "Remarks to the Democratic Leadership Council," December 3, 1993, the American Presidency Project, presidency.ucsb.edu/node/218963; 오바마는 이 문구를 이리저리 조금씩 바꾼 것까지 해서 50차례를 대통령 임기 중에 언급했다. 클린턴은 14번, 조지 W. 부시는 세 번, 조지 H. W. 부시는 두 번, 제럴드 포드는 한 번, 리처드 닉슨은 한 번이었다. 이 문구는 닉슨이 문건으로 발표한 것에서 세 차례 나왔고, 린든 존슨의 경우에는 두 번 나왔다. 그리고 존슨 이전의 대통령으로서 문건 아닌 담화에서 이를 언급한 경우는 한 번도 없었다. 이러한 빈도 계산은 the American Presidency Project, presidency.ucsb.edu/advanced-search에서 저자가 계산한 것이다.

16. Barack Obama, "Remarks at the White House College Opportunity Summit," December 4, 2014, the American Presidency Project, presidency.ucsb.edu/node/308043.

17. Barack Obama, "Remarks at a Campaign Rally in Austin, Texas," July 17, 2012, the American Presidency Project, presidency.ucsb.edu/node/301979.

18. Google Ngram search at books.google.com/ngrams/graph?content=you+de-

serve&year_start=1970&year_end=2008&corpus=15&smoothing=3&share=&direct_url=t1%3B%2Cyou%20deserve%3B%2Cc0. 〈뉴욕타임스〉의 검색 가능한 온라인 데이터베이스에 따르면, "자격이 있다"는 말은 1981년에 14회, 2018년에 69회 사용되었다. 또한 10년 단위로 볼 때 꾸준히 증가세를 보였는데, 1970년대에는 14회였다가 1980년대에는 175회였다. 그리고 1990년대에 228회, 2000년대에는 480회, 2010년대에는 집계 시점까지 해서 475회였다(2019년 7월 31일 집계 결과).

19. John Lofflin, "What's New in Subliminal Messages: 'I Deserve to Succeed. I Deserve to Reach My Goals. I Deserve to Be Rich,'" *The New York Times*, March 20, 1988, nytimes.com/1988/03/20/business/what-s-new-subliminal-messages-deserve-succeed-deserve-reach-my-goals-deserve-be.html?-searchResultPosition=1; David Tanis, "You Deserve More Succulent Chicken," *The New York Times*, March 29, 2019, nytimes.com/2019/03/29/dining/chicken-paillard-recipe.html?searchResultPosition=1.

20. 3장에 나오는 하이에크, 롤스, 그리고 행운 평등주의자들의 논쟁을 보라.

21. 레이건은 "자격이 있다"는 표현을 31번 썼는데, 케네디, 존슨, 닉슨, 포드, 카터가 쓴 경우를 모두 합쳐 봐야 27번인 데 비교된다. American Presidency Project, presidency.ucsb.edu/advanced-search.

22. onald Reagan, "Remarks and a Question-and-Answer Session with Members of the Commonwealth Club of California in San Francisco," March 4, 1983, the American Presidency Project, presidency.ucsb.edu/node/262792.

23. 레이건은 "자격이 있다"는 말을 31번 했고, 클린턴은 68번 했다. 오바마는 104번 했다. American Presidency Project, presidency.ucsb.edu/advanced-search의 내용에서 집계하였다. William J. Clinton, "Remarks to the Community in San Bernardino, California," May 20, 1994, the American Presidency Project, presidency.ucsb.edu/node/220148; Barack Obama, "Remarks at the Costco Wholesale Corporation Warehouse in Lanham, Maryland," January 29, 2014, the American Presidency Project, presidency.ucsb.edu/node/305268; Barack Obama, "Remarks at Cuyahoga Community College Western Campus in Parma, Ohio," September 8, 2010, the American Presidency Project, presidency.ucsb.edu/node/288117.

24. Theresa May, "Britain, the Great Meritocracy: Prime Minister's Speech," September 9, 2016, at gov.uk/government/speeches/britain-the-great-meritocracy-prime-ministers-speech.

25. Ibid.

26. Barack Obama, Interview with Bill Simmons of ESPN, March 1, 2012, the American Presidency Project, presidency.ucsb.edu/node/327087.

27. Hillary Clinton, "Remarks at the Frontline Outreach Center in Orlando, Florida," September 21, 2016, the American Presidency Project, presidency.ucsb.edu/node/319595; "Remarks at Eastern Market in Detroit, Michigan," November 4, 2016, the American Presidency Project, presidency.ucsb.edu/node/319839; "Remarks at Ohio State University in Columbus,Ohio," October 10, 2016, the American Presidency Project, presidency.ucsb.edu/node/319580.

28. Erin A. Cech, "Rugged Meritocratists: The Role of Overt Bias and the Meritocratic Ideology in Trump Supporters' Opposition to Social Justice Efforts," *Socius: Sociological Research for a Dynamic World 3* (January 1, 2017), pp. 1–20, journals.sagepub.com/doi/full/10.1177/2378023117712395.

29. Ibid., pp. 7–12.

30. 미국에서 최상위 1퍼센트는 국민 소득의 20.2퍼센트를 가져가는 한편, 하위 50퍼센트는 12.5퍼센트를 가져간다. 상위 10퍼센트는 국민소득의 거의 절반(47퍼센트)을 가져가는 반면, 같은 경우에 서유럽에서는 37퍼센트, 중국에서는 41퍼센트, 브라질과 인도에서는 55퍼센트를 가져간다. Thomas Piketty, Emmauel Saez, and Gabriel Zucman, Distributional National Accounts: Methods and Estimates for the United States, *Quarterly Journal of Economics* 133, issue 2 (May 2018), p. 575, 이상은 다음을 참조하라. eml.berkeley.edu/~saez/PSZ2018QJE.pdf; Alvaredo, Chancel, Piketty, Saez, and Zucman, *World Inequality Report* 2018, pp. 3, 83–84. 미국과 다른 나라의 소득 분포 자료는 World Inequality Database, wid.world.

31. 미국에서 1980년 이후 경제성장 성과의 대부분은 상위 10퍼센트에게 돌아갔으며, 그들의 소득은 덕분에 121퍼센트 성장했다. 소득 하위 절반의 인구에게는 거의 아무 것도 돌아가지 않았으며, 그들의 2014년 평균 소득(약 1만 6,000달러)은 실질 가

치로 환산할 때 1980년과 거의 차이가 없었다. 노동가능 인구의 중위소득은 "1964년에서 2014년까지 약 3만 5,000달러로 변화가 없었다. 반세기가 지나도록 중위 남성 노동자는 아무런 향상을 이루지 못했다." Piketty, Saez, and Zucman, "Distributional National Accounts," pp. 557, 578, 592–93. 다음도 보라. Thomas Piketty, *Capital in the Twenty-First Century* (Cambridge, MA: Harvard University Press, 2014), p. 297, 여기서 피케티는 1977년에서 2007년까지 가장 부유한 10퍼센트가 미국 경제 성장 성과의 사분의 삼 정도를 독식했다고 제시했다.

32. 미국인들은 77대 20으로 "열심히 일하면 대부분 성공할 수 있다"는 말에 동의했다. 같은 말에 독일인은 51대 48이었다. 프랑스와 일본에서는 "열심히 일한다고 성공한다는 보장은 없다"는 데 각각 54대 46, 59대 40으로 동의했다. Pew Global Attitudes Project, July 12, 2012, 042-86058_ch01_1P.pewresearch.org/global/2012/07/12/chapter-4-the-casualties-faith-in-hard-work-and-capitalism.

33. "앞서가는 삶을 살기에 무엇이 가장 중요한가"의 물음에, 미국인은 73퍼센트가 열심히 일하는 것을 가장 중요한 요소로 꼽았다. 독일은 49, 프랑스는 25퍼센트가 그렇게 답했으며 한국과 일본의 응답자들은 각각 34, 42퍼센트를 답했다. Pew Research Center, Spring 2014 Global Attitudes survey, October 7, 2014, pewresearch.org/global/2014/10/09/emerging-and-developing-economies-much-more-optimistic-than-rich-countries-about-the-future/inequality-05.

34. "왜 부자는 부자일까?"라는 물음에 43퍼센트가 열심히 노력한 때문이라고 답하고, 42퍼센트는 운이 좋았다고 답했다. 왜 가난한 사람은 가난할까라는 물음에는 52퍼센트가 어쩔 수 없는 변수들 때문이라고, 31퍼센트가 노력이 부족했기 때문이라고 답했다. 민주당원과 공화당원은 다른 답변 양상을 보였다. Amina Dunn, "Partisans Are Divided over the Fairness of the U.S. Economy-and Why People Are Rich or Poor," Pew Research Center, October 4, 2018, pewresearch.org/fact-tank/2018/10/04/partisans-are-divided-over-the-fairness-of-the-u-s-economy-and-why-people-are-rich-or-poor.

35. "인생의 성공은 우리가 어쩔 수 없는 변수에 주로 좌우되는가"라는 질문에, 한국인 74퍼센트와 독일인 67퍼센트, 이탈리아인 66퍼센트가 그렇다고 답했다. 반면 미국인은 40퍼센트만 그렇게 답했다. Pew Research Center, Spring 2014 Global Attitudes survey, October 9, 2014, pewresearch.org/global/2014/10/09/emerging-

and-developing-economies-much-more-optimistic-than-rich-countries-about-the-future.

36. Raj Chetty, David Grusky, Maximilian Hell, Nathaniel Hendren, Robert Manduca, and Jimmy Narang, "The Fading American Dream: Trends in Absolute Income Mobility Since 1940," Science 356 (6336), 2017, pp. 398–406. 다음에서 볼 수 있다. opportunityinsights.org/paper/the-fading-american-dream. 아버지와 자식의 소득을 비교해 보면 차이는 더욱 두드러진다. 1940년에 태어난 남성의 95퍼센트가 그 아버지들보다 많이 벌었다. 그러나 1984년생 남성은 41퍼센트만이 그 아버지의 소득을 앞질렀다.

37. According to a study by the Pew Charitable Trusts, 4 percent of Americans born in the bottom quintile rise to the top quintile as adults, 30 percent rise to the middle quintile or higher, and 43 percent remain stuck in the bottom quintile. "Pursuing the American Dream: Economic Mobility Across Generations," Pew Charitable Trusts, July 2012, p. 6, Figure 3, available at pewtrusts.org/~/media/legacy/uploadedfiles/wwwpewtrustsorg/reports/economic_mobility/pursuingamericandreampdf.pdf. A study by the Harvard economist Raj Chetty and colleagues concludes that 7.5 percent of Americans born in the bottom quintile rise to the top quintile, 38 percent rise to the middle quintile or higher, and 34 percent remain stuck at the bottom. Raj Chetty, Nathaniel Hendren, Patrick Kline, and Emmanuel Saez, "Where Is the Land of Opportunity? The Geography of Intergenerational Mobility in the United States," *Quarterly Journal of Economics* 129, no. 4 (2014), pp. 1553–623; available at rajchetty.com/chettyfiles /mobility_geo.pdf (mobility figures at p. 16 and Table II). According to a study by Scott Winship of the Archbridge Institute, only 3 percent of children born in the bottom quintile make it to the top quintile, and only 26 percent make it to the middle quintile or higher; 46 percent remain stuck at the bottom. Scott Winship, "Economic Mobility in America," Archbridge Institute, March 2017, p. 18, Figure 3, available at archbridgeinst.wpengine.com/wp-content /uploads/2017/04/Contemporary-levels-of-mobility-digital-version_Winship.pdf.

38. Miles Corak, "Income Inequality, Equality of Opportunity, and Intergenera-
tional Mobility," *Journal of Economic Perspectives* 27, no. 3 (Summer 2013),
pp. 79 – 102 (see Figure 1, p.82), 온라인으로는 pubs.aeaweb.org/doi/pdf-
plus/10.1257/jep.27.3.79; Miles Corak, "Do Poor Children Become Poor Adults?
Lessons from a Cross Country Comparison of Generational Earnings Mobility,"
IZA Discussion Paper No. 1993, March 2006 (표 1, p. 42를 보라), ftp.iza.org/
dp1993.pdf; *A Broken Social Elevator? How to Promote Social Mobility* (Par-
is: OECD Publishing, 2018), 온라인으로는 doi.org/10.1787/9789264301085-en.
OECD 연구 결과는 독일을 제외하면 코락의 연구와 비슷하다. OECD 연구 결과로
는 독일의 사회적 이동성이 미국보다 낮다. in Figure 4.8, p. 195.

39. Chetty et al., "Where Is the Land of Opportunity?" p. 16. 다음도 보라. Julia B.
Isaacs, Isabel Sawhill, and Ron Haskins, *Getting Ahead or Losing Ground:
Economic Mobility in America* (Economic Mobility Project: An Initiative of
the Pew Charitable Trusts, 2008), at pewtrusts.org//media/legacy/uploaded-
files/wwwpewtrustsorg/reports/economic_mobility/economicmobilityinameri-
cafullpdf.pdf. Mobility data for the U.S. and Denmark is at Figure 1, p. 40.

40. Javier C. Hernandez and Quoctrung Bui, "The American Dream Is Alive.
In China," *The New York Times*, November 18, 2018, nytimes.com/interac-
tive/2018/11/18/world/asia/china-social-mobility.html.

41. Ibid.

42. Ibid. 중국과 미국의 세대 간 이동성에 대한 세계은행의 자료는 Ambar Narayan
et al., *Fair Progress?: Economic Mobility Across Generations Around the
World* (Washington, DC: World Bank, 2018), pp. 107 (Figure 3.6), 140 (Map
4.1) and 141 (Figure 4.2). 세계은행 연구 결과의 온라인 자료는 openknowledge.
worldbank.org/handle/10986/28428. OECD 연구로는 중국의 사회적 이동성
이 미국보다 얼마간 낮다. 다음을 보라. *A Broken Social Elevator? How to Pro-
mote Social Mobility* (Paris: OECD Publishing, 2018), Figure 4.8, p. 195, at doi.
org/10.1787/9789264301085-en.

43. *The Republic of Plato*, Book III, 414b – 17b. Translated by Allan Bloom (New
York: Basic Books, 1968), pp. 93 – 96.

44. Alberto Alesina, Stefanie Stantcheva, and Edoardo Teso, "Intergenerational Mobility and Preferences for Redistribution," *American Economic Review* 108, no. 2 (February 2018), pp. 521 – 54. 온라인으로는 pubs.aeaweb.org/doi/pdfplus/10.1257/aer.20162015.

45. 서머스의 발언은 다음에서 재인용했다. Ron Suskind, *Confidence Men: Wall Street, Washington, and the Education of a President* (New York: Harper, 2011), p. 197.

46. President Barack Obama, "The President's Weekly Address," August 18, 2012; the American Presidency Project, presidency.ucsb.edu/node/302249.

47. Ibid.

■ **CHAPTER 4. 최후의 면책적 편견, 학력주의**

1. Grace Ashford, "Michael Cohen Says Trump Told Him to Threaten Schools Not to Release Grades," *The New York Times*, February 27, 2019, nytimes.com/2019/02/27/us/politics/trump-school-grades.html; 전문은 다음을 보라. Michael Cohen's Opening Statement to Congress, *The New York Times*, February 27, 2019, nytimes.com/2019/02/27/us/politics/cohen-documents-testimony.html?module=inline.

2. Maggie Haberman, "Trump: How'd Obama Get into Ivies?," *Politico*, April 25, 2011, politico.com/story/2011/04/trump-howd-obama-get-into-ivies-053694.

3. Nina Burleigh, "Trump Speaks at Fourth-Grade Level, Lowest of Last 15 Presidents, New Analysis Finds," *Newsweek*, January 8, 2018, newsweek.com/trump-fire-and-fury-smart-genius-obama-774169; 자료와 방법론은 blog.factba.se/2018/01/08/; Rebecca Morin, "'Idiot,' 'Dope,' 'Moron': How Trump's Aides Have Insulted the Boss," *Politico*, September 4, 2018, politico.com/story/2018/09/04/trumps-insults-idiot-woodward-806455; Valerie Strauss, "President Trump Is Smarter than You. Just Ask Him," *The Washington Post*,

February 9, 2017, washingtonpost.com/news/answer-sheet/wp/2017/02/09/president-trump-is-smarter-than-you-just-ask-him/; Andrew Restuccia, "Trump Fixates on IQ as a Measure of Worth," *Politico*, May 30, 2019, politico.com/story/2019/05/30/donald-trump-iq-intelligence-1347149; David Smith, "Trump's Tactic to Attack Black People and Women: Insult Their Intelligence," *The Guardian*, August 10, 2018, theguardian.com/us-news/2018/aug/10/trump-attacks-twitter-black-people-women.

4. Strauss, "President Trump Is Smarter Than You. Just Ask Him," *The Washington Post*, February 9, 2017; Donald J. Trump, "Remarks at the Central Intelligence Agency in Langley, Virginia," January 21, 2017, the American Presidency Project, presidency.ucsb.edu/node/323537.

5. 트럼프의 발언은 다음에서 재인용했다. Michael Kranish, "Trump Has Referred to His Wharton Degree as 'Super Genius Stuff,'" *The Washington Post*, July 8, 2019, washingtonpost.com/politics/trump-who-often-boasts-of-his-wharton-degree-says-he-was-admitted-to-the-hardest-school-to-get-into-the-college-official-who-reviewed-his-application-recalls-it-differently/2019/07/08/0a4eb414-977a-11e9-830a-21b9b36b64ad_story.html.

6. Strauss, "President Trump Is Smarter Than You. Just Ask Him."

7. Donald J. Trump, "Remarks at a 'Make America Great Again' Rally in Phoenix, Arizona," August 22, 2017, the American Presidency Project, presidency.ucsb.edu/node/331393.

8. 바이든의 해당 발언 영상은 youtube.com/watch?v=QWM6EuKxz5A; Trump-Biden comparison discussed in Meghan Kruger, "Who's the Smartest of Them All? Trump and Biden Both Say 'Me,'" *The Washington Post*, July 17, 2019, washingtonpost.com/opinions/whos-the-smartest-of-them-all-trump-and-biden-both-say-me/2019/07/17/30221c46-a8cb-11e9-9214-246e594de5d5_story.html.

9. James R. Dickenson, "Biden Academic Claims 'Inaccurate,'" *The Washington Post*, September 22, 1987, washingtonpost.com/archive/politics/1987/09/22/biden-academic-claims-inaccurate/932eaeed-9071-47a1-ae-

ac-c94a51b668e1.

10. Kavanaugh hearing: transcript, *The Washington Post*, September 27, 2018, washingtonpost.com/news/national/wp/2018/09/27/kavanaugh-hearing-transcript.

11. George H. W. Bush, "Address to the Nation on the National Education Strategy," April 18, 1991, the American Presidency Project, presidency.ucsb.edu/node/266128; 블레어의 발언은 다음에서 재인용했다. Ewen Macaskill, "Blair's Promise: Everyone Can Be a Winner," *The Guardian*, October 2, 1996, theguardian.com/education/1996/oct/02/schools.uk.

12. William J. Clinton, "Remarks at a Democratic National Committee Dinner," May 8, 1996, the American Presidency Project, presidency.ucsb.edu/node/222520. 클린턴은 이 문구를 여러 버전("우리가 뭘 배우느냐" 또는 "우리가 뭘 배울 수 있느냐")으로 32회 사용했다. the American Presidency Project, presidency.ucsb.edu/advanced-search. 존 매케인의 버전은 클린턴의 버전과 쌍을 이루었다. 가령, 클린턴이 "글로벌 경제에서는, 우리가 배우는 것이 우리가 얻는 것입니다"라고 하면, 매케인은 다음의 연설에서 이에 화답했다. McCain, "Address at Episcopal High School in Alexandria, Virginia," April 1, 2008, the American Presidency Project, presidency.ucsb.edu/node/277705.

13. Barack Obama, "Remarks at Pathways in Technology Early College High School in New York City," October 25, 2013, the American Presidency Project, presidency.ucsb.edu/node/305195.

14. Ibid.

15. Ibid.

16. Christopher Hayes, *The Twilight of the Elites: America After Meritocracy* (New York: Crown Publishers, 2012), p. 48.

17. Ibid.

18. Thomas Frank, *Listen, Liberal-or What Ever Happened to the Party of the People?* (New York: Metropolitan Books, 2016), pp. 34–35.

19. Ibid., pp. 72–73. 1979년 이후 생산성과 임금 사이의 격차에 대한 자료는 "Productivity-Pay Gap," Economic Policy Institute, July 2019, epi.org/productivi-

ty-pay-gap.

20. 2018년, 25세 이상 미국인의 35퍼센트가 4년제 대졸자였으며, 이는 1999년의 25 퍼센트, 1988년의 20퍼센트에서 크게 늘어난 수치였다. United States Census Bureau, CPS Historical Time Series Tables, 2018, Table A-2, census.gov/data/tables/time-series/demo/educational-attainment/cps-historical-time-series.html.

21. Jonathan Alter, *The Promise: President Obama, Year One* (New York: Simon and Schuster, 2010), p. 64.

22. Ibid.

23. Patrick J. Egan, "Ashton Carter and the Astoundingly Elite Educational Credentials of Obama's Cabinet Appointees," *The Washington Post*, December 5, 2014, washingtonpost.com/news/monkey-cage/wp/2014/12/05/ashton-carter-and-the-astoundingly-elite-educational-credentials-of-obamas-cabinet-appointees. Cited in Frank, *Listen, Liberal*, p. 164.

24. David Halberstam, *The Best and the Brightest* (New York: Random House, 1969).

25. Alter, *The Promise*, p. 63.

26. Frank, *Listen, Liberal*, p. 40.

27. Ibid., pp. 165–66.

28. Ibid., p. 166; Neil Barofsky, *Bailout: An Inside Account of How Washington Abandoned Main Street While Rescuing Wall Street* (New York: Free Press, 2012).

29. Barofsky, *Bailout*, p. 139.

30. 다음의 온라인 자료에서 추계했다. the American Presidency Project, presidency.ucsb.edu/advanced-search.

31. 서적에서의 단어 사용 빈도는 Google Ngram, books.google.com/ngrams에서 추계했다. 〈뉴욕타임스〉에서, "스마트"라는 단어는 1980년 620회, 2000년 2,672회 사용되었다. 연도별 빈도 검색은 nytimes.com/search?query=smart.

32. William J. Clinton, "The President's Radio Address," August 19, 2000, the American Presidency Project, presidency.ucsb.edu/node/218332; "Remarks on Pro-

posed Medicare Prescription Drug Benefit Legislation and an Exchange with Reporters," June 14, 2000, the American Presidency Project, presidency.ucsb.edu/node/226899; "The President's Radio Address," September 2, 2000, the American Presidency Project, presidency.ucsb.edu/node/218133.

33. Barack Obama, "Statement on International Women's Day," March 8, 2013, the American Presidency Project, presidency.ucsb.edu/node/303937; "Remarks to the United Nations General Assembly in New York City," September 20, 2016, the American Presidency Project, presidency.ucsb.edu/node/318949; "Remarks on Immigration Reform," October 24, 2013, the American Presidency Project, presidency.ucsb.edu/node/305189; "Remarks at Forsyth Technical Community College in Winston-Salem, North Carolina," December 6, 2010, the American Presidency Project, presidency.ucsb.edu/node/288963.

34. 힐러리 클린턴의 발언은 다음에서 재인용했다. "Press Release-President Obama Announces Key State Department Appointments," March 6, 2009, the American Presidency Project, presidency.ucsb.edu/node/322243.

35. 오바마의 2002년 연설 원고는 다음에서 찾을 수 있다. npr.org/templates/story/story.php?storyId=99591469.

36. 오바마의 발언은 다음에서 재인용했다. David Rothkopf, *Foreign Policy*, June 4, 2014, foreignpolicy.com/2014/06/04/obamas-dont-do-stupid-shit-foreign-policy.

37. Barack Obama, "Remarks at Newport News Shipbuilding in Newport News, Virginia," February 26, 2013, the American Presidency Project, presidency.ucsb.edu/node/303848; "The President's News Conference," March 1, 2013, the American Presidency Project, presidency.ucsb.edu/node/303955.

38. Barack Obama, "The President's News Conference," March 1, 2013.

39. Toon Kuppens, Russell Spears, Antony S. R. Manstead, Bram Spruyt, and Matthew J. Easterbrook, "Educationism and the Irony of Meritocracy: Negative Attitudes of Higher Educated People Towards the Less Educated," *Journal of Experimental Social Psychology* 76(May 2018), pp. 429–47.

40. Ibid., pp. 441–42.

41. Ibid., pp. 437, 444.

42. Ibid., pp. 438 – 39, 441 – 43.

43. Ibid., p. 444.

44. Ibid., pp. 441, 445.

45. Jennifer E. Manning, "Membership of the 116th Congress: A Profile," Congres-sional Research Service, June 7, 2019, p. 5, crsreports.congress.gov/product/pdf/R/R45583; A. W. Geiger, Kristen Bialik, and John Gramlich, "The Changing Face of Congress in 6 Charts," Pew Research Center, February 15, 2019, pewre-search.org/fact-tank/2019/02/15/the-changing-face-of-congress.

46. Nicholas Carnes, *The Cash Ceiling: Why Only the Rich Run for Office-and What We Can Do About It* (Princeton: Princeton University Press, 2018), pp. 5 – 6.

47. 하원의원들에 대한 자료는 Rebecca Montacute and Tim Carr, "Parliamen-tary Privilege-the MPs in 2017," Research Brief, the Sutton Trust, June 2017, pp. 1 – 3, suttontrust.com/research-paper/parliamentary-privi-lege-the-mps-2017-education-background. See also Lukas Audickas and Richard Cracknell, "Social Background of MPs 1979 – 2017," House of Com-mons Library, November 12, 2018, researchbriefings.parliament.uk/Research-Briefing/Summary/CBP-7483#fullreport, 이 보고서는 대졸자 하원의원의 수치를 좀 더 낮게 본다(82퍼센트). 일반 국민의 비대졸자 비중(70퍼센트)은 다음에서 인용했다. Bagehot, "People Without Degrees Are the Most Under-represented Group," *The Economist*, May 12, 2018.

48. Ibid., "Social Background of MPs 1979 – 2017," House of Commons Library, pp. 11 – 12; Ashley Cowburn, "Long Read: How Political Parties Lost the Work-ing Class," *New Statesman*, June 2, 2017, newstatesman.com/2017/06/long-read-how-political-parties-lost-working-class; Oliver Heath, "Policy Alien-ation, Social Alienation and Working-Class Abstention in Britain, 1964 – 2010," *British Journal of Political Science* 48, issue 4 (October 2018), p. 1063,doi.org/10.1017/S0007123416000272.

49. Mark Bovens and Anchrit Wille, *Diploma Democracy: The Rise of Political*

Meritocracy (Oxford: Oxford University Press, 2017), pp. 1 – 2, 5.

50. Ibid., pp. 112 – 16, 120; Conor Dillon, "Tempting PhDs Lead Politicians into Plagiarism," *DW*, February 13, 2013, p.dw.com/p/17dJu.

51. Bovens and Wille, *Diploma Democracy*, pp. 113 – 16.

52. Ibid.

53. Jackie Bischof, "The Best US Presidents, as Ranked by Presidential Historians," *Quartz*, February 19, 2017, qz.com/914825/presidents-day-the-best-us-presidents-in-history-as-ranked-by-presidential-historians/; Brandon Rottinghaus and Justin S. Vaughn, "How Does Trump Stack Up Against the Best-and Worst-Presidents?," *The New York Times*, February 19, 2018, nytimes.com/interactive/2018/02/19/opinion/how-does-trump-stack-up-against-the-best-and-worst-presidents.html.

54. 다음을 보라. Binyamin Appelbaum, *The Economists' Hour: False Prophets, Free Markets, and the Fracture of Society* (New York: Little, Brown and Company, 2019), pp. 3 – 18.

55. Frank, *Listen, Liberal*, p. 39.

56. 사립학교 출신 인구 비율(7퍼센트)과 옥스퍼드 또는 케임브리지 출신 인구 비율(1퍼센트)은 다음에서 인용했다. *Elitist Britain 2019: The Educational Backgrounds of Britain's Leading People* (The Sutton Trust and Social Mobility Commission, 2019), p. 4, suttontrust.com/wp-content/uploads/2019/06/Elitist-Britain-2019.pdf; 보리스 존슨 내각 관련 수치와 그 내각 구성원 가운데 사립학교 출신자 숫자 자료는 Rebecca Montacute and Ruby Nightingale, Sutton Trust Cabinet Analysis 2019, suttontrust.com/research-paper/sutton-trust-cabinet-analysis-2019.

57. Sutton Trust Cabinet Analysis 2019; Adam Gopnik, "Never Mind Churchill, Clement Attlee Is a Model for These Times," *The New Yorker*, January 2, 2018, newyorker.com/news/daily-comment/never-mind-churchill-clement-attlee-is-a-model-for-these-times.

58. Gopnik, "Never Mind Churchill, Clement Attlee is a Model for These Times"; the workingclass backgrounds of Bevin and Morrison are discussed in Michael

Young, "Down with Meritocracy," *The Guardian*, June 28, 2001, theguardian. com/politics/2001/jun/29/comment. 베번의 배경에 대해서는 the BBC, "Aneurin Bevan (1897 – 1960)," bbc.co.uk/history/historic_figures/bevan_aneurin.shtml. 애틀리 정부 관련 평가는 the BBC, "Clement Attlee (1883 – 1967)," bbc.co.uk/ history/historic_figures/attlee_clement.shtml, and John Bew, *Clement Attlee: The Man Who Made Modern Britain* (New York: Oxford University Press, 2017), quoted in Gopnik.

59. 트럼프가 비대졸자 백인 표를 얻은 비율에 대해서는 2016 exit polls, CNN, cnn. com/election/2016/results/exit-polls; 클린턴이 고등교육 이수자에게서 얻은 표에 대해서는 Thomas Piketty, "Brahmin Left vs. Merchant Right: Rising Inequality & the Changing Structure of Political Conflict," WID.world Working Paper Series, March 2018, piketty.pse.ens.fr/files/Piketty2018.pdf, Figure 3.3b; 교육 대비 소득에 대해서는 Nate Silver, "Education, Not Income, Predicted Who Would Vote for Trump," November 22, 2106, FiveThirtyEight.com, fivethirtyeight.com/features/education-not-income-predicted-who-would-vote-for-trump.

60. Silver, "Education, Not Income, Predicted Who Would Vote for Trump." 트럼프의 발언은 다음에서 재인용했다. Susan Page, "Trump Does the Impossible-Again," *USA Today*, February 25, 2016, usatoday.com/story/news/politics/elections/2016/02/24/analysis-donald-trump-does-impossible-again/80843932.

61. Thomas Piketty, "Brahmin Left vs. Merchant Right: Rising Inequality & the Changing Structure of Political Conflict."

62. Ibid., Figures 1.2c and 1.2d.

63. Ibid., p. 3; 2018 exit polls, CNN, cnn.com/election/2018/exit-polls.

64. 2018 exit polls, CNN, cnn.com/election/2018/exit-polls; Aaron Zitner and Anthony DeBarros, "The New Divide in Politics: Education," *The Wall Street Journal*, November 10, 2018, wsj.com/articles/midterm-results-point-to-a-new-divide-in-politics-education-1541865601.

65. Oliver Heath, "Policy Alienation, Social Alienation and Working-Class Abstention in Britain, 1964 – 2010," p. 1064, Figure 4; Oliver Heath, "Has the Rise of

Middle Class Politicians Led to the Decline of Class Voting in Britain?," February 12, 2015, LSE blogs, blogs.lse.ac.uk/politicsandpolicy/the-rise-of-middle-class-politicians-and-the-decline-of-class-voting-in-britain.

66. "People Without Degrees Are the Most Under-represented Group," The Economist, May 12, 2018, economist.com/britain/2018/05/12/people-without-degrees-are-the-most-under-represented-group; Matthew Goodwin and Oliver Heath, "Brexit Vote Explained: Poverty, Low Skills and Lack of Opportunities," Joseph Rowntree Foundation, August 31, 2016, jrf.org.uk/report/brexit-vote-explained-poverty-low-skills-and-lack-opportunities.

67. Goodwin and Heath, "Brexit Vote Explained: Poverty, Low Skills and Lack of Opportunities."

68. Thomas Piketty, "Brahmin Left vs. Merchant Right: Rising Inequality & the Changing Structure of Political Conflict," pp. 13, Figures 2.3a – 2.3e.

69. Ibid., pp. 2, 61.

70. Jérôme Fourquet, "Qui sont les Français qui soutiennent Emmanuel Macron?," Slate, February 7, 2017, slate.fr/story/136919/francais-marchent-macron.

71. Pascal-Emmanuel Gobry, "The Failure of the French Elite," The Wall Street Journal, February 22, 2019. See also Christopher Caldwell, "The People's Emergency," The New Republic, April 22, 2019, newrepublic.com/article/153507/france-yellow-vests-uprising-emmanuel-macron-technocratic-insiders.

72. Kim Parker, "The Growing Partisan Divide in Views of Higher Education," Pew Research Center, August 19, 2019, pewsocialtrends.org/essay/the-growing-partisan-divide-in-views-of-higher-education.

73. 오바마의 발언은 다음에서 재인용했다. Adam J. White, "Google.gov," The New Atlantis, Spring 2018, p. 15, thenewatlantis.com/publications/googlegov. 구글 사에서의 오바마 발언의 영상은 youtube.com/watch?v=m4yVlPqeZwo&feature=youtu.be&t=1h1m42s.

74. Ibid. 또한 다음을 보라. Steven Levy, In the Plex: How Google Thinks, Works, and Shapes Our Lives (New York: Simon & Schuster, 2011), p. 317.

75. the American Presidency Project, presidency.ucsb.edu/advanced-search를 이용해 오바마의 "비용 곡선" 언급을 추계했다.

76. the American Presidency Project, presidency.ucsb.edu/advanced-search를 이용해 오바마의 "인센티브제화" 언급을 추계했다.

77. the American Presidency Project, presidency.ucsb.edu/advanced-search를 이용해 오바마의 "스마트" 언급을 추계했다.

78. Henry Mance, "Britain Has Had Enough of Experts, says Gove," June 3, 2016, *Financial Times*, ft.com/content/3be49734-29cb-11e6-83e4-abc22d5d108c.

79. Peter Baker, "From Obama and Baker, a Lament for a Lost Consensus," *The New York Times*, November 28, 2018, ytimes.com/2018/11/28/us/politics/obama-baker-consensus.html.

80. 오바마가 2018년 2월 23일 MIT의 슬론 스포츠 분석학회에서 한 연설을 인용한 것이다. 비록 이 세션은 비공개였으나, 오바마의 언급은 녹음되어 자유지상주의 잡지인 〈리즌〉에 올려졌다. reason.com/2018/02/26/barack-obama-mit-sloan-sports.

81. 오바마의 발언은 다음에서 재인용했다. Baker, "From Obama and Baker, a Lament for a Lost Consensus." 정확한 인용은 2018년 11월 27일에 라이스대에서 한 오바마 대통령 연설을 녹화한 C-SPAN 영상물에서 보라. c-span.org/video/?455056-1/president-obama-secretary-state-james-baker-discuss-bipartisanship.

82. Hillary Clinton, "Address Accepting the Presidential Nomination at the Democratic National Convention in Philadelphia, Pennsylvania," July 28, 2016, the American Presidency Project, presidency.ucsb.edu/node/317862; Barack Obama, "Remarks to the Illinois General Assembly in Springfield, Illinois," February 10, 2016, the American Presidency Project, presidency.ucsb.edu/node/312502; Katie M. Palmer, "Cool Catchphrase, Hillary, but Science Isn't about Belief," Wired, July 29, 2016, wired.com/2016/07/cool-catchphrase-hillary-science-isnt-belief.

83. 오바마는 여러 경우에 모이니한을 인용했다. 가령 그의 저서인 *Barack Obama, The Audacity of Hope: Thoughts on Reclaiming the American Dream* (New

York: Three Rivers Press, 2006), 또는 2007년 구글 사에서 가진 선거 유세에서 (Adam J. White, "Google.gov," *The New Atlantis*, Spring 2018, p. 16에서 인용), 또는 2018년 MIT에서의 언급에서. 후자의 경우, 그는 모이니한의 '스마트' 개념을 확대했다. reason.com/2018/02/26/barack-obama-mit-sloan-sports.

84. Frank Newport and Andrew Dugan, "College-Educated Republicans Most Skeptical of Global Warming," Gallup, March 26, 2015, news.gallup.com/poll/182159/college-educated-republicans-skeptical-global-warming.aspx. 2018년, 공화당원의 69퍼센트와 민주당원의 겨우 4퍼센트가 지구온난화가 대체로 과장되었다고 생각했다. 민주당원은 89퍼센트, 공화당원의 겨우 35퍼센트가 지구 온난화는 인간 활동의 결과라고 여겼다. Megan Brenan and Lydia Saad, "Global Warming Concern Steady Despite Some Partisan Shifts," Gallup, March 28, 2018, news.gallup.com/poll/231530/global-warming-concern-steady-despite-partisan-shifts.aspx.

85. Ibid.

86. Caitlin Drummond and Baruch Fischhoff, "Individuals with Greater Science Literacy and Education Have More Polarized Beliefs on Controversial Science Topics," *Proceedings of the National Academy of Sciences* 114, no. 36 (September 5, 2017), pp. 9587–92, doi.org/10.1073/pnas.1704882114.

87. 오바마의 발언은 다음에서 재인용했다. Robby Soave, "5 Things Barack Obama Said in His Weirdly Off-theRecord MIT Speech," February 27, 2018, *Reason*, at reason.com/2018/02/26/barack-obama-mit-sloan-sports. 여기에는 그 연설의 녹취 파일도 업로드되어 있다.

88. Ibid.

89. Encyclical Letter Laudato Si' of the Holy Father Francis, "On Care for Our Common Home," May 24, 2015, paragraph 22, w2.vatican.va/content/dam/francesco/pdf/encyclicals/documents/papa-francesco_20150524_enciclica-laudato-si_en.pdf.

1. 이러한 불평등은 오늘날까지 미국에서 이어지고 있다. 소득 분포 수치는 Thomas Piketty, Emmanuel Saez, and Gabriel Zucman, "Distributional National Accounts: Methods and Estimates for the United States," *Quarterly Journal of Economics 133*, issue 2 (May 2018), p. 575. 재산 분포는 더욱 불평등하다. 대부분의 부(77퍼센트)가 상위 10퍼센트의 손에 있으며, 최상위 1퍼센트는 최하위 90퍼센트가 가진 부의 총합보다 훨씬 많다. Alvardo et al., eds., *World Inequality Report* 2018, p. 237. A valuable online resource, the World Inequality Database, provides updates, for the U.S. and other countries: wid.world.

2. Piketty, Saez, and Zucman, "Distributional National Accounts," p. 575.

3. Michael Young, The Rise of the Meritocracy (Harmondsworth: Penguin Books, 1958).

4. Ibid., p. 104.

5. Ibid., pp. 104 – 5.

6. Ibid., p. 105.

7. Ibid., p. 106.

8. Ibid.

9. Ibid., pp. 106 – 7.

10. Ibid., p. 107.

11. Amy Chozick, "Hillary Clinton Calls Many Trump Backers 'Deplorables,' and G.O.P. Pounces," *The New York Times*, September 10, 2016, nytimes.com/2016/09/11/us/politics/hillary-clinton-basket-of-deplorables.html.

12. Young, *The Rise of the Meritocracy*, pp. 108 – 9.

13. Piketty, Saez, and Zucman, "Distributional National Accounts," p. 575.

14. 갈수록 더 많은 문헌이 능력주의적 특권의 강화를 나타내고 있다. 그 사례로는 가령 Matthew Stewart, "The Birth of a New American Aristocracy," *The Atlantic*, June 2018, pp. 48 – 63; "An Hereditary Meritocracy," *The Economist*, January 22, 2015; Richard V. Reeves, Dream Hoarders (Washington, D.C.: Brookings Institution Press, 2017); Robert D. Putnam, Our Kids: The American Dream in

Crisis (New York: Simon &Schuster, 2015); Samuel Bowles, Herbert Gintis, and Melissa Osborne Groves, eds., *Unequal Chances: Family Background and Economic Success* (Princeton: Princeton University Press, 2005); Stephen J. McNamee and Robert K. Miller, Jr., *The Meritocracy Myth* (Lanham, MD: Rowman & Littlefield, 3rd ed., 2014).

15. 사실 팔씨름 경기나 그 밖의 비주류 경기에서 관중이나 재정 지원이 점차 나아지고 있기는 하다. Paul Newberry, "Arm Wrestling Looks to Climb Beyond Barroom Bragging Rights," Associated Press, September 6, 2018. 이는 다음에서 찾을 수 있다. apnews.com/842425dc6ed44c6886f9b3aedaac9141; Kevin Draper, "The Era of Streaming Niche Sports Dawns," *The New York Times*, July 17, 2018.

16. Justin Palmer, "Blake Trains Harder Than Me, but Won't Take 200 Title: Bolt," Reuters, November 12, 2011. 다음에서 찾을 수 있다. reuters.com/article/us-athletics-bolt/blake-works-harder-than-me-but-wont-take-200-title-bolt-idUSTRE7AB0DE20111112; Allan Massie, "Can a Beast Ever Prevail Against a Bolt?," The Telegraph, August 6, 2012. 다음에서 찾을 수 있다. telegraph.co.uk/sport/olympics/athletics/9455910/Can-a-Beast-ever-prevail-against-a-Bolt.html.

17. 이 문단은 나의 저서인 *The Case Against Perfection: Ethics in the Age of Genetic Engineering* (Harvard University Press, 2007), pp. 28–29에서 가져왔다.

18. "Global Attitudes Project," Pew Research Center, July 12, 2012: pewglobal.org/2012/07/12/chapter-4-the-casualties-faith-in-hard-work-and-capitalism.

19. Friedrich A. Hayek, *The Constitution of Liberty* (Chicago: University of Chicago Press, 1960), pp. 92–93.

20. Ibid., pp. 85–102.

21. Ibid., p. 93.

22. Ibid., p. 94.

23. John Rawls, *A Theory of Justice* (Cambridge, MA: Harvard University Press, 1971).

24. Ibid., pp. 73–74.

25. Ibid., p. 75.

26. Kurt Vonnegut, Jr., "Harrison Bergeron" (1961) in Vonnegut, *Welcome to the Monkey House*(New York: Dell Publishing, 1998). See discussion in Michael J. Sandel, *Justice: What's the Right Thing to Do?* (New York: Farrar, Straus and Giroux, 2009), pp. 155 – 56.

27. Rawls, A Theory of Justice, p. 102.

28. Ibid., pp. 101 – 2.

29. Ibid., p. 104.

30. 이런 주장에 대한 보다 가지런한 정리는, Michael J. Sandel, *Liberalism and the Limits of Justice*(Cambridge, UK: Cambridge University Press, 1982), pp. 96 – 103, 147 – 54.

31. "Remarks by the President at a Campaign Event in Roanoke, Virginia," July 13, 2012:obamawhitehouse.archives.gov/the-press-office/2012/07/13/re-marks-president-campaign-event-roanoke-virginia.

32. Ibid.

33. 이런 견해의 다른 예로는, T. M. Scanlon, *Why Does Inequality Matter?* (Oxford: Oxford University Press, 2018), pp. 117 – 32.

34. Hayek, *The Constitution of Liberty*, pp. 94, 97.

35. Rawls, *A Theory of Justice*, pp. 310 – 11; Hayek, *The Constitution of Liberty*, p. 94.

36. 자격의 역할에 대한 자유주의 철학과 일반적 견해의 격차에 대한 탁월한 논의로, Samuel Scheffler, "Responsibility, Reactive Attitudes, and Liberalism in Philosophy and Politics," *Philosophy & Public Affairs* 21, no. 4 (Autumn 1992), pp.299 – 323.

37. Hayek, *The Constitution of Liberty*, p. 98.

38. C. A. R. Crosland, *The Future of Socialism* (London: Jonathan Cape, 1956), p. 235, 하이에크의 발언은 다음에서 재인용했다. *The Constitution of Liberty*, p. 440.

39. N. Gregory Mankiw, "Spreading the Wealth Around: Reflections Inspired by Joe the Plumber," *Eastern Economic Journal* 36 (2010), p. 295.

40. Ibid.

41. Frank Hyneman Knight, *The Ethics of Competition* (New Brunswick, NJ: Transaction Publishers, 1997), p. 46. This volume reprints Knight's article "The Ethics of Competition," 이는 원래 다음에 처음 실렸었다. *The Quarterly Journal of Economics xxxvii* (1923), pp. 579–624. 나이트에 대한 일반적 견해를 알려면, 다음의 서론을 볼 것. the Transaction edition by Richard Boyd.

42. 롤스가 나이트에게 빚지고 있는 것에 대한 중요한 지적으로, Andrew Lister, "Markets, Desert, and Reciprocity," *Politics, Philosophy & Economics* 16 (2017), pp. 47–69.

43. Ibid., pp. 48–49.

44. Ibid., p. 34.

45. Ibid., p. 38.

46. Ibid., p. 41.

47. Ibid., p. 47.

48. Ibid., pp. 43–44.

49. Rawls, A Theory of Justice, pp. 310–15.

50. Ibid., p. 311.

51. Ibid., pp. 311–12.

52. Ibid., pp. 312–13.

53. Ibid., pp. 313.

54. 어떤 점에서, 급여 격차에 대한 이런 설명은 내가 *Liberalism and the Limits of Justice*, pp. 141–42에서 상상으로 제시했던 대학이 합격자와 불합격자에게 보내는 편지에서 그 합격 기준에 대해 설명한 내용과 비슷하다.

55. 스캔런은 성공과 실패에 대한 관점이 문제가 될 때 "좋음"에서 "옳음"을 분리시키는 문제가 있음을 인지한 듯 보인다. Scanlon, *Why Does Inequality Matter?*, pp. 29, 32–35.

56. Thomas Nagel, "The Policy of Preference," *Philosophy & Public Affairs* 2, no. 4 (Summer 1973), reprinted in Nagel, *Mortal Questions* (Cambridge, UK: Cambridge University Press, 1979), p. 104.

57. Rawls, *A Theory of Justice*, p. 102.

58. Richard Arneson, "Rawls, Responsibility, and Distributive Justice," in Marc Fleurbaey, Maurice Salles, and John Weymark, eds., *Justice, Political Liberalism, and Utilitarianism: Themes from Harsanyi and Rawls* (Cambridge, UK: Cambridge University Press, 2008), p. 80.

59. "행운 평등주의"라는 용어는 엘리자베스 앤더슨에게서 나왔다. 이에 대한 나의 논의는 그녀의 날카로운 비판에 힘입었다. Elizabeth S. Anderson, "What Is the Point of Equality?," *Ethics* 109, no. 2 (January 1999), pp. 287-337.

60. Ibid., p. 311.

61. Ibid., pp. 292, 299-96. 자동차 보험 이야기를 하며, 앤더슨은 다음 책의 내용을 인용한다. Eric Rakowski, *Equal Justice* (New York: Oxford University Press, 1991).

62. Anderson, "What Is the Point of Equality?," pp. 302-11.

63. 다음을 보라. Yascha Mounk, *The Age of Responsibility: Luck, Choice, and the Welfare State* (Cambridge, MA: Harvard University Press, 2017), pp. 14-21.

64. Ibid.

65. Ibid., pp. 308, 311.

66. Ronald Dworkin, "What Is Equality? Part 2: Equality of Resources," *Philosophy & Public Affairs* 10, no. 4 (Autumn 1981), p. 293.

67. Ibid., pp. 297-98.

68. 새뮤얼 셰플러가 보듯, 선택과 상황 사이를 구별할 때 행운 평등주의자들의 암묵적 강조점은 "우리는 우리 선택의 결과를 누릴 자격이 있다는 데 있다. 이는 행운 평등주의가 그 지지자들의 주장에 비해 자격을 더욱 중시함을 의미한다." Scheffler, "Justice and Desert in Liberal Theory," *California Law Review* 88, no. 3 (May 2000), p. 967, n. 2.

69. G. A. Cohen, "On the Currency of Egalitarian Justice," *Ethics* 99, no. 4 (July 1989), p. 933.

70. Nagel, "The Policy of Preference," p. 104.

71. Anderson, "What Is the Point of Equality?," p. 325.

72. 조셉 피시킨은 "우연이 전혀 개입되지 않는 '천부의' 재능 따위는 없다. 그런 우연에는 우리의 출생 조건도 포함된다."라고 주장한다. 그는 "유전자와 환경은 서로 독립

적이고 별개로 인과적 작용을 한다"는 명제를 "대중판 유전학"이라며 폄하한다. 인간의 성장은 "유전자의 활동, 해당 개인, 개인을 둘러싼 환경의 상호작용"에 따라 이루어진다는 것이다. 이는 많은 이론에서 그리하듯 "선천적인" 아니면 "사회적으로 만들어진" 요소들로 분리할 수 없다. Joseph Fishkin, *Bottlenecks: A New Theory of Equal Opportunity* (New York: Oxford University Press, 2014), pp. 83‒99.

73. 블레어의 발언은 다음에서 재인용했다. David Kynaston, "The Road to Meritocracy Is Blocked by Private Schools," *The Guardian*, February 22, 2008.

74. Tony Blair, "I Want a Meritocracy, Not Survival of the Fittest," *Independent*, February 9, 2001: independent.co.uk/voices/commentators/i-want-a-meritoc-racy-not-survival-of-the-fittest-5365602.html.

75. Michael Young, "Down with Meritocracy," *The Guardian*, June 28, 2001.

76. Ibid.

77. Ibid.

■ **CHAPTER 6. '인재 선별기'로서의 대학**

1. Jerome Karabel, *The Chosen: The Hidden History of Admission and Exclusion at Harvard, Yale, and Princeton* (Boston: Houghton Mifflin, 2005), pp. 21‒23, 39‒76, 232‒36.

2. Nicholas Lemann, *The Big Test: The Secret History of the American Meritocracy* (New York: Farrar, Straus and Giroux, 1999), p. 7.

3. Ibid., p. 8.

4. Ibid., pp. 5‒6.

5. Ibid.

6. Ibid., p. 28.

7. James Bryant Conant, "Education for a Classless Society: The Jeffersonian Tradition," *The Atlantic*, May 1940, theatlantic.com/past/docs/issues/95sep/ets/edcla.htm. 코넌트가 사회적 이동성에 관련해 터너를 인용한 부분은 "Contributions of the West to American Democracy," *The Atlantic*, January 1903, reprinted

in Frederick Jackson Turner, *The Frontier in American History* (New York: Henry Holt and Co., 1921), p. 266.

8. 터너가 "사회적 이동성"이라는 표현을 가장 먼저 썼다는 점에 대해서는 Christopher Lasch, *The Revolt of the Elites and the Betrayal of Democracy* (New York: W. W. Norton, 1995), p. 73. 또한 Lemann, *The Big Test*, p. 48. 1869년부터 1909년까지 하버드 총장을 지낸 엘리엇(Charles W. Eliot)은 그가 1897년에 쓴 글 "The Function of Education in a Democratic Society,"에서 "사회적 이동성"이라는 말을 썼다고 Karabel, The Chosen, p. 41에 나온다.

9. Conant, "Education for a Classless Society."

10. Ibid.

11. Ibid.

12. Ibid.

13. Ibid. 코넌트가 인용한 제퍼슨의 말은 Notes on the State of Virginia (1784), edited by William Peden (Chapel Hill: University of North Carolina Press, 1954), Queries 14 and 19.

14. Ibid.

15. Thomas Jefferson to John Adams, October 28, 1813, in Lester J. Cappon, ed., *The Adams Jefferson Letters: The Complete Correspondence between Thomas Jefferson and Abigail and John Adams* (University of North Carolina Press, 1959).

16. Jefferson, Notes on the State of Virginia (1784).

17. Ibid.

18. 코넌트의 말은 다음에서 재인용했다. Lemann, *The Big Test*, p. 47. Lemann은 그 말을 코넌트가 1940년대 초에 썼으나 미출간한 다음 책에서 인용했다. James Bryant Conant, *What We Are Fighting to Defend, unpublished manuscript, in the papers of James B. Conant, Box* 30, Harvard University Archives.

19. Karabel, *The Chosen*, p. 152; Lemann, The Big Test, p. 59.

20. Karabel, *The Chosen*, pp. 174, 189.

21. Ibid., p. 188.

22. Ibid., pp. 172, 193–97.

23. 다음을 보라. Andrew H. Delbanco, "What's Happening in Our Colleges: Thoughts on the New Meritocracy," *Proceedings of the American Philosophical Society* 156, no. 3 (September 2012), pp. 306–7.

24. Andre M. Perry, "Students Need More Than an SAT Adversity Score, They Need a Boost in Wealth," *The Hechinger Report*, May 17, 2019, brookings.edu/blog/the-avenue/2019/05/17/students-need-more-than-an-sat-adversity-score-they-need-a-boost-in-wealth/, Figure 1; Zachary A. Goldfarb, "These Four Charts Show How the SAT Favors Rich, Educated Families," *The Washington Post*, March 5, 2014, washingtonpost.com/news/wonk/wp/2014/03/05/these-four-charts-show-how-the-sat-favors-the-rich-educated-families. 대학입학입시위원회가 최근(2016) 내놓은 가계 소득과 평균 SAT 점수를 비교하는 자료는 "College-Bound Seniors, Total Group Profile Report, 2016," secure-media.collegeboard.org/digitalServices/pdf/sat/total-group-2016.pdf, Table 10.

25. Paul Tough, *The Years That Matter Most: How College Makes or Breaks Us* (Boston: Houghton Mifflin Harcourt, 2019), p. 171, 이는 2017년도 대학입학입시위원회의 자료를 분석한 제임스 머피의 미출간 자료를 인용한 것이다. 그는 과외교사이자 입시 컨설턴트, 작가이다.

26. Daniel Markovits, *The Meritocracy Trap* (New York: Penguin Press, 2019), p. 133, 찰스 머레이(Charles Murray)의 *Coming Apart* (New York: Crown Forum, 2012), p. 60를 인용하는데, 그에 따르면 2010년에 SAT를 본 대학 3학년생들 가운데 수학과 언어에서 700점 이상을 맞은 학생의 경우, 87퍼센트가 적어도 부모의 한쪽은 대학 학위가 있으며, 56퍼센트는 대학원 학위가 있는 것으로 나타났다. 머레이는(p. 363) 그러한 수치가 대학입시위원회의 1988년~1990년대 자료에서 얻은 것이되 공식 발표되지는 않은 것이라 밝혔다. 캐너베일과 로즈(Anthony P. Carnevale and Stephen J. Rose)는 1,200점 이상의 SAT 성적을 얻은 학생들(최상위 8퍼센트) 가운데 66퍼센트가 사회경제적으로 상류 출신(소득과 교육 수준에서 상위 사분의 일)이며, 하류 출신(하위 사분의 일)은 겨우 3퍼센트임을 밝혔다. Carnevale and Rose, "Socioeconomic Status, Race/Ethnicity, and Selective College Admission," in Richard B. Kahlenberg, ed., *America's Untapped Resource: Low-Income Students in Higher Education* (New York: Century Foundation, 2004),

p. 130, Table 3.14.

27. Douglas Belkin, "The Legitimate World of High-End College Admissions," *The Wall Street Journal*, March 13, 2019, wsj.com/articles/the-legitimate-world-of-high-end-college-admissions-11552506381; Dana Goldstein and Jack Healy, "Inside the Pricey, Totally Legal World of College Consultants," *The New York Times*, March 13, 2019, nytimes.com/2019/03/13/us/admissions-cheating-scandal-consultants.html; James Wellemeyer, "Wealthy Parents Spend up to $10,000 on SAT Prep for Their Kids," *MarketWatch*, July 7, 2019, marketwatch.com/story/some-wealthy-parents-are-dropping-up-to-10000-on-sat-test-prep-for-their-kids-2019-06-21; Markovitz, *The Meritocracy Trap*, pp. 128–29.

28. Tough, *The Years that Matter Most*, pp. 86–92.

29. Ibid., pp. 172–82.

30. Ibid.

31. 가령 프린스턴에서는 2,023명의 재학생 가운데 56퍼센트가 스스로를 소수집단에 속해 있다고 여긴다. Princeton University Office of Communications, "Princeton Is Pleased to Offer Admission to 1,895 Students for Class of 2023," March 28, 2019, princeton.edu/news/2019/03/28/princeton-pleased-offer-admission-1895-students-class-2023. 하버드에서는 2,023명의 54퍼센트였다. admissions statistics, Harvard College Admissions and Financial Aid, college.harvard.edu/admissions/admissions-statistics. 다른 아이비리그 대학들의 경우는 Amy Kaplan, "A Breakdown of Admission Rates Across the Ivy League for the Class of 2023," *The Daily Pennsylvanian*, April 1, 2019, thedp.com/article/2019/04/ivy-league-admission-rates-penn-cornell-harvard-yale-columbia-dartmouth-brown-princeton.

32. 가장 경쟁률이 높은 146개 대학의 연구 결과, 74퍼센트의 학생이 사회경제적으로 가장 상위의 25퍼센트 출신으로 나왔다. Carnevale and Rose, "Socioeconomic Status, Race/Ethnicity, and Selective College Admissions," p. 106, Table 3.1. 91개의 가장 경쟁률 높은 대학에 대한 비슷한 연구 결과는 72퍼센트가 그런 것으로 나왔다. Jennifer Giancola and Richard D. Kahlenberg, "True Merit: Ensuring Our

Brightest Students Have Access to Our Best Colleges and Universities," Jack Kent Cooke Foundation, January 2016, Figure 1, jkcf.org/research/true-merit-ensuring-our-brightest-students-have-access-to-our-best-colleges-and-universities.

33. Raj Chetty, John N. Friedman, Emmanuel Saez, Nicholas Turner, and Danny Yagan, "Mobility Report Cards: The Role of Colleges in Intergenerational Mobility," NBER Working Paper No. 23618, July 2017, p.1, opportunityinsights.org/wp-content/uploads/2018/03/coll_mrc_paper.pdf. 또한 다음을 보라. "Some Colleges Have More Students from the Top 1 Percent Than the Bottom 60. Find Yours," *The New York Times*, January 18, 2017, nytimes.com/interactive/2017/01/18/upshot/some-colleges-have-more-students-from-the-top-1-percent-than-the-bottom-60.html. 이 〈뉴욕타임스〉의 온라인 쌍방향 조사는 2만 개 대학 재학생들의 경제적 조건을 포괄했다. 예일대의 경우는 nytimes.com/interactive/projects/college-mobility/yale-university; 프린스턴은 nytimes.com/interactive/projects/college-mobility/princeton-university.

34. Chetty et al., "Mobility Report Card," p. 1. 소득 수준에 따른 대학 등록률은 nytimes.com/interactive/2017/01/18/upshot/some-colleges-have-more-students-from-the-top-1-percent-than-the-bottom-60.html.

35. Jerome Karabel, The Chosen, p. 547.

36. Chetty et al., "Mobility Report Cards," and "Mobility Report Cards," Executive Summary, opportunityinsights.org/wp-content/uploads/2018/03/coll_mrc_summary.pdf.

37. Ibid. 하버드와 프린스턴의 사회적 이동률은, nytimes.com/interactive/projects/college-mobility/harvard-university, nytimes.com/interactive/projects/college-mobility/princeton-university.

38. Ibid. 미시간 주립대와 버지니아 주립대의 사회적 이동률은, nytimes.com/interactive/projects/college-mobility/university-of-michigan-ann-arbor, nytimes.com/interactive/projects/college-mobility/university-of-virginia.

39. Chetty et al., "Mobility Report Cards," Table IV; Chetty et al., "Mobility Report Cards," Executive Summary, opportunityinsights.org/wp-content/up-

loads/2018/03/coll_mrc_summary.pdf.

40. Chetty et al., "Mobility Report Cards," Table II.

41. 소득 사다리에서 적어도 두 계단 이상 올라가는 학생의 비율은 Chetty et al.에서 얻은 자료를 바탕으로 〈뉴욕타임스〉 온라인판에서 계산한 것이다. 예를 들어, 하버드에서는 11퍼센트의 학생이 두 계단 이상 올랐다. 예일에서는 10퍼센트, 프린스턴에서는 8.7퍼센트였다. nytimes.com/interactive/projects/college-mobility/harvard-university; the "overall mobility index"는 모든 대학의 비율을 보여준다.

42. 기여 입학-동문우대 입학 전반에 대해서는 William G. Bowen, Martin A. Kurzweil, and Eugene M. Tobin, *Equity and Excellence in American Higher Education* (Charlottesville, VA: University of Virginia Press, 2005), pp. 103–8, 167–71; Karabel, *The Chosen: The Hidden History of Admission and Exclusion at Harvard, Yale, and Princeton*, pp. 266–72, 283, 359–63, 506, 550–51; Daniel Golden, *The Price of Admission* (New York: Broadway Books, 2006), pp. 117–44. "여섯 배나 가능성이 높다"는 추산은 Daniel Golden, "How Wealthy Families Manipulate Admissions at Elite Universities," Town & Country, November 21, 2016, townandcountrymag.com/society/money-and-power/news/a8718/daniel-golden-college-admission. 하버드의 동문기여 입학제 관련 수치는 2018년의 소송에서 드러난 자료에 근거한다. Peter Arcidiacono, Josh Kinsler, and Tyler Ransom, "Legacy and Athlete Preferences at Harvard," December 6, 2019, pp. 14 and 40 (Table 1), public.econ.duke.edu/~psarcidi/legacyathlete.pdf; 또한 Delano R. Franklin and Samuel W. Zwickel, "Legacy Admit Rate Five Times That of Non-Legacies, Court Docs Show," *The Harvard Crimson*, June 20, 2018, thecrimson.com/article/2018/6/20/admissions-docs-legacy.

43. Daniel Golden, "Many Colleges Bend Rules to Admit Rich Applicants," *The Wall Street Journal*, February 20, 2003, online.wsj.com/public/resources/documents/golden2.htm; 또한 다음을 보라. Golden, *The Price of Admission*, pp. 51–82.

44. 2018년 하버드의 소수자 우대 입시에 대한 소송에서 드러난 문서는 2019년도 하버드 입학생의 10퍼센트 이상이 기부금 지원이었음을 보여준다. 2014년에서 2019년까지 6년 동안의 입학생 명단을 보면, 9.34퍼센트가 기부금 지원생이었으며 그 가

운데 42퍼센트가 합격했다. 당시 하버드 지원자 일반에 비해 일곱 배나 높은 합격률이다. Delano R. Franklin and Samuel W. Zwickel, "In Admissions, Harvard Favors Those Who Fund It, Internal Emails Show," *The Harvard Crimson*, October 18, 2018, thecrimson.com/article/2018/10/18/day-three-harvard-admissions-trial. 이 기간 중 하버드 지원자들의 합격률은 6퍼센트 정도였다. Daphne C. Thompson, "Harvard Acceptance Rate Will Continue to Drop, Experts Say," *The Harvard Crimson*, April 16, 2015, thecrimson.com/article/2015/4/16/admissions-downward-trend-experts.

45. Golden, *The Price of Admission*, pp. 147-76.

46. David Leonhardt, "The Admissions Scandal Is Really a Sports Scandal," *The New York Times*, March 13, 2019, nytimes.com/2019/03/13/opinion/college-sports-bribery-admissions.html; Katherine Hatfield, "Let's Lose the Directors' Cup: A Call to End Athletic Recruitment," The Williams Record, November 20, 2019, williamsrecord.com/2019/11/lets-lose-the-directors-cup-a-call-to-end-athletic-recruitment.

47. Bowen, Kurzweil, and Tobin, *Equity and Excellence in American Higher Education*, pp. 105-6 (Table 5.1).

48. Tough, *The Years That Matter Most*, pp. 172-82.

49. Daniel Golden, "Bill Would Make Colleges Report Legacies and Early Admissions," *The Wall Street Journal*, October 29, 2003, online.wsj.com/public/resources/documents/golden9.htm; Daniel Markovitz, *The Meritocracy Trap* (New York: Penguin Press, 2019), pp. 276-77.

50. 다음을 보라. Lemann, The Big Test, p. 47 그리고 코넌트의 미출간 저서(1940년대 초) 중에. 위에서(주석 18번) 등 문장도 보라. James Bryant Conant, *What We Are Fighting to Defend*, unpublished manuscript, in the papers of James B. Conant, Box 30, Harvard University Archives.

51. John W. Gardner, *Excellence: Can We Be Equal and Excellent Too?* (New York: Harper & Brothers, 1961), pp. 33, 35-36.

52. Ibid., pp. 65-66.

53. Ibid., pp. 71-72.

54. Ibid., pp. 80 – 81.

55. Ibid., p. 82.

56. 브루스터의 발언은 다음에서 재인용했다. Geoffrey Kabaservice, "The Birth of a New Institution," *Yale Alumni Magazine*, December 1999, archives.yalealumnimagazine.com/issues/99_12/admissions.html.

57. Caroline M. Hoxby, "The Changing Selectivity of American Colleges," *Journal of Economic Perspectives* 23, no. 4 (Fall 2009), pp. 95 – 118.

58. Ibid. 대부분 대학에서의 높은 합격률에 대해서는 Drew Desilver, "A Majority of U.S.Colleges Admit Most Students Who Apply," Pew Research Center, April 9, 2019, pewresearch.org/fact-tank/2019/04/09/a-majority-of-u-s-colleges-admit-most-students-who-apply/; Alia Wong, "College-Admissions Hysteria Is Not the Norm," *The Atlantic*, April 10, 2019, theatlantic.com/education/archive/2019/04/harvard-uchicago-elite-colleges-are-anomaly/586627.

59. 1972년도 스탠포드 합격률은 32퍼센트였다. Doyle McManus, "Report Shows Admission Preference," *Stanford Daily*, October 23, 1973, archives.stanforddaily.com/1973/10/23?page=1&section=MODSMD_ARTICLE4#article; Camryn Pak, "Stanford Admit Rate Falls to Record-Low 4.34% for class of 2023," *Stanford Daily*, December 18, 2019, stanforddaily.com/2019/12/17/stanford-admit-rate-falls-to-record-low-4-34-for-class-of-2023/; 1988년도 존스홉킨스 합격률은 Jeffrey J. Selingo, "The Science Behind Selective Colleges," *The Washington Post*, October 13, 2017, washingtonpost.com/news/grade-point/wp/2017/10/13/the-science-behind-selective-colleges/; Meagan Peoples, "University Admits 2,309 Students for the Class of 2023," *Johns Hopkins News-Letter*, March 16, 2019, jhunewsletter.com/article/2019/03/university-admits-2309-students-for-the-class-of-2023; 1993년도 시카고대 합격률은 Dennis Rodkin, "College Comeback: The University of Chicago Finds Its Groove," *Chicago Magazine*, March 16, 2001, chicagomag.com/Chicago-Magazine/March-2011/College-Comeback-The-University-of-Chicago-Finds-Its-Groove/; Justin Smith, "Acceptance Rate Drops to Record Low 5.9 Percent for Class of 2023," *The Chicago Maroon*, April 1, 2019, chicagomaroon.com/

article/2019/4/1/uchicago-acceptance-rate-drops-record-low.

60. Drew Desilver, "A Majority of U.S. Colleges Admit Most Students Who Apply," Pew Research Center.

61. Hoxby, "The Changing Selectivity of American Colleges."

62. Tough, *The Years That Matter Most*, pp. 138–42, drawing upon Lauren A. Rivera, *Pedigree: How Elite Students Get Elite Jobs* (Princeton: Princeton University Press, 2015).

63. Dana Goldstein and Jugal K. Patel, "Extra Time on Tests? It Helps to Have Cash," *The New York Times*, July 30, 2019, nytimes.com/2019/07/30/us/extra-time-504-sat-act.html; Jenny Anderson, "For a Standout College Essay, Applicants Fill Their Summers," *The New York Times*, August 5, 2011, nytimes.com/2011/08/06/nyregion/planning-summer-breaks-with-eye-on-college-essays.html. 여름방학 프로그램이 대학 입학 자소서에 보탬이 되는 정도에 대해, 어느 모범적 사례를 보면 everythingsummer.com/pre-college-and-beyond.

64. "parent, v." OED Online, Oxford University Press, December 2019, oed.com/view/Entry/137819. Accessed January 24, 2020; Claire Cain Miller, "The Relentlessness of Modern Parenting," *The New York Times*, December 25, 2018, nytimes.com/2018/12/25/upshot/the-relentlessness-of-modern-parenting.html.

65. Matthias Doepke and Fabrizio Zilibotti, Love, Money & Parenting: How Economics Explains the Way We Raise Our Kids (Princeton: Princeton University Press, 2019), p. 57.

66. Nancy Gibbs, "Can These Parents Be Saved?," Time, November 10, 2009.

67. Doepke and Zilibotti, *Love, Money & Parenting*, pp. 51, 54–58, 67–104.

68. Madeline Levine, *The Price of Privilege: How Parental Pressure and Material Advantage Are Creating a Generation of Disconnected and Unhappy Kids* (New York: HarperCollins, 2006), pp. 5–7.

69. Ibid., pp. 16–17.

70. Ibid., citing research by Suniya S. Luthar.

71. Suniya S. Luthar, Samuel H. Barkin, and Elizabeth J. Crossman, "'I Can, Therefore I Must': Fragility in the Upper Middle Classes," *Development*

& *Psychopathology* 25, November 2013, pp. 1529-49, ncbi.nlm.nih.gov/pubmed/24342854.

72. Ibid. 다음도 보라. Levine, The Price of Privilege, pp. 21, 28-29.

73. Laura Krantz, "1-in-5 College Students Say They Thought of Suicide," *The Boston Globe*, September 7, 2018, reporting results from Cindy H. Liu, Courtney Stevens, Sylvia H. M. Wong, Miwa Yasui, and Justin A. Chen, "The Prevalence and Predictors of Mental Health Diagnoses and Suicide Among U.S. College Students: Implications for Addressing Disparities in Service Use," *Depression & Anxiety*, September 6, 2018, doi.org/10.1002/da.22830.

74. Sally C. Curtin and Melonie Heron, "Death Rates Due to Suicide and Homicide Among Persons Aged 10-24: United States, 2000-2017," NCHS Data Brief, No. 352, October 2019, cdc.gov/nchs/data/databriefs/db352-h.pdf.

75. Thomas Curran and Andrew P. Hill, "Perfectionism Is Increasing Over Time: A MetaAnalysis of Birth Cohort Differences from 1989 to 2016," *Psychological Bulletin* 145 (2019), pp. 410-29, apa.org/pubs/journals/releases/bul-bul0000138.pdf; Thomas Curran and Andrew P. Hill, "How Perfectionism Became a Hidden Epidemic Among Young People," *The Conversation*, January 3, 2018, theconversation.com/how-perfectionism-became-a-hidden-epidemic-among-young-people-89405; Sophie McBain, "The New Cult of Perfectionism," *New Statesman*, May 4-10, 2018.

76. Curran and Hill, "Perfectionism Is Increasing Over Time," p. 413.

77. college.harvard.edu/admissions/apply/first-year-applicants/considering-gap-year.

78. Lucy Wang, "Comping Harvard," *The Harvard Crimson*, November 2, 2017, thecrimson.com/article/2017/11/2/comping-harvard/; Jenna M. Wong, "Acing Rejection 10a," *The Harvard Crimson*, October 17, 2017, thecrimson.com/article/2017/10/17/wong-acing-rejection-10a.

79. Wang, "Comping Harvard."

80. Richard Pérez-Peña, "Students Disciplined in Harvard Scandal," *The New York Times*, February 1, 2013, nytimes.com/2013/02/02/education/harvard-forced-

dozens-to-leave-in-cheating-scandal.html; Rebecca D. Robbins, "Harvard Investigates 'Unprecedented' Academic Dishonesty Case," *The Harvard Crimson*, August 30, 2012, thecrimson.com/article/2012/8/30/academic-dishonesty-ad-board.

81. Hannah Natanson, "More Than 60 Fall CS50 Enrollees Faced Academic Dishonesty Charges," *The Harvard Crimson*, May 3, 2017, thecrimson.com/article/2017/5/3/cs50-cheating-cases-2017.

82. 존스홉킨스는 2014년에 동문우대 기여입학제를 없애버렸다. Ronald J. Daniels, "Why We Ended Legacy Admissions at Johns Hopkins," *The Atlantic*, January 18, 2020, theatlantic.com/ideas/archive/2020/01/why-we-ended-legacy-admissions-johns-hopkins/605131.

83. 다음에서 나온 자료에서 추계했다. Desilver, "A Majority of U.S. Colleges Admit Most Students Who Apply," Pew Research Center.

84. Katharine T. Kinkead, *How an Ivy League College Decides on Admissions* (New York: W. W. Norton, 1961), p. 69.

85. '제비뽑기 입시제도'는 최근 수십 년 사이에 많은 사람들이 주장했다. 가장 먼저 주장했던 사람 가운데는 로버트 폴 울프가 있는데, 그는 1964년에 고교 졸업생이 대학에 무작위로 입학하도록 하자고 제안했다. Wolff, "The College as Rat-Race: Admissions and Anxieties," *Dissent*, Winter 1964. 그 밖에는 Barry Schwartz, "Top Colleges Should Select Randomly from a Pool of 'Good Enough,'" *The Chronicle of Higher Education*, February 25, 2005; Peter Stone, "Access to Higher Education by the Luck of the Draw," *Comparative Education Review* 57, August 2013; Lani Guinier, "Admissions Rituals as Political Acts: Guardians at the Gates of Our Democratic Ideals," *Harvard Law Review* 117 (November 2003), pp. 218-19. 나는 찰스 피터슨의 하버드대 박사학위 논문인 "Meritocracy in America, 1930-2000" (PhD dissertation, Harvard University, 2020)에서 많은 아이디어를 얻었다.

86. '일정 관문을 넘을 수 있는 조건'으로서의 능력 개념에 대해서는 대니얼 마코비츠와 나의 학부생 대상 세미나인 "능력주의와 그 비판자들(Meritocracy and Its Critics)"에서 많은 도움을 받았다.

87. Andrew Simon, "These Are the Best Late-Round Picks in Draft History," MLB News, June 8, 2016, mlb.com/news/best-late-round-picks-in-draft-history-c182980276.

88. National Football League draft, 2000, nfl.com/draft/history/fulldraft?season=2000.

89. 스탠포드대의 실험에 대한 이 사실은 다음 책의 학업 성취도 연구에서 찾을 수 있다. Petersen, "Meritocracy in America, 1930–2000."

90. Sarah Waldeck, "A New Tax on Big College and University Endowments Is Sending Higher Education a Message," *The Conversation*, August 27, 2019, theconversation.com/a-new-tax-on-big-college-and-university-endowments-is-sending-higher-education-a-message-120063.

91. 앞에서 논했듯, 대니얼 마코비츠는 재학생의 다양화를 추진하는(이상적으로는 정원을 늘림으로써) 사립대학들에게만 면세를 유지하는 방안을 제시했다. Markovits, *The Meritocracy Trap* (New York: Penguin Press, 2019), pp. 277–78.

92. Michael Mitchell, Michael Leachman, and Matt Saenz, "State Higher Education Funding Cuts Have Pushed Costs to Students, Worsened Inequality," *Center on Budget and Policy Priorities*, October 24, 2019, cbpp.org/research/state-budget-and-tax/state-higher-education-funding-cuts-have-pushed-costs-to-students.

93. Jillian Berman, "State Colleges Receive the Same Amount of Funding from Tuition as from State Governments," MarketWatch, March 25, 2017, 이는 피터 하인리치스의 분석에 기대는데, 그는 클리블랜드 연방준비은행의 경제학자다. marketwatch.com/story/state-colleges-receive-the-same-amount-of-funding-from-tuition-as-from-state-governments-2017-03-24.

94. 다음을 보라. Andrew Delbanco, *College: What It Was, Is, and Should Be* (Princeton: Princeton University Press, 2012), p. 114.

95. Budget in Brief, Budget Report 2018–2019, University of Wisconsin–Madison, p. 3, budget.wisc.edu/content/uploads/Budget-in-Brief-2018-19-Revised_web_V2.pdf.

96. "The State of the University: Q&A with President Teresa Sullivan," *Virginia*,

Summer 2011, uvamagazine.org/articles/the_state_of_the_university.

97. UT Tuition: Sources of Revenue, tuition.utexas.edu/learn-more/sourc-es-of-revenue. 이 수치는 석유와 천연가스 생산에서 얻는 보조금 수입은 포함하지 않은 것이다. 등록금과 강의료가 차지하는 비중은 1984~1985년의 5퍼센트에서 2018~2019년에는 22퍼센트까지로 올랐다.

98. Nigel Chiwaya, "The Five Charts Show How Bad the Student Loan Debt Situation Is," NBC News, April 24, 2019, nbcnews.com/news/us-news/stu-dent-loan-statistics-2019-n997836; Zack Friedman, "Student Loan Debt Statis-tics in 2020: A Record $1.6 Trillion," *Forbes*, February 3, 2020, forbes.com/sites/zackfriedman/2020/02/03/student-loan-debt-statistics/#d164e05281fe.

99. Isabel Sawhill, *The Forgotten Americans: An Economic Agenda for a Divid-ed Nation* (New Haven: Yale University Press, 2018), p. 114.

100. Ibid.

101. Ibid., pp. 111 – 113. OECD 국가 관련 자료이다.

102. Ibid., p. 113.

103. 비록 이것이 나의 개인적인 인상에 따른 분석이기는 하나, 그런 분석을 한 사람이 내가 처음은 결코 아니다. 예를 들어, Delbanco, *College: What It Was, Is, and Should Be; Anthony T. Kronman, Education's End: Why Our Colleges and Universities Have Given Up on the Meaning of Life*(New Haven: Yale Univer-sity Press, 2008); William Deresiewicz, *Excellent Sheep: The Miseducation of the American Elite and the Way to a Meaningful Life* (New York: Free Press, 2014).

104. Michael J. Sandel, *Democracy's Discontent: America in Search of a Public Philosophy* (Cambridge, MA: The Belknap Press of Harvard University Press, 1996), pp. 168 – 200.

105. Christopher Lasch, *The Revolt of the Elites and the Betrayal of Democracy* (New York: W. W. Norton & Company, 1995), pp. 59 – 60.

106. Ibid., pp. 55 – 79.

■ CHAPTER 7. 일의 존엄성

1. Anne Case and Angus Deaton, *Deaths of Despair and the Future of Capitalism* (Princeton: Princeton University Press, 2020), p. 51. See also Sawhill, *The Forgotten Americans*, p. 60; Oren Cass, *The Once and Future Worker* (New York: Encounter Books, 2018), pp. 103 – 4.

2. Case and Deaton, *Deaths of Despair and the Future of Capitalism*, p. 161; Sawhill, *The Forgotten Americans*, p. 86.

3. Sawhill, *The Forgotten Americans*, pp. 140 – 41; Case and Deaton, *Deaths of Despair and the Future of Capitalism*, p. 152.

4. Sawhill, *The Forgotten Americans*, p. 141.

5. Case and Deaton, *Deaths of Despair and the Future of Capitalism*, p. 7; Sawhill, *The Forgotten Americans*, p. 19.

6. Sawhill, *The Forgotten Americans*, p. 18; Case and Deaton, *Deaths of Despair and the Future of Capitalism*, p. 51. See also Nicholas Eberstadt, *Men Without Work: America's Invisible Crisis* (West Conshohocken, PA: Templeton Press, 2016).

7. Case and Deaton, *Deaths of Despair and the Future of Capitalism*, pp. 2, 37 – 46; Associated Press, "For 1st Time in 4 Years, U.S. Life Expectancy Rises–a Little," *The New York Times*, January 30, 2020, nytimes.com/aponline/2020/01/30/health/ap-us-med-us-life-expectancy-1st-ld-writethru.html; Nicholas D. Kristof and Sheryl WuDunn, *Tightrope: Americans Reaching for Hope* (New York: Alfred A. Knopf, 2020).

8. Case and Deaton, *Deaths of Despair and the Future of Capitalism*.

9. Ibid., pp. 40, 45.

10. Ibid., p. 143.

11. 미국 질병예방통제센터 산하 국립 보건통계센터에 따르면, 2016년에 6만 4,000명 의 미국인이 약물 과용으로 숨졌다. cdc.gov/nchs/nvss/vsrr/drug-overdose-data. htm. 한편 베트남전에서 숨진 미국인은 5만 8,220명이다. "Vietnam War U.S. Military Fatal Casualty Statistics, National Archives": archives.gov/research/military/

vietnam-war/casualty-statistics.

12. Nicholas Kristof, "The Hidden Depression Trump Isn't Helping," *The New York Times*, February 8, 2020, nytimes.com/2020/02/08/opinion/sunday/trump-economy.html. 또한 다음을 보라. Kristof and WuDunn, *Tightrope*, p. 10.

13. Case and Deaton, *Deaths of Despair and the Future of Capitalism*, p. 3.

14. Ibid., p. 57.

15. Ibid., pp. 57–58.

16. Ibid., pp. 133, 146.

17. Ibid., p. 3.

18. Michael Young, "Down with Meritocracy," *The Guardian*, June 28, 2001, theguardian.com/politics/2001/jun/29/comment.

19. John W. Gardner, *Excellence: Can We Be Equal and Excellent Too?*, p. 66.

20. Jeff Guo, "Death Predicts Whether People Vote for Donald Trump," *The Washington Post*, March 4, 2016, washingtonpost.com/news/wonk/wp/2016/03/04/death-predicts-whether-people-vote-for-donald-trump.

21. Richard Butsch, "Ralph, Fred, Archie and Homer: Why Television Keeps Re-creating the White Male Working Class Buffoon," in Gail Dines and Jean Humez, eds., *Gender, Race and Class in Media: A Text-Reader, 2nd ed.* (Sage, 2003), pp. 575–85; Jessica Troilo, "Stay Tuned: Portrayals of Fatherhood to Come," *Psychology of Popular Media Culture* 6, no. 1 (2017), pp. 82–94; Erica Scharrer, "From Wise to Foolish: The Portrayal of the Sitcom Father, 1950s–1990s," *Journal of Broadcasting & Electronic Media* 45, no. 1 (2001), pp. 23–40.

22. Joan C. Williams, *White Working Class: Overcoming Class Cluelessness in America* (Boston: Harvard Business Review Press, 2017).

23. Joan C. Williams, "The Dumb Politics of Elite Condescension," *The New York Times*, May 27, 2017, nytimes.com/2017/05/27/opinion/sunday/the-dumb-politics-of-elite-condescension.html.

24. Joan C. Williams, "What So Many People Don't Get About the U.S. Working Class," *Harvard Business Review*, November 10, 2016, hbr.org/2016/11/what-

so-many-people-dont-get-about-the-u-s-working-class.

25. Barbara Ehrenreich, "Dead, White, and Blue," TomDispatch.com, December 1, 2015, tomdispatch.com/post/176075/tomgram:_barbara_ehrenreich_america_to_working_class_whites:_drop_dead!/; the W. E. B. Du Bois quote is from Black Reconstruction in America(1935).

26. Ibid.

27. Katherine J. Cramer, *The Politics of Resentment: Rural Consciousness in Wisconsin and the Rise of Scott Walker* (Chicago: The University of Chicago Press, 2016).

28. Katherine J. Cramer, "For Years, I've Been Watching Anti-Elite Fury Build in Wisconsin. Then Came Trump," *Vox*, November 16, 2016, vox.com/the-big-idea/2016/11/16/13645116/rural-resentment-elites-trump.

29. Arlie Russell Hochschild, *Strangers in Their Own Land: Anger and Mourning on the American Right* (New York: The New Press, 2016), p. 135.

30. Ibid., p. 141.

31. Ibid., pp. 136-40.

32. Ibid., p. 144.

33. nline archive of the American Presidency Project, presidency.ucsb.edu/advanced-search에서 "일의 존엄성" 표현에 대한 저자의 검색 결과.

34. Jenna Johnson, "The Trailer: Why Democrats Are Preaching About 'the Dignity of Work," *The Washington Post*, February 21, 2019, washingtonpost.com/politics/paloma/the-trailer/2019/02/21/the-trailer-why-democrats-are-preaching-about-the-dignity-of-work/5c6ed0181b326b71858c6bff/; Sarah Jones, "Joe Biden Should Retire the Phrase 'Dignity of Work,'" *New York*, May 1, 2019, nymag.com/intelligencer/2019/05/joe-biden-should-retire-the-phrase-dignity-of-work.html; Marco Rubio, "America Needs to Restore the Dignity of Work," *The Atlantic*, December 13, 2018, theatlantic.com/ideas/archive/2018/12/help-working-class-voters-us-must-value-work/578032/; Sherrod Brown, "When Work Loses Its Dignity," *The New York Times*, November 17, 2016, nytimes.com/2016/11/17/opinion/when-work-loses-its-dignity.

html; Arthur Delaney and Maxwell Strachan, "Sherrod Brown Wants to Re-claim 'The Dignity of Work' from Republicans," *Huffington Post*, February 27, 2019, dignityofwork.com/news/in-the-news/huffpost-sherrod-brown-wants-to-reclaim-the-dignity-of-work-from-republicans/; Tal Axelrod, "Brown, Ru-bio Trade Barbs over 'Dignity of Work' as Brown Mulls Presidential Bid," *The Hill*, February 22, 2019, thehill.com/homenews/campaign/431152-brown-and-rubio-trade-barbs-over-dignity-of-work-as-brown-mulls.

35. 소니 퍼듀 농무상의 발언, Johnson, "Why Democrats Are Preaching about 'The Dignity of Work'"; Donald J. Trump, "Remarks on Tax Reform Legislation," December 13, 2017, the American Presidency Project, presidency.ucsb.edu/node/331762에서 재인용. 감세의 배분 효과에 대해서는 Danielle Kurtzleben, "Charts: See How Much of GOP Tax Cuts Will Go to the Middle Class," *NPR*, December 19, 2017, npr.org/2017/12/19/571754894/charts-see-how-much-of-gop-tax-cuts-will-go-to-the-middle-class.

36. Robert F. Kennedy, Press Release, Los Angeles, May 19, 1968, in Edwin O. Guthman and C. Richard Allen, eds., *RFK: Collected Speeches* (New York: Vi-king, 1993), p. 385.

37. "기여적 정의"에 대한 논의는 Paul Gomberg, "Why Distributive Justice Is Impos-sible but Contributive Justice Would Work," *Science & Society* 80, no. 1 (Jan-uary 2016), pp. 31–55; Andrew Sayer, "Contributive Justice and Meaningful Work," *Res Publica* 15, 2009, pp. 1–16; Cristian Timmermann, "Contributive Justice: An Exploration of a Wider Provision of Meaningful Work," *Social Justice Research* 31, no. 1, pp. 85–111; United States Conference of Catholic Bishops, "Economic Justice for All: Pastoral Letter on Catholic Social Teaching and the U.S. Economy," 1986, p. 17, usccb.org/upload/economic_justice_for_all.pdf.

38. 정치의 시민적 개념과 소비자적 개념의 보다 상세한 차이를 보려면, Sandel, *De-mocracy's Discontent*, pp. 4–7, 124–67, 201–49; Sandel, *Justice: What's the Right Thing to Do?* (New York: Farrar, Straus and Giroux, 2009), pp. 192–99.

39. Adam Smith, *The Wealth of Nations*, Book IV, Chapter 8 (1776; reprint, New

York: Modern Library, 1994), p. 715.

40. John Maynard Keynes, *The General Theory of Employment, Interest, and Money* (1936; reprint, London: Macmillan, St. Martin's Press, 1973), p. 104.

41. 다음을 보라. Sandel, *Democracy's Discontent*, pp. 124-200.

42. 그러한 변동에 대해 ibid., pp. 250-315.

43. Martin Luther King, Jr., March 18, 1968, Memphis, Tennessee, kinginstitute.stanford.edu/king-papers/publications/autobiography-martin-luther-king-jr-contents/chapter-31-poor-peoples.

44. John Paul II, *On Human Work* (Encyclical Laborem Exercens), September 14, 1981, vatican.va/content/john-paul-ii/en/encyclicals/documents/hf_jp-ii_enc_14091981_laborem-exercens.html, sections 9 and 10.

45. United States Conference of Catholic Bishops, "Economic Justice for All: Pastoral Letter on Catholic Social Teaching and the U.S. Economy," 1986, p. 17, usccb.org/upload/economic_justice_for_all.pdf.

46. Axel Honneth, "Recognition or Redistribution? Changing Perspectives on the Moral Order of Society," *Theory, Culture & Society* 18, issue 2-3 (2001), pp. 43-55.

47. Axel Honneth, "Work and Recognition: A Redefinition," in Hans-Christoph Schmidt and Busch and Christopher F. Zurn, eds., *The Philosophy of Recognition: Historical and Contemporary Perspectives* (Lanham: Lexington Books, 2010), pp. 229-33. 이에 해당되는 헤겔의 원문은 G. W. F. Hegel, *Elements of the Philosophy of Right*, edited by Allen W. Wood, translated by H. B. Nisbet (Cambridge: Cambridge University Press, 1991), paragraphs 199-201, 207, 235-56 (Wood edition, pp. 233-34, 238-39, 261-74). See also Nicholas H. Smith and Jean-Philippe Deranty, eds., *New Philosophies of Labour: Work and the Social Bond* (Leiden: Brill, 2012), and Adam Adatto Sandel, "Putting Work in Its Place," *American Affairs* 1, no. 1 (Spring 2017), pp. 152-62, americanaffairsjournal.org/2017/02/putting-work-place. 헤겔의 노동 개념에 대한 나의 이해는 애덤 샌들과의 토론에서 많은 도움을 얻었다.

48. Axel Honneth, "Work and Recognition," pp. 234-36. 다음을 보라. Emile

Durkheim, *The Division of Labor in Society* (1902), edited by Steven Lukes, translated by W. D. Halls (New York: Free Press, 2014).

49. Robert F. Kennedy, Press Release, Los Angeles, May 19, 1968, in Guthman and Allen, eds., *RFK: Collected Speeches*, pp. 385-86.

50. Oren Cass, *The Once and Future Worker: A Vision for the Renewal of Work in America* (New York: Encounter Books, 2018).

51. Ibid., pp. 161-74.

52. Peter S. Goodman, "The Nordic Way to Economic Rescue," *The New York Times*, March 28, 2020, nytimes.com/2020/03/28/business/nordic-way-economic-rescue-virus.html; Richard Partington, "UK Government to Pay 80% of Wages for Those Not Working in Coronavirus Crisis," *The Guardian*, March 20, 2020, theguardian.com/uk-news/2020/mar/20/government-pay-wages-jobs-coronavirus-rishi-sunak; Emmanuel Saez and Gabriel Zucman, "Jobs Aren't Being Destroyed This Fast Elsewhere. Why Is That?," *The New York Times*, March 30, 2020, nytimes.com/2020/03/30/opinion/coronavirus-economy-saez-zucman.html.

53. Ibid., pp. 79-99.

54. Ibid., pp. 115-39.

55. Ibid., pp. 25-28, 210-12.

56. Ibid., pp. 26, 211-12.

57. Robin Greenwood and David Scharfstein, "The Growth of Finance," *Journal of Economic Perspectives* 27, no. 2 (Spring 2013), pp. 3-5, ubs.aeaweb.org/doi/pdfplus/10.1257/jep.27.2.3, 인용은 Thomas Philippon and Ariell Reshef, "Wages and Human Capital in the U.S. Financial Industry: 1909-2006," NBER Working Paper 14644 (2009) 금융업계의 실적에 대해서는 Adair Turner, *Between Debt and the Devil: Money, Credit, and Fixing Global Finance* (Princeton: Princeton University Press, 2016), pp. 1, 7, 19-21; 또한 다음도 보라. Greta R. Krippner, *Capitalizing on Crisis: The Political Origins of the Rise of Finance* (Cambridge, MA: Harvard University Press, 2011), p. 28.

58. Rana Foroohar, *Makers and Takers: The Rise of Finance and the Fall of*

American Business (New York: Crown Business, 2016); Adair Turner, *Economics After the Crisis: Objectives and Means* (Cambridge, MA: MIT Press, 2012), pp. 35 – 55; J. Bradford Delong, "Starving the Squid," Project Syndicate, June 28, 2013, project-syndicate.org/commentary/time-to-bypass-modern-finance-by-j-bradford-delong.

59. Adair Turner, "What Do Banks Do? Why Do Credit Booms and Busts Occur and What Can Public Policy Do About It?" in *The Future of Finance: The LSE Report*, London School of Economics (2010), harr123et.wordpress.com/download-version.

60. Michael Lewis, *Flash Boys: A Wall Street Revolt* (New York: W. W. Norton & Company, 2015), pp. 7 – 22.

61. James Tobin, "On the Efficiency of the Financial System," *Lloyds Bank Review*, July 1984, p. 14, Foroohar, *Makers and Takers*, pp. 53 – 54에서 인용되었다.

62. Foroohar, Makers and Takers, p. 7.

63. Warren E. Buffet, "Stop Coddling the Super-Rich," *The New York Times*, August 14, 2011, nytimes.com/2011/08/15/opinion/stop-coddling-the-super-rich.html.

64. Ryan later qualified his statement. See Paul Ryan, "A Better Way Up From Poverty," *The Wall Street Journal*, August 15, 2014, wsj.com/articles/paul-ryan-a-better-way-up-from-poverty-1408141154?mod=article_inline; Greg Sargent, "Paul Ryan Regrets That 'Makers and Takers' Stuff. Sort of, Anyway," *The Washington Post*, March 23, 2016, washingtonpost.com/blogs/plum-line/wp/2016/03/23/paul-ryan-regrets-that-makers-and-takers-stuff-sort-of-anyway.

65. Rona Foroohar, *Makers and Takers*, p. 13.

66. Ibid., p. 277.

■ **결론: 능력, 그리고 공동선**

 1. Howard Bryant, *The Last Hero: A Life of Henry Aaron* (New York: Pantheon Books, 2010), pp. 23–27.

2. Ibid., p. 25.

3. R. H. Tawney, *Equality* (1931, reprint ed., HarperCollins Publishers, 5th ed., 1964).

4. Ibid.

5. James Truslow Adams, *The Epic of America* (Garden City, NY: Blue Ribbon Books, 1931), p. 404.

6. Ibid.

7. Ibid., pp. 414–15.

8. Ibid., p. 415.

9. 이 문단은 Michael J. Sandel, *What Money Can't Buy: The Moral Limits of Markets* (New York: Farrar, Straus and Giroux, 2009), p. 203에서 옮겼다.

410

감사의 글

이 책의 몇 가지 주제들을 여러 곳에서 동료들과 논의할 수 있어 감사했다. 하버드대 정부학과의 정치이론 콜로키움에서, 조너선 굴드의 날카로운 비평을 들을 수 있었다. 하버드 로스쿨의 하계 교수 워크숍에서는 리처드 폴온, 테리 피셔, 요카이 벤클로, 벤 삭스 등과의 논쟁과 그 후의 의견 교환 기회가 있었다. 또한 하버드 마힌드라 기념 인문센터에서 내 아내 키쿠 애더토와 공동으로 사회를 본 '예술·대중문화·시민생활' 교수 세미나에서도 그런 기회를 얻었다. 2019년 가을학기에는 내가 만나본 중 가장 열성적이고 지적으로 활발한 학부생들과 '능력주의와 그 비판자들'이라는 수업을 했다. 그들과 나눈 대화에서 이 책의 주제에 대해 깊이 숙의할 수 있었기에 감사한다. 예일대 로스쿨의 대니얼 마코비츠가 최근 능력주의에 대해 낸 책을 우리가 수업 교재로 썼는데, 그를 초빙하여 기억에 남을 만한 토론을 했다. 나와 학생들이 많은 것을 배울 수 있었다.

토론 말고도 여러 학술 또는 대중 강연을 통해 이 책의 내용 일부를 제시하고 피드백을 받는 행운을 누릴 수 있었다. 가령 노트르담대의 니마이어 기념 정치철학 강좌, 스페인 빌바오 소재 데우스토대의 가르멘디아 기념 강연, 독일 베를린의 미국 아카데미 에어버스 후원 강연, 런던의 RSA(왕립 기술상공업 진흥회), 오스트리아 빈 소재 인문학연구소 등에서의 강연, 이탈리아 베네치아 소재 지오르지오 치니 재단의 문명 간 대화 강연, 런던 정치경제대^{LSE}의 마셜 연구소, 노스웨스턴대 민주주의 정책대안 학술대회, 하버드대에서의 프랑스 대통령 취임 기념 강연 등등. 그때마다 열의를 갖고 사려 깊은 피드백을 주었던 청중들과 토론자 분들께 감사드린다.

이 책의 여러 부분에 대해 대화 또는 이메일로 유용한 조언을 준 엘리자베스 앤더슨, 모셰 햄버털, 피터 홀, 대니얼 마코비츠, 컬렌 머피, 새뮤얼 셰플러 등에게 감사한다. 찰스 피터슨은 능력주의와 대학 입시를 주제로 한 박사학위논문의 내용을 공유해 주었다. 아라빈드 '비니' 바이주는 최상의 연구조교로 일해 주었고, 파라스트로스앤드지룩스^{FSG} 출판사의 데보라 김은 편집에 사려 깊은 도움을 주었다. 뉴욕 ICM에서 나를 대리해 주는 믿음직한 에스더 뉴버그와 런던의 커티스브라운에서 대리해 주는 캐롤리나 서튼, 헬렌 맨더스, 새러 하비에게도 감사하지 않으면 안 된다. FSG에서 책을 내는 건 즐거운 일이다. 이번이 세 번째인데, 조너선 갤러시, 미치 에인절, 제프 서로이 등의 지성과 센스 때문이다. 뛰어난 편집자인 에릭 친스키에게 특별히 감사한다. 그는 내가 이 책을 쓰기 전에 내 뜻을 잘 알아주었고, 쓰는 과정에서 현명한 조언을 해주었다. 또한 내 책을 영국에서 내주고 있는 앨런레인-펭귄 사의 스튜어트 프로핏에게도 깊이 감사한다. 그는 에릭처럼 이 책의 매 장마다 꼼꼼하며 날카로운 지적을 해주었다. 그런 훌륭한 편집 조언을 대서양의 양쪽에서 받은 나로서는, 그럼에도 불구하고 이 책에 뭔가 부족함이 있다면 핑곗거리가 전혀 없게 되었다.

마지막으로, 그 누구보다도 '작가의 집' 구성원들에게 가장 크게 감사한다. 내 아내 키쿠 애더토와 우리 아들 애덤 애더토 샌델, 아론 애더토 샌델에게 감사한다. 나는 초고를 우리 가족 앞에서 큰 소리로 읽곤 했으며, 그들의 날카로운 비평을 즐겁게 듣고 의견을 나누었다. 그들의 호응, 조언, 사랑이 이 책과 나를 더 훌륭하게 만들었다.

마이클 샌델

마이클 센델의《정의란 무엇인가》원고를 처음 보았을 때, 나는 자못 회의적이었다. '이런 책이 한국에서 팔리면 얼마나 팔리겠어? 철학 또는 정치학 전문가들이나 관심 있어 하겠지.' "아무리 잘 팔려도, 3,000부 이상은 어림도 없어!" 그 뒤 일어난 일은 아직까지 내 생애 최대의 오판 베스트 3에 들어갈 만큼 뜻밖이었다. 그런데 또 다른 센델의 역작을 직접 번역한 지금 역시도, 나는 적지 않게 회의하고 있다. 원제 그대로 능력주의를 하나에서 열까지 비판한 책인데, 우리나라야말로 능력주의를 종교처럼 받들어온 참으로 보기 드문 나라이기 때문이다.

한국은 오랫동안 능력주의를 갈구해 왔다. 고려에서 조선으로 넘어가는 최소 수백 년 동안 과거제가 사람으로 태어나 제 몫을 할 수 있는 유일한 길처럼 여겨졌고, 사실상 과거에 낄 수 없는 중인 이하의 신분들은 한시를 짓고 한문 경전을 공부하는 사설 모임을 만들어서라도 그

414

한을 달랬다. 일제강점기에는 심훈의《상록수》한 장면처럼 문 닫힌 학교 담장을 해바라기를 해서라도 넘겨보며 칠판의 글씨를 외면서 공부하려고 했다. 해방 이후의 향학열은? 두 말할 것도 없다. 마이클 샌델은 이 책에서 미국인들이 능력주의에 유독 친화적인 까닭을 '출신이 무엇이든, 열심히 노력하면 누구나 성공할 수 있다는 아메리칸 드림'에서 찾지만, 현대 한국인들은 '출신이 무엇이든, 열심히 공부하면 누구나 성공할 수 있다는 코리안 드림'을 오래 가꿔왔다.

물론 이런 과열된 능력주의는 폐단이 있다. 점수 하나가 '인생을 좌지우지하는' 현실에서, 너무 많은 것이 걸린 시험판에 너무 많은 경쟁이 몰려 있으니 대학이 각자 자율적으로 뽑고 싶은 사람을 각각의 잣대대로 뽑을 수가 없다. 프랑스의 바칼로레아처럼 주관과 개성이 넘치는 입시를 채택할 수도 없다. 대학 입시는 철저히 '객관적'이어야 하기 때문이다. 오죽하면 최근 정권이 입시 공정성 문제로 좌초하기도 했고, 이 책을 번역하느라 바쁘던 2020년에는 '생활과 윤리' 문제의 정답이 과연 적절한지 판단하기 위해 그 문제와 관련된 저명한 해외 철학자에게 질의가 날아가기도 했다. 심지어 실제 수능도 아닌 모의고사 문제인데도!

그런 한편 요즘엔 '코리안 드림'의 빛이 바래고 있다. 개천에서 용 나던 때는 점점 과거사가 되어가고, '점수 몇 점'보다는 태어날 때 무심코 들고 나온 수저의 색깔이 점점 더 인생을 좌우하는 듯하기 때문이다. 따라서 과거에 비하면 능력주의에 대한 올인이 아무래도 수지가 맞지 않아 보이는데, 한국인들은 아직도 태세전환을 하지 않는다. 솔직히 달리 방법이 없기도 하다.

그러면 평가 방법에 있어 융통성이 부족한 점, 사회계층화 추세를 압도할 만큼 능력주의가 완벽하지 못하다는 점만이 한계일까? 그렇지는 않다. 이 책의 저자가 통렬하게 지적하고 있듯 능력주의는 '사람 위에 사람'을 두는 체제이기 때문이다. 아무리 열심히 노력한들 순위가 정해진 게임에서는 승자와 패자가 나오기 마련이다. 그리고 우리나라의 경우 가장 좋다는 대학교의 가장 좋다는 학과에 합격하지 못한 사람은 평생을 두고 크든 작든 패배감을 갖고 살아가야 한다. 국민의 절대 다수를 패배자로 만드는 체제가 효율적일 리도, 정의로울 리도 없다. 누군가는 의사를 하고 누군가는 펀드매니저를 하고 누군가는 초등학교 교사를, 누군가는 환경미화원을 해야 하는 사회가 정상일진대, 샌델이 몇 번이고 강조하듯 모든 사람의 직업이 각각의 물적, 심리적 가치를 인정받고 긍지를 얻을 수 있어야만 행복하고 조화로운 사회일 것이다. "물론 내 연봉은 당신보다 적지만, 나는 당신과 비교해서 하등한 삶을 살고 있다고 여기지 않아요"라고 누구나 진심으로 말할 수 있는 사회 말이다.

그러면 어찌해야 할까? 누군가의 말처럼 "모두가 개천에서 난 용이 되려 하지 않아도 되는, 가재, 붕어, 개구리도 만족하며 살 수 있는" 사회제도와 사회문화를 만드는 게 정답일까? 그렇다!

그러나 이는 학력고사 시절에 매년 고사출제위원장이 마이크에 대고 "정상적인 고교 과정을 이수한 학생이면 누구나 만점을 받을 수 있는 시험"이라고 한 게 정답인 것과 마찬가지다. 이론상 문제는 없지만 현실과는 너무도 동떨어져 있다. 직업의 귀천이 없는 사회를 만들기란 좀처럼 쉽지 않다. 일찌감치 진로를 인문계와 실업계로 나누고, 어느 쪽을 택하든 물질적 격차는 크지 않도록 배려한다는 북유럽의 경우조차 '모두가 자기 직업을 똑같이 자랑스러워하는 사회'는 못 된다. 이 책에서도 나오지 않는가. 미국인들에 비해 유럽인들의 사회 계층 이동성에 대한 믿음이 훨씬 낮다고.

그러면 어쩌란 말인가? 여기서 역자는 조심스럽게, 저자가 그렇게까지 강조하지는 않은 능력주의의 폐단을 지적하고자 한다. 바로 능력주의는 '생각하지 않는 백성'을 만든다는 사실이다.

완벽한 사회는 없다. 그러나 우리는 우리 스스로를 위해, 우리가 사랑하는 사람들을 위해, 우리의 후계자들을 위해 어떻게든 조금이라도 더 나은 사회를 만들고자 머리를 굴리고, 머리를 맞댄다. 그것이 생각하는 백성의 본분이며, 고대부터 지금까지 변하지 않는 민주주의의 정신이다. 그러나 민주주의가 '사람은 다 같은 사람'이라는 명제 위에 서는 한편, 신분제와 능력주의는 '사람 위에 사람이 있다'는 명제를 강조한다. 조선시대 백성은 자기 앞가림만 하면 그만이었지, 특별히 나라나 사회에 대해 생각할 필요는 없었을 것이다. 그건 잘나다 잘난 나라님과 나리님들의 몫이니까! 그렇다면 지금은? 명목상 똑같은 시민이지만 능력주의의 기준에 따라 탁월하고 비범한 존재들로 입증된 엘리트들이 우리와 나라의 운명을 정하게끔 맡겨 버리는 게 낫지 않을까?

서구가 신분제를 버리고 민주주의를, 그리고 능력주의를 강구하는 동안 우리는 우리 운명에 대한 생각을 게을리 했다. 그래서 개인과 민족의 치욕을 겪었고, 그래서 유난히 치열한 능력주의를 종교처럼 받아들였다. 하지만 지금은 그 너머를 볼 때다. 완벽한 사회는 아닐지언정 적어도 누군가를 부당하게 괴롭히지 않는 사회, 각자의 개성과 꿈이 세상의 현실과는 맞지 않는다는 말이 불편한 지혜가 되지 않는 사회를 만들 방법에 대해 우리는 다시 생각해야 한다. 이 책을 읽으며, 그리고 정의란 무엇인가, 마이클 샌델이 말하는 능력주의의 폐해는 과연 무엇인가를 되새기며.

아울러 역자로서 이 책을 번역하는 동안 즐거웠음을, 그럼에도 간혹 내용 이해에 어려움이 있다면 그것은 전적으로 역자의 잘못임을 밝혀 둔다. 좋은 책을 믿고 맡겨주신 미래엔 와이즈베리에 감사한다.

함규진, 서울교대 윤리교육과 교수

THE
TYRANNY
OF
MERIT

공정하다는 착각

초판 1쇄 발행 2020년 12월 1일 | 초판 20쇄 발행 2024년 11월 27일

지은이 마이클 샌델 | 옮긴이 함규진

펴낸이 신광수
CS본부장 강윤구 | 출판개발실장 위귀영 | 디자인실장 손현지
단행본팀 김혜연, 조기준, 조문채, 정혜리
출판디자인팀 최진아, 당승근 | 저작권 김마이, 이아람
출판사업팀 이용복, 민현기, 우광일, 김선영, 신지애, 이강원, 정유, 정승기, 허성배, 정재욱, 박세화,
　　　　　 김종민, 정영묵, 전지현
영업관리파트 홍주희, 이은비, 정은정
CS지원팀 강승훈, 봉대중, 이주연, 이형배, 전효정, 이우성, 장현우, 정보길

펴낸곳 (주)미래엔 | 등록 1950년 11월 1일(제16-67호)
주소 06532 서울시 서초구 신반포로 321
미래엔 고객센터 1800-8890
팩스 (02)541-8249 | 이메일 bookfolio@mirae-n.com
홈페이지 www.mirae-n.com

ISBN　979-11-6413-645-2 (03300)

「이 도서의 국립중앙도서관 출판시도서목록(CIP)은 서지정보유통지원시스템 홈페이지(http://seoji.nl.go.kr)와
국가자료공동목록시스템(http://www.nl.go.kr/kolisnet)에서 이용하실 수 있습니다.
(CIP제어번호: CIP2020044558)」